国家图书馆年鉴

National Library of China Yearbook

2017

國家圖書館出版社
National Library of China Publishing House

图书在版编目（CIP）数据

国家图书馆年鉴 . 2017 / 国家图书馆编 . -- 北京 : 国家图书馆出版社 , 2017.10
ISBN 978-7-5013-6190-8

Ⅰ . ①国…　Ⅱ . ①国…　Ⅲ . ①中国国家图书馆—2017—年鉴　Ⅳ . ① G259.251-54

中国版本图书馆 CIP 数据核字 (2017) 第 193427 号

书　　名　国家图书馆年鉴 2017
著　　者　国家图书馆　编
责任编辑　金丽萍　高　爽　唐　澈

出　　版　国家图书馆出版社（100034　北京市西城区文津街 7 号）
（原书目文献出版社　北京图书馆出版社）
发　　行　010-66114536　66126153　66151313　66175620
66121706（传真）　66126156（门市部）
E-mail　nlcpress@nlc.cn（邮购）
Website　www.nlcpress.com ——→ 投稿中心
经　　销　新华书店
印　　装　三河弘翰印务有限公司
版　　次　2017 年 10 月第 1 版　2017 年 10 月第 1 次印刷

开　　本　889×1194（毫米）　1/16
印　　张　27.5
字　　数　560 千字

书　　号　ISBN 978-7-5013-6190-8
定　　价　450.00 元

撰稿人（按姓氏笔画排序）:

卜书庆 万静 于茜 于瑞 于良杰 卫萌萌 马谊 马骏
马超 马静 马玉峰 马赵扬 支娟 方怡 牛淑娟 王欢
王丽 王洋 王娟 王萃 王颖 王燕 王一楠 王三珊
王六长 王天乐 王乐春 王会娟 王旭东 王秀香 王青云 王彦侨
王雁行 王瑜世 韦伟 代坤 卢希 卢芳玉 台钰莹 宁秋丹
平安 田颖 田周玲 申子超 申晓娟 白云娇 边婧 龙利方
乔颖欣 全凤燕 关月 刘杨 刘洁 刘贺 刘瑛 刘颖
刘小川 刘化刚 刘明杰 刘泓源 刘洁萍 刘婷婷 吕婷婷 孙乐
孙俊 孙倩 孙莹莹 孙梦晖 安载良 朱庆华 毕朦予 许京生
闫征 齐世峰 何梦琼 冷熠 吴洋 吴密 宋辰 张军
张炜 张玮 张洁 张涛 张章 张雪 张煦 张鹏
张立朝 张收棉 张红霞 张建平 张若冰 张珊珊（典藏阅览部） 张倩竹
张爱芳 张蔷蔷 张蕾累 李丹（业务管理处） 李丹（研究院） 李坚
李杉 李进 李健 李婧 李红霞 李金涛 李晓鸣 李继红
李莹菲 李菲菲 杨凡 杨熙 杨进勇 杨晓微 杨海帆 肖军
陈阳 陈都 陈克俭 陈魏玮 周一虹 周广厚 孟梦 季士妍
岳小艺 林世田 林俊飞 武翰 罗林池 郑伟 金龙 金茜
金文昌 姚迎 姜婧 姜晓曦 胡泊 胡洁 胡宏哲 荣杰
贺燕 赵婷 赵磊（保卫处） 赵磊（离退休干部处） 赵悦
赵志刚 赵建国 赵金柱 赵洪雅 赵海英 赵瑶瑶 郝玉凯 郝金敏
钟晶晶 饶卓颖 唐书 唐玉屏 徐燕 徐亚娟 徐梦菲 索晶
袁媛 郭妮 郭炯 郭比多 郭丽霞 顾恒 高宏 高博
高琛 高馨 崔云红 崔明明 常慧慧 曹丽萍 梁淳 梁钜霄
梁爱梅 黄亮 黄静 黄霞 黄鑫 黄炜宇 彭增光 景申
曾文婷 程天舒 董彦 谢丰 谢天 谢强 谢万幸 谢冬荣
韩华 韩尉 韩超 蒙海光 解晓毅 路龙惠 雷亮 靳诺
靳志雄 廖生训 廖甜添 蔡丹 蔡旭彦 樊桦 潘常青 冀晓萌
魏达贤

编辑说明

一、《国家图书馆年鉴》力图系统、全面记录国家图书馆年度事业发展进程，着眼于记录主要事件，反映年度工作，保存重要数据，提供决策参考，服务业界社会。首卷出版于2011年，每年编辑出版一卷。

二、《国家图书馆年鉴》由国家图书馆主办，编纂工作由国家图书馆研究院《国家图书馆年鉴》编辑部主持。

三、《国家图书馆年鉴》2017年卷反映2016年国家图书馆事业的发展状况。

四、《国家图书馆年鉴》2017年卷正文采用分类编辑法。全文由综述、特别记载、基础业务工作、服务工作、国家数字图书馆建设、重点文化工程、文献整理与开发、学术与科研、编辑与出版、对外交流与合作、机构与人员、设施建设与安全保卫、党建与群团活动、统计资料、重要文件选编、媒体报道、年度大事记以及综合索引等部分构成。

目 录

综　述

综　述

2016年是国家图书馆的“创新发展年”。一年来，国家图书馆进一步强化全面从严治党主体责任，深入开展“两学一做”学习教育，圆满完成全年各项工作任务，获“中央国家机关先进基层党组织”“文化部直属机关先进基层党组织”“青少年中华传统文化教育基地”“公共文化设施学雷锋志愿服务示范单位”等荣誉称号，为促进现代公共文化服务体系建设、传承弘扬中华优秀传统文化做出新贡献。

一、全面落实从严治党主体责任，促进党的建设与业务建设两手抓、两促进、两加强

（一）突出国家图书馆特色深入开展“两学一做”专题教育

根据中央要求和文化部党组总体部署，制定《国家图书馆“两学一做”学习教育实施方案》及月度学习计划，坚持以上率下、以学促做、学做结合，组织全馆党员深入学习十八届六中全会精神，将学习全会精神与“两学一做”学习教育紧密结合，通过党委中心组集中学习、安排正处级以上干部参加文化部专题研讨班、馆长讲授专题党课，支部开展专题学习会、读书会、研讨会等多种形式，组织全馆党员深入学习《党章》和习近平总书记系列重要讲话精神，引导各支部结合工作实际，加深对六中全会精神的领会。全年组织中心组学习12次，馆长讲授专题党课8场，充分发挥学习示范作用，引领良好学风，不断增强全馆党员干部政治意识、大局意识、核心意识、看齐意识，促进政治理论学习入脑入心；结合国家图书馆工作实际，系统整理习近平总书记关于文化建设、历史研究等方面的重要论述，组织专题学习讨论，不断增强各级领导干部把握大势、谋划发展的能力；各党支部采取专题研讨、参观交流等多种形式，努力将学习同支部业务和队伍建设紧密结合，支部凝聚力进一步增强；举办学习贯彻《中国共产党章程》《中国共产党廉洁自律准则》和《中国共产党纪律处分条例》知识竞赛，以生动活泼的形式检查学习效果；推进一线岗位“党员挂牌上岗”活动，与紫竹院街道、海淀区文明办等单位合作开展“党员进社区”活动，组织社区文化活动十余次，受到社区居民欢迎；以纪念中国共产党成立95周年、长征胜利80周年为契机，策划举办专题文献展览和系列主题活动，挖掘珍贵典籍内涵，深入揭示社会主义核心价值观与中华优秀传统文化的深刻联系，推进党员理想信念教育，提升党员干部责任意识。

（二）召开中国共产党国家图书馆第三次代表大会，加强党组织建设

以创建学习型、服务型、创新型党组织为引领，以加强党员培养教育为着力点，推动党组织建设迈上新台阶。面向全馆22个党支部开展支部党建工作调研，召开专题调研会7次，廓清未来

支部建设思路；召开中国共产党国家图书馆第三次代表大会，全面总结过去五年党建工作经验，系统规划未来党建工作的目标任务，通过《中国共产党国家图书馆第三次代表大会关于中国共产党国家图书馆第二届委员会工作报告的决议》和《中国共产党国家图书馆第三次代表大会关于中国共产党国家图书馆第二届纪律检查委员会工作报告的决议》，选举产生新一届中国共产党国家图书馆委员会和纪律检查委员会；组织开展“两优一先”表彰活动，共表彰先进党支部5个、优秀党员45名、优秀党务工作者5名；坚持调控总量、提升质量，注重从专业技术人员和业务骨干中培养发展党员；加强党员领导干部培训力度，不断提升党员干部队伍思想理论水平，全年共选派36名党员干部参加学习培训；开展纪念中国共产党成立95周年主题教育活动，组织党员赴中国人民抗日战争纪念馆参观并举行宣誓活动，重温入党誓词；组织近三年新入党的党员专题培训，提高他们的党员意识和党性修养；扎实开展党员组织关系集中排查工作，进一步严格党员管理；认真落实党费收缴专项检查工作，组织广大党员核查补交党费数额；对党员学习教育“灯下黑”情况进行梳理摸排，不断严格组织建设。

（三）狠抓落实党风廉政建设“两个责任”

馆党委认真落实党风廉政建设主体责任，馆纪委努力发挥党风廉政建设监督责任，持续推进党风廉政和惩治与预防腐败体系建设，党风廉政建设和全馆业务工作实现统筹安排、统筹研究、统筹部署、统筹检查、统筹落实的“五个统筹”；组织召开国家图书馆2016年党风廉政建设工作会议，对全年党风廉政建设工作做出部署；持续加强对全馆贯彻落实中央八项规定精神情况的监督检查，弛而不息纠正“四风”，严格把控各节日关口反“四风”工作，加强“三公”经费管理，制定出台《国家图书馆运行经费管理暂行办法》《国家图书馆会议费管理实施细则》《国家图书馆国内公务接待管理办法》等，进一步精简文件、简报及会议活动，改进文风会风，全年未出现一例违反中央八项规定精神和“四风”的问题；本着“注重预防，关口前移”的原则，注重日常监督机制建设，对政府采购招投标、商务谈判、古籍鉴定及资产处置等重大事项、重点环节和重点岗位加强监督，对涉及人、财、物、展览、工程等廉政风险点进行有效控制；根据雒树刚部长的批示精神，进一步完善管理制度，加强自查自纠，加强监督防控，采取有效措施堵塞管理漏洞，不断提升工作水平。

二、馆藏规模持续增长，国家文献信息资源保障能力稳步提升

（一）国家文献战略储备库项目进展顺利

国家文献战略储备库项目被列入国家“十三五”规划纲要的重大文化工程。文化部领导高度重视项目建设，多次做出重要批示。根据部领导指示精神，国家图书馆进一步完善项目管理机制，馆领导班子坚持每月听取工程专项汇报，建立信息专报制度。目前，已完成项目用地收储、岩土层初步勘察、规划条件确定及市政配套规划设计等工作；与河北承德县人民政府签订战略合作意

向书和项目用地协议，总规划面积约275.8亩（其中：协议预留土地约123.3亩，河北省国土资源厅和国土资源部批准有偿划拨面积约152.5亩）；开展可行性研究，赴国内6地9家、国外4国8家机构实地调研，了解同类项目建设经验，研究确定战略储备库功能定位及总体业务规划；落实部党组指示精神，与承德县人民政府就项目市政配套设施规划、建设情况及责任清单进行协商，确定项目市政配套的“七通一平”工作，落实双方下一步工作分工和进度安排；完成建筑设计招标第一阶段设计方案和技术建议征集评审。

（二）文献采集工作有序推进

稳步开展文献缴送工作，全年图书全品种缴送率74.1%，中文期刊、报纸缴送率分别为95.8%和70.6%；外文期刊、报纸缴送率分别为96.8%和100%；音像制品和电子出版物缴送率分别为53.4%和98.7%；全年采访各类古籍及特藏文献17094种30869册；续订119个中外文数据库；完成59966种文献、981小时视频资源的数字化加工，缩微文献数字化转换393万页，采集37.45TB网络信息资源；采集东北抗日联军、中国远征军、当代重要学者等约251小时口述资源；积极拓展文献补藏渠道和方式，补藏文献7632种；江瀚日记并诗文集、杨廷宝工作日记、石云山革命文献、熊健金石文献及柴德赓、许勇三手稿等捐赠入藏。全年正式入藏各类型文献127.85万册/件，馆藏文献总量达3646万册/件，数字资源总量达1323.35TB。

（三）文献信息资源整合揭示不断拓展

制定《国家图书馆文献资源整合工作方案》和《数字馆藏元数据加工规范》，初步建立“中国记忆”项目资源建设与揭示标准体系；制作书目数据74.47万余条，累计保存元数据2.5亿条，开展口述资料元数据编目试验；编制《国家图书馆外文文献资源RDA本地政策声明暨书目记录操作细则》，并开展测试；推进特色资源库建设，开展民国报纸史料、民国图片资源库建设，完成8000个古籍动漫素材资源制作，建设“2016年新春专题”等21个专题网站；开展国图公开课关联数据建设，探索基于关联数据的知识组织和知识发现；通过“文津搜索系统”实现元数据整合3亿条；实现40万条已发布的馆藏自建数字资源与ALEPH系统中纸质文献的关联和整合揭示。

（四）文献信息资源保存保护水平稳步提升

修复完成各类纸质文献2635册/件，其中包括馆藏3件早期印刷佛经中的2件、“天禄琳琅”古籍50册等珍贵文献，启动馆藏西夏文献的系统修复工作；自主研制的民国时期文献脱酸剂和脱酸系统已申报国家专利；全年完成125.3TB数字资源长期保存；完善优化一期综合布线、安防布控、漏水报警等系统设备，维修改造古籍馆区安防系统，馆藏文献存藏条件显著改善；完成南区古籍中转库文献的搬迁及文津街馆区库房调整、腾退，进一步完善库房布局；深入开展缩微胶片保存保护研究，推进缩微品库房科学化管理；以满分成绩通过国家级古籍修复中心验收，以91.7分的成绩通过古籍保护科技文化部重点实验室验收和文化部重点实验室研究项目验收。

三、充分发挥国家典籍博物馆职能，推动中华优秀传统文化传承弘扬

（一）成功举办“中国共产党成立九十五周年及红军长征胜利八十周年”系列纪念活动

进一步挖掘珍贵典籍内涵，揭示社会主义核心价值观与中华优秀传统文化的深刻联系，以纪念中国共产党成立九十五周年及红军长征胜利八十周年为主题，精心策划举办“红色记忆——纪念中国共产党成立九十五周年馆藏文献展”“传承红色基因　弘扬长征精神——长征途经省份文化系统老干部书画作品展”等线上线下专题文献展览，吸引27万人次参观；举办“念念不忘　必有回响”长征主题诗会；策划推出国图讲坛“纪念长征胜利80周年——父辈的长征”系列讲座，“从大革命到抗战”“抗战时期中国共产党的干部培养”等专题讲座；支持湖北省图书馆、武汉图书馆等举办专题展览。

（二）国家典籍博物馆服务效益不断凸显

举办“民族记忆　精神家园——国家珍贵古籍特展”“永远的怀念——任继愈诞辰100周年纪念展”“喜迎G20——西泠印社系列作品邀请展”“启蒙与批判——清末民国新闻漫画展”“赤子的世界——纪念傅雷夫妇逝世五十周年展”等18场专题展览，吸引114.37万人次参观，为重要领导、外宾及各部委、文化机构等提供公益讲解近200场，在全国5地举办巡展；“甲骨文记忆展”走出国门，作为“中国船艺术节”的重头戏在墨西哥展出三个月，受到当地社会公众热烈欢迎；挂牌成立“青少年中华传统文化教育基地”，与200余家中小学校合作开展“走进典籍博物馆大课堂”系列活动，共举办讲座33场、典籍博物馆大课堂20场，深入推进博物馆资源与学校教育融合发展；推进文化创意产品开发，《十竹斋》笔记本获全国博物馆文化创意产品联展“文博传承奖”；淘宝“国图旺店”上线试运行。

（三）创新举措推动传统文化典籍整理出版与传播推广

启动《中华优秀传统文化百部经典》编纂工作，成立由袁行霈先生领衔的编纂工作委员会，聘请专家学者担任顾问，建立编纂工作机制，召开7次编委会，确定两批43种书目和撰稿人，召开两次书稿审读会；从馆藏中辑录文献制作4册《中国五千年的航天梦》，搭载“长征七号”成功飞天，并作为我国首部“飞天典籍”正式归藏国家图书馆；编辑出版《中国珍贵典籍史话丛书》《古本戏曲丛刊六集》《中国社会科学院近代史研究所藏“满铁剪报”类编：第一辑》等文献整理成果，“中国历史人物传记资源数据库”等11个项目被列入“十三五”国家重点图书出版规划，《东亚同文书院中国调查手稿丛刊》等两个项目获2016年度国家出版基金资助，《历代赋学文献辑刊》等7个项目获2016年度国家古籍整理出版基金资助，《清代家集丛刊》荣获2015年度全国优秀古籍图书奖一等奖，“珍贵古籍数字资源应用平台”项目列入首批“新闻出版产业示范项目”；策划“国家传统文化典籍整理工程”，目前财政部已初步完成项目评审。

四、服务品牌影响力持续扩大，国家级公共文化服务阵地作用充分发挥

（一）面向国家立法与决策的服务能力显著增强

全年共举办部级领导干部历史文化讲座14场，参加讲座的部级领导近2000人次，其中《中国古代物质文化》和《文艺复兴的欧洲经验》两场讲座的内容直接报送中央领导并得到重要批示；圆满完成“两会”服务任务，组织编制“两会”专题资料、“两会”专题文献信息专报，舆情报送工作取得突破性进展，并多次得到全国人大领导的表扬；出版《南海诸岛图籍录》3卷，收录南海诸岛文献313种、图片876张，较为全面地呈现了文献所载南海诸岛情况，为维护国家主权提供文献依据；积极应用新媒体技术创新立法决策服务内容及形式，开发“图智”APP，以电子触控技术为基础、智能交互移动设备为载体，为用户提供个性化信息资源及服务；依托国家图书馆人民法院分馆，协助最高人民法院建设“中国法院数字图书馆”；向国务院办公厅报送《新书推荐》12期，推荐图书564种，获得国办领导的充分肯定；召开“国家图书馆部委分馆馆长联席会议暨国家图书馆立法决策服务平台服务年会”。全年共完成党政军文献信息专题咨询1913件，比2015年增长了14.3%。

（二）面向世界科技强国建设的服务实践不断深入

筹备建设国家图书馆科学评估中心；组织编制《京津冀协同创新分析报告》；举办“开启未来新形态——图书馆创客研习营”，以主题演讲、工作坊、分享会、参观、互动体验等形式，与图书馆界和相关机构学员共同探讨图书馆创客服务的现状与未来；全年共完成各类信息咨询9808件，其中论文查证3523件、科技查新275件，馆际互借与文献传递系统接收文献传递、馆际互借、国际互借请求44161件，满足率85%，为科研院所和高等院校开展科研教育工作提供文献支撑。

（三）面向社会公众的服务效益稳步提升

到馆服务继续拓展，全年办理读者证卡50.76万张；接待到馆读者563.99万人次，比2015年增长10%；文献流通近2475.61万册次，比2015年增长7.3%；解答咨询104.46万件，比2015年增长2.5%。社会教育活动有声有色，国图公开课全年共制作完成课程43讲，约4892人次参与录制，累计发布视频超过1000场，通过20家网络平台开展直播活动4次，全年网站总点击量745万次；举办展览、讲座、培训、艺术普及等社会教育活动4395场，接待参观2592批次，惠及公众共计173.43万人次；“文津图书奖”评选与推广活动入选“2016年文化志愿服务示范活动典型案例”。远程服务丰富多彩，国家图书馆网站获2016年度文化部政府网站群绩效评估“年度最佳奖”和“快速发展奖”，全年网站访问量超过13亿次，手机访问量1771.9万次；对“国家数字图书馆”APP进行改版，移动端完成57个专题资源的建设和发布；数字电视服务实现内容日更新，互联网电视用户达4000万人，遍布世界130个国家；国家图书馆微博粉丝超过20.5万人，官方微信关注约10.9万人，获评首届“大众喜爱的50个阅读微信公众号”；“M地铁·图书馆”项目入围国际图书馆协会联合会2016年度国际图书馆营销奖。特殊群体服务不断深入，继续开展“关

爱夕阳”老年课堂服务，提供12个系列的主题课程，组织多项阅读活动，反响热烈；少年儿童图书馆提供暑期延时服务，举办“童音诵古韵·经典有新声”全国少儿诗词在线诵读活动，累计收到来自26个省份的诵读作品4800余份；针对残障人士的特殊需求，推进“国家图书馆网站多媒体动画”项目；在与宁夏回族自治区监狱管理局、山东大学等机构合作共建“中国特殊群体社会治理大数据联合实验室”时，针对监狱民警和服刑人员特殊需求，筹建“特殊群体帮教阅读平台”。

（四）策划举办主题活动反响热烈

春节期间，联合380余家图书馆开展“网络书香过大年”活动，94万人次参与；4月23日，联合全国图书馆共同开展“世界读书日　在图书馆读书”全民阅读推广活动，举办“第十一届文津图书奖颁奖暨国图公开课一周年特别活动”，第十一届“文津图书奖”评出获奖图书10种，推荐图书57种，在全国120余家图书馆举办获奖图书巡展，国图公开课正式推出“文明的对话”栏目，第一期节目“中埃文化沙龙”上线；在2016年“科技活动周”期间，联合部分高新技术机构及企业，开展“数字知识获取新形态”科技体验活动；8月，联合中国机器人产业联盟等机构举办“机器人创想”科技体验活动，吸引读者3万余人。

五、大力推进重点文化工程建设，以项目带动事业发展

（一）中华古籍保护计划全面推进

“中华古籍保护计划”被纳入国家“十三五”规划纲要。全年主要工作：一是完成第五批《国家珍贵古籍名录》和“全国古籍重点保护单位”名单评选上报，并由国务院正式公布，899部古籍、14家古籍收藏单位纳入保护范围。二是完成全国1218家古籍收藏单位的普查登记工作，普查登记数据达200余万条，出版《全国古籍普查登记目录》9部10册，囊括24家收藏单位；“全国古籍普查登记基本数据库”更新数据13万余条、新增42家单位普查数据7万余条；启动《中华古籍总目》（水文卷）编纂工作。三是继续推进“中华古籍数字资源库”项目，发布1.7万种古籍数字资源，启动2016年度《赵城金藏》、“平馆藏书”缩微胶片数字化项目。四是多渠道开展古籍保护宣传推广，筹备“中华古籍保护计划”十周年纪念活动；举办“我与中华古籍”创客大赛，共征集参赛作品300余件（套），评出获奖作品21件（套）。五是继续开展古籍修复、整理与出版，启动“山西省国家珍贵古籍修复项目”，与曲阜市文物局就孔府文献的保护、整理和出版签署战略合作框架协议书。六是加大古籍保护人才培养力度，全年举办培训班19期，培训758人次；增设8家国家级古籍修复技艺传习所；举办首期“全国佛教古籍保护管理研修班”“全国道教古籍保护管理研修班”。

（二）民国时期文献保护计划深入实施

“民国时期文献保护计划”被列入国家“十三五”规划纲要。全年主要工作：一是5项“国家

社科基金抗日战争研究专项工程”项目获批立项，其中以国家图书馆为第一牵头单位的“日本战犯审判文献征集、整理与数据库建设”“日本对华调查档案资料整理和数字化”已顺利启动。二是与中国科学院文献情报中心等7家机构签订普查登记协议。三是继续推进《民国时期文献总目（图书卷）》编纂工作。四是完成海外藏日本细菌战罪行档案数字化征集1.1万拍。五是首发出版《丸之内审判文献汇编》《伯力审判庭审记录》《二战日军战史资料汇编》三种重要文献，全年整理出版民国时期文献16项682册，新立项29项。六是继续开展专题数据库建设和民国图书缩微胶片数字化项目，启动220万页民国图书缩微胶片数字化工作。七是开展文献保护研究，完成“民国时期文献脱酸研究与脱酸设备研制”项目验收并结项。八是举办“民国时期文献保护计划”宣传推广吉林站、辽宁站、黑龙江站系列活动暨民国时期文献保护工作培训班。

（三）数字图书馆推广工程顺利开展

全年主要工作：一是开展全国性资源共建共享，279家图书馆参加2016年资源联建工作；通过专网向全国各级公共馆共享数字资源超过140TB。二是开展面向少数民族地区和贫困地区的帮扶工作，向少数民族地区推送民语资源180GB，向贫困地区图书馆推送定制化数字资源1.8TB。三是进一步拓展数字图书馆服务及宣传推广渠道，新增63家移动阅读平台分站，在湖南、西藏、云南等六地举办“春雨工程·网络书香”阅读推广活动及“网络书香·数字图书馆建设与服务”宣传推广活动，向贫困地区以及边疆、少数民族地区提供数字文化志愿服务，“网络书香”数字图书馆阅读推广活动西藏行服务入选“2016年基层文化志愿服务活动典型案例”；为全国公共图书馆提供网络讲座直播服务25次。四是强化人才队伍建设，举办培训23期，培训900余人次，协助14省开展推广工程区域培训工作，推广工程在线学习平台正式上线服务。

六、广泛开展业务研究与协作，行业引领作用进一步发挥

（一）围绕事业发展需要开展支撑研究

受文化部委托，围绕社会各界以及国务院法制办关于《公共图书馆法（征求意见稿）》的意见与建议开展支撑研究；开展全国公共图书馆事业发展、图书馆标准化、古籍保护、图书馆文献缩微复制、公共数字文化建设等多项“十三五”规划编制及支撑研究，《推动文化文物系统文化创意产品开发研究》被纳入全国文化系统2016年度重点调研选题，《“公共图书馆法”立法支撑研究报告》《我国公共文化机构建立法人治理结构调研报告》分别被评为全国文化系统2015年度“十佳调研报告”和“优秀调研报告”，《我国文化场馆语言文字使用情况调查及对策研究报告》获教育部优秀调研报告二等奖；组织编纂《中国图书馆年鉴》《中国图书馆事业发展报告》；依托全国图书馆标准化技术委员会、全国文献影像技术标准化技术委员会，推动图书馆标准规范体系建设，全年共申请立项标准制修订项目10项，其中国家标准2项、行业标准6项、标准化研究项目2项，完成2项国家标准和3项行业标准正式发布。

（二）依托业务合作平台深化行业协作

全国联合编目中心成员馆达2150家，用户达2722家，数据总量1356万余条，全年上传数据近10.9万条，下载数据1019万条；全国图书馆文献缩微复制中心启动首批5家图书馆的数字缩微建设协作，依托新疆维吾尔自治区图书馆开始探索民语文献的缩微抢救；依托数字图书馆推广工程，在山东、四川、广西等地举办全国图书馆参考咨询协作网培训班，在北京、黑龙江等地举办全国省级公共图书馆决策咨询服务协作平台培训班；全国图书馆讲座联盟全年累计完成平台主讲人和讲座数据约5000条；举办"第十一届文津图书奖获奖图书""'我与中华古籍'创客大赛""我们的文字展"及"永远的怀念——任继愈诞辰100周年纪念展"等全国巡展。

（三）全力支持行业组织发展

继续为中国图书馆学会、中国古籍保护协会、中国文献影像技术协会等图书馆行业组织发展提供全方位支持与保障。经中国科协科技社团党委批复，成立中国图书馆学会党委，韩永进同志任党委书记；开展中国图书馆学会第九届理事会分支机构组建工作；承接文化部县以上公共图书馆评估定级职能，组织研制评估指标体系，在全国5省（市）8家单位开展试评估工作，被中国科协列为全国学会试点工作典型案例，上报中央主管领导；适应市场形势，参加文化部公共文化司"全国县级图书馆馆长培训采购项目"磋商谈判并胜出，在辽宁、四川和安徽3省培训县级图书馆馆长604人；组织召开2016年中国图书馆年会、第二届全国图书馆未成年人服务论坛、第十届全民阅读论坛、2016年海峡两岸档案暨缩微学术交流会等重要学术会议，开展"阅读推广人"培育行动；召开中国古籍保护协会一届三次常务理事会和一届二次理事会；召开中国文献影像技术协会2016年度第一次常务理事会，筹备协会换届事宜，完成全国文献影像技术标准化技术委员会第六届委员会换届工作，召开新一届委员会成立大会和分会主任及秘书长工作会议。

七、不断开拓国际及港澳台交流与合作领域，国际影响力日益彰显

（一）继续实施"海外中华古籍调查暨数字化合作"项目

完成"海外中华古籍书目数据库"一期建设，累计完成包括美国、加拿大、西班牙、日本等4个国家30家单位24万条书目数据，开展二期数据加工，完成数据316550条；推进海外中华古籍数字化及出版合作，出版《美国哈佛大学哈佛燕京图书馆藏善本方志书志》、英国国家图书馆和英国阿伯丁大学图书馆藏《永乐大典》等重要文献；实现法国国家图书馆藏全部敦煌写本的数字化回归；完成对西班牙、葡萄牙等重点国家及地区的调研，初步摸清两国存藏中华古籍情况。

（二）加强国际及港澳台图书馆交流与合作

配合国家"一带一路"等重大战略，积极与其他国家和地区图书馆开展交流合作，全年共接待来访56批次、469人次，组织出访30批次、105人次，参加境外展览及商议办展6场次，在国

际图书馆及相关事务中发挥积极作用。与埃及亚历山大图书馆、阿尔及利亚国家图书馆、葡萄牙国家图书馆、马其顿国家图书馆、匈牙利国立塞切尼图书馆等签署合作备忘录；继续推动中日韩数字图书馆项目、国家数字图书馆澳门科技大学合作馆等项目；与伊朗国家图书与档案馆合作举办“美丽的伊朗”图片展，与澳大利亚国家图书馆共同举办“大清世相：中国人的生活，1644—1911”展览；成立国际图联保存保护中国中心领导小组，获得2017年亚洲及大洋洲地区国家图书馆馆长会议主办权；继续推进海外文化中心图书馆建设，完成“中国文化中心数字图书馆”网站建设，为30余个海外中国文化中心图书馆提供数字资源服务；与法国国家图书馆共建“中法文化门户”主题网站；主办“中国—南亚图书馆管理与服务高级研修班”，来自南亚6国以及中国西部4省的16位图书馆高级管理人员参加研修。

八、全面提高综合管理水平，营造事业发展良好环境

（一）内部管理更加规范高效

坚持民主集中制，重大事项充分讨论，科学决策，全年共召开馆务会58次、馆长办公会69次，上会讨论议题175项。2016年国家图书馆财政资金总体预算7.6亿元，其中当年预算6.66亿元，当年预算支出6.59亿元，实际执行进度为98.99%；确定文献开发、数字资源开发、文创产品开发等3项重点创收方向，全年创收达17499万元，实现全年收支平衡。完成国家图书馆一期维修改造工程竣工结算；加强审计监督，制定出台《国家图书馆内部审计工作暂行规定》，按时完成国家图书馆及馆属企业的“营改增”工作，开展馆属企业及出版社内部审计、项目结项审计工作；前移审计监督关口，推动审计监督向事前、事中监督转变；制定《国家图书馆项目支出绩效评价暂行办法》，配合文化部开展书刊资料购置项目绩效评价，自主开展运行经费项目和典籍博物馆展览专项绩效评价；成立国家图书馆内部控制建设工作领导小组，以开展内部控制基础性评价为契机，推动内部控制体系的建立健全与实施；进一步完善行政管理规章制度，针对公文管理、活动管理制定出台专门文件；修订《国家图书馆国有资产管理办法》，完成资产管理系统升级工作，圆满完成资产清查工作；加强馆属企业监管，增设社会效益考核和经济效益考核指标，制定《馆属企业使用国家图书馆无形资产及品牌使用指导意见》，馆属企业及出版社年度营业总收入20978万元，上缴馆方4253万元，在企业收入平稳快速增长同时实现对馆方良好回报。

（二）人才队伍建设及科研工作扎实推进

加强干部队伍建设与管理，完成11名处级干部职务调整，71人次科级干部聘任、调整工作，完成64名处级干部的“三龄两历一身份”审核工作。多渠道补充紧缺岗位人才，通过招收应届毕业生、接收军队转业干部和遴选优秀劳务派遣人员进入事业编制等方式，引进各类急需人才58名。完成2016年度职称评审工作，推荐晋升各系列高级职称14人，通过晋升或转任副研究馆员55人。注重高层次人才培养，5人获文化系统优秀人才荣誉称号，2人获全国范围优秀人才荣誉

称号；选派1人作为第八批援藏干部，赴西藏自治区图书馆工作；扎实推进员工培训工作，举办全员培训31场，参训人员2350人次；根据文化部对部系统文艺工作者大规模轮训工作安排，组织595人参加培训。支持和鼓励员工结合业务工作开展科研，全年获省部级以上科研项目5项，获资助经费475万元；立项资助馆级科研项目39项，资助经费81万元；审批立项文津出版基金资助项目3项，资助金额9万元。

（三）宣传推广工作不断创新

继续推进重大活动与重点工程的全方位、多媒体、立体化宣传推广，全年开展集中宣传活动36次，配合媒体完成采访拍摄60余次，媒体关于国家图书馆工作原发报道1900余条，网络媒体转载9200余条；进一步加强与光明网、央视新闻中心等重要媒体合作，策划在《光明日报》推出“来自国家图书馆的报告”系列报道，在《人民日报·海外版》《光明日报》《中国文化报》等平面媒体刊发整版及开辟国家公祭日等专栏报道共计13个，中央电视台、北京电视台、光明网等广电和网络媒体专题专访报道13个；积极主动向文化部报送工作信息100余条，全年被采用信息评分位居直属单位第一，其中“国图研发成功国内首台批量文献脱酸处理设备”“国家图书馆国家文献战略储备库工程可行性研究工作全面展开”等信息、简报得到雒树刚部长和杨志今副部长批示。积极利用微博、微信、微刊、微视频等新媒体方式，创新开展宣传推广活动，组建国家图书馆“微传播”团队，吸纳各部处40人参加。

（四）软硬件平台及基础设施运行平稳

建设“国家图书馆网络高清互动直播平台”，具备视频内容直播、点播、文档播放、互动交流，以及用户管理、客户端播放控制、直播监控及统计等功能，为国家图书馆大型活动提供全程直播服务；完成ALEPH系统、统一用户管理系统、办公自动化系统、多媒体展示系统等应用系统的运行监控和定期巡检；开发文津搜索系统移动端；升级改造档案管理系统；完成存储系统、软硬件及附属设备的管理工作；提升网络安全管理，查处阻断病毒文件4208个、垃圾邮件97万封、攻击740万次，按上级单位和相关单位要求，开展11次网络安全检查核查；部署文化部视频会议及财务专网；完成数图体验区项目终验和异地灾备项目招标。

（五）安全保卫坚实有力

深入贯彻落实上级机关关于安全工作的指示精神，加大安全教育、宣传、检查力度，对新入馆员工及馆内多个部处进行安全授课及实操培训，全年共培训员工2600余人次。圆满完成全年重要展览、国内外领导人参观，以及古籍善本外运回迁的安保任务。完善技防设施，检修报警点位5000余个。严格日常管理，做好到馆用户的安检工作，全年无一起重大安全责任事故。

（六）后勤服务工作精细务实

圆满完成全馆及各类重要活动的供电、供水、空调、医务、收发、保洁、车辆管理等服务保障任务，车队安全行驶31.27万公里；积极稳妥推进馆属职工宿舍物业管理、供热采暖改革和公务用车、办公用房改革等相关工作；落实冷却塔隔音降噪、新能源汽车充电桩建设、馆区大门改造、退还职工承租平房宿舍租赁保证金4件实事；积极应对极端恶劣天气，完成“7·20”突发特大暴雨等抢险任务，确保馆区汛期安全；组织春秋季电力设备检修、一线员工健康证体检和全体员工体检工作；进一步加强对物业公司和食堂的监督管理和工作考核。

九、群团工作立体推进，和谐组织氛围日愈浓厚

（一）坚持以人为本建设和谐国图

召开2016年国家图书馆第二届职工代表大会第五次全体会议，完成馆工会委员补选和工会主席选举工作；举办“馆长—员工月度交流午餐会”7次，馆领导分别与全馆服务标兵、青年员工、荣获“两优一先”表彰党员共进午餐，有效增进馆领导与基层员工的沟通；创设国家图书馆青年学术论坛，开展“走进服务一线”系列活动；成立读书俱乐部，组织开展系列主题读书会，提高青年员工文化涵养；集中开展学雷锋志愿服务系列活动，采用“业务学习+志愿服务”方式开展库房文献整理、典籍知识讲解服务等活动，被评为“公共文化设施学雷锋志愿服务示范单位”；活跃馆内文体生活，举办国家图书馆第十一届艺术节，围绕女员工和年轻员工等特定人群需求开展图书推荐、亲子互动等主题活动，不断提高员工职业归属感与荣誉度。

（二）切实关心离退休员工生活

根据国务院《关于增加机关事业单位离退休人员离退休费的实施方案》要求，完成离退休员工2016年度离退休费增发工作；持续关注老同志的家庭、就医、救助等实际需求，做好政策宣传和解释，组织慰问老同志、老专家，全馆联动，通过走访、慰问、祝寿等方式向离退休干部送温暖；切实解决困难员工的生活问题，落实人文关怀；深入推进“文化养老”，组织新春团拜会、老同志春秋游，大力支持老干部俱乐部活动，协助退休员工200余人报名参加文化部老年大学，并根据老同志的实际需要促成西区分校开办二胡班；筹建“国图老干部之家”微信群，及时发布部处工作动态、通知公告、养生保健信息等资讯，受到老同志的热烈欢迎；国家图书馆自创的“一网五平台”工作法得到上级党组织的充分肯定，并作为文化部系统的唯一代表，在中央国家机关工委举办的离退休干部支部工作法推广会上介绍推广。

特别记载

- “永远的怀念——任继愈先生百年诞辰纪念活动”举行
- 国家图书馆国家文献战略储备库建设工程项目取得重要进展
- 第五批《国家珍贵古籍名录》和第五批“全国古籍重点保护单位”发布
- 《中华传统文化百部经典》编纂工作全面启动
- 国家图书馆接受呈缴本工作履职百年
- 中国—南亚图书馆管理与服务高级研修班举办
- 中国文化中心数字图书馆上线
- “不朽的巨匠——纪念汤显祖、莎士比亚、塞万提斯逝世400周年”国图公开课特别活动
- 重大展览
- 新入藏珍贵文献

特别记载

一、“永远的怀念——任继愈先生百年诞辰纪念活动”举行

4月15日，任继愈先生百年诞辰纪念活动在国家图书馆开幕。纪念活动包括举办“永远的怀念——任继愈先生百年诞辰纪念展”“永远的怀念——任继愈先生百年诞辰纪念会暨学术研讨会”，出版《永远的怀念——任继愈先生百年诞辰纪念文集》等。文化部党组书记、部长雒树刚，文化部党组成员、部长助理兼办公厅主任于群，文化部原副部长、国家图书馆名誉馆长周和平，国家图书馆馆长韩永进出席仪式，来自全国图书馆界代表，任继愈研究会代表，高校、科研院所的专家学者，任先生家属及其家乡山东平原县代表100余人出席活动开幕式。国家图书馆常务副馆长陈力主持开幕仪式。

文化部部长雒树刚出席“永远的怀念——任继愈先生百年诞辰纪念展”开幕式并致辞

任继愈先生是我国著名的哲学家、宗教学家、历史学家，一代学术宗师。任继愈先生以知识分子的家国情怀，自觉担当起抢救、保护、整理和出版传统文献典籍的历史使命，组织和主持一系列大规模文化工程，为中国文化发展高潮的到来做了充分的资料准备。任继愈先生在担任国家图书馆馆长和名誉馆长期间，牢牢把握国家图书馆的办馆方针和发展方向，推动图书馆各项工作，使中国国家图书馆迈入世界图书馆先进行列。

雒树刚在讲话中指出，在当前这样一个文化大发展大繁荣的历史时期，我们更加怀念以任继愈先生为代表的，与时代同行、反映时代精神的一批先进知识分子对中国文化事业的杰出贡献。我们纪念任继愈先生，就要像他那样弘扬爱国主义精神，为中华民族的伟大复兴不懈奋斗；始终不渝地坚持马克思主义的科学信念；矢志传承振兴民族文化；保持知识分子的担当精神和高尚情操。希望国家图书馆和各位专家学者，以及社会各界一起，继承任继愈先生的遗志，整理、出版更多优秀传统文化典籍，肩负起传承、弘扬中华优秀传统文化的光荣使命。

韩永进在致辞中表示，任先生终其一生心系民族文化，埋首书山，整理古籍，留给后人一笔无比丰富的精神财富，为当代中国的文化建设做出卓越贡献。任继愈先生担任国家图书馆馆长近20年之久，是中国图书馆界的一面旗帜。图书馆人将继承先生的遗志，为把国家图书馆建设成为“国内最好、世界领先”的图书馆，为实现中华民族伟大复兴的中国梦贡献力量。

开幕式后，与会嘉宾参观了在国家典籍博物馆一号展厅展出的“永远的怀念——任继愈先生百年诞辰纪念展”。该展览展期一个月，以图文并茂的形式，辅以任继愈先生的代表性著作、主持编纂的大型文化工程、个人的批示、题字、档案以及赠送给国家图书馆员工的礼物等进行展示，全面、深入展示任继愈先生的成长历程、各个时期的精神风貌、突出的学术成就以及对中国图书馆事业和中华民族文化复兴的卓越贡献。

随后，全国宗教学界、哲学界、历史学界以及国内外图书馆界的专家学者100余人参加了“永远的怀念——任继愈先生百年诞辰纪念会暨学术研讨会”。与会专家表示，任继愈先生高尚的道德风骨、卓越的学术成就和对整个中华传统文化复兴的贡献，永远值得我们铭记和怀念，并激励着我们继承先生遗志，肩负起传承、弘扬中华优秀传统文化的光荣使命。

二、国家图书馆国家文献战略储备库建设工程项目取得重要进展

2016年，在国家图书馆国家文献战略储备库（以下简称文献战略储备库）建设工程项目资金未到位情况下，国家图书馆克服重重苦难，积极开展可行性研究各项工作，取得重要进展。

（一）确定项目建设用地范围

1月至5月，国家图书馆副馆长王军率领基建工程办公室和可行性研究报告编制单位——中国中元国际工程有限公司主要负责人员先后5次赴河北省承德县，与河北省承德县委、县人民政府就项目建设用地红线、用地规划条件和周边路网规划等事宜进行反复协商，最终确定项目用地范围、用地规划条件和周边路网规划。项目用地范围共计275.8105亩，其中建设用地152.5348亩、预留用地123.2757亩。国家图书馆具有优先购买预留用地的权利，确保文献战略储备库可持续发展、周边安全防护管理及生态环境保护。

5月17日，在河北省承德县乾隆宾馆举行项目签约仪式，国家图书馆馆长、党委书记韩永进，常务副馆长陈力，副馆长、党委副书记魏大威，副馆长张志清、王军；承德市委书记周仲明、

市长常丽虹，承德县委书记齐建文、县长刘志琦等领导出席签约仪式。韩永进在讲话中表示，文献战略储备库项目作为国家“十三五”重大文化设施项目之一，国家图书馆将以项目建设为契机，积极支持承德公共文化服务体系建设，提升承德市公共文化服务能力，为承德市人民提供优质公共文化服务，希望双方为确保建成“国内最好、世界领先”的文献战略储备库而共同努力。周仲明在仪式上表示，承德避暑山庄的文津阁《四库全书》珍藏在国家图书馆，成为承德和国家图书馆文化交流的最好见证。本项目落地承德，是贯彻落实中央决策部署，推动京津冀协同发展的务实举措。承德将积极配合、齐心协力支持项目建设，真正把该项目打造成为全市项目建设的标杆和样板。韩永进和王军代表国家图书馆与承德县人民政府分别签署战略合作意向书和项目用地协议。

（二）贯彻落实文化部一系列重要批示精神

文献战略储备库建设工程项目可行性研究工作受到文化部部领导高度重视。5月19日和23日，文化部党委书记、部长雒树刚和党委副书记、副部长杨志今分别在第17期国家图书馆简报上做出重要批示，指出文献战略储备库工程是国家“十三五”规划重点文化工程，现已进行可行性研究工作，一定要科学设计、科学论证、科学编制方案，确保工程高质、高效，确保工程廉洁、清正。

5月24日，韩永进就认真学习和落实部长批示要求进行部署，王军及时组织基建工程办公室全体人员进行学习，研究落实举措。6月3日，韩永进召开专题会议，班子全体成员及相关部处负责人参加，学习贯彻文化部领导批示精神，部署下一步工作举措：第一，加强组织领导，重大事项集体决策。第二，完善规章制度，确保项目建设廉洁、高效。一方面是进一步加强制度建设。另一方面是以财务结算为中心，强化造价控制机制，努力将文献战略储备库项目建设成为廉洁项目、节约工程。第三，强化技术队伍、建立专家团队，为科学决策提供保证。

11月14日上午，雒树刚主持召开文化部部长办公会议，听取国家图书馆专题汇报。杨志今，党组成员、部长助理于群，以及财务司、公共文化司负责同志出席会议。雒树刚强调，中央高度重视，将文献战略储备库项目列入国家“十三五”规划，具有很强的战略意义。目前，相关司局和国家图书馆积极推进，项目进展总体顺利。下一步，要做好四方面工作：一是科学设计论证。要对文献战略储备库功能进行准确定位，深入研究、科学论证三个馆区的总体布局和利用规划。二是统筹考虑、总体设计。建筑要与环境相映成趣、融为一体，同时要体现中国风格，体现中国园林美。三是抓紧其他配套工作。要抓紧编写可研报告，明确地方政府责任清单，抓紧确定前期配套工作。四是加强协调。文化部要全力支持并主导项目建设，有关重大问题、重大方案要经部党组研究审定。会上，杨志今、于群还就项目前期配套工作、项目总体设计、建设廉政工程，以及建筑、消防安全等做出重要指示。11月14日下午，国家图书馆馆长韩永进主持召开馆务会，传达学习雒树刚、杨志今、于群等部领导的重要指示精神。会议要求，要做好文化部领导重要指示的具体贯彻落实工作；坚持月度听取工程汇报制度；建立工程信息专报制度，加强向文化部党组和有关司局的汇报、沟通工作；做好工程招投标前期相关准备工作；加强廉政建设，确保项目建设优质高效、廉洁清正。11 月，国家图书馆制定贯彻落实文化部领导重要指示精神的任务分解表，从 4 个方面明确细化 12 项重点任务。

（三）完成项目用地初步勘察

1 月至 3 月，先后 3 次到河北省承德县选定项目用地初步勘察单位，确定初步勘察方案，到项目用地现场协调解决现场勘察遇到的问题，于 3 月 18 日完成项目用地初步勘察工作。

（四）编制完成项目业务需求

1 月至 6 月，先后 13 次就项目业务需求召开专题会议，编制完成项目业务需求。6 月 13 日，馆长韩永进主持召开第 2 次国家文献战略储备库工程专题馆务会，原则通过项目业务需求。6 月 23 日，项目业务需求完成国家图书馆内部签批手续。

（五）编制完成工程可行性研究报告初稿和工程设计任务书

5 月，会同可行性研究报告编制单位编制完成工程可行性研究报告初稿，6 月编制完成工程设计任务书，分别为下一步相关手续办理、设计招标提供技术依据。

（六）完成项目用地预审工作

根据国土资源部关于项目用地预审的报批要求，于 4 月至 5 月完成项目压覆矿产资源调查评估单位选定工作，以及所有项目压覆矿产资源调查评估及其报批工作，并取得承德市国土资源局关于本项目的批复文件。5 月 30 日至 6 月 1 日，赴石家庄市向河北省国土资源厅上报文献战略储备库建设工程项目用地预审材料。6 月 17 日，河北省国土资源厅出具初审意见（冀国土资呈〔2016〕429 号文件）。6 月 29 日，正式向国土资源部上报项目用地预审材料。7 月 20 日，国土资源部通过项目审查，出具《关于国家图书馆国家文献战略储备库项目建设用地预审的复函》（国土资预审字〔2016〕101 号文件），批复的项目用地面积 10.17 公顷。至此，文献战略储备库建设工程项目用地预审审批工作圆满结束。

（七）完成国内外项目调研工作

7 月至 9 月，根据国家发展改革委出具的《关于印发国家发展改革委关于报批国家图书馆国家文献战略储备库建设工程项目建议书的请示的通知》（发改社会〔2015〕2534 号）批复文件中关于“在可行性研究报告编制阶段深入研究国际同类建设经验，做好建筑设计方案的深入论证和比选工作”的要求，国家图书馆先后赴国内六地九家、国外四国八家单位就同类项目进行实地调研。通过调研，开阔眼界、拓宽思路，得到启发：一是尊重建筑场地及周边环境，考虑地域特色，根据地势、地貌等特征进行合理设计、规划布局。二是建筑简单大方、简约实用、注重细节、功能齐全，一切以有利于文献保存保护为出发点。三是文献资料主要采取密集架与高架相结合存储方式，因地制宜，采用先进技术手段，进而细化工艺流程设计，确保建筑内部业务流线合理迅捷，达到“国内一流，世界领先”。四是“人防”与“技防”相结合，重视安全管理，建立完善的安防与消防体系。

（八）完成项目建筑设计招标资格预审和第一阶段“设计方案和技术建议征集”工作

8 月 22 日，在中国政府采购网等 4 家媒介上发布文献战略储备库建设工程项目建筑设计招标资格预审公告，在规定时间共有 11 家国内设计院报名参加。9 月 13 日，按照属地管理原则，在河北省承德县公共资源交易中心组织资格预审，按照事先确定的入围条件和评审排序，最终确定 7 家投标人进入招标阶段。10 月 28 日，发布第一阶段设计方案和技术建议征集文件，并于 11 月 8 日组织投标人赴河北省承德县进行现场集中踏勘，召开答疑会，对投标人提出的问题进行应答，并发布答疑文件。12 月 16 日召开第一阶段设计方案和技术建议征集专家评审会，评审委员会根据法律法规和文件规定，按照既定评审程序，评审每家设计方案，并出具独立意见。经评审委员会一致商议，共同提出对设计任务书的优化意见，用于第二阶段招标。

（九）办理完成项目选址意见书手续

2016 年，国家图书馆与河北省承德县人民政府相关部门通力协作，在项目选址意见书手续报批方面做了大量扎实细致的工作，于 11 月 8 日办理完成承德市城乡规划局关于项目选址意见书的初审手续，12 月 27 日获得河北省住房和城乡建设厅核发的建设项目选址意见书（选字第 130000201600060 号）。

（十）进行遴选各项评估单位工作

为做好各项评估准备工作，2016 年，国家图书馆分别与节能评估、水土保持、防洪影响、水资源论证、环境影响评价和社会稳定风险等相关评估单位进行接触，了解相关工作流程和审批要求，遴选评估单位。截至年底，已经完成项目节能评估单位的选定和合同签订工作，初步确定项目社会稳定风险评估单位。

三、第五批《国家珍贵古籍名录》和第五批“全国古籍重点保护单位”发布

3 月 27 日，国务院下发《关于公布第五批国家珍贵古籍名录和第五批全国古籍重点保护单位名单的通知》（国发〔2016〕22 号），正式公布第五批《国家珍贵古籍名录》和“全国古籍重点保护单位”。第五批《国家珍贵古籍名录》共收录 139 家藏书单位的 899 部珍贵古籍，包括汉文古籍 754 部、少数民族文字古籍 131 部、其他文字古籍 14 部。第五批“全国古籍重点保护单位”共 14 家，涵盖公共图书馆、教育、博物馆、档案馆、民委等多个系统的收藏单位。截至 2016 年年底，全国共有 12274 部古籍被列入《国家珍贵古籍名录》，180 家单位被命名为“全国古籍重点保护单位”。

第五批《国家珍贵古籍名录》和第五批“全国古籍重点保护单位”新闻发布会

5月24日，文化部召开第五批《国家珍贵古籍名录》和第五批“全国古籍重点保护单位”新闻发布会。发布会由文化部公共文化司副司长陈彬斌主持，文化部公共文化司司长张永新，国家图书馆副馆长、国家古籍保护中心副主任张志清，全国古籍保护工作专家委员会主任李致忠出席发布会，分别介绍全国古籍保护工作进展、第五批《国家珍贵古籍名录》和第五批“全国古籍重点保护单位”申报评审情况及第五批《国家珍贵古籍名录》主要特点。《人民日报》《光明日报》、新华社、中央电视台、北京电视台等30余家媒体记者到场进行采访报道。

建立《国家珍贵古籍名录》和命名全国古籍重点保护单位是抢救、保护我国珍贵古籍，继承和弘扬优秀传统文化的制度性安排。在国家古籍保护中心的推动下，全国19个省份开展了省级《珍贵古籍名录》评审工作，推动了古籍分级保护制度的建立。被命名为“全国古籍重点保护单位”的有关单位古籍存藏环境显著改善。据统计，有超过2000万册古籍得到妥善保藏。

四、《中华传统文化百部经典》编纂工作全面启动

4月，在中宣部支持指导下，由文化部委托国家图书馆组织实施的《中华传统文化百部经典》编纂工作全面启动。著名学者、中央文史馆馆长袁行霈担任编纂委员会主任委员，国家图书馆馆长韩永进担任副主任委员，瞿林东、许逸民、陈祖武、郭齐勇、田青、陈来、洪修平、王能宪、万俊人、廖可斌、张志清、梁涛、李四龙担任编委会成员。聘请饶宗颐、冯其庸、叶嘉莹、章开沅、张岂之、刘家和、乌丙安、程毅中、陈先达、汝信、李学勤、钱逊、王蒙、楼宇烈、陈鼓应、董光璧、王宁、李致忠、杜维明担任顾问。

（一）《中华传统文化百部经典》座谈会召开

4月8日，《中华传统文化百部经典》（以下简称《百部经典》）座谈会在国家图书馆召开。中共中央政治局委员、中央书记处书记、中宣部部长刘奇葆主持会议，听取专家对进一步推进《百

部经典》工作的意见并作重要指示。中宣部常务副部长黄坤明、副部长景俊海、副部长庹震，文化部党组副书记、副部长杨志今，国家新闻出版广电总局副局长吴尚之，中宣部副秘书长陈永刚、办公厅主任常勃、出版局局长郭义强、文艺局局长汤恒、文艺局副局长王强，国家新闻出版广电总局出版管理司司长周慧琳，中国出版集团公司党组书记、中国出版传媒股份有限公司总经理王涛，国家图书馆馆长韩永进参加会议。中央文史馆馆长袁行霈，北京大学中文系古文献研究中心教授廖可斌、《儒藏》编纂中心副教授张丽娟，中国社科院文学研究所副研究员许继起，北京师范大学文学院副教授李小龙，国家图书馆副馆长张志清及相关单位和部门的工作人员出席座谈会。

会上，刘奇葆听取国家图书馆《百部经典》编纂项目前期工作汇报，听取袁行霈等专家对如何编纂好这部丛书的意见和建议。刘奇葆对此做出7点重要指示：一是编纂目的。优秀传统文化是我们的“根”和“魂”。继承优秀传统文化要注重与时代发展相适应，取向应该是有利于解决现实问题的文化，有利于助推社会发展的文化，有利于培育时代精神和时代新人的文化，并体现到方方面面。传统文化典籍浩如烟海，编一套高质量、高水准的文本便于大家阅读和使用很有必要。二是编纂总体思路。《百部经典》的编纂要以习近平总书记关于传承和弘扬中华优秀传统文化的一系列重要指示为指导，要以社会主义核心价值观为引领。在精选、精编的基础上进行大众化、通俗化的解读。服务当代，面向未来，用时代精神激活中华优秀传统文化的生命力。要做到鲜明主旨、赋予新意、着眼普及。三是书目选取。书目的选取是编纂的基础，应当有通盘的考虑。主脉突出，一以贯之，体现整套书的编纂思路。要明确范围、萃取精华、广纳百家。四是编纂体例。整套书的编排规则、分类方法、框架结构，每本书的篇章构成、注释标准、解读方式，体现着丛书的风格和特点，影响着读者的阅读感受。从整套书来讲，由于数量众多、内容丰富，需要有整体的板块设计。五是丛书的使用。编是起点，用是目的。从书要着眼于古为今用、学以致用，要融入教育、融入生活，最大限度地发挥以文化人的作用。要做好大众普及，运用现代传播手段进行宣传推介，让这套书进入普通家庭、党政机关、厂矿企业等，覆盖各类社会群体，在流行中产生实际效果。六是编纂组织工作。编纂委员会要把学术权威性和影响力大的名家大师吸收进来，组成豪华阵容，出思想、做指导。编写团队要选好配强，集思广益，精益求精。中宣部、文化部要做好保障工作，及时帮助解决工作中遇到的难题。国家图书馆作为项目日常工作机构，要组建高水平的团队，全力做好联络服务工作。七是编纂进度。首批书目要成规模、有声势。2017年国庆节前完成首批10部书的出版工作。

会上，杨志今受文化部部长雒树刚委托，代表文化部做汇报并表示，文化部将全力做好编纂项目的保障工作，认真组织，精心部署，指导国家图书馆扎实推进编纂工作。力争在中宣部的领导下，将《百部经典》打造成一套富有特色、具有永恒价值的厚重之作、传世精品。

（二）主要工作进展

根据4月8日刘奇葆在国家图书馆主持召开的《百部经典》座谈会的重要指示精神，及6月22日景俊海同志在国家图书馆就《百部经典》进展情况进行调研时做出的工作部署，截至2016

年年底，编委会共召开7次会议，确定《中华传统文化百部经典》3批图书共计43种，首批12种图书进入撰稿阶段。

首批图书包括《周易》《尚书》《诗经》《论语》《孟子》《史记》《老子》《庄子》《荀子》《墨子》《孙子兵法》《黄帝内经》12种。

第二批图书包括《礼记》《左传》《春秋繁露》《资治通鉴》《国语》《战国策》《贞观政要》《明夷待访录》《史通》《读通鉴论》《管子》《韩非子》《吕氏春秋》《淮南子》《论衡》《颜氏家训》《近思录》《传习录》《日知录》《楚辞》《文心雕龙》21种。

第三批图书包括《九章算术》《伤寒杂病论》《水经注》《齐民要术》《梦溪笔谈》《营造法式》《王祯农书》《本草纲目》《天工开物》《徐霞客游记》10种。

（三）重要工作会议

1.《百部经典》编纂委员会第一次会议

《百部经典》编纂委员会第一次会议于5月24日在国家图书馆召开。编纂委员会主任委员、中央文史研究馆馆长袁行霈，副主任委员、国家图书馆馆长韩永进，部分编委及《百部经典》编纂工作办公室工作人员出席会议。首次编委会传达学习习近平总书记在哲学社会科学工作座谈会上的重要讲话精神，研究探讨下一步工作方案。袁行霈提出以“激活经典、熔古铸今、立足学术和面向大众”为目标，以“偏重先秦，体现广泛性、多样性”为原则筛选首批书目。韩永进强调《百部经典》编纂工作体现国家意志，是社会主义先进文化的标志性项目；编纂工作要贯穿体现习近平总书记所讲的“继承性、民族性、原创性、时代性、系统性和专业性”。经与会编委商讨，确定2016年首批12种图书的编纂计划，并初步确定撰稿人选。会议还讨论了编纂体例。

2.《百部经典》编纂委员会第二次会议

6月20日，《百部经典》编纂委员会第二次会议在国家图书馆召开。袁行霈、韩永进及部分编委和《百部经典》编纂工作办公室副主任张洁出席会议。编委会就《百部经典》编纂体例进行深入探讨，一致认为：编纂工作要立足学术、面向大众，体现这个时代对中华优秀传统文化的认知高度；编纂体例要根据原典自身特点，兼顾多样性和完整性；导读部分要全面、客观反映原典精髓，不过分突出撰稿人学术观点，重在引导读者阅读原典；同时推进两条工作线，一是选好百部书目，二是推进首批书的编纂工作。

3.《百部经典》编纂工作调研会议

为落实刘奇葆4月8日视察国家图书馆时的重要指示，6月22日，中宣部副部长景俊海到国家图书馆就《百部经典》进展情况主持召开调研会议。中宣部文艺局局长汤恒，文化部公共文化司司长张永新，国家图书馆馆长韩永进、副馆长张志清，《百部经典》编纂工作办公室和中宣部文艺局有关同志参加会议。

景俊海听取韩永进关于《百部经典》近期工作的汇报，并对编纂工作取得的阶段性成果给予充分肯定，认为工作进展顺利、细致、扎实。他指出编纂工作意义重大，并就编纂工作提出具体要求：编纂工作一要突出学术权威性，不断汇集最具学术权威性和影响力大的名家大师，不断吸收富有活力的中青年专家参与；二要体现大众性，思想内容和语言表达要着眼普及、深入浅出、通俗易懂；三要体现时代性，古今贯通、关照当下，把经典的时代价值写出来；四要把编纂重点放在导读或解读上，使读者通过阅读导读或解读来理解原文，汲取古人的智慧；五要确保编纂体例的相对统一，个别体例根据原典的自身特点确定；六要尽快确定体例，并报中宣部阅批。针对编纂工作中遇到的资金和人员保障问题，景俊海要求中宣部文艺局和国家图书馆要加强沟通，就项目资金支持、专家工作认定等问题，协调相关部门，研究拿出具体措施，为更好推进工作做好服务保障。

中宣部副部长景俊海主持召开《中华传统文化百部经典》调研工作会议

4.《百部经典》编纂委员会第三次会议

6 月 28 日，《百部经典》编纂委员会第三次会议在国家图书馆召开。袁行霈、韩永进、部分编委和《百部经典》编纂工作办公室相关同志参加会议。会上，韩永进向与会编委传达 6 月 22 日在国家图书馆召开的《百部经典》编纂工作调研会上景俊海讲话精神。与会编委就《百部经典》编纂体例进行深入讨论，并最终确定《百部经典》每部书 15—20 万字，由导读、原典、注释和点评四部分组成。

5.《百部经典》首批图书编纂工作第一次研讨会

7 月 8 日，《百部经典》首批图书编纂工作第一次研讨会在国家图书馆召开。袁行霈、韩永进、部分编委和编纂工作办公室相关同志出席会议。《孙子兵法》意向撰稿人、中国人民大学国学院教授黄朴民，《庄子》意向撰稿人、北京师范大学哲学与社会学院副教授蒋丽梅（代陈鼓应参会），《荀子》意向撰稿人、清华大学历史系教授廖名春，《黄帝内经》意向撰稿人、中国中医科学院中国医史文献研究所教授柳长华参加会议。会上，韩永进向与会人员传达中宣部领导指示精神、介绍《百部经典》前期工作进展情况，并对经第三次编委会讨论通过的《〈百部经典〉编纂体例》做说明。与会意向撰稿人根据编委会确定的编纂体例，结合各自承担图书具体情况进行深入交流，并表示将根据编纂体例，按照会议决定进度安排准时提交书稿。

6.《百部经典》编纂委员会第四次会议

9月19日，《百部经典》编纂委员会第四次会议在国家图书馆召开。袁行霈、韩永进、部分编委和《中华传统文化百部经典》编纂工作办公室副主任张洁及相关同志参加会议。依据“稳步推进”的原则，与会编委就第二批编纂图书书目进行深入探讨，最终确定将《礼记》《左传》《春秋繁露》《资治通鉴》《国语》《战国策》《贞观政要》《明夷待访录》《史通》《读通鉴论》《管子》《韩非子》《吕氏春秋》《淮南子》《论衡》《颜氏家训》《近思录》《传习录》《日知录》《楚辞》《文心雕龙》21部图书列入第二批图书编纂计划。与会编委建议尽快与撰稿人签署编纂合同、尽快引进编辑进入首批图书编纂流程、搭建以国家图书馆出版社为基础的出版平台，保障首批图书编纂出版工作。

7.《百部经典》编纂委员会第五次会议

10月21日，《百部经典》编纂委员会第五次会议在国家图书馆召开。袁行霈、韩永进、部分编委和《百部经典》编纂工作办公室副主任张洁及相关同志参加会议。会议特邀清华大学科学技术史暨古文献研究所所长冯立昇列席。编委会讨论并最终拟定其中19种典籍的优先撰稿人选。按照第四次编委会的决定，第三批编纂计划以自然科技为主题。编委会对该批典籍的遴选原则、遴选数量、具体书目等问题展开讨论，在遴选原则上达成共识：覆盖我国古代自然科学的几大门类；价值突出，反映我国古代科技领域的卓越成就，代表同时代世界范围内的领先水平；兼顾读者的接受度；尽量选择已有整理本的典籍。按照以上原则，编委会对自然科学类典籍书目进行初步探讨。

8.《百部经典》编纂委员会第六次会议

11月21日，《百部经典》编纂委员会第六次会议在国家图书馆召开。袁行霈、韩永进、部分编委和《百部经典》编纂工作办公室副主任张洁及相关同志参加会议。会议特邀中国科学院自然科学史研究所学术委员会主任罗桂环、清华大学科学技术史暨古文献研究所所长冯立昇列席。会上，韩永进提出保证图书质量与推进书目遴选并重等工作设想。编委会讨论第三批图书书目，决定将《九章算术》《伤寒杂病论》《水经注》《齐民要术》《梦溪笔谈》《营造法式》《王祯农书》《本草纲目》《天工开物》《徐霞客游记》10种图书列入第三批编纂计划，并初步讨论第三批图书撰稿人选。此外，编委会一致同意建立严格的审稿机制、尽早推出几部标杆书作为后期撰稿的样板。

9.《百部经典》第三批图书编纂工作研讨会

12月2日，《百部经典》第三批图书编纂工作研讨会在中国科学院自然科学史所召开。韩永进，自然科学史所所长张柏春、副所长韩琦、学术委员会主任罗桂环，清华大学科学技术史暨古文献研究所所长冯立昇，第三批图书撰稿人郭书春、孙显斌和《百部经典》编纂工作办公室副主任张洁等出席会议。会上，与会专家围绕《百部经典》第三批书目的体例及撰稿中可能遇到的问题展开讨论并最终达成共识。

10.《百部经典》编纂委员会第七次会议

12 月 16 日，《百部经典》编纂委员会第七次会议在国家图书馆召开。袁行霈、韩永进、部分编委和《百部经典》编纂工作办公室副主任张洁及相关同志出席会议。首批图书中《孟子》撰稿人，中国人民大学国学院副院长、教授梁涛；《墨子》撰稿人，山东大学中文系教授姜宝昌；《史记》撰稿人，中央社会主义学院教授张大可参加会议。会议特邀北京大学中文系教授安平秋、常森和清华大学思想文化研究中心教授钱逊列席。与会人员对《孟子》《墨子》《史记》3 部标杆书稿大纲进行探讨并讨论相关编纂文件。通过交流，大家一致认为，一是要保持现有体例的稳定性。二是选篇须慎重，贯彻“熔古铸今，激活经典”的精神。三是书稿要做到准确简明、深入浅出，兼顾学术性和普及性。

袁行霈在会上指出，当前工作的重点和难点是对首批图书质量的把控。《百部经典》不是古籍整理，要汲取精华、剔除糟粕；要与当代社会相协调，与现代生活相适应；要努力实现中华传统文化的创造性转化和创新性发展。

五、国家图书馆接受呈缴本工作履职百年

1916 年起，国家图书馆正式接受国内出版物呈缴本，时至 2016 年已经履职整整百年。一百年来，一代代呈缴人在传承“不遗余力搜采精神”的同时，紧跟前沿，充分利用现代信息技术，实现出版物呈缴工作的持续创新发展。2016 年在缴送率、精细化服务等方面都有所突破。

一是探索新的呈缴范围。随着互联网技术和数字出版技术的飞速发展，文献出版方式不断变化，新兴数字出版物不断涌现，呈缴人积极对数字出版物呈缴进行跟踪研究，专门针对电子报纸的呈缴入藏深入分析，并提交《关于调研中文电子报纸存藏情况的报告》，结合现有报纸馆藏，提出电子报纸呈缴入藏方案，拓展呈缴范围。

二是各类出版物呈缴率整体提升。借助 QQ 群、电子邮件推送、缴送平台服务等现代信息技术，各类型出版物的缴送率整体呈现持续上升趋势。2016 年，国家图书馆图书缴

国家图书馆赴新疆与出版单位座谈出版物呈缴工作

送率已攀升至 75% 左右，期刊缴送率已突破 90%，报纸缴送率从早期低于 20% 大幅提升至 60%，电子出版物缴送率逐步提升至 90% 以上。

三是呈缴管理更加精细化。缴送管理平台的开发上线与顺利运转，不仅实现缴送出版物从包裹到单册的全面登记、缴送出版物数量和清单明细的实时分类统计，以及通过内网邮件推送和外网实时查询等向出版单位及时反馈缴送信息，而且可以借助 Z39.50 技术，实现缴送平台与国图 ALEPH 系统及全国联合编目系统的数据交互与共享。截至 2016 年年底，缴送管理平台外网（http：//jsgl.nlc.cn/）访问量已接近 6 万人次。

四是呈缴服务意识不断增强。呈缴人不断强化服务意识，变被动接受出版物为主动服务出版单位。2016 年，拜访了湖北、山东、山西、宁夏、内蒙古、新疆等省（区、市）的新闻出版管理局、出版集团、出版社 / 期刊社 / 报社 / 音像电子社等数百家单位，在催回大量缺缴、缺藏出版物的同时，宣传国家图书馆的职能，加强与出版单位的联系，加深对出版行业的理解，增强出版单位的缴送意识，取得良好的效果。

百年呈缴工作，牢牢秉承“传承文明、服务社会”的宗旨，海纳百川，终成文献渊薮，服务社会，铸就知识津梁。

六、中国—南亚图书馆管理与服务高级研修班举办

11 月 12—20 日，受文化部委托，国家图书馆举办“中国—南亚图书馆管理与服务高级研修班”。研修班以“互联网时代的图书馆新发展”为主题，邀请中国、美国、英国、丹麦等国的多名学者、专家及图书馆界资深人员进行授课。

中国—南亚图书馆管理与服务高级研修班合影

国家图书馆馆长韩永进、副馆长孙一钢，文化部外联局局长助理王晨、外联局亚洲处副处长赵歆等出席开班仪式。来自国内外图书馆业界、文化部门的16位学员参加此次研修班。学员包括4名中国学员，12名国际学员。中国学员来自四川省、云南省、青海省、新疆维吾尔自治区。国际学员来自南亚的阿富汗、孟加拉国、马尔代夫、尼泊尔、巴基斯坦、斯里兰卡6个国家，每个国家派出2位学员。

国家图书馆常务副馆长陈力、副馆长魏大威、孙一钢分别做题为“中国国家图书馆的历史、馆藏与服务”“国家数字图书馆的建设与发展思考”“馆员也创客：中国国家图书馆的创新服务”的授课。国家图书馆研究院副院长申晓娟、社会教育部中国记忆项目负责人田苗、北京大学信息管理系教授黄文彬分别做题为“中国图书馆事业发展：过去、现在和未来”“记忆归何处：国家图书馆中国记忆项目”“创客需要怎么样的创客空间”的授课。丹麦奥尔胡斯公共图书馆馆长罗尔夫·哈佩尔（Rolf Hapel）、美国旧金山市公共图书馆的馆长路易斯·赫雷（Luis Herrera）、美国德克萨斯州立大学阿灵顿分校图书馆馆长丽贝卡·比歇尔（Rebecca Bichel）、美国加州大学伯克利分校CITRIS发明创造实验室首席发明家和实验室主任克里斯·迈尔斯（Chris Meyers）、英国信息和数字访问网络资深顾问罗伯特·戴维斯（Robert Davies）分别做题为“图书馆作为网络社会中开放的非正式学习中心”“图书馆新构想：创造性学习的创客空间”“创建服务社区的口述历史项目”“工作坊：激发创造力”“图书馆创客空间如何通过物理和数字创造来促进革新”的授课。

研修班学员参观古籍修复实验室

中外学者、专家及图书馆界资深人员围绕图书馆的管理与服务、图书馆的历史、图书馆的馆藏与服务、图书馆的创新服务、图书馆与创客、图书馆的口述历史、图书馆作为网络社会中开放的非正式学习中心等题目进行讲演与交流。研修班期间，学员还参观了国家典籍博物馆、国家图书馆文献修复中心、天津图书馆、故宫博物院等。研修班结业式上，中外学员就此次研修班的学习交流进行总结和分享，纷纷表示收获颇丰，希望能为图书馆事业的交流发展共同努力。

“中国—南亚图书馆管理与服务高级研修班”希冀通过中外图书馆学者、专家的演讲，中国与南亚国家学员的研修与交流，促进中国、南亚甚至整个亚洲、全球图书馆事业深化交流合作，探索新的合作领域，面对互联网时代给图书馆事业带来的机遇和挑战，携手推进全球图书馆事业的发展。

七、中国文化中心数字图书馆上线

12 月 29 日，中国文化中心数字图书馆正式上线提供服务。文化部对外文化联络局局长谢金英、国家图书馆馆长韩永进出席仪式并分别致辞。文化部对外文化联络局局长助理郑浩，国家图书馆副馆长魏大威、孙一钢，以及来自文化部、国家图书馆相关部门的负责同志参加活动。

仪式上，谢金英和韩永进共同签署《中国文化中心图书馆合作建设协议书》，并共同启动中国文化中心数字图书馆。谢金英表示，文化部对外文化联络局与国家图书馆将进一步密切合作，不断丰富资源种类、更新资源内容，将中国文化中心数字图书馆打造成为功能多样、内容丰富的中华文化展示平台。韩永进表示，中国文化中心数字图书馆上线不仅拓展了中国文化中心图书馆的数字化、信息化服务内容和方式，更好地服务于文化外交战略，也有利于国家图书馆更好地发挥自身在对外文化交流中的作用。

海外中国文化中心是我国官方驻外文化机构，中心图书馆向驻在国公众提供文献服务，介绍中国的历史、文化、发展和当代社会生活，是文化交流的重要阵地。中国国家图书馆是国家总书库、国家书目中心、国家古籍保护中心、国家典籍博物馆、国家数字图书馆，对外履行有关文化交流职能。国家图书馆秉承“传承文明、服务社会”的宗旨，在传承与弘扬优秀传统文化和建设现代公共文化服务体系中发挥着重要作用。为提升海外中国文化中心图书馆服务能力，文化部外联局与国家图书馆于 2015 年签署战略框架协议，合作共建海外中国文化中心数字图书馆。

中国文化中心数字图书馆上线仪式

国家图书馆将充分发挥自身的专业优势和资源优势，本着加强交流、全面合作、逐步推进、重在实效的原则，与文化部外联局一起为中国文化中心图书馆提供图书文献采选与加工、图书馆自动化系统建设、图书馆业务培训与现场指导等服务，提高中国文化中心图书馆的专业化水平；与中国文化中心共同举办展览、讲座等文化活动，让中国文化中心的用户充分感受中华文化魅力，不断提升国家文化软实力。

中国文化中心数字图书馆（http://library.cccweb.org）是一个功能多样、内容丰富的中华文化展示平台，以中国文化元素为基调，传统与现代相结合，页面风格简洁大方，层次分明，栏目展示图文并茂，用户体验方便快捷。根据资源内容设立专栏，以主题分类、资源导航、资源推荐等形式为用户提供检索、浏览、在线阅读等一站式资源信息服务。中国文化中心数字图书馆针对文化中心定位和信息服务需求，汇聚反映中国历史、文化、发展和当代社会生活的数字资源，全面弘扬民族文化，树立国家形象，首批提供的资源包括200种古籍、1220种现当代图书、20种最新期刊、300幅图片、1000余种音视频、62个网络资源、10个精品展览等，资源总量超过2200种，数据量超过2TB。中国文化中心数字图书馆正式上线后，面向所有驻外中国文化中心提供服务，向海外民众传播中国文化，提升中华文化的凝聚力和辐射力。

八、“不朽的巨匠——纪念汤显祖、莎士比亚、塞万提斯逝世400周年”国图公开课特别活动

2016年是汤显祖、莎士比亚、塞万提斯逝世400周年。为纪念三位文学大师在人类文学发展史上的贡献，感怀其人其作对世界文坛产生的深远影响，国家图书馆在7月29日汤显祖逝世日，举办主题为“不朽的大师——纪念汤显祖、莎士比亚、塞万提斯逝世400周年”的国图公开课特别活动。活动邀请领域内知名学者做主题演讲，邀请专业演员现场表演，向现场和远程观众充分展示三位文学大师的人生、思想及其作品的艺术风格和特点。活动同时还展出大师经典作品的重要馆藏，带领现场读者阅读大师经典著作，开创演讲、表演、阅读、展览、直播、文创多位一体，且线上线下活动相结合的国图公开课新形态。

历时三个半小时的活动在内容策划、活动组织、媒体宣传、跨平台直播、文创设计、读者观众互动等方面做了整体规划和充分准备，赢得嘉宾、观众、媒体及其他行业人士的广泛好评。招募公告发布三天后，报名参加现场活动的观众已达600多人，其中还包括大量非北京地区的观众。特别制作的宣传短片在宣传网站播出后，点击量超过1.1万人次。截至7月30日，现场直播观众数量超过24万人次，后续回放观众点击数量达到4.61万人次。

为帮助读者和观众更充分地了解三位大师及其作品，活动采取主题演讲与作品表演相结合的课程形式。邀请北京大学外国语学院世界文学研究所辜正坤教授介绍莎士比亚及其作品，邀请中国社会科学院外国文学研究所陈众议教授介绍塞万提斯与《堂吉诃德》，邀请国家级非物质文化遗产代表性传承人、昆曲艺术家从兆桓先生介绍汤显祖的经历与贡献。配合主题演讲，本

次活动设计了作品选段表演环节。邀请中央戏剧学院、中国戏曲学院、北京大学歌剧研究院、北方昆曲剧院的专业演员现场演绎话剧《罗密欧与朱丽叶》选段、音乐剧《我，堂吉诃德》和昆剧《紫钗记》选段。小剧场表演与公开课课程相结合，讲演结合、中外对比的公开课活动形式，让整个活动显得内容丰富、活泼。为了强调和推广经典阅读，让读者直接从文本了解三位大师的作品，活动正式开始之前，举行名为“观止”的经典文本阅读活动，取“读大师之作叹为观止”之意。提供150册三位文学大师的相关著作，供现场观众品读、赏析和交流。整个“观止”活动在所有合作媒体平台全程直播，充分传递国家图书馆对经典阅读和纸质阅读的态度。活动系统梳理国家图书馆内三位文学大师的全部馆藏信息，挑选13种不同版本的重要馆藏现场展出。其中有汤显祖所撰《邯郸梦》与《牡丹亭还魂记》明刻本影印本；有《莎士比亚十四行诗》1609年首版的1926年重印本；有英国人威廉. J. 罗尔夫于1898年编辑并加注释的《罗密欧与朱丽叶》；有国家图书馆出版社于2012年出版的《朱生豪译莎士比亚戏剧手稿》；活动还展出由英国人托马斯·谢尔顿1607年翻译的首个英译本《堂吉诃德》的1900年版本。

国图公开课特别活动现场

在2016年“4·23”世界读书日活动直播的基础上，本次国图公开课特别活动将现场直播提升一个台阶，首次实现国家图书馆活动的跨平台直播，将整个活动通过国家图书馆官方网站、腾讯网、中华微视、乐视网、优酷网、凤凰网6大媒体平台在线直播。腾讯网通过腾讯文化频道在线直播，优酷网和凤凰网通过移动客户端和网页直播，中华微视除通过移动客户端直播，还通过“facebook”向海外直播本次活动。乐视通过乐视超级电视、乐视移动端、乐视网、乐视盒子四屏联动全程直播。6大媒体平台合力，从前期宣传、现场直播到后期报道对本次活动提供全方位支持。直播观众数量超过24万人次。在直播过程中，还安排网络直播员与观众在线互动交流，挑选在线观众提问，请演讲嘉宾现场回答观众的在线提问，形成线上线下的良好互动，拉近在线观众与现场演讲嘉宾的距离。

结合本次活动的主题和中西方文学比较的契机，国图公开课积极探索文创产品的开发和利用。借助三位文学大师不同的胡子形态设计相应的图案，印制有文化气息和象征意义的T恤衫。同时制作印有国图公开课名称和400年信息的“观止”眼镜发放现场观众。为本次活动特别制作的“汤显祖折扇”一面选用遏云阁曲谱《牡丹亭·皂罗袍》清刻铅印本内容，另一面为《喜咏轩丛书》复刻明代传奇图像。活动直播期间，乐视在超级电视大屏购物中发售和宣传该折扇。

本次活动充分重视媒体宣传和报道，与多家媒体开展合作。在宣传阶段，国图公开课在腾讯、凤凰、优酷、乐视等多家合作平台发布活动宣传片和宣传海报，并首次与国家图书馆之外的微信公众号开展合作，在“未读公众号”发表文章，开展宣传和观众招募。临近活动前三天，国图公开课在国家图书馆官方微信和合作媒体平台连续发布“不朽的大师”系列文章，深度报道三位文学大师的生平、作品、国家图书馆馆藏和直播内容，其中两篇文章被多家网络媒体转载。国家图书馆官方网站、腾讯文化频道和光明网特别为本次活动建立文化专题页面，系统深度地介绍本次活动与国家图书馆相关馆藏。在观众招募上，首次与多家媒体平台开展合作，在腾讯网、中央人民广播电台文艺之声栏目、未读微信公众号、国家图书馆官方微信同步启动招募，统一接入国家图书馆的招募端口接受观众报名。直播期间，国家图书馆官方微博发起“不朽的大师”微博话题，提高网络观众的参与度。观众可同时在直播平台的留言区提问，参与互动。活动结束后，北京电视台、中国教育电视台、中央人民广播电台、北京人民广播电台、《中国文化报》、中新网、光明网、中青在线、腾讯网、优酷网、新浪网、凤凰网、搜狐网等多家电视台、电台、平面和网络媒体对本次活动进行原发性深度报道。

九、重大展览

（一）民族记忆　精神家园——国家珍贵古籍特展

6月21日，由文化部、国家文物局联合主办，国家图书馆（国家古籍保护中心、国家典籍博物馆）承办的“民族记忆　精神家园——国家珍贵古籍特展”正式开幕。文化部、国家文物局、全国古籍保护工作部际联席会议成员单位领导，国家图书馆（国家古籍保护中心）领导，古籍保护行业专家，第五批《国家珍贵古籍名录》和全国古籍重点保护单位代表，参展单位代表等100余人出席展览开幕式。展览为期2个月，共展出珍贵古籍100余部。

“民族记忆　精神家园——国家珍贵古籍特展”开幕式

此次展览是国家古籍保护中心贯彻习近平总书记关于弘扬中华优秀传统文化系列讲话精神的最新举措，以第五批《国家珍贵古籍名录》公布为契机，共征集全国近20家单位100余件珍贵古籍参展，分为“珍贵古籍、书香中国”“浩瀚典籍、历史智慧”“古籍保护、任重道远”三大部分，其中“浩瀚典籍、历史智慧”作为展览的主体部分又分为“修齐治平、儒典光辉”“以史为鉴、本固民安”“百家争鸣、百技争长”“文学大观、百代风骚”“民族交融、多元一体”“开放包容、交流互鉴”“五批名录、秘笈重光”7个单元。前4个单元依照“经史子集”四部排列，分别展示以十三经及其注疏作品为代表的儒家经典，以纪传、编年、典制、谱牒等题材为代表的史学名著，以先秦百家、国粹技艺为代表的子部珍籍，以汉赋唐诗、宋词元曲、明清小说为代表的文学遗产。在传统四部的基础之上，特展单列民族融合与对外交流2个单元，展示《国家珍贵古籍名录》中珍贵的民文古籍和西文古籍，此外还有“五批名录、秘笈重光”单元，向观众展示入选第五批《国家珍贵古籍名录》的代表性典籍。

此次展览典籍范围大、版本精良、亮点纷呈。其中包括来自香港中文大学的宋拓《淳化阁帖》与游似藏《兰亭序》，这是香港地区首次申报《国家珍贵古籍名录》中的两部代表性珍品。此外，各馆所藏敦煌遗书、佛教经典、宋元善本、明清稿抄也令传统文化爱好者大饱眼福。特展集中展示了“中华古籍保护计划”实施以来古籍修复成果。2007年以来，国家古籍保护中心通过举办修复培训班、设立传习所、招收古籍保护专业硕士等多种方式培养古籍修复人才，多方开展古籍修复项目，在古籍修复领域取得丰硕成果。在保护计划实施迄十年之际，特展展出多件珍贵古籍的修复成果，包括山西曲沃县图书馆藏北宋刻《大般涅槃经后分二卷》修复成果、云南省少数民族古籍出版规划办彝文古籍修复成果、国家图书馆天禄琳琅修复成果、西域文献修复成果等，向公众汇报古籍保护工作进展。

国家图书馆收藏的3件世界印刷史上标志性珍贵文献首次集体亮相。2015年，国家图书馆成功入藏堪称世界印刷史上标志性实物例证的3件早期印刷品。其中五代后唐天成二年（927）刻本《佛说观弥勒菩萨上生兜率天经一卷》(简称《弥勒上生经》)仅比咸通九年（868）《金刚经》晚59年，为国内已知有纪年的最早雕版印刷品。另2件分别为晚唐五代刻本《金刚般若波罗蜜经一卷》、五代北宋初刻本《弥勒下生经一卷》。这3件刻本弥补了中国作为雕版印刷术发明的故乡却无早期实物的遗憾。

配合此次特展，国家图书馆馆长、国家古籍保护中心主任韩永进6月17日在《中国文化报》上发表《从中华优秀典籍中汲取历史智慧》一文，深入阐释中华古籍在传统文化中传承的重要意义。展览期间，国家古籍保护中心邀请李致忠等著名古籍保护专家做专题讲座，并编纂出版《从典籍中汲取智慧》《吉光片羽——第五批国家珍贵古籍选粹》。10月31日，中共中央政治局委员、国务院副总理刘延东来馆参观展览并给予高度评价。因公众反响强烈，特展连续两次延展，至2016年12月底，观众人数达34.14万人次。

（二）红色记忆——纪念中国共产党成立九十五周年馆藏文献展

6月29日，为纪念中国共产党成立九十五周年，再现中国共产党光辉的发展历程，弘扬爱国主义精神，讴歌中华民族实现伟大复兴中国梦的奋斗历程，国家图书馆精选馆藏珍贵文献，在国家典籍博物馆三号展厅举办“红色记忆——纪念中国共产党成立九十五周年馆藏文献展”。

展览分为“马克思主义在中国的传播”“党章与党的机关报”“反‘围剿’与长征”“统一战线建设”“党的思想作风建设”“党的群众路线建设”“人民文艺成果”7个主题单元。展出325种340余册/件珍贵馆藏文献，特色鲜明、亮点纷呈。其中包括六大至十八大的党章，《群众》《新华日报》《解放日报》等数十种中央机关报，《西行漫记》等红军长征专题文献，以及马克思恩格斯手稿、左联五烈士手稿等。此外，《新青年》创刊号、阮章竟在太行山时期的一些手稿等文献都是首次在国家图书馆展出。展览特别展出多种伪装本，如伪装成“灯塔小丛书”的中共七大党章，从中可以感受到当时斗争环境的险恶，充分体现了伪装本在革命战争年代不同历史时期为传播马列主义、宣传中国共产党方针政策方面发挥的重要作用。结合“两学一做”学习教育活动，将习近平总书记对党史、中国近现代史的精辟论述有机地融入展览中。在展厅现场设置“两学一做”读者互动区，观众可深入学习党章、重温入党誓词。

展览路一小学生参观纪念中国共产党成立九十五周年馆藏文献展

国家图书馆还配合举办有关建党和长征系列专题讲座以及巡展等社会教育活动，重点组织、引导中小学生参观学习，开展“红色记忆”主题教育活动，让广大青少年了解中国共产党领导中国人民实现民族独立、人民解放和国家富强的奋斗历程。

展览自开展就得到社会各界广泛关注和支持，包括中央领导、大中小学生、机关企事业单位及社会普通群众等都慕名而来。展览期间共接待参观群众27万余人次。中共中央政治局原常委、全国政协原主席贾庆林同志，中共中央政治局委员、国务院副总理刘延东同志分别于9月21日和10月31日到国家典籍博物馆参观该展览。展览一直持续至11月30日。

“红色记忆——纪念中国共产党成立九十五周年馆藏文献展”成为“两学一做”的重要学习、活动场所。展览期间，为总参谋部、战略支援部队情报所、空军指挥学院等重要军事单位，中办秘书局、环保部政策法规司、公安部研究所、国家审计局等政府机关提供40余场、馆内部门提供20余场，共计60余场“两学一做”专题参观学习活动。

（三）赤子的世界——纪念傅雷夫妇逝世五十周年展

9月28日，由国家图书馆主办的“赤子的世界——傅雷夫妇逝世五十周年纪念展”在国家典籍博物馆第十展厅开幕，开展当天，傅雷的次子傅敏来到展厅参观展览，展览为期2个月。“赤子的世界”来源于傅雷家书中的一段话：“赤子孤独了，会创造一个世界，创造许多心灵的朋友！永远保持赤子之心，到老也不会落伍，永远能够与普天下的赤子之心相接相契相抱！”

傅雷（1908—1966），字怒安，上海浦东人，是一代翻译巨匠，也是一位作家、艺术理论家、教育家。他一生翻译34部外国文艺名著，将法国重要作家伏尔泰、巴尔扎克、梅里美、丹纳、罗

常务副馆长陈力陪同傅雷先生次子傅敏参观展览

曼·罗兰的重要作品介绍给中国读者，架起中法文化交流沟通的桥梁。傅雷治学严谨、多艺兼通，胸存忧患、刚直不阿，是对国家和人民具有深切关怀的现代知识分子。傅雷的夫人朱梅馥，则是一位温柔的妻子、慈爱的母亲，以及傅雷事业上得力的助手。

展览内容全面、结构严谨，分为生平及成就两大部分。第一部分为“傅雷略传”，以时间为序，将傅雷的生平分为“少年时代”“留学法国”“任教美专”“辞职之后”“孤岛时期”“争取民主”“建国初期”及“晚年时期”等，通过一封封傅雷手书及一幅幅珍贵照片，将这位大师傅雷、赤子傅雷的一生生动地呈现在观众的面前。第二部分为傅雷译作，展出包括《贝姨》《邦斯舅舅》《嘉尔曼》《高龙巴》《夏倍上校》《奥诺丽纳》《老实人》《天真汉》《查第格》《于絮尔·弥罗埃》《赛查·皮罗多盛衰记》《艺术哲学》《搅水女人》《都尔的本堂神甫》《比哀兰德》《幻灭》等多部译作珍贵手稿，观众可以透过这些手稿近距离感受大师傅雷译作的魅力，一览这位翻译巨匠的风采。除此之外，展览还展出傅雷的部分摄影作品。在展厅设计方面，展览现场设有四个观众互动区，包括“傅雷的书房”、阅读区、放映区以及触摸屏区，增强展览的互动性及趣味性。

（四）太古遗韵——中国古琴文化大展

11 月 16 日，由国家图书馆主办的“太古遗韵——中国古琴文化大展”在国家典籍博物馆第七、八展厅开幕。琴是中国传统乐器中最古老、最有代表性的乐器之一，因其中和雅正，清微淡远，被誉为“圣人治世之音，君子养修之物”，位列诸艺之首，一直备受文人雅士推崇。传说中，琴产生于上古之时，中国最早的诗歌总集《诗经》关于琴的记载反复出现，反映出当时的琴乐已经广泛地渗透到社会生活的各个层面。如今，古琴艺术早已成为全人类共同的文化财富。2003 年，古琴艺术被联合国教科文组织列入“人类口头和非物质文化遗产代表作”。迄今为止，已入选国家级与省级非物质文化遗产的古琴艺术已有 29 项。本次展览从古琴历史的演变及斫琴技艺等不同角度出发，其间穿插文雅逸事、著名琴曲、传世名琴等介绍，图文并茂地讲述中国历代名琴、琴家、琴主的传奇故事。展览还详尽地展示了国家图书馆藏文献中琴文化的相关内容，展品包括琴论、琴制、琴艺等文献资料，以及历史上著名古琴实物、复制品等。观展时，观众不仅可以深入了解如“高山流水遇知音”等故事，更可以近距离欣赏稀世琴谱及古代名琴实物，如明刻本《太古遗音》、现存最早的古琴谱专集明刊影印本《神奇秘谱》以及根据《太古遗音》制作的古代四大名琴焦尾琴、绿绮琴的复制品等。值得一提的是，由国家图书馆收藏的一件当今极为罕见的木质铁皮衣仲尼式琴首次面向公众展出。当年，江南常熟瞿氏第二代瞿镛正是得到这把铁琴和一把铜剑，才有了铁琴铜剑楼这个藏书楼名字。

中国古琴文化大展展厅

此外，展览还展出古琴的各种零部件，并在现场提供工具和木胎，让观众体验古琴的制作过程；展馆现场应用激光投影互动技术营造了高山流水的情景氛围，并准备了男女款式的各色汉服，观众可以穿着汉服，像古代文人墨客一样置身世外美景之间感受焚香抚琴的乐趣。

展览期间，国家典籍博物馆还联合各古琴机构、大中小学、社会团体等开展“琴书对话”“古琴与诗歌”“左琴右书”“走近大美古琴”等“走进典籍博物馆大课堂”系列活动，组织古琴爱好者及大中小学参观古琴展览，欣赏琴师操弦，深入了解古琴文化与生产工艺，让古琴艺术进入寻常百姓家。

（五）再遇芥子园——《芥子园画传》与当代绘画名家对话展

12 月 20 日，国家图书馆（国家典籍博物馆）携手中国美术家协会共同主办的“再遇芥子园——《芥子园画传》与当代绘画名家对话展”在国家典籍博物馆第三展厅开展。国家图书馆馆长、国家典籍博物馆馆长韩永进，中国美术家协会分党组书记、驻会副主席、秘书长徐里，中央美术学院院长范迪安，中国美术家协会副主席、中国艺术研究院工笔画研究院院长何家英，北京画院副院长吴洪亮，美术史学家、美术评论家薛永年出席开幕式，国家图书馆副馆长、国家典籍博物馆常务副馆长李虹霖主持开幕式。

《芥子园画传》是学习中国画技法的重要入门书，是我国古代版本最多、印数最大、影响最巨的画谱，是古代彩色套印技术的典范，堪称我国古代画谱的巅峰之作。该书最早于康熙年间刊行，其间有诸多版本面世，正是在变化及演绎的过程中不断丰富内容，《芥子园画传》才成为中国美术史上重要的作品之一。《芥子园画传》影响甚巨，问世不久不仅在中国引发文人及丹青大家收藏，更蜚声国际，众多外国学者对其进行翻译研究，其中，江户时代的日本画家所受影响较为深远。近代以来，黄宾虹、齐白石、潘天寿、傅抱石等中国画学演进中的重要人物，在学画之初无不得益于《芥子园画传》。时至今日，这部画传仍然能够作为中国画入门学习的教材，施惠画坛 300 余年。

此次展览集中展出国家图书馆所藏《芥子园画传》的十几种珍贵中外文版本，详细梳理《芥子园画传》的源流脉络。展览还展出20世纪以来任伯年、吴昌硕、齐白石、黄宾虹、傅抱石等艺术家基于传统的创造，以及当下艺术家在传承中演进的中国画作品，甚至还展出其他媒介材料和不同形态的当代艺术作品。展览深度解读《芥子园画传》在绘画艺术上的津梁作用，古今辉映，大大拉近观众与历史文化和绘画艺术的距离。观众可在数百年的版本流变中感受这一经典文本的持久生命力，近距离欣赏众多书画名家的珍贵作品。展览开幕当天，“再遇芥子园”研讨会在国家典籍博物馆举行。

十、新入藏珍贵文献

（一）《文津阁四库全书样本》

2016年12月，国家图书馆入藏珍贵的《文津阁四库全书样本》，一册八叶，共抄书八种，每种一叶，内收《周易注疏》《六艺之一录》《左传》《西清古鉴》《皇清职贡图》《倚松老人集》等，凡《四库全书》中所涉及之满、汉、蒙、西番文字、图像、朱墨笔等各种方面抄写问题均在其中，标为样书即以此为规范抄写并制作。

该书为抄写文津阁《四库全书》前供进呈御览裁定所试写之样书。文津阁《四库全书》经、史、子、集四部之书衣颜色不同，经部用青色绢，史部用赤色绢，子部用月白色绢，集部用灰黑色绢。本册《文津阁四库全书样本》尺寸制度悉如文津阁本，书衣依经部颜色，包背装。月白色绫签，上墨书“文津阁四库全书样本”。原藏者依文津阁例，制作金丝楠木书函以及夹板以储藏。

清乾隆皇帝组织编纂《四库全书》，先后誊抄七份，分藏故宫文渊阁、圆明园文源阁、承德避暑山庄文津阁、沈阳故宫文溯阁、镇江文宗阁、扬州文汇阁、杭州文澜阁。前四阁书系皇家藏书，流落民间者绝少，写样之书，此前从未发现，存世孤罕，价值极高。

此书入藏，在文津阁《四库全书》原架、原函、原书一体保存的基础上，增加写样书，可称珠联璧合，也为研究文津阁《四库全书》的抄写和成书过程，增添一件难得的实物性资料。

（二）《中共七大党章》伪装本

在2016年举办的“红色记忆：纪念中国共产党成立95周年馆藏文献展”中，展出一件《中共七大党章》的伪装本（伪装题名《灯塔小丛书·8》），该书是2016年国家图书馆新善本特藏采访到的几件革命历史文献伪装本之一，它不仅为国家图书馆补充新的重要馆藏，也成为此次展览的亮点之一。

该书为“灯塔小丛书”系列伪装本之一，白色封面，封面上半部为一灯塔木刻画，并用大小线条勾勒出灯塔发出的光芒，寓意明显。木刻画的下方有“灯塔小丛书·8”“中国灯塔出版社出版”“1946”字样。27页，64开。

翻开书的封面，书中内容是1945年6月11日中国共产党第七次全国代表大会通过的《中国共产党党章》全文。中共七大党章，是中国共产党第一部完全独立自主修改的党章，在中共党史上具有划时代的意义。

值得一提的是，“灯塔小丛书”系列伪装本是周恩来领导下的秘密出版机构中国灯塔出版社1946年出版的，由著名爱国人士、上海锦江川菜馆和锦江茶室的创办人董竹君女士出资秘密印刷。这套小丛书共收录中共重要文献23篇，除了上面介绍的中共七大党章外，还有毛泽东的《整顿学风党风文风》、朱德的《论毛泽东思想》、刘少奇的《论共产党员的修养》、陈云的《怎样做一个共产党员》等。由于这些文献当时在国民党统治区是严禁发行的，为了掩人耳目，印刷厂决定将23篇文献分散在14册书中刊发，每册书里只刊发一两篇文章。每册书均以“灯塔小丛书”作题名，以不同的辑号做区分。这些小丛书又小又薄，携带方便，售价150法币（仅相当于当时一张报纸的价格）。它们如同黎明前的灯塔，刺破重重迷雾，指明中国革命航船的航向，成为国统区进步青年、地下工作者的精神食粮。

通过近几年的采访努力，国家图书馆已经采访到14册“灯塔小丛书”中的7册。

（三）《绅士与家具师指南》

18世纪中后期，法国洛可可式、哥特式、中国式以及新古典式风格一并影响着英国家具设计的走向，出现一批对家具设计具有指导意义的著作。1754年，奇彭代尔出版的家具图案集《绅士与家具师指南》展示了中国风图案的诸多图例，在欧洲产生广泛影响。1757年，英国建筑师威廉·钱伯斯（Sir William Chambers，1723—1796）在伦敦出版《中国房屋、家具、服饰和家庭用具设计图册》（*Designs of Chinese buildings*，*furniture*，*dresses*，*machines*，*and utensils*：*to which is annexed a description of their temples*，*houses*，*gardens...*）。18世纪50年代，英国家具设计师托马斯·约翰逊（Thomas Johnson，1714—1778）相继出版《刻工之书》（*The book of the carver*，1758年）、《一百五十种新设计》（*One hundred and fifty new designs*，1755—1758年）等。这些家具相关的著作中，以奇彭代尔的《绅士与家具师指南》最具代表性，也最有影响力。

托马斯·奇彭代尔（Thomas Chippendale，1718—1779）生于英格兰约克郡奥特利（Otley），父亲为木匠，子承父业，最终成为18世纪英国乔治时期最为杰出的家具商和家具设计师，被誉为“欧洲家具之父”。他的作品在英国本土家具风格的基础上，广泛吸收法国洛可可风格与中国风，并尝试从哥特装饰艺术中吸取灵感，将三者融会贯通，形成独具特色的家具风格，受到同时期家具制作者的追捧，他设计出品的家具被称为“奇彭代尔式家具”（1745—1770），这是英国历史上第一次以设计师的名字命名家具风格，打破此前以君主名字命名家具的惯例。1779年11月13日，奇彭代尔病逝，为纪念这位18世纪英国最伟大的家具设计师，在他的诞生地修建了一座纪念碑。

《绅士与家具师指南》先后发行三版，实际上是一部介绍奇彭代尔工厂商品样本的著作，内含161页图版，收录很多家具和室内设计图样，并附带文字说明。内有“中国椅”（China chair）、“中国床”（China bed）、“中国沙发”（China Sopha）、“中国橱柜”（China cabinet）等直接以“中国”命名的家具，其中仅“中国椅”便有11种之多。奇彭代尔式椅子椅背有精致的中国式雕刻图案，回纹、宝塔、竹节造型也都充满中国元素。这些“中国风”家具与洛可可式和哥特式家具一起构成奇彭代尔家具的三大风格，这体现18世纪中后期英国家具市场对装饰产品多样性的需求，也反映出彼时中国元素依然受到民众喜爱。

国家图书馆新近入藏的《绅士与家具师指南》为1754年伦敦初版，前半部分为文字说明，后附铜版画160帧图示，书脊犊皮精装，存况上佳，为近年外文善本采访文献中的精品之作。

基础业务工作

- 文献信息资源建设
- 文献信息资源组织
- 文献信息资源保存与保护
- 年度掠影

基础业务工作

一、文献信息资源建设

（一）中文文献

1. 中文图书：接收缴送 411472 种 1053605 册，较 2015 年种数增加 11.91%，册数增加 5.68%。购买 145028 种 268821 册，较 2015 年种数减少 9%，册数减少 19%。接受赠送 7842 种 13947 册，较 2015 年种数减少 27%，册数减少 15%。补藏原缺中文图书 7700 种，较 2015 年增加 4%。

2. 学位论文：采访 221150 种，较 2015 年增加 1.04%。其中博士论文 53950 种，博士后报告 7400 种，硕士论文 159800 种。

3. 台港澳文献：采访图书 21302 种，较 2015 年减少 3.65%；采访台港期刊 822 种 8646 册，较 2015 年种数减少 7.95%，册数增加 9.29%；采访报纸 85 种 25575 期，较 2015 年种数减少 4.49%，期数减少 4.3%。

4. 中文期刊报纸：入藏期刊 10639 种 533314 册，较 2015 年种数减少 0.7%，册数减少 6.14%；入藏报纸 1522 种 576614 册，较 2015 年种数增加 0.59%，册数减少 2%。

5. 音像制品和电子出版物：接收缴送 7435 种 21043 盘，较 2015 年种数减少 27.9%，盘数减少 51.1%。购买补藏 1596 种 4082 盘，较 2015 年种数下降 32.9%，盘数下降 27.4%。接受赠送 1231 种 1383 盘，较 2015 年种数增加 398.4%，盘数增加 95.1%。

6. 中文资料：采访非正式出版文献 7733 种 7902 册，较 2015 年种数增加 0.39%。存疑文献 539 种 556 册，较 2015 年种数减少 36.59%。

（二）外文文献

1. 西文文献：订到图书 45766 种 47292 册，较 2015 年册数减少 12.17%；UMI 缩微平片 4417 种，较 2015 年种数减少 22.43%；补订海外中国学文献 914 种，较 2015 年种数减少 44.61%。

2. 东文文献：订到日文图书 18437 种 18598 册，较 2015 年册数减少 8.24%；补订日文中国学文献 1095 种，较 2015 年种数减少 31.56%；订到东文图书 4682 种 4804 册，较 2015 年册数减少 8.69%（其中阿拉伯文图书 1470 种 1573 册、韩文图书 1138 种 1138 册、越南文图书 183 种 184 册、泰文图书 1062 种 1073 册、马来文图书 35 种 35 册、印尼文图书 204 种 206 册、印地文图书 590 种 595 册）。

3. 俄文文献：订到 7509 种 7569 册，较 2015 年册数增加 6.70%；补订中国学文献 24 种。

4 国际组织与外国政府出版物：订到图书 849 种 849 册，期刊 453 册，缩微平片 5382 种 20777 片，光盘 87 种 87 盘。

5. 出版物交换：交换到各类型文献 9344 种 22228 册 / 件（其中图书 5400 种 5432 册、期刊

1135 种 6709 册、平片 2573 种 8705 张、随书光盘 71 种 71 盘、电子出版物 19 种 29 件、音像资料 146 种 1282 件），较 2015 年册 / 件数增加 0.78%。

6. 外文报刊：订到外文期刊 49253 册，外文报纸 18863 份。

7. 外文实体电子资源：订到西文实体电子资源 415 种 1084 盘，日文实体电子资源 52 种 52 盘。

8. 外文数字资源建设：开通外文试用数据库 6 个，完成新增 1 个数据库的开通链接交接工作；提交文献资源建设委员会数据库调整方案，停订数据库 7 个；完成 PQDT 学位论文的采选工作，成功订购 1800 篇。截至 12 月底，外文数据库总量达 127 个，开通远程访问的外文数据库总量达 59 个。

（三）古籍文献

2016 年，采访各类古籍及特藏文献 17094 种 30869 册 / 件，其中：善本古籍 21 种 59 册，新善本 160 种 180 册 / 件，手稿 456 种 1368 册 / 件，外文善本 88 种 300 册 196 件、精装精印 26 种 67 册 / 件，普通古籍 92 种 304 册，契约 7020 种 7020 件，地方文献 1261 种 10654 册，中文舆图 1239 种 2808 件，外文舆图 761 种 886 件，老照片 8 种 321 件，年画 455 种 543 件，敦煌吐鲁番学研究资料 4416 种 4506 册，金石拓片 1091 种 1657 件。

完成世界数字图书馆第七期校对英文 10 种，开展第八期建设工作，完成 20 种 3213 拍数据制作；完成中日韩数字图书馆 24 种 10899 拍及元数据标引；完成与美国国会图书馆之间关于第四期数据网站发布前的文字校对工作；继续开展普通古籍数字化工作，一期项目完成 1747 种 50 万拍的对象数据采集、图像处理以及元数据标引，陆续交付验收，二期项目完成选目 1203 种，50 万拍的对象数据采集、图像处理以及元数据标引；继续开展国际敦煌项目（IDP）的资源建设工作，完成 1150 件敦煌遗书的数字化，上传图像 16462 幅；完成“华夏记忆”频道 8 个动画 Flash 脚本的制作任务。

（四）缩微文献

全国图书馆文献缩微复制中心各成员馆全年共拍摄民国图书 1147761 拍，新中国成立初期中文报纸 37528 拍，现报 368226 拍，善本古籍 132750 拍，共计 1686265 拍。其中国家图书馆完成拍摄民国图书 945822 拍，新中国成立初期中文报纸 37528 拍，现报 141089 拍，善本 100710 拍，共计 1225149 拍。完成珍贵文献数字资源转换缩微胶片 633441 拍，其中国家图书馆转换馆藏地方志黑白胶片 559502 拍、转换彩色胶片 5013 拍。完成母片拷底 11104 卷，拷贝 15107 卷。

（五）数字资源

截至 2016 年年底，国家图书馆外购数据库 253 个，其中：中文数据库 126 个、外文数据库 127 个。中文数据库数量与 2015 年持平，包括中文少儿数据库 14 个、残疾人数据库 4 个；其中 77 个数据库获得馆外访问授权，比 2015 年减少 2.5%。中文数据库包含的文献数量：中文期刊 21000 余种（经查重），中文图书 505529 种 986273 册，中文报纸 1389 种，中文学位论文 5577500

篇，中文会议论文5660000篇，国家标准54149条，行业标准25694条，工具书12365册（未去重），年鉴31613册/卷，图片574000张，专题节目17300小时，学术性报告近59540场，多媒体课程11148学时，少儿多媒体教学课件126534个，音乐500000首，语言55942集，舞台艺术1100部/3000小时，影视剧5000集。

（六）其他资源建设

1. 学术讲座资源

完成讲座拍摄、视频编辑及资料数字化加工120场，完成文津经典诵读诗词音频制作365首。中国记忆项目自建和共建口述史料约470小时、影音文献约40小时。

2. 移动服务资源

完成“掌上国图”手机特色资源建设，建设视频讲座资源337GB，学位论文数据6089条；完成手机门户8个专题的建设；续订“手机知网”“读览天下电子期刊”商业数据库；在“国家数字图书馆”应用程序中发布听书资源20765集。

3. 网络信息采集

结合国家图书馆资源建设整体规划，以保存中华数字记忆和满足社会信息需求为目标，逐步实现对国家经济社会发展重点领域和重大事件网络资源的全面采集与保存，有重点地采集和保存国际网络信息资源。2016年共采集一般性网络专题59个数据13804条，存贮量28.2TB。结合国家政策和创新发展趋势，开展“一带一路”和“大众创业　万众创新”重大专题的采集和保存，采集“一带一路”专题资源2499条，数据量2.45TB；采集“双创”资源2603条，数据量2.04TB。对国内政治、社会、文化、经济、科教、安全等领域具有重要价值的网站进行采集，共采集完成1863个网站，数据量为24.29TB。选取与我国接壤国家、发达国家和国际组织的主要网络资源进行采集，采集网站1384个，数据量为6.37TB。

4. 公开课资源及“中华传统文化百部经典”拍摄

进一步丰富国图公开课资源内容，为公众提供高质量的教育资源，开展公开课视频资源的加工制作，完成100场图书鉴赏和100场国图讲坛精加工视频资源建设。

以中华优秀传统典籍为依托，结合《中华优秀传统文化百部经典》编纂项目，开展“中华传统文化百部经典”系列专题公开课拍摄，首批完成《孟子》《孙子兵法》两场公开课制作，以多媒体手段，形成具有学术性、知识性和普及性特征的国家级精品课程，时长累计191分钟。

积极利用现代信息技术，为社会公众提供信息服务，完成自有版权新媒体图文资源加工2454条，其中文化播报资讯1284条、专题导读12期、书刊推荐960本、图说百科展览2场、古籍精品动画8个、书画鉴赏图文信息200条，完成新媒体资源视频转制96场。

5. 学科导航维护

对资源导航的利用和更新情况进行调研和分析，在此基础上完成《学科导航分析报告》。

二、文献信息资源组织

（一）中文文献

1. 中文图书：制作中文图书书目数据240728种，较2015年种数减少24%。其中：普通图书书目数据203946种，较2015年种数增加1.02%；少儿图书书目数据36782种，较2015年种数减少67.96%。新建名称规范数据106817条，完成规范数据与书目数据的同步挂接。完成中文图书加工937116册（含光盘），较2015年册数减少8.90%。新建中文标准篇名数据3600条，维护中文标准篇名数据4476条。

2. 学位论文：完成学位论文编目加工186843种，较2015年减少6.98%。其中博士论文46980种，博士后报告7585种，海外学位论文278种，硕士论文132000种。

3. 台港澳文献：完成图书编目加工20007种/册，较2015年种数减少6.25%，册数减少7.15%；制作图书书目数据20346种，较2015年减少2.12%；完成期刊编目81种。

4. 中文期刊报纸：新编期刊书目数据220条，完成中文期刊加工533314册。新编报纸书目数据20条，完成报纸加工576614期。

5. 音像制品和电子出版物：完成登记加工14022种34410盘，较2015年种数增加8.3%，盘数增加5.9%；编目入库11664种21749盘，不含复本、附件，较2015年种数增加7.8%，盘数增加16.9%；制作书目数据12016条，较2015年增加10.8%。

6. 缩微文献：制作缩微品拷底片书目数据9489条，缩微品拷贝片书目数据17033条。

7. 中文资料：完成非正式出版文献编目加工7790种，较2015年种数增加1.04%。完成存疑文献编目加工622种，较2015年种数减少26.82%。

（二）外文文献

1. 西文文献：编目加工西文图书49896种53446册，较2015年种数减少12.26%；UMI缩微平片4377种，较2015年种数减少23.13%；缩微胶卷29种964卷。

2. 东文文献：编目加工日文图书18369种18501册，较2015年种数减少2.92%；编目加工东文图书4675种4792册，较2015年种数减少33.49%（其中阿拉伯文图书1470种1573册、韩文图书1131种1131册、越南文图书183种184册、泰文图书1062种1073册、马来文图书35种35册、印尼文图书204种206册、印地文图书590种590册）。

3. 俄文文献：编目加工图书7005种7005册，较2015年种数持平；缩微胶卷1种47卷。

4. 国际组织与外国政府出版物：编目加工图书722种990册，期刊206册；缩微平片10441种24390片。各类文献编目加工较2015年种数增加22.5%。

5. 外文报刊：新编目外文期刊127种。

6. 外文实体电子资源：编目加工西文实体电子资源1282种3842盘，附件113件；日文实体电子资源52种52盘。外文实体电子资源编目加工较2015年减少9.44%。

7. 书目数据回溯：美国政府出版物缩微平片书目数据回溯40908种43265册；东方小语种图

书回溯书目数据单册挂接 50185 册（其中阿拉伯文图书 17687 册、波斯文图书 1638 册、马来文图书 1350 册、印尼文图书 6760 册、印地文图书 21797 册、乌尔都文图书 714 册、孟加拉文图书 239 册）。外文实体音像电子资源书目数据回溯 11261 种。

（三）古籍文献

全年完成各类文献的数据编制 31112 条，其中：善本编目 2710 条（含提善书目数据）、新善本编目 246 条、精装精印 24 条、手稿 612 条、外文善本 120 条；完成中文舆图编目 1235 条、西文舆图 5230 条、俄文舆图 427 条、日文舆图 2106 条、老照片 8 条、年画 1485 条；民国文献新书 8185 条；普通古籍编目 449 条；线装家谱 1074 条、非线装家谱 206 条、方志 512 条；石刻拓片 3322 条（含甲骨等）。

继续推进已建数据库数据的日常维护、整合工作。删除已提善书数据 1675 条，修改古籍普查等工作中发现问题的数据 200 余条，补充馆藏数据 5000 条，修改 ALEPH 系统中简转繁后错误的数据 430 条。按照要求提交文革小报以及馆藏《赵城金藏》子目编目工作方案。

继续开展书目数据维护与修改专项工作，完成少数民族语文文献回溯书目数据制作 2006 条，加工 2242 册；中文提善书书目数据修改完成 3000 条；外文善本回溯书目数据制作 1047 条；地方文献新旧家谱回溯书目数据制作完成 500 条；馆藏法帖回溯子目数据制作约 1071 条；契约文书回溯书目数据制作 105 条，整理 5185 件；馆藏年画回溯书目数据制作 1000 条；馆藏外文舆图回溯书目数据制作 7000 条。

数据库专项工作稳步开展，完成 1000 片甲骨拓片相应影像数据制作，实现书目与影像数据的链接，完成 2000 种馆藏样式雷图档的数字化以及相关元数据的制作。

（四）数字资源

1. 元数据仓储

完成《国家图书馆文献资源整合工作方案 2016—2017》编制，结合方案继续推进数字馆藏元数据集中仓储，接收中外文数据库元数据 50 余批次，约 5600 万条元数据（比去年增加 180%），其中包含“中国期刊全文数据库（清华同方知网）”“维普中文科技期刊数据库”“龙源期刊网”“万方数字化期刊”“网上报告厅”“Taylor & Francis Online Journals”等中外文外购数据库元数据，对各类数据进行核查、登记、存储并更新映射规则，已将符合发布要求的元数据提交给文津搜索系统进行资源整合发布。

2. 数字馆藏元数据改造

加强基础数据的标准化，继续开展数字馆藏元数据改造工作，起草《数字馆藏元数据加工规范》，批量增加描述数字资源特征、反映资源内容形式及载体类型的内容、数字馆藏的发布地址及唯一标识符等信息，对“馆藏音像”“民国法律”数字方志”“碑帖菁华”“甲骨实物”等 30 余个资源库的约 65 万条元数据进行改造。

3. 数字资源门户系统（Metalib）和开放链接系统（SFX）管理与更新

对数字资源门户系统和 SFX 资源链接系统管理，Metalib 中完成 9 个中外文商业数据库的整合、发布，修改 99 个数据库设置，累积修改和维护 100 余次；SFX 系统中新增刊数 146 种，修改刊数 9800 余种，删除刊数 454 种。加强系统的核查和管理，每月检查所有资源链接的有效性，为读者正常访问数字资源门户提供保障。

配合国家图书馆网站改版，对国内外图书馆电子资源分类进行调研，并提出资源分类建议。

4. 国图公开课关联数据加工

促进馆藏资源的关联揭示和有效利用，基于国图公开课利用资源描述框架（RDF）进行语义化描述，完成 1000 场已发布公开课元数据关联数据加工，实现关联数据的创建、修改、查询、删除、编辑、批量操作及关联数据的组织、管理。

5. “一带一路”专题资源库建设

围绕“一带一路”开展专题资源库建设，开发后台资源管理系统和前端展示系统实现对“一带一路”资源的有效管理和发布。

三、文献信息资源保存与保护

（一）数字信息保存与保护

1. 自建数字资源入藏

2016 年，自建数字资源典藏库房入藏光盘 48121 盘，因部分项目调整，入藏量较去年同期相比有所下降。其中中文现代文献入藏光盘 10762 盘、民国文献 1156 盘、善本古籍 34374 盘、音视频资源 1385 盘、其他资源 444 盘，所有入藏光盘的基本信息已导入数字资源库房管理系统，进行统一管理。

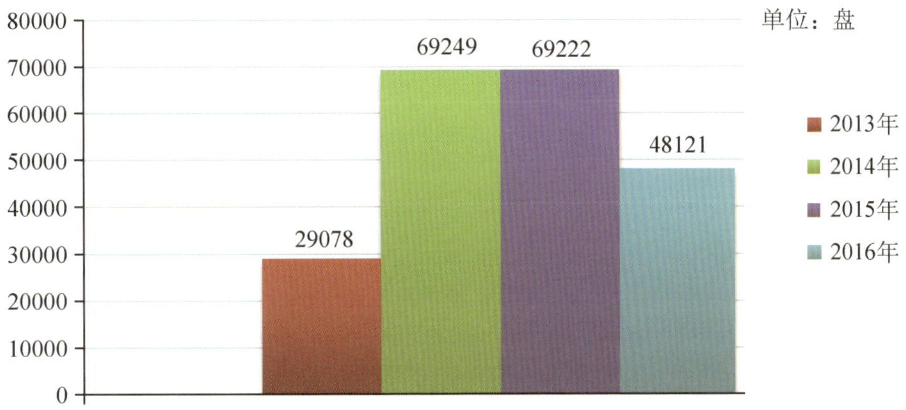

国家图书馆 2013—2016 年自建数字资源光盘入藏量对比

2. 数字资源长期保存

2016年，完成中文图书、数字善本、敦煌IDP数据、触屏报纸、网页采集共计5大类、101591册9174988页125.3TB的数字资源的长期保存。截至2016年年底，国家图书馆的长期保存数字资源总量达到1420.67TB。

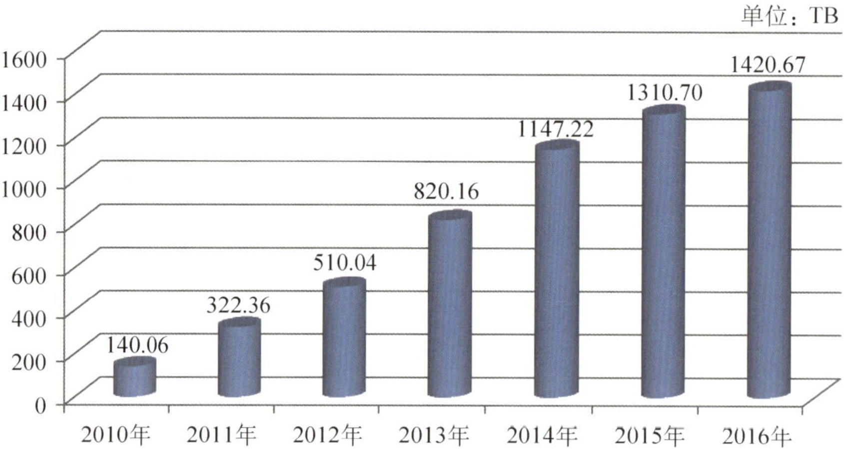

国家图书馆长期保存数据总量历年增长情况

长期保存数据安全性检查依旧采用效率较高的全盘检查方式，对所有保存有数据的磁带介质进行检查。全年共完成检查489盘次，数据检查结果均正常，没有发现损坏数据。

对国家图书馆网页资源获取系统进行功能开发和升级，旨在通过构建推广工程网络资源保存与服务系统，实现网络资源全流程的平台化操作和规范化管理，从而提高工作效益。已完成系统技术升级需求书的撰写和项目招标工作。具体实施方面，已经完成系统开发需求分析和整理，初步完成网络资源采集模块功能的设计和模型搭建以及分布式文件系统的模型设计和搭建。对2016年度网络信息采集的数据进行压缩处理并提交信息技术部完成长期保存。整理2012—2014年政府和专题回溯数据共30.9TB。

（二）文献修复与保护

1. 文献修复

完成各类纸质文献修复2635册/件。其中包括馆藏“三件早期印刷佛经”2件，以及馆藏“天禄琳琅”古籍50册。制作修复档案760个，拍摄修复照片3200余张。

设计完成“馆藏西夏文献修复方案”。初步开展传统抄纸纸帘编织工艺研究，已经进入手工编织抄纸竹帘的试验阶段。

以联合办学的方式，为中国社会科学院研究生院6名学员进行理论教学和实践指导，总计时长6个月。为甘肃省档案局培训古籍修复人员1名，总时长3个月。

6 月，积极协助筹办“民族记忆　精神家园”展；同月，参加第二届京津冀非物质文化遗产联展。配合中央电视台拍摄小型新闻纪录片《我在国图修古籍》5 集，该纪录片已于 2016 年 7 月中旬在中央电视台 13 频道播出。

2016 年 1 月，接受文化部督导组对国家级古籍修复中心建设工作督导检查，并在评分时获得满分。

2. 文献保护

继续对国家图书馆 8 个重点书库和阅览室的温湿度及虫霉病害进行每周监测，包括保存本库、旧报库、旧刊库、基藏大库、善本负二库房、善本负三库房、善本战备库以及善本阅览室等。对总馆的四库全书库、善本负二库房、善本负三库房以及文津街馆区的普通古籍库、后库、地方文献库、普通古籍阅览室以及地方文献阅览室 8 个装有温湿度自动监测系统的库房和阅览室进行实时监测。不定期的监测天竺周转库。完成全馆重点书库的温湿度及虫霉情况的每月月报和全年的总结报告。为基藏库、保存本库、缩微中心母片库、正片库以及数字资源部库房等 55 个库房安装温湿度自动监测系统。

全年检测 5 个重点库房的二氧化硫、二氧化氮和 TVOC 等有害气体 2 次，检测阅览室及办公室有害气体 2 次，检测空气微生物 2 次。购入 20 箱天然樟脑和部分防鼠药，投放于总馆、文津街馆区及天竺库房的重点库房。总馆冷冻文献 20 批次，文津街馆区冷冻文献 37 批次，共计冷冻文献 57 批次，冷冻文献合计 780 余箱又 210 包，约 25500 册 / 件。检测古籍馆装具 12 个，检测古籍保护中心纸样 29 种。

古籍保护科技文化部重点实验室以高分通过文化部年度考核。开展国家文化科技提升计划项目“文献用纸保存寿命评估体系研究”，完成 5 种纸张 7200 个小时的干热老化实验，完成 4 种不同相对湿度下 5 种纸张 720 个小时的湿热老化实验，检测老化前后及老化过程中共 80 个纸样的白度、撕裂度、抗张强度、耐折度和冷抽提 pH 值、粘度和铜价等指标。撰写项目自评价报告、研制报告、技术报告、测试报告和审计报告等，并于 2016 年 9 月通过验收。

承担民国时期文献保护项目“民国时期文献脱酸研究与脱酸设备研制”工作，完成脱酸设备的安装调试工作，进行设备的改造升级。开发两种脱酸溶液，并进行 9 个批次 100 册文献的批量脱酸实验工作，检测脱酸前后及其老化 10 天后的纸张的撕裂度、冷抽提 pH 值和白度等指标。项目成果在《光明日报》《中国文化报》上报道。2016 年 11 月结项。脱酸研究的二期项目正式立项，计划两年完成。

接待国内外各单位参观学习 20 余次。赴安徽考察泾县宣纸和歙墨的生产工艺，赴广州参加 2016 年古籍保护与修复国际学术研讨会，参加中日国家图书馆第 35 次交流会。在国家古籍保护中心办公室开展的培训班上授课 40 余学时。

8 月中旬，启动 1989—2010 年西文科技期刊外迁及文献调整的招标与合同签订工作，相关物资申请到位。10 月 17 日—12 月 16 日，完成基藏书库 1989—2010 年西文科技期刊下架外迁工作，共计搬迁文献 11394 箱、264790 册。按照馆领导指示精神，典藏阅览部多次前往天竺库房进行实地测算及格局调整，积极制订天竺库房扩容方案，召开文献调整动员会。经调整，天竺库房可继续存放文献3万余箱。文献外迁工作严格遵守《文献搬迁安全管理规定》，做到文献内迁外迁处处有监管、搬迁文献册册有登记。搬迁工作井然有序，在保证正常提供读者阅览服务的同时，完成装箱、装车、押运、接收等全部工作。

修订《缩微文献保存保护办法》和《全国图书馆文献缩微复制中心库房管理办法》，启动古籍馆交接胶片核查，着手库房系统化管理研究。工作日定时检测缩微胶片库房温湿度，排查安全隐患，加大除湿力度，确保库房温湿度控制在要求范围内。胶片保存保护方面，探索与国内胶片除酸材料研发公司沟通联系，尝试进一步合作。对地方省馆胶片保存问题，检测并提出指导意见，以加强地方馆的胶片保存保护工作。开展各成员馆下阶段文献抢救拍摄计划研究。通过对22家成员馆已完成或基本完成拍摄的各类文献调研，全国图书馆文献缩微复制中心下阶段拟延续各成员馆民国图书及现报拍摄，启动新中国成立初期中文报纸（1949—1965）拍摄，逐步加大善本古籍拍摄，适时回溯民国报刊拍摄。各成员馆全年拍摄善本古籍31792种、报纸（民国报纸及现报）2796种、期刊15232种、民国时期图书114516种、普通古籍214种，共计164550种。累计总拍摄量6991万拍。

年度掠影

【配合国务院教育督导委员会抽检博士学位论文】

根据《教育督导条例》（国务院令第624号）和《博士硕士学位论文抽检办法》（学位〔2014〕5号）有关要求，为保证博士生培养质量，国务院教育督导委员会办公室决定2016年度抽检的博士学位论文继续从国家图书馆调用。按照国务院教育督导办3月17日函件要求，国家图书馆学位论文收藏中心对分散在采访、编目、待装订库房、外包等多环节工作流程中的博士学位论文逐一筛查，按照要求向国务院教育督导办公室提供相关博士学位论文电子文档5606种，圆满完成相关工作。

【开展乐谱资源建设调研】

为配合国家图书馆筹建视听服务中心的相关工作，2016年着手开展国内乐谱资源收藏调研工作。调研小组通过实地走访、电话采访以及网络调研等方式对国内重要音乐学院的图书馆、艺术研究院图书馆、国家大剧院、中央民族乐团、国际音乐图书馆协会、美国国会图书馆等重要机构的乐谱收集情况进行调研，并分析国家图书馆收藏的普通中文乐谱和古籍善本中的2万余条乐谱书目数据。在调研和数据分析的基础上对乐谱资源的出版、采选方案、加工、验收、典藏服务等提出一系列建议，为即将开展的视听服务中心筹建工作提供参考。

【参加第三届全国党员教育培训教材展示交流活动】

为促进新形势下党员教育培训教材开发建设和使用，由中组部、国家新闻出版广电总局、国家图书馆联合举办，中组部党员教育中心牵头组织实施“第三届全国党员教育培训教材展示交流活动”。6月15日，国家图书馆对寄、送到馆的参选文献进行登记、核查，完成对教材的授权书等各类表格以及教材的电子版进行汇总和整理工作，并把参选教材进行专架存放。共接收到来自全国各省、自治区、直辖市、新疆生产建设兵团、中央和国家机关各部委、高校、企业以及中央军委政治工作部组织局等81家参评单位的文献676种4760册，分为政治理论、党的建设和综合知识三大类。最终评选出精品教材、创新教材、优秀教材共计82种93册，并在国家图书馆阅览区设专架展示。

【中文引进数据库使用统计】

中文数据库的使用统计数据均直接或间接由数据库商提供，按获取方式可分为厂商提供、自查远程服务器、自查本地服务器三种。截至2016年年底，国家图书馆正式引进、有一定使用时间的中文数据库126个。其中无法统计使用情况的有26个，占数据库总量20.6%；可直接或间接获取统计数据的数据库有100个，占数据库总量79.4%。具体包括：由厂商统计汇总形成最终数据，以Excel、Word等文件通过邮件提交的（即厂商提供）有39个；工作人员登录数据库商远程服务器统计系统，自行统计汇总形成最终数据的（即自查远程服务器）有15个；工作人员登录数据库本地镜像服务器统计系统，自行统计汇总形成最终数据的（即自查本地服务器）有46个。同2015年相比数据库总量持平，可获取统计数据的数据库增加1%，不可获取统计数据的数据库减少3.7%。

【加大中文商业数据库元数据收集力度】

对中文商购数据库以及推广工程商购数据库的元数据收集工作进行梳理汇总，包括已提交元数据数据库的合同约定情况、更新频率、最新数据时期以及未提交元数据的原因统计等。截至2016年年底，本年度共获取中文商业数据库元数据59批次、59160815条，总量比2015年增加1.3倍，其中新增1个商购数据库和3个推广数据库的元数据。共收集82个数据库的元数据，占中文商业数据库总量的65%，其中全文型数据库47个、数值事实型数据库20个、多媒体型数据库15个。中文商业数据库的元数据是图书馆开展资源整合的基础数据之一，元数据收集工作为国家图书馆的资源建设、数据整合与读者服务提供有力的数据保障。

【东文小语种文献书目数据挂接工作如期结束】

2016年，国家图书馆馆藏东方小语种文献书目数据挂接专项任务结束并通过验收，包括韩文、越南文、阿文、印地文、泰文等在内的10余个语种，9万余册文献即将重新面向读者提供借阅服务，为全面揭示馆藏、提高文献利用率奠定坚实基础。截至2016年年底，总计挂接册数达91603册，其中韩文图书18528册、越南文图书11630册、蒙文图书5600册、泰文图书5660册、阿拉伯文17687册、波斯文1638册、马来文1350册、印尼文6760册、印地文21797册、乌尔都文714册、孟加拉文239册。

【编制国家图书馆外文文献资源RDA本地政策声明】

2016年，依托馆级科研项目，国家图书馆对RDA的研究从理论推进到实践环节，以馆内外文文献资源RDA应用为重点，充分考量RDA发展需要和业界行情，组织专业力量编制《国家图书馆外文文献资源RDA本地政策声明暨书目记录操作细则》（以下简称“NLC PS”）并广泛征求意见。NLC PS以RDA结构为轴线，兼具规则释义和政策声明双重功能；以RDA工具套件最新更新为蓝本，密切追踪规则变化和新发展；以MARC21为格式规则，使用大量实用性样例；以套录编目和原始编目为分界，详细规定编目的详简程度；以书目记录的编制为范畴，预留延伸至规范记录的空间。外文采编部在部门范围内组织大规模测试活动，撰写《国家图书馆外文采编部RDA本地化应用测试报告》和《RDA本地化实施技术需求》，并依据测试报告完善NLC PS，发挥在业界的引领示范作用，为未来RDA在其他馆藏资源特别是中文文献资源中的应用提供参考。

【举办 RDA 记录编制培训班】

5 月和 10 月，主办 2 期“RDA 的理论与实践——RDA 记录编制实操培训班”。全国编目领域近 80 人参加培训。外文采编部师资团采用小班教学与上机培训相结合的授课形式，课程涵盖 RDA 重要知识点和最新动态，包括 RDA 概论、RDA 的原则和目标、记录载体表现和单件属性的一般规则、识别载体表现和单件的主要元素、描述载体、记录获取和检索信息、描述内容、RDA 完整记录编制、外文数据源中 RDA 记录的获取与利用、RDA 与 AACR2 的区别及编目理论框架。2 次培训在调动我国编目员对 RDA 学习兴趣的基础上，也普及了这项国际编目新规则，为 RDA 下一步实施推广开辟有效途径。

【举办 IFLA LRM 学术讲座】

10 月 21 日，主办“新的图书馆数据概念模型——IFLA LRM”主题学术讲座，特邀国际图联 FRBR 评估组 FRBR 统一版编辑组主席、加拿大著名编目专家 Pat Riva 主讲。图书馆信息组织领域工作者近百人参加讲座。Pat Riva 作为新模型的主要编制者，对 IFLA LRM 的产生背景、模型结构和主要内容进行详细说明，并对 IFLA LRM 与 FR 三个模型在实体、属性和关系构建上的区别和联系进行深入剖析，且在理论基础上进行大量实例讲解，与现场听众形成良好互动。讲座在提供与外国专家面对面交流的基础上，促进我国编目工作国际化、规范化和标准化的发展。

【启动“日本战犯罪行审判史料编译”项目】

国家图书馆“日本战犯罪行审判史料编译”专题于 2015 年 12 月 10 日正式上线发布，以“每日一则”的文图形式同时在国家图书馆官网、微博和微信平台向公众发布日本战犯罪行审判文献的编译成果。外文采编部专题项目组以“东京审判”文献为首批精选编译对象，依托一手审判文献 80 册英文版《远东国际军事法庭庭审记录》（又 3 册索引、附录）和 50 册日文版《远东国际军事法庭证据文献集成》，同时参考《远东国际军事法庭判决书》《南京大屠杀史料集》《东京审判研究丛书》等相关研究著述。项目组分“调研”“编译”“审校”3 组，集结英文、日文和历史专业人才共计 20 余人，经过认真筛选整理，严谨考证翻译，在三级审校基础上请专家把关，2016 年全年编译发布消息 366 则，涉及远东国际军事法庭证据共 186 条，包括“东京审判概况”“甲级战犯主要罪行”“日军南京暴行证据”“日军在中国其他地区暴行证据”“日本在中国的毒品问题证据”以及“日本蓄谋事变及局势变化等证据”等内容。

【加强网络信息保存项目宣传】

国家图书馆非常重视网络信息保存工作的开展。2016 年，在积极推进网络信息保存和利用的同时，为了使民众能够充分认识网络信息保存的重要性和意义，提高社会认知度，从而更好地促进网络信息服务的效益，采取多种手段和渠道举办各类宣传活动，与到馆读者进行互动，受到广泛好评。在“4·23”世界读书日当天，由工作人员就国家图书馆网络信息保存工作的意义和服务情况向读者进行详细介绍，并回答读者提问。5 月，科技周活动期间，部署多台大型立式触摸屏设备对网络信息进行直观展示和说明，读者还可以通过在线答题、网站浏览、互动留言等方式参与宣传活动，在轻松有趣的氛围中了解网络信息保存工作。

【启动新中国成立初期中文报纸抢救工作】

2016 年，国家图书馆启动新中国成立初期中文报纸（1949—1965 年）抢救工作。自 2015 年开展国家图书馆馆藏待拍摄文献调研，在综合考虑缩微拍摄特点、文献纸张老化程度、馆藏资源抢救方式延续、已建数字资源种类（包括商购数字资源）等因素后，确定新中国成立初期中文报纸（1949—1965 年）为下阶段重点文献抢救类型，预计可拍摄中文报纸 680 种约 254 万拍。该类文献使用 35mm 无孔银盐缩微胶片摄制，以 2B 方式双版拍摄，每盘胶片长度 30.5 米，全年完成实验性拍摄《奋斗日报》《川南日报》等 14 种 37528 拍。

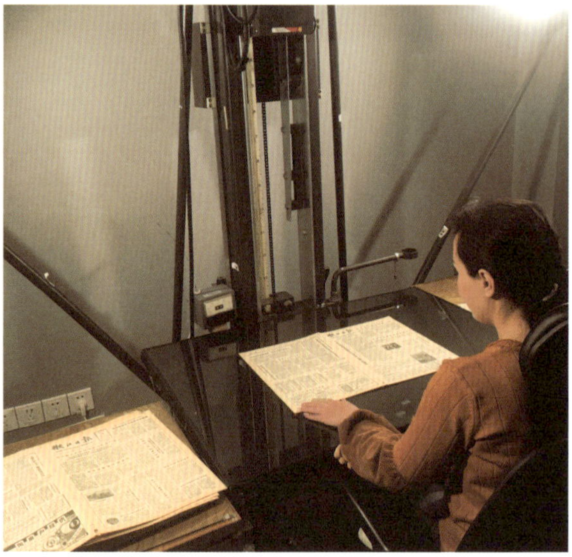

启动新中国成立初期中文报纸抢救工作

国家图书馆自 1985 年全面启动馆藏文献缩微拍摄工作。截至 2016 年，已完成善本古籍 17684 种、普通古籍 214 种、报纸（民国报纸及现报）744 种、期刊 7511 种、民国图书 80223 种，累计 4105 万拍拍摄。

【中国记忆项目开展“中国图书馆界重要人物”“当代重要学者”等专题口述史料、影像资料等文献资源自建与合作共建】

对西夏学家史金波先生进行口述史访问

2016 年，中国记忆项目继续开展专题资源建设工作。开展“中国图书馆界重要人物专题”资源自建和共建，采集朱颜庄（曾用名朱岩）、黄明信、熊道光 3 位专家 37 小时口述史料，完成“国图记忆”3 位老馆员口述史采访，共获得口述史料约 10 小时；同时与全国 21 家共建单位合作开展 29 位图书馆界重要人物的口述史资源建设，相关资源将在建设完成后由共建单位和国家图书馆共享。开展“东北抗日联军专题”延续性资源建设，采集20余位受访人口述史料约95小时，收集录音带233盘、日记手稿49册。开展“当代重要学者专题”延续性资源建设，采集丘成桐、史金波、朱英国、余敦康、郭汉城等重要学者口述史料约49小时。开展“中国远征军专题”资源建设，采集23位远征军老战士口述史料约50小时。采集国家级非物质文化遗产代表性传承人杜伟生口述史料约10小时。接受清华大学新闻与传播学院捐赠纪录片73部。

【举办“不朽的抗联——中国记忆项目东北抗日联军专题资源建设成果发布会暨展览”】

9月18日下午，“不朽的抗联——中国记忆项目东北抗日联军专题资源建设成果发布会”在国家图书馆学津堂举办，同日，中国记忆项目东北抗日联军专题资源建设成果展开幕。在发布会上，中国记忆东北抗联系列图书首发，日记手稿、口述音频等一批珍贵文献入藏国家图书馆，韩永进馆长接受捐赠。98岁的东北抗联老战士李在德、94岁的东北抗联老战士李敏，东北抗联将领冯仲云之女冯丽雯、东北抗联将领赵尚志的外甥李龙、东北抗联战士蒋泽民之女蒋朝利等抗联后代，东北抗联记忆空间所在地黑龙江省兴隆林业局党委书记韩春林，以及中国社会科学院历史研究所研究员定宜庄等相关领域专家应邀出席并发言。中科青云实验学校师生、国家图书馆党员和团员青年、读者及社会各界代表200余人参加活动。

成果发布会上，抗联老战士李敏捐赠自己口述及抗联老战士访谈录音带共123盘，抗联后代蒋朝利捐赠父亲蒋泽民的日记手稿共66册，抗联后代黄若平捐赠其祖父、抗联将领黄吟秋访谈录音带共6盘，抗联历史研究者邹本栋捐赠抗联老战士访谈录音带共103盘。捐赠仪式后，中国记忆项目东北抗日联军专题的两位口述史采访人史义军、姜宝才分别发言，讲述在资源建设过程中的所见所闻和他们在多年研究东北抗联历史过程中的所思所感。

东北抗联老战士李敏在发布会上演唱抗联歌曲

同期开幕的“不朽的抗联——中国记忆项目东北抗日联军专题资源建设成果展”通过图文、视频、实物等形式，介绍东北抗联的斗争历程，全面总结展示东北抗日联军专题的建设成果，现场播放受访老战士口述史访谈视频，展出抗联战士日记、公文包等珍贵文献和历史文物。展览持续到 9 月 30 日。

【核工业家连培生手稿和照片资料入藏国家图书馆】

2016 年 4 月，国家图书馆退休馆员连小峰向国家图书馆无偿捐赠其父连培生先生手稿、照片资料等共计 27 种 274 册叶 / 张 / 包，其中手稿资料入藏名家手稿文库，照片由舆图组负责保管。

连培生（1922—2007），广东顺德人，核工业知名专家。1922 年生于上海，1943 年毕业于西南联合大学机械工程系，1947 年赴英国留学深造，1951 年加入中国共产党，1955 年赴苏联莫斯科理论与实验物理研究所实习，1956 年回国。历任我国第一座核反应堆首任总工程师，第二机械工业部核反应堆研究所副所长，第二机械工业部核电局副局长兼总工程师，核工业部核电局总工程师，中国核工程公司总工程师、高级工程师，中国核学会第一、二届常务理事。发表有《原子能工业》《核电站建设的项目管理》等专著。连培生先生长期致力于核工业发展与规划，积极推动我国核电建设事业的发展，为我国核电建设引进国外先进技术做了许多贡献，如撰写国外核电技术材料、参与中外核电合作谈判等。此外，他还为核工业宣传、核知识普及做了大量工作。此次入藏手稿资料中如《连培生致李鹏副总理的信》《外国核电站的承包方式》《关于连培生同志应邀赴港的请示》等文献，既反映作者为我国核电事业发展所做出的卓越贡献，也记录我国核电工业发展历程的真实点滴。

国图名家手稿文库本以文史学者、知名作家手稿收藏为主，虽有詹天佑、李四光、竺可桢、袁翰青、马大猷等现、当代科学家手稿，但种类数量相对较少。此次连培生先生手稿资料的入藏，有益于丰富名家手稿文库收藏门类，并启发我们注意扩展征集范围，使名家手稿文库得到更好发展。

【《江瀚日记》并诗文集手稿无偿捐赠国家图书馆】

8 月 27 日，《江瀚日记》并诗文集手稿捐赠仪式在国家图书馆红厅举行。江瀚曾孙江一先生向国家图书馆无偿捐赠《江瀚日记》4 册及诗文集 1 册。国家图书馆馆长、党委书记韩永进代表国家图书馆接受捐赠并向江一先生颁发捐赠证书，捐赠仪式由国家图书馆馆长助理兼研究院院长汪东波主持。

江瀚（1857—1935），字叔海，号石翁，室名慎所立斋，福建长汀人。民国元年（1912）5 月，由北京政府教育部任命为京师图书馆（国家图书馆前身）馆长。江瀚到馆之后，拟定《京师图书馆暂定阅览章程》，编制《京师图书馆善本书目》，提出京师图书馆属于研究型图书馆，性质任务不同于通俗图书馆等办馆主张，为京师图书馆的发展奠定重要基础。捐赠日记为江瀚光绪二十一年（1895）、二十四年、二十五年、二十八年、二十九年日记，是江瀚担任地方幕僚、游历四方的珍贵记录。诗文集为江瀚多年所写诗文，具有珍贵的文献价值。据江一先生介绍，这些文献在江瀚过世后，由祖父江庸收藏，1960 年江庸先生过世后，由父亲江靖传承。其间经历“文革”，一部分手稿“文革”后才被发还。1995 年江靖先生去世，由江一先生保存至今。经国家图书馆研究院“国家图书馆馆史资料征集、整理与研究项目”之“江瀚资料征集、整理与研究”课题组负责人马学良整理，捐赠国家图书馆的江瀚日记与北京师范大学所藏江瀚光绪二十三年、二十七年、三十四年、宣统元年日记合璧，已于 2016 年 8 月由国家图书馆出版社影印出版，诗文集亦附录于后。

名家日记是国家图书馆名家手稿文库征集的重要内容。名家手稿文库现藏有绍英、许宝蘅、朱希祖、郑振铎、王伯祥、周太玄等人日记，具有重要的历史文献价值。此次捐赠进一步丰富了名家手稿文库的日记系列收藏。

【石云山藏革命历史文献捐赠国家图书馆】

10 月 27 日，原浙东人民解放军游击纵队（前身为“新四军浙东游击纵队”）老战士石云山向国家图书馆捐赠一批革命文献。

石云山，1928 年 3 月出生，上海市人，上海民治新专毕业。1948 年 5 月参加革命工作，同年 11 月加入中国共产党。1946 年开始，石云山以进步学生干部身份，参加上海的“反饥饿、反迫害、反腐败、反内战”等 12 次学生爱国运动。后由党组织安排撤退到浙东四明山区，直接参加武装游击斗争，历任浙东纵队教导大队学员、金萧支队支队长秘书兼干训班指导员。后曾任中共浙江省建德地委、金华地委、中共中央华东局、中共浙江省委组织部干事，浙江省工业厅人教处干事、杭州水力发电学校教导主任。新中国成立后，长期服务于我国电子工业、水利、电力和教育各条战线。石云山所在的浙东人民解放军游击纵队为浙东革命根据地主力部队，长期在国民党统治区开展敌后游击战争。渡江战役期间，浙东纵队配合南下大军发挥极为重要的作用，此次的捐赠品中有多件见证这一时期解放浙东的文献史料，包括《为迎接胜利告浙东各界人士书》《浙东行政公署、浙东人民政府、浙东纵队人民解放军第二游击纵队司令部布告》《在南北会师干部会上的报告》《中共浙东临委发布 55 条口号通知》《临委直属总支第三次会议记录》。除上述文献之外，捐赠品中还有中共中央以林彪、罗荣桓名义发布的《中国人民解放军平津前线司令部布告》，路西县政府作为“城市政策学习材料”翻印的华东野战军某部《入城前颁政治命令》，1948 年手抄华中地区游击战争经验学习资料《河南地区半年来游击战争的初步总结》，以及浙江省人民政府公安局 1949 年颁发给石老的持枪证等，都是石云山参加革命工作时保留下来的资料和实物。

【赵珩先生捐赠《縠外堂藏赵氏印存》】

《縠外堂藏赵氏印存》是襄平赵氏自用印印谱，乃 2015 年赵珩先生出其家藏四代自用印 52 方，委托姑苏皕谱簃主人魏昆，延请景厂钤拓成谱。此谱共成 10 部，每部一册，以天干计数，计收赵尔巽用印 2 方、赵世泽 26 方、世泽妻曼殊 1 方、赵守俨 5 方、守俨妻王蓁 6 方、赵珩 10 方、珩妻吴丽娱 2 方。2016 年年初，中华书局曾以原谱为底本影印 200 部，以其中百部委托布衣书局网上出售，半小时即告售罄。日前，赵珩先生将 10 部原谱中第二部——乙部无偿捐赠国家图书馆。该谱用纸讲究，印色鲜艳不俗。全谱除收印 52 方外，并拓边款，凡有边款者皆与印蜕拓为一纸，大者另纸拓出，全谱凡 54 叶。陆灏题函套外签，扬之水题封皮内签，前有赵珩先生手书序文一首，自述其印谱成书始末及藏印梗概甚详。捐赠时并附赵先生手书一函，用毛笔写于朱丝栏八行信笺之上，清雅异常。

赵氏一门是中国近代史上的望族，自《清史稿》撰写至二十四史点校工程，记录历史，保存文献，厥功至伟。其家藏自用印印谱的入藏，对广大学者大有裨益。

【熊健先生旧藏拓片无偿捐赠国家图书馆】

2016 年，熊健先生及其哲嗣熊仲协先生和熊仲颖女士捐赠国家图书馆的《大秦景教流行碑》等 82 种 210 册 / 件金石拓片及翁方纲手书《金刚经》正式入藏国家图书馆。这批珍贵的拓片和墨迹文献，在熊健先生手中收藏了半个多世纪，此次将其全部无偿捐赠国家图书馆，目的就是让这批宝贵的文献发挥最大的作用，让更多的人能够看到它们、利用它们。

这批拓片的文献价值、艺术价值和文物价值都很高。首先，基本都是现藏陕西西安碑林的著名碑刻，如：书圣王羲之的代表作《雁塔圣教序》，欧阳询楷书代表作《九成宫醴泉铭》，颜真卿楷书代表作《颜氏家庙碑》，费甲铸摹刻肃府本《淳化阁帖》4 册等，基本是各个时代书法大家的代表作。其次，所有拓本都是整幅拓片，而且是未经装裱的软片，整幅软片不仅能够最完整地再现原碑原貌和残损的细节，最大限度地保存该碑的文献资料，而且也便于后期的保护性装帧和收藏，是拓片保存的最佳方式。《金刚经》墨迹一册，经折装，是翁方纲嘉庆二十一年（1816）四月八日佛诞日所书，全册 43 开，乃翁方纲 83 岁所书小楷，自始至终，一笔不懈，笔法精绝，是难得的艺术精品。册后有清代著名学者叶昌炽两跋和王祖锡一跋。

熊健先生生于 1920 年，他的父亲熊斌将军是冯玉祥手下将领，曾任国民党北京市副市长。1943 年 1 月，熊健先生加入中国共产党，周恩来是他的入党介绍人。新中国成立后，他作为北京外国语大学建校功臣，一直在此工作，直到退休。2016 年 6 月，熊健先生将所藏拓片捐赠国家图书馆，正准备查找翁方纲手书《金刚经》再次捐赠，不幸 7 月 22 日中风，并于 8 月 10 日逝世，其哲嗣熊仲协先生、熊仲颖女士遵从父亲遗愿，将此《金刚经》捐赠国家图书馆。

服务工作

- 立法决策服务
- 重点教育科研和生产单位的信息服务
- 社会公众服务
- 业界服务
- 年度掠影

服务工作

一、立法决策服务

（一）基础业务建设

1. 专藏文献建设

法律参考阅览室完成室藏中文、日文、俄文法律图书的下架、退库工作；开展中文法律新书验收和上架工作。进行法律文献（包括正式出版和非正式出版）采访工作，完成中文法律期刊的遴选和订购工作。

海外中国问题研究资料中心（中国学阅览室）进行中国学文献（包括正式出版和非正式出版）及相关领域电子资源的采访工作。

两个阅览室均完成图书和期刊的统计、接收工作；完成室藏文献的流通统计工作。

2. 咨询档案整理

结合馆史项目“国家图书馆立法决策服务工作史资料征集、整理与研究”课题，进一步完成咨询档案、书目档案的整理、数字化工作。并结合全国政协来访计划，完成部门档案和服务产品的遴选、整理工作。

3. 专题数字资源建设

完成国家图书馆立法决策服务平台、国家图书馆部委分馆内网平台、部级领导干部历史文化讲座视频网站、国家图书馆立法舆情监控平台、中华人民共和国法律法规信息服务系统、海外中国学研究资料中心网站、中法中国研究信息资源网站、全国省级公共图书馆决策咨询服务协作平台等专题数字平台的维护与更新建设。

完成各国议会数据库、国际组织数据库、民国法律法规数据库、世界遗产数据库、省情概况数据库、国情概况数据库、国际关系史图文库、新书推荐等专题库的维护与更新建设。

4. 基础业务应用系统建设

为适应立法决策服务业务快速发展的需要，逐步建立形成应用业务系统 17 个，包括综合服务系统 6 个、专题服务系统 4 个、服务工具系统 4 个、应用保障系统 3 个。本年度已经完成上述系统的研发、更新和维护工作，为做好立法决策服务工作提供重要保障基础。

（二）重点服务项目

2016 年，为党和国家领导人，全国人大、全国政协、国务院所属部委以及中央军委所属机构的服务影响力不断扩大，全年累计完成各类咨询总计 1913 件，比 2015 年同期增长 14.3%。

1.“两会”服务

2016年“两会”期间，国家图书馆提供专题文献信息资料45个热点专题，共计1758篇文章；提供专题文献信息专报5个热点专题，共计52篇文章。

舆情报送工作取得突破性进展，并多次得到全国人大领导的表扬。如《“两会”境外媒体信息专报》报送54期747条信息，《微博舆情跟踪》报送46期617条信息，完成《慈善法》《党内监督条例》《隐形军费、国防支出》和《全国人大常委会工作报告》4个专题的定题舆情报送，为全国人大领导从全局把握“两会”期间的舆情反应，提供参考。

继续将福建省图书馆提供的“福建文化记忆展”加入政协“两会”服务平台，为全国政协2000多名委员提供服务。

完成“两会”代表委员委托的专题咨询3人次、24件；接待代表委员到馆参观2人次。“两会”期间，国家图书馆“两会”服务平台访问量达149次。

面向全国人大常委会、专委会、工作委员会、全国人大机关等机构的服务向内容专题化、系列化快速推进。全年累计完成各类专题咨询近200件。其中有代表性咨询如“中华苏维埃史料收集项目”，包括中央苏维埃、地方苏维埃、全国苏维埃、全国区域苏维埃会议资料近千篇，该项工作为与全国人大合作建立相关苏维埃专题数据库奠定重要基础。每两个月一次有关“四个全面”建设方面的文献定期跟踪收集和整理工作，也是本年度为全国人大提供服务的重要组成内容。

2.重点用户服务

根据中央某机构指示，“5·23”项目全面上线服务。成功策划并组织实施“5·23”平台三期项目，并根据要求完成该平台资源的数据加工和发布工作，实现平台在机构内网上线全面服务。中央某机构数字图书服务平台实现传统图书馆与现代信息技术融合发展。2016年，进一步加强面向中央某机构的服务，以数字化信息技术为牵引，积极主动跟踪相关议题，定期提供相关专报和专题资料。完成实体图书室图书上架、整架、调整架位、安装图书管理软件、培训负责人等工作。完成平台个性化专题资源的定期更新以及专题咨询服务任务。

《新书推荐》工作取得新进展。本年度面向国务院办公厅的《新书推荐》，是国家图书馆在多年服务中央领导同志经验基础上，通过与文化部办公厅合作，直接服务国家领导人的又一举措。这项工作始于2015年，2016年各项工作已步入稳步有序发展轨道。截至2016年10月底，已报送书目12期，推荐图书564种，服务质量不断提升。

来自国务院研究室的服务需求持续增长。全年为其提供《经济和社会舆情信息专报》43期，719篇文章。完成专题咨询99件，为国办领导决策提供信息保障和支持。

南海数字图书馆及外交国防系列《决策参考》继续在我国防外交工作中发挥支撑保障作用。

3.中国边疆文献研究中心建设

《南海诸岛图籍录》正式出版。在《钓鱼岛图籍录》出版成果基础上，《南海诸岛图籍录》于2016年8月正式出版。该书分为中国古代卷、近现代卷和外国卷三卷，收录有关南海诸岛文献

300余件，有力证明南海诸岛主权归属我国的历史事实。

完成与南京大学中国南海研究协同创新中心、国家海洋局南海分局等机构的合作任务，在此基础上，成功申报“中国特色社会主义世界影响力研究协同创新中心”项目。2016年，国家图书馆“海外中国问题研究资料中心”与北京外国语大学、天津外国语大学、北京电影学院、中央编译局海外理论研究信息中心、北京语言大学等五家单位联合向北京市申报“中国特色社会主义世界影响力研究协同创新中心”并获得批准。该项合作旨在发挥“海外中国问题研究资料中心”的作用，协同研究、教学机构，共同开展海外中国问题的研究，以进一步提升国家图书馆立法决策服务综合能力。

4. 部级领导干部历史文化讲座

2016年，在以习近平总书记为核心的党中央大力倡导弘扬中国传统文化的社会背景下，部级领导干部参加讲座学习的热情持续升温，出现现任部长多、新提任领导多、出席人数多的三多趋势，许其亮、孙春兰多次参加讲座。全年共举办讲座13场，参观展览1场，参加讲座的部级领导近2000人次，每场次参加人数平均160人次。自2002年起，讲座已累计举办243场。其中“中国古代物质文化”“文艺复兴的欧洲经验”两场讲座的内容直接报送中央领导并得到重要批示。

在以往讲座成果的基础上，引用知识挖掘、数字触控等技术，打造集讲座签到、学员管理、产品展示三位一体的多功能分发平台，受到部长们的一致好评和高度关注，成为2016年讲座工作新亮点。

5. 部委分馆服务

国家图书馆部委分馆服务内涵愈加丰富。一是注意对需求的了解和把握，二是重视深化、细化服务。经过十余年的发展，部委分馆的服务已经实现由传统文献借阅服务，向着集传统图书馆服务与以信息技术为依托的数字化服务模式融合共进的转变。服务产品更加多元立体，图书借阅、专题咨询、信息专报、舆情监测、国家图书馆立法决策服务平台、数字图书馆建设、图书馆改扩建方案制定、分馆馆藏资源评估、数字资源联合建设、历史文化讲座等，共同构成部委分馆服务的重要产品类型。

11月22日，由最高人民法院负责建设的“最高人民法院数字图书馆”正式上线服务。国家图书馆主要承担“中国历代判例数据库”“G20国家法院数据库”建设以及法律典籍文献整理工作。“最高人民法院数字图书馆”是国家图书馆与最高人民法院依托国家图书馆人民法院分馆进行的又一合作创新与服务创新，也是本年度部委分馆服务的亮点。截至2016年12月底（自2015年6月30日成立），人民法院分馆实现全国法院系统四级垂直服务，总访问点击量为6587627次，月均点击量达365979次。

6. 立法决策服务平台的推广与服务

国家图书馆立法决策服务平台完成来自近百个IP网段、20家机构用户的日常访问、浏览与下载等平台维护工作。新建2016年全国人大“两会”平台和全国政协“两会”平台，为全国人大、全国政协提供“两会”平台的加密访问方式，并为政协“两会”驻地IP授权。制定《“两会”平台数据上传方案》，修改完善平台的统计功能，根据资源变更情况增删资源、增减门户，根据用户需求适时对平台进行栏目调整，开展新增数据库的建设。

加大平台宣传推广力度，持续服务跟踪。按时推出《立法决策服务平台季刊》并完成季刊改版。在2016年1月将《立法决策服务平台季刊》更名为《立法决策服务季刊》。新版季刊在版面设计上有较大突破，增加封面、目录、页眉、栏目标题、栏目板式的设计，着重突出国家图书馆元素，参照正式出版物标准排版设计，使季刊面貌焕然一新。在季刊内容方面，着重增加平台数据深入分析、平台资源排行榜、国家图书馆立法决策服务新闻简讯等栏目，使季刊内容更加丰满立体。全年出版新季刊4期，总字数27115字，设计制作图片88张。

二、重点教育科研和生产单位的信息服务

2016年，完成社科类一般性咨询865件，同比减少4.63%，完成代检索课题212件，同比减少6.61%；完成馆藏复制证明和专题检索证明共2087件，同比增长6.86%。完成科技咨询辅导性咨询2727件，同比增加131.52%；完成科技查新275件，同比增长17.02%；专题检索和事实查询119件，同比持平。完成论文收引查证业务3523件，同比增长8.43%。

完成竞争情报类咨询1951件次。其中：中央国家机关768件次，重点生产、科研教育单位1166件次，一般读者17件次。全年合作用户27个，其中中央国家机关4个，事业、科研、教育单位15个，企业用户8个。编制二、三次文献咨询件次分别占比54%、45%，编制三次文献件次较去年同期增长42%。全年撰写《国家图书馆舆情专报》、年度媒体合作度分析报告以及《2015年公共文化工作社会影响力分析报告》等各类分析评估报告1107篇，综述及分析报告撰写字数达120万字。

与文化部办公厅合作开展“文化领域舆情咨询系列项目”，为文化部部领导提供文化领域舆情监测与文化工作媒体传播效果评估等服务内容，全年共完成《每日舆情摘报》250期、舆情专报36期，在“两会”期间完成“全国‘两会’代表委员关注文化发展”专题舆情摘报11期，实行24小时监测，为文化领域舆情态势稳定提供信息支撑。

馆际互借与文献传递系统共接收文献传递、馆际互借、国际互借请求44161件，同比减少7.96%。接收BALIS文献传递请求与馆际互借请求7004件，同比增长27.49%，其中文献传递669件、馆际互借6335件。由于2015年海关问题对文献国际互借造成的影响在2016年未发生，故2016年通过OCLC借入、借出文献请求大幅增长，共计2836件。接收党政军等特殊专题委托服务2件。

三、社会公众服务

（一）到馆读者服务

2016年全年共接待到馆读者5639886人次，与2015年相比，增加10.03%。全馆流通书刊24756125册次，与2015年相比，增加7.26%。各类咨询104.46万件，与2015年相比，增加2.46%。访问国家图书馆网站131239.5万次，与2015年相比，减少10.54%。月平均访问量为10936.63万次，日平均访问量为359.56万次。办理读者证卡50.76万张，其中实体证卡23.41万张（自助办证充值机受理读者自助办理读者卡约182065张），与2015年相比，增加10.7%；虚拟办证（网络实名注册）27.35万张，与2015年相比，增加25.2%。

培训、讲座、参观、展览等各项活动全年共接待读者155.13万人次，与2015年相比，增长24.80%。其中举办展览18场，共计114.37万人次；开办公益性讲座542场，共计7.2万人次；组织培训2006批，共计24.13万人次；接待参观2592批，共计9.44万人次。

（二）参考咨询服务

2016年，总咨询台累计口头咨询220201人次，OPAC机检67931人次，现场代查14687人次。与2015年同期相比，口头咨询减少10.22%，OPAC机检减少21.72%，现场代查减少7.57%。呼叫中心接待读者总计46051人次，其中提供语音服务20336人次、人工解答25715人次。与2015年同期相比，呼叫中心接待读者总数与2015年持平，语音服务增加20%，人工解答服务人次减少11.77%。处理有效邮件1074封，与2015年同期相比增加12.70%，其中对505封有效邮件进行直接作答、对569封有效邮件转发其他相关部门进行处理。虚拟咨询共接收表单咨询1230人次，实时咨询2498人次，与2015年同期相比分别下降13.87%和11.13%。

（三）文献阅览服务

2016年，各阅览服务点累计接待阅览读者3476656人次，外借读者431383人次，复制读者97910人次。与去年同期相比，阅览读者增加6.96%，外借读者减少0.97%，复制读者增加3.53%。

1. 中文图书阅览区

2016年，典藏阅览部中文图书阅览区接待读者2149775人次，比2015年增长12%。解答读者

中文图书阅览区设立图书专架和新书推荐展板

咨询552140次，接到读者书面表扬3封。完成室藏图书管理、接收、剔除等工作。截至12月底，接收新书187992种195190册，比2015年增长8.4%。剔除图书215440册，流通图书17093961册次。

为促进读者有效利用图书馆资源，阅览室制作宣传彩页，向到馆读者介绍总馆北区中文图书区的藏书范围。宣传页采用三折页的形式，在阅览区平面图上清晰地标示出各类特色馆藏，辅以简炼的文字，对阅览区内的工具书区、政府出版物、文津图书奖、四库全书、国图出版物、社会科学基金文库、阅览室专架等特色服务及馆藏进行介绍，帮助读者高效便捷地利用馆藏文献资源，获得读者一致好评。

继续以图书专架的形式为广大到馆读者提供图书推荐服务。图书专架设置于阅览区二层北侧书墙，定期更新，并设置读者留言簿，邀请读者为图书专架工作提供工作建议和阅读感想。全年共策划展出主题专架7期。4月，完成“第十一届文津图书奖专架”展示工作，展出图书70种；5月，在科技周期间推出以“大众创业、万众创新”为主题的科普图书专架，展出图书200种；8月，设立以“不朽的巨匠”为主题的文学图书专架，展出图书150种；10月，在重阳节推出以“重阳敬老，书香送暖”为主题的专题展示架，展出图书150种。除此之外，长期设立新书推荐展板，包括日常新书推介及阅览排行两个板块，每期展示10种新书以及阅览排行前10位新书并定期进行更新，全年共推出8期，展示图书百余册。12月“国家图书馆读书周”期间，“第三届全国党员教育培训教材展示交流活动获奖图书专架”在中文图书阅览区推出。

中文图书阅览区设立“第三届全国党员教育培训教材展示交流活动获奖图书专架”

5—6月“读者服务宣传周”期间，中文图书阅览区以“读者焦虑研究”课题组成员为基础，根据总馆北区中文图书区2015年开展的读者满意度调查问卷，并结合访谈的前期成果，进一步优化问卷的题目设置，制定2016年读者满意度调查问卷。在阅览区二层南侧设立问卷发放处，由专人负责宣传并解答读者疑问。活动期间，现场共发放问卷450份，最终回收有效问卷401份。同时，此次调查问卷利用“问卷星”网络平台发布，共计117人参与。

2. 中文图书借阅区

2016年，中文图书借阅区读者量稳中有增，全年接待读者380816人次。流通量大幅提升，全年流通图书556608册/件、光盘8369张；室外归还图书22159册/件、光盘305张。接收文献125715种128070册

/ 件，剔除文献 117086 种 117086 册 / 件，文献出入总量大致相当，入略大于出，基本保证中文图书借阅区室藏文献总量的动态平衡。截至 12 月 31 日，中文图书借阅区文献总量达 40 余万册。继续承担“首图联盟”还书业务，全年共接收通还文献 1775 册 / 件，较 2015 年同期数量有所下降。为做好室藏文献指引工作，更新分类指示牌 25 个、书架标牌 50 个、读者取书提示语 20 个，进一步做好读者外借服务精细化工作。

中文图书借阅区周末、法定节假日及寒暑假期间读者量剧增。为更好地服务读者、辅导借还，该区开展志愿者服务活动，志愿者服务主要集中在门禁咨询和导读咨询两个岗位。为了向读者提供标准化服务，志愿者须接受服务规范和操作的培训学习，培训内容包括借阅规则、书目检索、证卡办理、续借预约自助办理等相关知识，经过培训的志愿者可以进入实践服务阶段。服务期间，志愿者们积极主动的服务态度得到广大读者的认可，尤其是老年读者，由于不熟悉自助借还机的使用、不方便长时间来回走动找书，志愿者们一对一的借还辅导，为老年读者们带来贴心服务。全年累计培训上岗志愿者 780 人次。借阅区将加强志愿者服务工作的反馈和激励机制，使之成为一项持久开展的读者活动。

3. 善本特藏阅览室

善本特藏阅览室全年接待阅览读者 3675 人次，完成读者咨询 4420 人次、网络咨询 1820 人次。胶卷提阅 7985 种 12541 卷，胶卷还原 625 人次 2621 种 65717 拍，原件提阅 1395 种 3180 册。加强入室读者管理，坚持登记、换卡等制度，严格执行文献阅览复制审批手续。值班人员加强巡视，确保室内各种藏品的安全。阅览室工作人员多次帮助未能到馆读者及高龄读者查找文献中相关内容，受到读者好评；增加善本特藏阅览室内的指引图，为读者提供更为便利的咨询服务；了解到读者在复制文献支付方面的一些问题，向馆里申请支付宝使用资格，为读者提供便利，得到读者的好评。

根据馆方指示精神并结合善本特藏阅览服务的工作需要，调整阅览室的布局，更新部分设备设施，极大提升了读者的阅览体验。按照馆方要求，将《广州大典》从家谱旧方志阅览室搬迁至善本特藏阅览室，以便于读者阅览。

中华再造善本藏品作为该室“准开架阅览”藏品，为读者阅览提供极大的便利，既保护了相关善本原件，又方便了读者阅览。在 2015 年完成再造善本、工具书整架顺架、编号、目录制作等工作的基础上，又对其进行挑选整合。全年读者阅览再造善本 272 种 493 函 3178 册；为典籍博物馆展览提供再造善本 54 种 86 函 451 册；为善本组编写书志提供再造善本 78 种 107 函 556 册。

4. 部分其他服务点

普通古籍阅览室全年接待读者 10591 人次，图书流通 62184 册件，扫描 31951 拍，复制 744 页、518 人次；为重点科研教育生产单位提供咨询 195 件，为一般读者提供咨询 25949 件（次）。定期开展不同形式的读者阅览服务需求调研，撰写调研报告。如对国内部分公共图书馆和高校图书馆的善本古籍阅览复制收费情况进行调研，并提交简要的调研报告，为日后馆内制定古籍复制收费标准提供参考。针对该室读者阅览季节性强、暑期读者多的特点，每年 6—10 月，全组员工无事不休、有事少休，努力做好读者服务；针对假期新读者多且对图书馆不了解的情况，积极做好引导、解释、说明等工作，让读者及时利用图书馆资源，少跑冤枉路。

综合阅览室全年接待读者 202585 人次，流通图书 269111 册次，一般性咨询 40740 件次，接收中外文工具书 1130 种 1548 册。自 2016 年 3 月起，综合阅览室通过展板形式向读者展示专题推荐图书、每月热门书刊排行榜及中外文工具书新书。阅览室组织馆藏文献推介小组，由其负责制作专题推荐展板等相关工作，包括展板设计、内容安排，专题选择等内容。截至年底，已完成 5 期展板推荐，内容分别为“丝绸之路”“科技创新”“茶文化”“梨园戏话”和“手艺中国”，这种新颖的形式受到读者一致好评。

外文文献阅览室在春节期间举办主题为“同筑中国梦 · 共度书香年”的专题阅读推广系列活动。活动之前，阅览室通过展板、微博等方式宣传春节系列活动，同时发放读者服务手册，全方位介绍国家图书馆馆藏外文文献资源与服务。活动期间，共宣传推荐英国作家狄更斯等 7 位国外名人的传记与传世经典 30 本。每日到室的前两名读者，获得阅览室准备的上述名家传记或经典著作，以此作为春节礼物，这种赠书的活动方式得到读者好评。7 月，在外文外借出纳台新设立“党员示范服务岗”，为读者提供读者咨询、协助预约、资料查询、方位指引等一系列服务。

数字共享空间是国家数字图书馆公益性数字信息服务示范基地，为到馆读者提供馆藏数字文献与互联网信息服务、新媒体服务、残障人士特殊服务、展示体验服务以及用户信息素养培训等服务。2016 年接待到馆读者 305689 人次，与 2015 年同期相比，增加约 2.3%。解答各类读者咨询 135617 条；答复读者信件及馆长信箱信件计 18 件；接待各界参观来访与承担业务讲解 34 次。

学位论文阅览室全年接待读者 31746 人次，文献流通 18865 册次，接收文献 50888 册，剔除文献 43970 册。台港澳文献阅览室共接待读者 40516 人次，文献流通 28091 册次，接收文献 30043 册，剔除文献 28639 册。继续推进文献揭示工作，开展每月台港澳新书刊推荐，引导读者阅览台港澳地区不同学科的专著和连续出版物，受到读者好评。

中文报刊阅览室全年接待读者 234308 人次，文献流通 3855585 册次，其中期刊 2891034 册次、报纸 964551 册次。室藏文献总量达到 245402 册，其中中文期刊 9342 种 241941 册、中文报纸 259 种 3461 册。继续做好文献接收与下架工作，接收文献 91341 册，其中期刊 9342 种 89844 册、报纸 259 种 1497 册、现报 54556 期。剔除文献 94636 册，其中剔除 2014 年度期刊 10106 种 92528 册、剔除 2014 年度报纸 273 种 2108 册。

敦煌吐鲁番资料阅览室承担接待敦煌遗书、赵城金藏、碛砂藏、思溪藏读者阅览及学者参观。全年接待读者 1490 人次，流通书刊 5505 册，解答一般咨询 301 件，并于 12 月由闭架阅览室变更为开架阅览室。

年鉴新方志阅览室全年接待读者 15241 人次，流通开架年鉴及新方志 15417 册次、闭架新方志和文史资料 1616 册次。缩微文献阅览室全年接待读者 7534 人次，流通缩微胶卷及平片 20248 卷 / 片。家谱旧方志阅览室全年接待读者 3124 人次，流通 4367 册，复印 31472 页，缩微胶卷还原 237 拍，完成一般性咨询 3124 件、专题咨询 1 件。

（四）新媒体服务

1. 国家图书馆网站建设

2016年，国家图书馆官方网站更新数据2056次，更新数据13394条、发布页面34254个，PV（页面浏览量）总计53336467次，UV（网站独立访客）总计5886353人次。制作“红色记忆——纪念中国共产党成立95周年馆藏文献展”“日本战争罪行审判史料编译”“4·23世界读书日主题活动”“中国航天60年专题活动”等专题网站21个，部分专题网站使用HTML5代码制作，实现不同分辨率的屏幕兼容。完成“文津经典诵读”栏目改版，实现诗词音频播放可视化，可进行自主播放、暂停、快进、循环播放和停止等操作，对往期内容进行按年归档。国家图书馆官方网站在信息公开、在线服务和互动交流等方面取得良好的服务效果，荣获2016年度文化部政府网站群建设“年度最佳奖”和“快速发展奖”双项殊荣。完成央视网国家数字图书馆专区网站的改版工作，新增“文津经典诵读”“国图公开课”和“典籍博物馆展览”等栏目，更新数据206次，更新数据943条，UV总计4940人次。

2. 数字电视服务和互联网电视服务

继续开展基于数字电视和互联网电视的数字图书馆资源建设与服务，推进与北京歌华有线的阵地服务，目前北京地区已覆盖460万户家庭，比2015年增长60万户。

通过中国国际广播电台的CIBN互联网电视平台，以“国图公开课”专区的形式向海内外用户提供一站式文化资源服务，累计发布视频资源301场，覆盖全球150多个国家的5000多万用户。

3. 国家图书馆官方微博、微信服务

国家图书馆官方微博和官方微信严格发布制度，拓展内容层次，加强馆内外互动，提升服务水平。截至12月底，国家图书馆新浪官方微博粉丝总数为204939人，全年发布微博2676条，回复读者评论与私信778条。配合馆内重大活动及相关服务宣传，举办“一起读诗吧”“楹联精选”“纪念任继愈先生诞辰100周年”“世界读书日特别活动”等话题互动，其中4月23日的“世界读书日特别活动”微博话题互动，“第十二届文津图书奖活动进程”实时直播、获奖图书、作者感言等内容，吸引79.7万人阅读，转评赞数量超过150次。

截至12月底，国家图书馆官方微信用户为108549人，新增用户62125人，与2015年相比增长134%；全年发布微信198次，与2015年相比增长87%；发布图文信息257条；回复用户咨询与留言2204条，与2015年相比增长458%；与用户互动647次。2016年，国家图书馆官方微信获评首届“大众喜爱的50个阅读微信公众号”。

外文文献阅览室全年通过“国图外文文献服务”新浪微博号发布微博457条，通过微博推荐外文图书311本、外文期刊194种，通过私信回复17位读者的咨询。微博粉丝数共计1010人。在微博平台中组织专题阅读推广活动4期，分别是：春节期间，开展“当生日遇上年”——专题阅读推广微博线上活动；“4·23”世界读书日期间，推出英国戏剧家莎士比亚与西班牙文豪塞万提斯两位大师的纪念书展，选取其经典外文原版图书共计42册供读者浏览、借阅；7月，向线上读者推荐《共产党宣言》包括英、俄、法、日、韩、德等15个语种的外文图书15册；10月，推荐

2016年诺贝尔奖获得者大隅良典、戴维·索利斯等馆藏著作7册。

中文图书借阅区微信公众号为“国图中文外借”，支持微信端操作检索、续借、预约、短信提醒等服务功能，还提供通知发布、活动宣传、活动预告等信息推送功能。在主题荐书、时令阅读、新书推荐、读书故事、世界图书馆5大栏目基础上，增设国学天地、时令信息和精彩转发等栏目，希望在为读者提供优质书目推荐的同时，传递积极的生活态度和健康的生活理念，提供更加有质量的阅读导引。为加强阅读体验、增加读者参与度，2016年上半年公众号开通“留言”功能，读者在阅读好文的同时还可以分享阅读感悟，增加阅读的趣味性和娱乐性，更加拉近了“小借”和读者之间的距离。全年发布推送信息32次，图文信息共计87篇；阅读量80817次，微信关注量19660人。

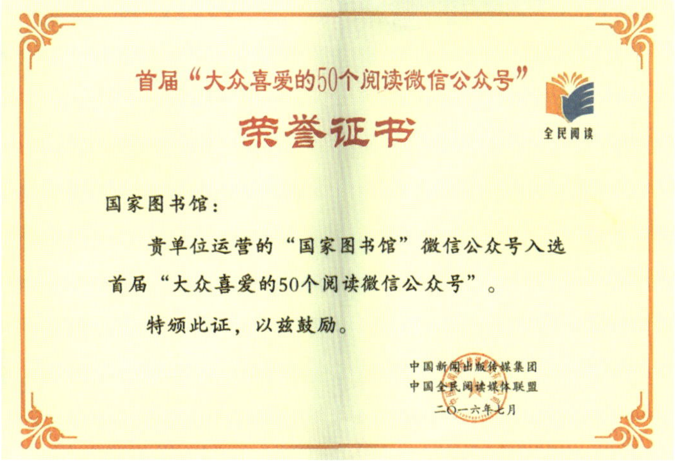

首届“大众喜爱的50个阅读微信公众号”证书

数字共享空间不断发挥数字资源优势，策划并组织实施春节读者活动，开展春节汉字达人及微博线上有奖互动活动，拉近读者距离。12月读书周期间，开展“数字图书馆资源与服务”用户培训及“数字之星”知识科普大赛活动，以多种新媒体手段培养读者的数字阅读习惯，提高信息素养。

2016年，国家典籍博物馆的新闻宣传工作进入全面开花的阶段，无论是传统展览，还是社会教育活动、文创衍生品都引发媒体乃至整个社会的关注。全年发布公告52篇，展览新闻通稿10余篇，原发性稿件40余篇，微信发布原创消息111次。

4. 移动服务

2016年，通过手机门户和“国家数字图书馆应用程序”发布国家图书馆新闻81条，公告53条，讲座预告238条。移动阅读平台围绕历史题材、节庆纪念日及社会热点完成57个专题资源的建设和发布。短彩信平台发送短信1625397条，向公众发送“文津经典诵读”短信1115449条。“掌上国图”微信公众号全年新增关注36699人。

5. 统一用户管理系统

截至2016年年底，统一用户管理系统总注册人数为4527108人，其中物理卡注册读者2287610人，实名注册读者1348351人，非实名注册读者891147人。较2015年，实名注册读者数量增幅最大，约为25.2%，其次分别为非实名注册读者涨幅约为16%，物理卡读者涨幅约为10.7%。统一用户管理系统继续做好读者权限管理工作，全年新增外购数据库7个。物理卡用户远程可访问资源177个，实名注册用户远程可访问资源75个，非实名注册用户可访问资源49个。

6. 国家数字图书馆体验区

2016 年，国家数字图书馆体验区（以下简称体验区）利用现代科技成果，举办多场形式多样的阅读体验活动。春节期间，开展主题为“共筑中国梦，共度书香年”的春节楹联系列活动，以生动有趣的形式、数字化的手段，向读者介绍楹联知识及文化。体验区现场为读者提供多媒体楹联触屏互动游戏，以及以楹联为主题的电子贺年卡；读者可以选择自己喜欢的祝福春联，拍摄自己的头像，实现电子贺年卡的个性化定制，并通过手机扫描将其分享到微信朋友圈，向亲友拜年和祝福。现场还部署“与美猴王同框”增强现实互动程序，选取优质楹联资源，实现以楹联为主题的增强现实互动体验；读者用手机拍二维码，与该区域内摄像头互动，可以获取直观有趣的增强现实体验。除此之外，国家数字图书馆体验区多块屏幕均向读者提供春节楹联主题的数字图书资源，读者通过扫描二维码可以获取楹联数字资源。

5 月 14—22 日，在国家图书馆科技周期间，体验区开展“数字知识获取新形态”系列活动之“虚拟现实、增强现实及 3D 技术”科技体验活动。活动共设 3 个板块、12 个展项，向读者介绍虚拟现实、增强现实、3D 影像等先进科学技术，进行数字阅读推广及数字知识获取新形态探索。活动期间，体验区划分为“科技展示”“科技体验”“科技课堂”3 个板块，联合开源软件联盟设置开源软件展览，进行开源软件的相关宣传，读者可利用开源软件进行设计与创新。读者在 3D 虚拟教室通过 3D 影像技术对宇宙、生物、地理等科普知识进行学习，立体获取知识。活动现场还设置虚拟现实头盔以及裸眼 3D 设备体验专区，让读者感受虚拟现实技术的应用以及 3D 技术的新型创新。活动利用故有展项进行改造，开设虚拟海洋乐园，利用增强现实技术将读者在现场完成的绘画作品进行扫描，生成虚拟动态角色，利用动作捕捉技术实现人与海洋生物的互动。活动期间共接待读者 20000 余人次，周末日均接待量超过 5000 人次，17 日和 19 日还举行了专场交流体验活动。活动向到馆读者赠送虚拟现实眼镜作为纪念品，鼓励读者在互联网上与体验区互动，并通过北京新媒体“北京时间”进行网络直播报道。

7 月，体验区参与“悦读之旅”——2016 年中关村科教旅游特色夏令营活动。该活动由国家图书馆和北京市海淀区旅游委共同举办，是“中关村科教旅游资源推介”系列活动之一，重点向青少年儿童开展深入的科学教育活动，通过各种互动形式弘扬中国优秀传统文化。活动为期 1 个月，在 7 月的每周日举行，共 4 次，每期有 20 名青少年在家长的陪同下参加。体验区活动以“数字知识获取新形式”为主题，向营员们介绍什么是数字图书馆，数字图书馆有哪些服务，营员还在现场体验“增强现实虚拟海洋乐园”“虚拟现实探索”“机器人伴你读书”等展项。在“增强现实虚拟海洋乐园”展项，营员们利用增强现实技术将自己在现场完成的绘画作品进行扫描，生成虚拟动态角色，并利用红外线感应技术实现与虚拟海洋生物的互动。在“虚拟现实探索”展项，营员们佩戴虚拟现实眼镜，以旅行为主题，到太空、深海和著名世界文化遗产中去体验神奇的虚拟之旅。在“机器人伴你读书”展项，数台机器人同时为营员们诵读名家名篇。

8 月的多个周末，体验区联合中国机器人产业联盟等机器人相关企事业单位，开展数字知识获取新形态之“机器人创想”科技体验活动。活动区由“机器人实验室”“机器人音悦汇”“机器人伴我读”3个板块组成。在“机器人实验室”，活动组织读者采用塑料积木对仿生机器人进行设计和搭建，并在完成机器人设计和搭建的基础上，系统教学机器人操控语言—图形化编程，用搭建好的机器人通过程序编写完成指定的主题任务，让读者初步了解部分机器人的创造原理。“机器人音悦汇”是由数字资源展示区改造而成。在圆形的舞台上，数十台跳舞机器人在智能语音系统的操控下，根据读者的语音指示，完成不同类型音乐的识别及播放，并根据音乐风格进行集体舞蹈。在“机器人伴我读”的展项，数台不同类型的伴读机器人在现场与读者进行互动，机器人可以在读者的语音指示下，向读者朗诵部分馆藏名家名篇。活动邀请青年语言艺术家录制了机器人的诵读音频。整个活动期间共接待读者30000余人次，日均接待量超过5000人次。每个活动日，定时为读者提供讲解展示服务，并向参与活动的读者赠送与机器人相关的纪念品，鼓励读者在微博、微信上与体验区互动，并向读者集中展示数字图书馆移动阅读平台上的机器人相关资源。

国家数字图书馆体验区“机器人创想”科技体验活动现场

（五）少儿服务

1. 国家图书馆少年儿童馆

2016年，少年儿童馆共接收新到室文献33302册/件，接待到馆读者317318人次，文献提供量为2386234册，文献下架量为31243册，接待集体参观61场、3513人，接待个人参观8场、411人。举办文津少儿讲坛10场，参与活动读者1240人次；举办各类故事会88场，讲读故事180余个，参与活动读者4600余人次；举办儿童读物与影展活动27场，观影读者900余人次；开展“阅读推广进校园”活动，年内走进5所校园，举办主题阅读讲座5场，参与活动师生554人；在开展读者服务和各项活动的同时，面向家长志愿者举办在线阅读沙龙24场，参与活动844人次。

少年儿童馆自2014年起开始组织家长志愿服务活动，至今已有3年，期间进展顺利，收效良好。“国图少儿家长志愿者群”和“国图故事妈妈交流群”是两个最主要的志愿服务线上交流平台，“国图少儿家长志愿者群”人数达275人，长期活跃人数100人左右，是家长们分享经验、交流心得、传播信息的平台，也是遴选家长志愿者的主要来源之一；“国图故事妈妈交流群”人数为36人，由经常到馆参与志愿服务工作的家长组成，长期积极活跃于少年儿童馆组织的活动中。为更好地提升家长志愿者的讲读能力，促进志愿者群体内的交流沟通，还特别针对家长志愿者群体举办线上阅读沙龙，全年共计36期。

2016年，国家图书馆少年儿童馆共组织线下家长志愿者参与周末故事会35场，家长志愿者参与人数达24人，讲读绘本故事70本，其中我国原创绘本58本，平均每场儿童听众30人次，全年儿童听众1050人次左右，参与人数合计达数千人次，在为儿童讲读故事的基础上，也为家长提供相互交流的平台。

2. 国家典籍博物馆

典籍博物馆作为重要的青少年教育基地，肩负着传播典籍知识、弘扬传统典籍文化的责任，自开馆以来始终重视加强与中小学等教育机构的深度合作。2016年，为进一步完善展览相关各项宣传服务工作，多角度提升办展专业性及展览质感，典籍博物馆配合全年展览，针对学校团体与亲子家庭等不同群体、不同年龄段、不同需求的青少年开展丰富多样的社会教育活动，进一步凸显典籍博物馆文化展示中心、研究中心的作用，实现展览学术性与普及性的结合。截至2016年12月底，全年共举办典籍博物馆大课堂262场，来自不同学校的15747名青少年参与活动。

在“中小学走进典博大课堂”系列活动中，依据各学校的个性化需求实现定制参观主题及方案，整合针对不同年龄段学生理解能力的讲解内容；同时，为学生提供生动有趣的动手操作环节，帮助学生更好地理解典籍博物馆的展品及背后的历史文化知识。包括实验二小、进步小学、北大附中等20余所中小学在典籍博物馆开展“有趣的汉字”“在典籍中徜徉，在探索中感悟”等超过10个主题的活动。

作为长期举办的青少年系列课程体系，典籍博物馆大课堂内设种类丰富的多日体验式教育课程，将主题参观与手工制作相结合，授课内容上循序渐进又呈体系化，确保知识的通俗易懂和完整性；为青少年系统梳理汉字、典籍发展脉络，培养青少年动手能力、探索精神和表达能力。经过不断创新、研究，现已形成以典籍文化之旅基础班、进阶班、中英文班等课程为主体，与馆外优秀机构合作课程为辅助的课程体系。2016年寒、暑假期间，共开设近200课时的系列课程，深受学生及家长的喜爱。

每逢中国传统节日及与典籍博物馆相关的活动日，开展丰富多彩的节日活动。例如，春节期间，结合“同筑中国梦　共度书香年——2016年国家图书馆楹联展”开展“欢喜典籍过大年”系列活动，包括“名家带你写春联”“金猴送祝福”“楹联知识我来讲”等，陪伴到馆参观的读者度过一个洋溢着书香的文化年；“5·18”国际博物馆日及六一儿童节期间，举办多场青少年教育活动，主题包括“商王的一天”“印出一幅画”等，分别针对低中高不同年龄段的儿童，带领孩子们走进博物馆、爱上博物馆，在传统典籍的书香墨韵中度过难忘的儿童节。

（六）弱势群体服务

1. 残障人士服务

数字共享空间是中国盲人数字图书馆、中国残疾人信息无障碍技术支撑体系的示范应用基地。为优化到馆残障读者数字阅览服务，2016 年不断完善残障读者上机制度，规范残障读者服务标准，全年指导并辅助残障读者上机 1706 人次。阅览室注重基层残疾人文化服务，联合社区，策划并组织实施 10 月残疾读者阅读推广活动，以“阳光阅读 · 数字相伴”为主题，开展国家图书馆资源及服务体验活动、打字技能大赛等活动，吸引更多残疾读者走进图书馆，引导残疾读者健康上网，丰富文化生活。

中文图书阅览区成立图书推介小组。推介本着弘扬民族文化、启迪人生智慧、陶冶情操的原则，对阅览区万余册图书做了摸底，同时浏览卓越、豆瓣、当当等网络推荐榜单，查阅残疾人相关资料，了解他们的阅读倾向，从思想政治、文化教育、心灵励志、文学佳作、盲文文献 5 个方向入手，最终筛选出精品推介书目 100 种。此外，为方便查询，对北区盲文阅读区现有 574 种 1331 册盲文书籍的目录进行整理，制作纸本目录放在阅览专区供读者查阅。同时，由于阅览室采用轮岗制，为了让员工迅速掌握盲人设备使用编写简洁易懂的使用说明，让在岗值班的员工都能为盲人读者使用电子阅读设备提供指导。

2016 年，国家图书馆继续深入开展面向残障人士的数字图书馆服务。截至 12 月底，中国盲人数字图书馆与中国残疾人数字图书馆网站累计更新在线讲座 397 场，音乐 101 首，完成 350 册电子图书资源的遴选和制作工作。在国家社科基金重点项目“图书馆面向残疾人的服务模式与规范研究”框架下，通过赴河北、天津、山西等省市实地调研 10 家省（市）级公共图书馆视障服务开展情况，积极参与制定国家标准《图书馆视障人士服务规范》。

2. 老年读者服务

2016 年，数字共享空间开展综合性读者培训 7 次，累计培训读者 404 人次。定期开展“我来当主讲”老年读者主讲活动 4 次，参与者达 150 余人次。继续开展针对老年读者群体推出的“关爱夕阳”老年课堂，全年共开展 10 大系列、24 讲课程；积极引进馆外师资，为老年读者提供专业的电脑操作和软件使用培训 6 讲；完善定期定时举办机制、预约报名制及通讯群管理规范；编制《2016 年度国家图书馆“关爱夕阳”老年读者培训手册》并印刷成册，定期更新“关爱夕阳”国家图书馆官网相关内容。“关爱夕阳”老年课堂兼顾实用性和趣

“关爱夕阳”老年读者座谈会

味性，受到读者的普遍欢迎和一致好评，全年累计培训1600余人次，平均单课培训达到70人次，较课堂开展初期增长40%，收获读者感谢信等16封。

典藏阅览部在10月9日重阳节策划举办“关爱夕阳”老年读者座谈会。此次活动旨在倾听老年读者的心声，调研老年读者的文化需求，提升国家图书馆的读者服务工作。15名老年读者代表和国家图书馆相关领导围绕老年人数字文化生活进行座谈，并为老年课堂建言献策。参加座谈会的老年读者表示，现在社会上对老年人的诈骗越来越猖狂，各种“养老、理财”打着为老年人服务的名义骗取老年人的钱财。“关爱夕阳”老年课堂依据老年人的特点制定课程，为老年人提供优质的公益服务，是功德无量的工作。相关活动得到《光明日报》《中国文化报》、国家图书馆微信公众号等多家媒体和平台报道。

（七）全民阅读推广活动

1. M 地铁·图书馆项目

全年共策划推出3期主题活动。1月18日春节前夕，推出“年画——把你的新年愿望张贴起来”主题活动，邀请武强木板年画国家级代表性传承人马习钦现场演示年画的制作过程，并推出与春节文化、传统年俗有关的电子书10册；9月27日，携手书香中国·北京阅读季推出“和爷爷奶奶‘童’读一本书”主题活动，宣传家庭阅读、培养儿童的阅读习惯以及推广民国时期文献保护计划成果，推荐严文井、洪汛涛、张之路、沈石溪等儿童文学史上重要作家的10本出版时间跨越百年的童书著作，让大众了解中国童书的发展史，感受穿越时光的童趣。10月，《品红之道——生活中的红楼梦》专列上刊，本次活动与北京曹雪芹学会合作推出，推崇阅读经典，感受传统雅致生活，推荐电子书60本，阅读量约20万人次。该项目入围2016年国际图联国际图书馆营销奖前十名。

2. 第十一届文津图书奖评选推广活动

（1）第十一届文津图书奖评选工作

此次评选活动于2015年12月正式启动，评选范围是自2015年1月1日至2015年12月31日（以版权页记载时间为准），由国家出版行政管理部门批准成立的出版机构在国内正式出版、公开发行（包括限国内发行）的汉文版图书。评选流程主要分为启动、推荐、初评、终评、发布几个阶段。共收到各方推荐书目1500余种，全国有68家图书馆担任联合评审单位，两者数量都达到历史新高。在广泛征集读者和专家意见的基础上，经过两轮评审，本着公开、公平、公正的原则，综合专家评审委员会的投票及讨论，最终评选出10种获奖图书及57种推荐图书。10种优秀图书分别是：《老子绎读》（特别推荐）、《“523”任务与青蒿素研发访谈录》《逝年如水：周有光百年口述》《失书记·得书记》《征程：从鱼到人的生命之旅》《草木缘情：中国古典文学中的植物世界》《癌症·真相：医生也在读》《星际穿越》《爸爸的画》和《这就是二十四节气》。2016年是国家图书馆原馆长、一代学术宗师、文津图书奖的发起人任继愈先生百年诞辰，同时也是任先生译注《老子》六十周年。文津图书奖评委会全体委员一致同意，将“文津图书奖”这份殊荣献给任继愈先生的《老子绎读》。此外，《中华文明的核心价值：国学流变与传统价值观》（陈来）等57种图书荣获推荐图书。

为更好完成本届文津图书奖的评选工作，对评选网站系统进行升级改造，增加参评图书试阅读功能，开通读者参与投票的功能。完成获奖及推荐图书的数字化加工，实现 118 册图书 33991 页图像扫描、5429 条目录标引，以及获奖和推荐图书的 12755891 字文本 OCR 识别。设计并制作获奖及推荐图书网站页面，为文津图书奖的推广提供可视化平台。

（2）第十一届文津图书奖颁奖活动暨国图公开课一周年特别活动

4 月 23 日是第 21 个世界读书日，“第十一届文津图书奖颁奖活动暨国图公开课一周年特别活动”在国家图书馆举行。文化部公共文化司司长张永新、副司长陈彬斌，国家图书馆馆长韩永进及国图班子成员出席颁奖活动。第十一届文津图书奖获奖图书作者和出版单位代表、文津图书奖组委会、专家评委会、媒体评委会的代表，来自全国的公共图书馆和高校图书馆代表、读者代表等 200 余人参加活动。颁奖仪式上，主办方分别向获奖图书作者、出版社颁奖；向首都图书馆、清华大学图书馆等联合评审单位代表颁发证书并赠送获奖图书。

副馆长魏大威随后主持国图公开课一周年特别活动。现场读者一起观看了国图公开课一周年回顾短片，馆长韩永进做一周年致辞。在读书分享环节，特邀第十一届文津图书奖获奖作者或译者王原、黎润红、苟利军、潘富俊、高春香、许明振 6 位作者做主题发言，与现场读者分享获奖作品及其创作背后的故事和读书体验。

（3）第十一届文津图书奖宣传推广活动

第十一届文津图书奖宣传推广工作努力创新，注重推广方式的立体化，广泛利用新媒体形式，突出对弱势群体的关怀，推出一系列形式多样的推广活动，宣传深度和辐射力较之往届有明显提升。

①策划举办“文津图书奖走进天津书展”大型活动，以展览加 4 场讲座的立体化方式首次在书展上对文津图书奖集中宣传。

②利用微信平台举办“第十一届文津图书奖最受读者喜爱的入围图书投票活动”，吸引 8 万名读者参与互动，增强社会公众对文津图书奖的直接参与感。创建专门的文津图书奖出版社 QQ 群，扩大文津图书奖在出版界的影响力。

③“4·23”世界读书日特别活动现场，通过国家图书馆官网、中国新闻网同步进行网络直播，全国 15 家省（市）图书馆通过“数字图书馆推广工程”网络平台开展直播。

④联合北京人民电台读书俱乐部推出 17 期“文津图书奖专题”系列直播活动，首次从初评开始到结果揭晓全流程对文津图书奖进行深度报道。

获奖者苟利军做读书分享

⑤ 4 月 23 日，在国家图书馆总馆北区和全国 30 余家联合评审图书馆同步举办第十一届文津图书奖获奖及推荐图书展暨历届回顾展，随后在全国巡展至 10 月。最终全国有 120 多家各级图书馆参与巡展，参与数量及影响力都创历史新高。

3. 国家典籍博物馆

依托典籍博物馆众多精品展览，深入挖掘展览内涵，全年举办配合展览的专题活动 10 余场，进一步向社会大众普及典籍文化，打造典籍博物馆文化品牌，扩大典籍博物馆的社会影响力。作为全国重要的青少年教育基地和传统文化传播基地，全年接待来自清华大学、北京大学、中央财经大学、传媒大学、复旦大学、澳门科技大学等多家高校参观，并接待实验二小、史家小学、人大附小、中关村二小、北京二中、101 中学、上地实验中学等中小学参观近 74 场，接待人数超过 15747 人次，建立起学生利用博物馆学习的长效机制，最大限度地发挥典籍博物馆的教育职能。

4. 互动活动

国图艺术中心举办“追溯先贤神韵　诵读回族史诗”诗歌诵读会

5 月 23—29 日“读者服务周”期间，中文图书借阅区开展“借阅一对一”服务宣传活动，通过对续借、预约、加盖污损章、绑定短信提醒等服务宣传，加强读者的图书馆信用意识，切实有效地保护读者个人利益，指导读者更好地使用图书馆资源。活动当天，中文图书借阅区通过“借阅规则”与“逾期、续借、预约”常见问题的展板展示，向到馆读者主动推送外借服务内容，针对外借服务中出现的一些读者存疑问题集中进行现场解答和操作指导。本次活动还借助大学生青年志愿者力量。通过活动前期规范化、细致化的培训，志愿者在活动当天配合馆员完成一对一借阅辅导工作。活动现场互动踊跃，许多读者在馆员和志愿者的讲解与帮助下，对图书外借的流程及图书查询、预约、借还、续借等相关自助操作有了了解，并表示这些自助操作可以更好管理在借图书，能有效减少图书逾期的情况。中文图书借阅区将进一步推广诚信借阅的宣传活动，在为读者提供知识信息服务的同时，重视和加强读者培训与教育工作，努力建设和谐全民阅读，在帮助读者熟悉运用外借规则的基础上维护自身利益，实现馆员与读者的共赢。

12 月 26—31 日“国家图书馆读书周”期间，中文图书借阅区组织开展“金言荐书”优秀书评推荐活动，向到馆读者征集 2016 年读到的最喜欢图书的一句话书评。活动现场互动踊跃，所发出的100张荐书卡尽数收回。工作人员挑选其中的优质书评通过多媒体电视循环展示，以此分享阅读感受、共享阅读之乐。书评中更有读者针对馆藏收录提出建议，为图书馆室藏建设献言献策。活动期间，“中文外借”微信公众号同期推送《欲与书为友》短文，通过诗歌形式传播爱书理念，呼吁读者爱护公共图书、文明阅读，引起读者的共鸣。本次活动增进了读者的阅读感受交流，提升图书馆的借阅氛围，提高读者的公德意识，倡导全民尊重知识，爱惜书籍，文明借还。

（八）讲座、培训、展览

1. 讲座

（1）国图讲坛

著名学者、南开大学教授宁宗一先生首讲“说不尽的《牡丹亭》”

国图讲坛全年举办各系列讲座167场，接待读者45230多人次。配合“图书馆服务宣传周”“科技活动周”等大型专题活动及节假日举办相关活动，举办“从领舞到领悟——谭梅新书《领舞》首发式”“梦想照进现实——当代科幻名家对话”等多场有影响力的文津读书沙龙活动。讲座策划凸显图书馆阅读推广职能，进一步专题化系列化，策划推出“世界读书日·纪念汤显祖、莎士比亚逝世400周年特别活动”系列、“外国文学名著鉴赏”“名家戏剧课”等新的讲座系列。结合社会热点和政策方向，策划推出“纪念长征胜利80周年——父辈的长征”等新系列，继续举办“世界遗产视野下的一带一路专题”系列、“大数据”“乡村：诗意的栖居”等讲座系列。承办文化部“非遗”宣传项目，策划推出“2016年非物质文化遗产保护讲座月”系列讲座12场。讲座后期产品传播形式更加多样，和外语教学与研究出版社合作，精选近百部优质讲座视频进行外译等深度开发和海外推广，扩大国图讲坛的社会影响力。

（2）文津经典诵读

2016年，文津经典诵读项目整体提升，已经成为一个资源建设和线上线下服务相结合的立体式项目。注重深化内容服务，提高经典诵读选编和音频制作水平，每天按时通过国图网络和手机平台发布经典诗词、格言和音频，全年诗词格言共发送365条，制作音频365首，受众范围和社会影响力进一步扩大。另一方面拓展宣传，加强读者互动，相继策划推出“2016年文津经典诵读新春读诗”线上活动、“3·21世界诗歌日文津经典诵读诗歌吟诵会”等活动，受到读

“文津经典诵读”诗歌吟诵会

者的广泛好评。策划推出“文津经典诵读”系列讲座，向公众传播传统文化，策划推出“名家读诗”，丰富项目内容。设计开发“文津经典诵读”笔记本和笔筒等文创产品。开展延伸合作，与“为你读诗”、诗刊、中国诗歌网等平台用多种方式建立长期合作机制，着力推广文津经典诵读项目品牌。

（3）国图公开课

全年策划“心连广宇　志在苍穹——人类太空探索与中国航天之路”“世界古代史（上）”“中华制度文明史”3门专题课程。完成2015年度策划课程“中国大发明”“昆曲”“丝绸之路”与“丝路之绸”的录制工作，共计录制完成38讲，网站上线50期节目。策划新栏目“一书一课”和首门课程“诗经二十讲”，已录制完成6讲。策划首门业界公开课“中国古籍十二讲”，录制完成12讲，网站上线12讲。拍摄制作“草木缘情”等读书推荐节目53期，上线33期。全年共组织特别活动5次，分别是与文化部外联局、北京语言大学“中国文化译研网项目”合作的“文明的对话”两期活动、国图公开课一周年特别活动、“不朽的巨匠——纪念‘汤莎塞’逝世400周年特别活动”，以及“梦想照进现实”特别活动。完成“经典童话书，直到永恒”及“国风诗会”两次线下活动的举办。

（4）国家典籍博物馆系列讲座

2016年，国家典籍博物馆为配合举办展览的主题，如新闻漫画、连环画、历史人物、古琴等，有针对性地举办讲座33场，邀请各领域内知名专家作为主讲人，多角度解读展览，受到读者的广泛好评。

2. 培训

2016年，国家图书馆培训中心举办馆内员工继续教育培训31场，培训员工2350人次，与2015年相比增加294%；举办面向全国图书馆界业务辅导培训17场，培训学员1291人，与2015年相比增加49%；完成首都联合职工大学国家图书馆分校“文物鉴定

古籍修复培训班课堂

与修复（古籍鉴定与修复方向）”专业招生22人，与2015年相比增加69%；面向社会公众培训项目举办培训班5期，培训学员65人次，与2015年相比下降21%。全年承担文化部老年大学西区分校的教学教务管理工作，服务文化部系统离退休人员260余人。

3. 展览

国家典籍博物馆全年举办8场自办展览，分别为：“同筑中国梦　共度书香年——2016年国家图书馆楹联文化展”“聚力协作共推广　继往开来绘蓝图——数字图书馆推广工程建设五年间展览”“永远的怀念——任继愈诞辰100周年纪念展”“第十一届文津图书奖展览”“民族记忆　精神家园——国家珍贵古籍特展”“红色记忆——纪念中国共产党成立九十五周年馆藏文献展”“启蒙与批判——清末民国新闻漫画展”“赤子的世界——纪念傅雷夫妇逝世五十周年展”。在增强自办展览能力的基础上，积极探索引进各地方馆优秀展览资源，开拓协调外展、交流展等形式，陆续举办12场外展，分别为：“石景宜博士杯——华夏书画创作大赛第二届优胜作品巡回展·北京站”“博洛尼亚插画展”“一门三院士　共筑中国梦展”“美丽的伊朗图片展”“喜迎G20——西泠印社系列作品邀请展”“并非不惑——秦健书法展”“中国价值——大型连环画原创作品展”“传承红色基因　弘扬长征精神——长征途经省份文化系统老干部书画作品展”“桑榆金辉——中央国家机关老年大学教学成果展暨庆祝建党95周年和红军长征胜利80周年书画摄影展”“和衷共济　筑梦中华——孙中山与华侨专题展”“跨越时空的对话——纪念文学巨匠汤显祖和莎士比亚展”，扩大了国家典籍博物馆的社会影响力。全年累计接待观众1143670人次，接待团队参观393场；提供讲解服务1866场次，共计1200小时，讲解接待63575人次。为配合观众参观要求及典籍文物的展出时限，完成“敦煌遗书展”“甲骨文记忆展”等展览展品调整工作，调整展品148件。

与此同时，甄选精品展览在全国范围内巡展，分别于3月及5月在广东东莞及山东德州举办“我们的文字展”巡展及“永远的怀念——任继愈诞辰100周年纪念展”巡展。加强馆际交流合作，支持武汉图书馆同期举办“红色记忆——纪念中国共产党建党95周年展”；支持湖北省图书馆举办“红色礼赞——纪念红军长征胜利80周年”主题图片展。在进一步提升办展数量、丰富展览内容的同时，国家典籍博物馆始终致力于为公众提供高品质的展览服务，逐步得到业界和社会的广泛认可。

（九）文化演艺活动

2016年，国图艺术中心共组织、接待各类演出活动258场，观众达12万人次。其中：音乐会113场，演唱会10场，音乐剧4场，儿童剧12场，相声6场，戏曲4场，话剧3场，企业活动20场，公益演出5场、公益讲座10场，馆内用场10场，其他61场。国图影院共放映电影1604场，观众达5.26万人次。

1. 组织策划缤纷国图演出季

在2015年基础上，致力于提升节目的质量和品牌影响力，完成2016年国图艺术中心“春夏演出季”“暑期演出季”“冬季演出季”的组织实施工作，涉及艺术门类丰富，包括爵士乐、民歌精品、交响音乐、室内乐、钢琴独奏、儿童剧等。在剧目选择上追求艺术性、经典性、科学性、丰富性，追求名家、名剧、名团，引进艺术水准高、艺术品位上乘、兼顾各个年龄层、不同艺术偏好观众的观演需求的剧目，给广大观众以高品质的艺术享受，中国爱乐乐团、奥地利维也纳之声交响乐团、柏林电影乐团、中国歌剧舞剧院等著名院团，世界著名男中音歌唱家托马斯·汉普森、旅欧女高音歌唱家黄英、中国著名小提琴演奏家吕思清、中国著名大提琴演奏家朱亦兵、京剧表演艺术家康万生等纷纷在艺术中心登台献艺。两场演出被列入第十六届相约北京艺术节展演项目。

2. 开展公益及文化惠民活动

2016年，紧密围绕国图业务发展需要，充分挖掘自身优势，开创性地开展一系列公益活动和演出，以更加丰富的形式普及艺术，传播文化，推广阅读。其中："书香筑梦　金猴送福——国家图书馆2016年迎春晚会"通过综艺晚会的形式展现国家图书馆发展风貌，传播春联文化；"满天星业余交响乐团音乐会"通过团员讲述音乐与人生，普及音乐，感悟生活；放映音乐艺术片《郎朗热情奏鸣曲》，让读者感受中国音乐人在世界舞台的艺术魅力；科技周期间引入北京科技创新大赛十周年颁奖典礼，将最新的科技成果艺术地传递给观众。此外，结合自身特点举办陈长林古琴讲座、王纪宴"莫扎特音乐赏析"讲座等，并在观众中开展问卷调查，不断提升讲座活动的品质。注重开展文化惠民工作，凭借硬件优势和良好的服务，入选北京市剧院运营服务平台和北京市中小学生社会大课堂社会资源单位，拓展惠民活动的平台；同时积极申报北京市文化局低票价补贴及海淀区文委的项目补贴，多个项目在海淀区文化委员会的演出季获得A类和B类评级。

3. 承办国家艺术基金资助项目

8月，艺术中心承办的国家艺术基金"民间戏剧社团骨干人才培养项目"启动学员招募，并举办4场"名家戏剧课"戏剧专题讲座。学员经过戏剧专业基础知识及台词、形体等戏剧表演基础训练，进行角色分配并分别成立创作实践小组，在教师指导下分头进行人物分析、剧本研读、舞台构思、服化道设计等各项准备工作；随后正式开展舞台实践训练课，分三个剧组（每组分AB队）在教师指导下进行剧目创作实践并于12月完成汇报演出。

4. 做好各项活动的宣传和接待服务工作

加强活动的宣传力度，先后与北京电视台《北京时间》栏目、中央人民广播电台、北京人民广播电台等诸多媒体建立合作关系，对艺术中心的演出、讲座、培训等内容进行点面结合的多角度报道，提升艺术中心的影响力；同时配备专人开展宣传工作，加强对自有媒体的建设，国图艺术中心微信公众号关注人数达2015年的2倍，逐步形成艺术中心信息资讯、艺术知识发布和传播的平台。做好装台、彩排及演出期间的服务接待保障工作。完成国家机关工委"光耀中华——离退休干部庆祝建党95周年文艺演出"、文化部"纪念中国共产党成立95周年'两优一先'表彰暨群众歌咏大会""闪闪的红星——纪念长征胜利80周年合唱音乐会"等大型演出的接待服务工作，受到各级领导的赞誉。全年来艺术中心观看演出的部级领导达20余人次。

5. 组建国图艺术中心少儿艺术团

为发挥国图艺术中心艺术传播普及的职能，分别与中国关心下一代工作委员会事业发展中心青少年艺术教育活动办公室和中国音乐学院培训部师资团队签订合作协议，组建"青少年艺术团之少儿京剧团”和“青少年艺术团之少儿合唱团”。既有培训又有排练，让更多的青少年走进专业剧场，接受专业的指导和培训，在协作与实践中学习艺术、提升素质。

（十）文创产品开发

2016年，作为国家典籍博物馆的重要组成部分，文化衍生品实现将典籍元素与文化创意相结合，成为图书馆、博物馆的最后一个阅览室、展厅，业已成为新的宣传亮点。除自身发布的原创性文创稿件十余篇外，文创产品在博物馆及相关产品与技术博览会、中国国际文化产业博览交易会上表现亮眼，不仅得到海内外同行和群众的高度评价，更吸引众多媒体的目光。央视、《中国文化报》、中国新闻网等多家媒体主动联系制作文创专题报道，并了解后续的文创发展方向。央视团队来到国图文创商店拍摄文创纪录片，采访相关设计师和负责人；中国新闻网制作以《典籍魔术师：国图古籍变卡通画，文创不只是卖萌》为名的视频报道，以及以《国图文创产品卖萌　揭秘如何让古籍里文字活起来》为题的图文报道；《中国财经报》做专题采访，并发表《文创产品，为古籍插上想象的翅膀——中国国家图书馆文创开发实践》的文章；《中国文化报》制作专题《中华典籍创意元素及产品首现文博会》；东南卫视、厦门电视台等广电媒体专门报道国家图书馆在第九届海峡两岸（厦门）文化产业博览交易会的参展情况，主办方还特邀国家图书馆文创负责人在腾讯直播上进行专题推介，中国新闻网、新浪网、搜狐网等十几家媒体报道此次参会情况。

四、业界服务

（一）业界业务指导与合作

1. 全国图书馆联合编目中心

全国图书馆联合编目中心坚持公益性原则，为全国各级图书馆免费提供书目数据服务。2016年，成员馆总数达到2150家，累计数据用户2722家。年内增加书目数据638228条，增加馆藏数据70余万条，增加规范数据100608条。中心充分发挥书目数据核心的地位，为成员馆和数据用户共提供书目数据下载服务2500余万次。其中，用户全年下载数据量突破1009万条，最大下载量出现在4月，单月下载首次突破100万条。在公共图书馆中，国家级、省级图书馆36家，下载书目数据205万条；副省级或地市级图书馆179家，下载280万条，区县及以下级图书馆和图书室426家，下载237万条；少年儿童图书馆42家，下载23.6万条；高等学校及科研院所图书馆215家，下载165万条；其他图书馆及机构243家，下载97万条。

（1）召开全国图书馆联合编目中心2016年业务培训会议

10月12日，全国图书馆联合编目中心2016年业务培训在江苏盐城举行，来自全国各省、自治区和直辖市40个单位的81名成员参加此次培训。国家图书馆常务副馆长陈力出席会议并对联合编目数据在新时代如何共建提出指导性意见。全国图书馆联合编目中心办公室负责人索晶宣读年度工作报告，同时从馆藏大数据建设、中心培训工作以及中心数据揭示细化三个方面提出中心的工作设想。2016 年是联合编目工作拓展之年，中心在数据建设、用户培训等方面都进行业务调整，中心网站进行改版，规范对外服务方式。此次培训的重点是解读中心业务培训工作新政策和传达业务调整。除课堂教学外，本次培训还开展分中心分组讨论、成员馆工作经验分享等环节，加深大家对培训内容的理解。会议对 2015 年度表现突出的分中心、成员馆和编目员进行表彰。

全国图书馆联合编目中心 2016 年业务培训会议

（2）举办 2016 年全国图书馆联合编目中心上传资格培训班

6 月 20—24 日，全国图书馆联合编目中心 2016 年上传资格高级培训班在北京举办，共有 68 名来自全国各公共图书馆、高校图书馆及图书供应商的相关人员参加培训。培训内容在以往中文图书书目数据上传细则的基础上，增加文献标引规则。授课老师通过大量的实例分析和讲解，让学员对中心的上传流程规范和文献的标引规则有了系统、全面的了解，同时也掌握了最新的联合编目系统操作规程。此外，中心全年先后合办或协办业务培训 5 场，培训学员 517 人次，其中 5 月在贵州、7 月在天津、8 月在云南、9 月在四川和包头分别协助当地分中心或成员馆组织培训，为促进各地区图书馆的联合编目工作培养人才，对提高地方图书馆的文献编目质量和效率，推进分中心建立本地图书馆联合目录，提升各地图书馆的服务能力和水平发挥积极作用。

2. ISSN 中国国家中心

2016 年，ISSN 中国国家中心完成国内外电子邮件咨询 173 件，电话咨询 3423 件。审核 ISSN 申请材料约 845 份；办理 ISSN185 个，ISSN 证书 207 个。核对刊物 516 种；新建和更新 CNMARC 数据 349 条；新建和更新罗马化数据 441 条；及时处理国际中心系统校验数据的反馈问题，按月度向国际中心提交新数据及更新的回溯数据，全年上传国际中心 6320 条数据。借助国家图书馆网站 ISSN 中心网页，按季度发布详版 ISSN 分配数据。依据 ISSN 国际中心发展动态及相关规则，加强数据制作标准化建设，不断提升 ISSN 中心业务工作。

4 月 29 日，通过网络视频参与 ISSN 第 21 届全体会员大会，并参与 ISSN 新一届理事会成员的投票。通过会议上的交流和讨论，ISSN 中国中心及时获得有关 ISSN 工作的最新动态。

3. 全国公共图书馆讲座联盟

2016 年，讲座联盟工作继续推进，完成全国公共图书馆讲座联盟常设机构的相关工作，及时更新和维护联盟网站，帮助地方馆推荐主讲专家。通过联盟，组织全国 120 多家图书馆参与“第十一届文津图书奖获奖图书”展览巡展；组织全国图书馆界共同参与公共图书馆讲座联盟平台数据库的建设，截至10月底完成主讲人数据库和讲座数据库5000条的建设任务。在福建省图书馆、包头市图书馆、辽宁省图书馆举办国图流动讲坛19场。结合国家科技支撑计划课题“以书为媒介的大众阅读平台研发与应用示范”，组织全国8省市13家图书馆参与平台应用示范。

4. 参考咨询协作网和决策咨询服务平台

（1）全国图书馆参考咨询协作网

①召开第三次全国省级及副省级市公共图书馆参考咨询工作会议

3月29日，2016年全国省级及副省级市公共图书馆参考咨询工作会议在云南昆明召开。来自全国41家省级及副省级市公共图书馆的馆长、部门主任和业务骨干共计50余名代表参加此次会议，就本年度图书馆参考咨询工作开展及业务协作问题展开工作研讨。国家图书馆馆长助理、研究院院长汪东波，云南省图书馆馆长王水乔出席开幕式并致辞。会议通报全国图书馆参考咨询协作网和全国省级公共图书馆决策咨询服务协作网平台2015年度的工作情况。国家图书馆参考咨询部主任王磊就全国图书馆参考咨询协作网、全国省级公共图书馆决策咨询服务协作平台2016年工作计划做详细说明，指出重点工作包括完善年度工作会议功能、制定并实施年度培训工作、积极推动图书馆参考咨询服务规范的实施、完善日常工作协调和信息联络机制、扩大协作平台成员馆范围和扩大共建共享等内容；围绕以上重点工作，协作网及协作平台制定年度培训与交流计划和参考咨询业务2016—2018年工作规划，通过落实参考咨询服务规范、机构知识库升级部署、组建业务研修梯队等措施加强基础业务建设，以开展科学评估中心工作、文献传递与馆际互借系统推广、构建面向机构用户的服务体系等手段推进重点工作，以业务交流与研讨工作、开展科研和工作项目、协作网建设等方式强化业界协作。广西壮族自治区桂林图书馆副馆长曹旻、河北省图书

2016年全国省级及副省级市公共图书馆参考咨询工作会议

馆参考咨询部主任何寿峰、浙江省图书馆信息服务中心副主任徐进分别做题为“广西桂林图书馆为‘两会’服务探索与实践”“河北省图书馆服务创新案例——京津冀协同发展主题馆”“信息服务产品设计与推广”的报告，分享各馆在“两会”服务、京津冀协同发展、信息服务产品开发等方面的宝贵经验。

②与公共图书馆合作开展参考咨询业务培训

6 月，国家图书馆与山东省图书馆合作举办“数图推广工程·全国图书馆参考咨询协作网媒体监测与舆情分析专题培训班”，来自 34 家全国省级及副省级市图书馆的近 80 名参考咨询馆员参加培训。东北师范大学滕广青教授做题为“舆情监测理论与方法”的专题报告。国家图书馆从事舆情监测方面的多位专家分别做题为“图书馆媒体监测与舆情分析概述”“媒体监测信息源及服务策略”“工具方法在舆情监测中的应用”和“文化领域的舆情监测及案例分享”的阐述，介绍舆情监测工作中的服务理念、服务经验。

7 月，与四川省图书馆合作举办“数图推广工程·全国图书馆参考咨询协作网业务培训班”，130 余名来自全国各地以及四川省内的参考咨询馆员参加此次培训。培训班主要针对图书馆参考咨询服务的规划与管理、图书馆机构用户服务以及图书馆决策咨询、舆情监测服务等方面，解析图书馆参考咨询服务、决策咨询服务的内容、形式、业务流程、信息源、规范以及对发展思路的思考。

8 月，与广西壮族自治区图书馆合作举办“数图推广工程·全国图书馆参考咨询协作网业务培训班”，来自全国各地以及广西壮族自治区图书馆近 180 余名从事参考咨询工作的图书馆员参加此次培训。培训课题主要有“参考咨询工作概论”“图书馆综合参考咨询服务”“图书馆舆情监测服务理论与实践”“图书馆参考咨询馆员信息素养”和“‘两会’服务及其延伸”等内容。通过工作经验的交流和分享，为图书馆今后开展参考咨询工作提供可供参考的经验和案例。

数图推广工程·全国图书馆参考咨询协作网业务培训班（广西）

③召开全国图书馆参考咨询高级研修班

11 月，全国图书馆参考咨询高级研修班在苏州独墅湖图书馆举行。苏州工业园区宣传部副部长陈龙在开幕式上致辞，指出未来的图书馆不仅是一个城市和社区的“公共服务中心”，而且还是一个区域的创新智库，阅读和咨询服务将成为图书馆对外服务的两大核心模块。国家图书馆馆长韩永进在书面致辞中提出今后五年国家图书馆参考咨询领域业务发展的目标，希望通过这次研修活动能够更为深刻地认知社会信息环境对图书馆参考工作带来的机遇和挑战，寻求和探讨图书馆业界，乃至更广泛领域进一步开展参考咨询业务交流和协作的主题和切入点，共同规划并推进图书馆参考咨询业务工作。国家图书馆立法决策服务部主任卢海燕和新闻出版总署信息中心重大科技工程管理部技术总监孙卫分别做题为“图书馆信息咨询服务现状与趋势分析”和“图书馆参考咨询的何去何从？——信息环境变迁对图书馆参考咨询服务的影响”的主旨报告，中国科学院战略咨询研究院副院长刘清、苏州独墅湖图书馆馆长李春梅、清华大学图书馆学术委员会主任林佳和北京大学图书馆研究支持中心主任张春红分别以“科技智库的定位与主要任务”“面向企业创新的图书馆信息服务”“基于新媒体的信息素养教育”和“高校图书馆科研支持服务框架与实案”为题做大会主题报告。全国各地多位专家学者分享图书馆参考咨询优秀案例，国家图书馆参考咨询部主任王磊用“感知、认识、策略、行动”4个词做了简明系统的归纳总结，希望此次研修班能使业界对图书馆参考咨询业务达成一定程度共识。

④继续开展馆员研修培训，加强业务骨干队伍建设

2016年，国家图书馆参考咨询部共组织5期数字图书馆推广工程馆员培训班，每期两周。共有来自湖北省图书馆、浙江图书馆、甘肃省图书馆、新疆维吾尔自治区图书馆、湖南省图书馆、陕西省图书馆、山东省图书馆的18名参考咨询馆员参加学习。研修培训以教学结合业务实操进行，学员通过在综合咨询、社科咨询、科技咨询、竞争情报等参考咨询各个业务类型中的实践学习，熟悉参考咨询的全流程服务，并通过实践进一步加深对参考咨询业务的深层次理解。

⑤全国图书馆参考咨询协作网网站建设

自2015年正式上线提供服务，目前注册会员近200人。2016年，制定协作网网站建设规划，内容主要包括资讯、研究报告、咨询产品、参考工作等四大类，按照规划进行网站内容建设。

（2）全国省级公共图书馆决策咨询服务协作平台

①召开全国省级公共图书馆决策咨询服务协作平台培训班

6月16日，2016年全国省级公共图书馆决策咨询服务协作平台培训班在北京举办，11家协作平台成员馆的省级公共图书馆参考咨询部（信息咨询部）或相关业务部门的负责人、国家图书馆立法决策服务部负责人参加此次培训。培训班主要围绕协作平台的建设进程及规划、数据建设标准及规范、操作及使用等内容进行全面深入的讲解和交流，旨在通过专题讲座和实机操作两个方面，使成员馆能够及时了解协作平台新一年的建设情况，进一步熟练掌握平台系统的管理及使用，推动协作平台接下来各项工作的顺利开展，共同提高公共图书馆决策咨询工作水平。

②举办全国副省级以上公共图书馆决策咨询服务培训班

6月23—24日，2016年全国副省级以上公共图书馆决策咨询服务培训班在黑龙江哈尔滨举办。此次培训班由国家图书馆主办，黑龙江省图书馆承办，培训对象为全国副省级以上公共图书馆参考咨询部（信息咨询部）主任及从事决策咨询服务工作的馆员共93人。黑龙江省文化厅副厅长韩慧峰，黑龙江省图书馆馆长高文华、副馆长张大尧参加培训班开幕式，会议由国家图书馆立法决策服务部主任卢海燕主持。培训班邀请文化部政策法规司副司长王建华讲授“全国依法治国

背景下的文化法治建设”，从文化法治建设的历史与现状、理论与实践展开，加深学员们作为文化工作者的责任感和危机感。北京大学图书馆副馆长肖珑、上海社会科学院信息研究所所长王世伟、黑龙江省图书馆数字咨询服务部副主任焦芳梅分别从高校图书馆的决策服务体系构建、决策内参要素解析及报告撰写、图书馆咨询服务与特色数据库建设等几个方面为学员们进行授课。此外，国家图书馆立法决策服务部的几位老师围绕立法决策信息源使用、产品设计、服务规划、系统构建等进行全方位的讲解。本次培训班侧重于立法决策咨询服务实操能力的提升，从咨询案例、信息资源、咨询方法、产品编制、报告撰写等方面开展培训研讨，旨在进一步满足全国公共图书馆决策咨询服务工作发展的需要，共同推动全国公共图书馆决策咨询服务水平的整体提高，为法治中国建设做出更大的贡献。

全国副省级以上公共图书馆决策咨询服务培训班

③探索数字资源共建及服务渠道共享的合作模式

继续完成“协作平台”建设及运维工作。全年新增河北省图书馆、山西省图书馆、云南省图书馆、成都图书馆、重庆图书馆、大连图书馆、吉林省图书馆、湖南图书馆8家成员馆，至此成员馆数量达到16家，并完成成员馆资料收集工作，实现产品与资源在“协作平台”上的共建共享。

与福建省图书馆合作为全国“两会”提供服务。将福建省图书馆提供的“福建文化记忆”资源加入国家图书馆立法决策服务平台“两会”服务平台中，为全国2000多名政协委员提供服务。

助力地方“两会”的内容准备和服务工作。2016年地方“两会”召开前夕，在协作平台上共享全年专题热点目录，供成员馆参考。对陕西省图书馆、内蒙古自治区图书馆、大连图书馆在地方“两会”的产品准备过程中出现的问题进行相关业务指导。

5. 全国图书馆文献缩微复制中心

（1）继续推进全国公共图书馆数字缩微建设工作

2016 年，全国图书馆文献缩微复制中心继续推进全国公共图书馆数字缩微建设工作，分别与天津图书馆、辽宁省图书馆、贵州省图书馆、吉林省图书馆、湖北省图书馆签署《2016 年数字缩微建设工作协议》，完成人员培训、实验性拍摄等工作。

（2）召开 2016 年全国公共图书馆技术部主任会议

5 月 10—12 日，由全国图书馆文献缩微复制中心主办的 2016 年全国公共图书馆技术部主任会议在北京召开。国家图书馆常务副馆长陈力、国家图书馆业务管理处处长毛雅君、全国图书馆文献缩微复制中心主任李晓明以及来自全国 20 多个省、自治区、直辖市公共图书馆主管缩微工作的领导及相关负责同志参加会议。

开幕式上，陈力回顾了全国图书馆文献缩微复制中心的成立过程，对各成员馆数十年来所取得的成绩给予肯定，并指出我国文献缩微工作下阶段的主要任务是既要考虑到纸质文献的保护，又要考虑文献的开发和利用。此外，陈力还介绍了国家图书馆在下一阶段将新中国成立初期报纸、期刊和图书作为主要抢救方向，各地方馆要在合作中探索建立共建共享机制，避免重复建设。李晓明对 2015 年缩微工作进行总结，提出 2016 年的工作计划并对“十三五”时期文献缩微工作主要目标任务进行说明。全国图书馆文献缩微复制中心计划与协调组、编目与典藏组就 2015 年各馆母片拍摄质量情况、缩微设备维护及全国巡检情况、各馆母片数据制作情况分别作介绍。会议对在 2015 年度缩微领域表现突出的成员馆及个人进行表彰奖励，并颁发锦旗和证书。

（3）举办 2016 年全国公共图书馆缩微技术培训班

8 月 21—24 日，由全国图书馆文献缩微复制中心主办、中国文献影像技术协会和辽宁省图书馆承办的 2016 年全国公共图书馆缩微技术培训班在沈阳市举办。此次培训班旨在提高各成员馆民国图书、新中国成立后报纸的文献整理及拍摄水平、开展缩微品的长期保存保护技术研究，并推广“全国公共图书馆数字缩微建设工作”。来自全国 15 家省级公共图书馆的近 40 余名缩微工作者参加培训。培训班采取集中授课与结业考试相结合的形式。中国人民大学教授张美芳以及全国图书馆文献缩微复制中心的 4 名人员，分别就缩微品长期保存、民国图书和报纸的整理以及缩微品库房标准化建设做专题讲座。

2016 年全国公共图书馆缩微技术培训班

（4）“全国图书馆文献缩微工作三十年成果展”在三省巡展

8月21日，“全国图书馆文献缩微工作三十年成果展”全国巡展在四川、辽宁、黑龙江三省同时举办，展期分别为一个月。自此，“全国图书馆文献缩微工作三十年成果展”已在全国9家省级图书馆完成巡展。

（5）缩微设备全国巡检工作持续进行

2016年，全国图书馆文献缩微复制中心总工室先后前往天津图书馆、江西省图书馆、湖南图书馆、湖北省图书馆、福建省图书馆、河南省图书馆、山西省图书馆进行缩微设备巡检及抢修。巡检设备包括缩微拍照机、冲洗机、拷贝机等。巡检过程中，总工室除对各馆设备故障进行排查、检修并对老化配件进行更换之外，还向各成员馆介绍“数转模”的技术原理和未来发展趋势，推广为数字缩微技术在全国范围内的推广奠定基础。

6. 其他工作

（1）召开第六届全国文献采访工作研讨会

4月12—13日，由国家图书馆、中国图书进出口（集团）总公司联合主办，中国出版传媒商报、中国图书馆学会资源建设与共享专业委员会、湖北省图书馆、湖北省图书馆学会共同协办的第六届全国文献采访工作研讨会在湖北省武汉市召开。全国文献采访领域的专家及代表近300人参加会议。国家图书馆常务副馆长、中国图书馆学会副理事长陈力，中国图书进出口（集团）总公司副总经理庞莉莉，湖北省图书馆馆长汤旭岩，中国出版传媒商报总编助理张维特，资源建设与共享专业委员会主任、武汉大学信息管理学院教授肖希明出席开幕式并致辞。研讨会以“数字时代文献资源建设新思路”为主题，设主旨报告、主题论坛、专家发言和分组专题讨论四个议程，旨在进一步推动全国图书采访工作领域学术研讨，促进图书馆界和书业之间的沟通，构建图书馆采访人员、出版社和书商之间的交流平台，跟踪图书馆业界参与数字出版的国际化趋势。与会者就馆藏发展政策新趋势、文献资源协调新发展和文献资源建设新思路等问题进行探讨。

第六届全国文献采访工作研讨会

（2）编制少儿图书书目

①发布《全国少年儿童图书馆（室）基本藏书目录》（2016）

2016年，国家图书馆少年儿童馆对《全国少年儿童图书馆（室）基本藏书目录》进行修订和更新。项目组通过馆藏数据、出版机构、社会大众及图书馆推荐书目、少儿类基本奖项和网络排行榜榜单等途径收集初始数据一万余条。经过数据筛查和标准化处理，共增补必备书目989册、扩展书目1958册，并新增2012—2015年出版的期刊120种、报纸27种、音像电子191种、网络数据库7种、民语文献300册以及包括大字无障碍版本在内的盲文文献99册，以针对不同使用者优化馆藏结构、组织开展少年儿童阅读活动使用。

11月23日，国家图书馆少年儿童馆邀请高洪波、海飞、刘海栖等相关领域专家召开专家评审会。会上专家们一致认为：《全国少年儿童图书馆（室）基本藏书目录》具有全面性、精确性和权威性，并充分考虑到全国各级各类图书馆的广泛性和差异性，社会参与度高，有利于促进我国儿童阅读推广工作的组织和开展。

②发布《原创100——中国原创图画书核心书目》

国家图书馆少年儿童馆在《绘本100——2014年全国少年儿童绘本阅读年指导书目》的基础上，于2015年启动《原创100——中国原创图画书核心书目》的研制工作，系统整理和收录了中国内地2000年以来出版的原创图画书。经过广泛征集、严格遴选和专业评审，最终选出适宜少年儿童阅读的优秀原创图画书作品100种。该书目收录89位作家和85位插画家的代表性作品，涵盖认知、亲情、友情、自然、文化、战争等多种主题，涉及国画、水彩画、水粉画、油画、版画、剪纸、布艺等多种插画技法，重视文图品质、儿童阅读趣味和传统文化的继承与发展。2016年，书目书影及导赏的手册编制设计完成，并于8月参加第23届北京国际图书博览会的展中展——国际绘本展。展览期间，参与展会的图画书作者也莅临本展，对于书目的遴选工作给予肯定。

（3）创新开展业界培训工作

2016年，国家图书馆培训中心举办各类型业务培训班17期，培训学员1291人次，比2015年班次增加21.4%、人数增加49%。继续深挖国家图书馆资源，在开展定制培训的基础上推进服务。采取异地拍摄、网络传输的方式，完成天津市全市图书馆员的培训工作，增加受众对象，加深传播效果；联合甘肃省图书馆、连云港市图书馆、盐城市图书馆为首都图书馆提供年度定制培训服务；以常规培训带动定制培训，为陕西省图书馆、郑州市新华书店系统提供员工定制培训服务。在国图公开课项目中新开设“业界公开课”专栏，线上提供图书馆各专题业务知识技能的学习内容，目前已完成上线“中国古籍十二讲”系列课程。力争使国家图书馆的教育培训资源通过服务业界的新技术、新手段最大限度地得以利用。

培训中心根据学员的反馈和需求，对基础业务技能培训的主题和内容进行适时的调整，主要涉及分类法理论和应用、编目规则和标引规则实践、机读目录格式标准规范、图书馆读者服务工作的理论和实践等几方面内容。全年举办基础业务技能培训班13期，占培训班总量的76.5%。

（二）行业组织引领

1. 中国图书馆学会秘书处

（1）“网络书香·数字图书馆建设与服务宣传推广项目”

2016年，在云南、广西和新疆三地组织开展“网络书香·数字图书馆建设与服务宣传推广项目”系列活动，主要包括启动仪式、高级研讨班、数字阅读体验、展览、视频播放等内容。活动由文化部公共文化司指导，中国图书馆学会、国家图书馆和各省（区、市）文化厅（局）主办，各省图书馆和省图书馆学会承办。期间，各级公共图书馆、部分高校图书馆馆长及业务骨干510人参加此次活动，数字图书馆体验区和展览共接待参观6000余人次。

4月13—14日，由国家图书馆、中国图书馆学会和云南省文化厅主办，云南省图书馆和云南省图书馆学会承办的“网络书香·数字图书馆建设与服务”宣传推广项目（云南站）系列活动在云南省图书馆举行。云南省文化厅公共文化处副处长朱洪兵、国家图书馆数字资源部副主任李春明、国家图书馆信息技术部总工程师王乐春、中国图书馆学会副秘书长仲岩以及云南省各级各类图书馆馆长及业务骨干共220人参加活动。

5月11—12日，由国家图书馆、中国图书馆学会和广西壮族自治区文化厅，广西壮族自治区图书馆和广西图书馆学会承办的“网络书香·数字图书馆建设与服务”宣传推广项目（广西站）系列活动在广西壮族自治区图书馆举行。广西壮族自治区文化厅副厅长严霜、广西壮族自治区文化厅公共文化处处长沈国明、国家图书馆业务管理处副处长谢强、中国图书馆学会副秘书长仲岩以及广西壮族自治区各级各类图书馆馆长及业务骨干共154人参加活动。

9月7—8日，由国家图书馆、中国图书馆学会、新疆维吾尔自治区文化厅主办，新疆维吾尔自治区图书馆、新疆维吾尔自治区图书馆学会、克拉玛依市图书馆承办的“网络书香·数字图书馆建设与服务”宣传推广项目（新疆站）系列活动在新疆克拉玛依市图书馆举行。国家图书馆副馆长孙一钢、克拉玛依市人民政府副秘书长常锋英、上海图书馆副馆长刘炜、自治区文化厅公共文化处副处长李朝阳、克拉玛依市图书馆馆长李军以及新疆维吾尔自治区各级各类图书馆馆长及业务骨干136人参加活动。

活动设立的数字阅读体验区，通过统一的设计和编排，凸显数字图书馆的高新技术元素，融合了地方图书馆特色，利用现有数字图书馆推广工程技术和资源，挂接多样化媒体终端，拓展服务手段和服务方式，呈现新媒体环境下的体验式数字图书馆智慧服务站。采用无缝拼接屏、多媒体终端，结合交互体验的方式，向公众集中展示数字图书馆服务理念。读者可通过相关展板、宣传视频、平板电脑、智能手机、数字电视等多媒体终端享受数字图书馆面向公众的各种服务，并访问国家图书馆提供的数字资源。展示区融合了光、声、影等多种先进技术效果，并把各类生活场景及互动娱乐融入其中，将国家数字图书馆已建成的相关成果以文字、图片、视频、虚拟现实等多种形式呈现给观众，以体现在数字图书馆推广工程推动下高速发展的数字图书馆事业。这对于推动我国数字图书馆建设、提升图书馆服务效能，培养公众的数字阅读习惯，推动创新性国家建设，在全社会营造全民终身学习和热爱阅读的良好氛围有着重要意义。

（2）“我与中华古籍”创客大赛及巡展活动

2016年，本着“让书写在古籍中的文字活起来”这一宗旨，联合相关力量策划主办“我与中华古籍”创客大赛。活动面向全国古籍收藏单位征集创意元素，并引导各地、各系统图书馆和图书馆学会、创客团队、专业艺术院系、广大古籍工作者、设计工作者和社会公众积极参与，开展文化创意活动。活动共征集到创意元素1160个，平面创意、产品创意、多媒体创意作品等300余件（套），评选出获奖作品21件（套）、优秀组织单位12家。为了提升大赛的社会影响力，主办方结合大赛，策划“创客@图书馆——‘我与中华古籍’创客大赛”展览，在全国13个省（自治区、直辖市）的100余个基层站点展出，赢得良好的社会反响。活动将现代化元素融入古籍保存与保护中来，让更多的社会公众积极关注并参与古籍保护事业，扩大重点文化工程和图书馆行业的社会影响力。

（3）民国时期文献保护计划宣传推广活动

9—11月，国家图书馆和中国图书馆学会联合在吉林、辽宁和黑龙江三地举办民国时期文献保护计划宣传推广活动。推广活动以讲座、展览、培训班等多种形式开展，并以省为单位进行面向全省图书馆的巡展和巡讲，将推广活动深入基层。共培训业务骨干304人（参见“重点文化工程”之“民国时期文献保护计划”相关条目）。

（4）2016“全国图书馆未成年人服务提升计划”

为发展与繁荣我国图书馆事业，更好地发挥图书馆引导未成年人阅读的独特作用，宣传图书馆未成年人服务新理念，介绍图书馆未成年人服务工作新方法，启迪新思维，开阔图书馆服务未成年人实际工作者的新视野，提高图书馆未成年人工作者专业理论水平和业务工作能力，在文化部公共文化司指导下，中国图书馆学会分别于5月18—20日和8月24—25日在浙江绍兴图书馆和河北省图书馆举办2016“全国图书馆未成年人服务提升计划”巡讲活动，来自全国各市（州）、县（市、区）图书馆、少儿图书馆、中小学图书馆和绘本馆，出版界及媒体和图书馆相关技术单位的学员近526人参加培训。

（5）全国数字图书馆建设与服务联席会议第十七次会议

5月26日，全国数字图书馆建设与服务联席会议第十七次会议在厦门大学（翔安校区）图书馆召开。会上，各单位代表围绕“数字环境下的阅读推广”进行发言和讨论，重点讨论如何宣传数字阅读理念，交流数字阅读经验，提炼数字阅读成效，研讨数字阅读推广策略，发展数字阅读文化等。国家图书馆副馆长孙一钢以“国家数字图书馆的数字阅读服务与推广”，文化部全国公共文化发展中心副主任陈胜利、高级工程师吴晓以“文化共享工程在数字阅读方面的经验与做法”，上海图书馆李颖以“上海图书馆数字阅读推广实践——以两微一端为例”，中国科学院文献情报中心新媒体传播中心主任吴昊以“文献移动获取第一平台——‘中国科讯’APP简介”，中央党校图书馆副馆长刘俊瑞以“中央党校图书馆宣传推广数字阅读情况”，国防大学图书馆副馆长李抒以“国防大学之阅读推广”，北京大学图书馆馆长朱强以“高校图书馆数字阅读”为主题分别做专题发言。专题发言后，与会代表就会议主题进行深入交流和讨论。

2. 全国图书馆标准化技术委员会秘书处

（1）标准化工作项目征集与立项工作

全国图书馆标准化技术委员会（以下简称图标委）秘书处2016年1月正式发布通知，公开征集2016年度图书馆领域国家标准标准制修订、行业标准制修订计划项目及文化行业标准化研究项目，共收到业界提交建议项目21项。根据文化部文件要求，图标委秘书处于5月召开业界专家论证会，整理与会专家意见并发给图标委第二届委员会全体委员投票，征求委员意见。根据委员投票统计结果，秘书处正式上报文化部文化科技司建议立项项目9项（其中国家标准制订计划项目2项，文化行业标准制订计划项目5项，文化行业标准化研究项目2项）。10月，根据文化部公共文化司建议，与文化科技司联系后又追加立项行业标准制订项目3项。根据文化部文化科技司《文化科技司关于2016年度文化行业标准制修订计划项目和文化行业标准化研究项目立项的通知》（科技函〔2016〕67号）和《文化科技司关于2016年度文化行业标准制修订计划项目（追加）立项的通知》（科技函〔2016〕98号）批复，2016年度正式立项文化行业标准制订计划项目8项，文化行业标准化研究项目2项。9月接国家标准委国家标准技术审评中心通知，秘书处派员参加了2016年第五次推荐性国家标准立项评估会。根据《国家标准委关于下达2016年度第四批国家标准制修订计划的通知》（国标委综合〔2016〕89号），图标委申报的《公共图书馆聋人服务指南》和《公共图书馆读写障碍人士服务规范》2个项目均获得正式批复，立项为推荐性国家标准制订计划项目；《信息与文献　图书馆RFID　第3部分：基于ISO/IEC带分区存储器的RFID标签数据编码方案》和《中小学图书馆评估指标》2项国家标准计划项目已通过文化部相关司局审核，待国家标准委审批。

截至2016年12月底，图标委共归口管理国家标准制修订计划项目25项，文化行业标准制修订项目43项，文化行业标准化研究项目16项。

（2）标准项目管理

2016年，图标委秘书处不断加强对标准文本质量的监督管理，共完成以下在研标准项目的管理工作。

①标准制修订项目管理

国家标准制订计划项目：完成《汉语文古籍特藏藏品定级》（2—6部分）征求意见稿的初审工作。完成《公共图书馆少年儿童服务规范》《图书馆机读规范格式》《古籍函套技术要求》《中国少数民族文字古籍定级》草案审查工作，并反馈修改意见。组织开展国家标准制订计划项目《公共图书馆未成年人服务规范》和《古籍函套技术要求》公开征求意见工作。完成《乡镇图书馆管理规范》《图书冷冻杀虫技术规程》征求意见稿审查、组织召开专家审查会，并根据《全国图书馆标准化技术委员会章程》要求开展图标委全体委员函审工作。

文化行业标准制订计划项目：完成文化行业标准《流动图书车车载装置通用技术规程》征求意见稿、报批稿的初审工作，组织开展该标准公开征求意见及召开专家审查会工作。完成文化行业标准《信息与文献—公共图书馆影响力评估的方法和过程》《拓片修复规程与质量要求》草案初审，组织开展《信息与文献—公共图书馆影响力评估的方法和过程》征求意见工作，根据征求意见结果，邀请业界专家召开专题研讨会，就该标准研制中技术问题深入交流。完成文化行业标准《流动图书车车载装置通用技术规程》《社区图书馆服务规范》和《社区图书馆建设指南》报批稿的核查和报批工作。

②标准化研究项目鉴定

初审文化行业标准化研究项目《图书馆未成年人设施安全标准化研究》和《公共图书馆卓越绩效管理标准化研究》报告，并组织召开专家鉴定会，完成课题成果结项报批工作。

③在研项目管理

6—7 月，图标委秘书处依惯例对图标委归口管理的 12 项未结项标准化工作项目进行中期检查，其中包括 6 项国家标准制订项目、4 项文化行业标准制订项目以及 2 项文化行业标准化研究项目。通过中期检查方式，及时了解各项目进展情况，有效督促各项目的工作进程。

（3）标准化工作宣贯及标准文本出版

2016 年，秘书处编发《全国图书馆标准化技术委员会工作简报》1 期，并及时对图标委网站信息进行更新；支持中国图书馆学会组织开展对行业标准《图书馆参考咨询服务规范》和《社区图书馆服务规范》的专题培训工作；完成《中国标准化年鉴》条目撰写工作，宣传图书馆标准化工作进展。

在秘书处组织和参与下，完成文化行业标准《数字资源唯一标识符规范》《图书馆数字资源长期保存信息包封装规范》《图书馆数字资源长期保存元数据规范》《图像元数据规范》《音频资源元数据规范》《乡镇图书馆统计指南》《图书馆行业条码》和《流动图书车车载装置通用技术条件》8 个标准的出版工作。

（4）图标委归口管理推荐性标准集中复审工作

根据国家标准化管理委员会发布的《推荐性标准集中复审工作方案》和文化部文化科技司对推荐性标准集中复审工作安排，图标委自 2016 年 5 月启动归口管理的推荐性标准集中复审工作，对归口管理的 58 项推荐性标准（其中国家标准（计划）24 项、文化行业标准（计划）34 项）展开集中复审。6 月，图标委秘书处拟定《图标委归口管理的推荐性标准集中复审工作方案》（以下简称《复审工作方案》），并报请图标委主任委员批准后开始实施。根据《复审工作方案》，图标委归口管理的推荐性标准复审应包括各标准起草组自评、专家会议论证、全体委员投票以及主任委员审查批准 4 个工作阶段。8 月，最终形成复审结论：建议 49 个项目继续有效，3 个项目废止，6 个项目修订。复审结论已报送国家标准化管理委员会和文化部文化科技司，此项工作完成率为百分之百。

（5）完成并发布《全国图书馆标准化工作“十三五”规划纲要》

《全国图书馆标准化工作“十三五”规划纲要》（以下简称《规划纲要》）（讨论稿）于 2015 年 8 月提交第二届委员会委员讨论，根据委员讨论意见修改形成《规划纲要》（征求意见稿）。2016 年 3 月，秘书处将《规划纲要》（征求意见修改稿）再次提交全体委员，并同时扩大征求意见范围，邀请国家标准委服务业标准部、文化部文化科技司和公共文化司及相关单位对《规划纲要》（征求意见稿）提出意见和建议。在广泛听取各方意见基础上，秘书处进一步修改完善，于 2016 年 7 月正式报请图标委主任委员批准后，向业界公开发布。

3. 中国文献影像技术协会与全国文献影像技术标准化技术委员会

（1）召开中国文影协 2016 年第一次常务理事会

6 月 20 日，中国文献影像技术协会（以下简称中国文影协）2016 年第一次常务理事会在国家图书馆召开。协会理事长、国家图书馆副馆长魏大威，协会副理事长、四川省图书馆副馆长徐建华，协会秘书长、国家图书馆缩微文献部主任李晓明以及各位副秘书长、常务理事、各工作委员会主任、副主任等共计 20 余人参加会议。会议讨论理事会的第六届换届工作以及 2016 年年会的相关事项。此外，学术工作委员会、教育培训委员会、编辑出版委员会的代表分别介绍各自委员会在 2016 年的工作计划。李晓明汇报秘书处 2016 年的主要工作安排，通报 2015 年协会的财务收支情况，并介绍其参加 2016 年海峡两岸学术交流活动的相关情况。

（2）召开全国文影标第六届委员会成立大会

全国文影标第六届委员会成立大会

7 月 19 日，全国文献影像技术标准化技术委员会（以下简称全国文影标）第六届委员会成立大会在国家图书馆召开。全国文影标主任委员、国家图书馆副馆长魏大威，副主任委员董建伟、陈林荣，第五届委员会秘书长李健、第六届委员会秘书长李晓明以及部分第五届、第六届委员参加会议。魏大威就全国文影标第五届委员会在国家标准的制修订、国际标准化工作、国家标准宣贯及标准化人员培训等几方面工作进行总结。会议通过李健所作第五届委员会财务工作报告，对第五届委员会先进集体和个人进行表彰。会上还宣读《国家标准委办公室关于全国文献影像技术标准化技术委员会及其 5 个分技术委员会换届和组成方案的批复》，并为第六届委员颁发聘书。会议通过李晓明所做第六届委员会工作计划。

（3）召开中国文影协、全国文影标 2016 年年会暨学术研讨会

11 月 22 日，中国文影协、全国文影标 2016 年年会暨学术研讨会在国家图书馆召开。来自全国各地的理事、会员单位代表、委员等 50 余人参加本次会议。中国文影协理事长、全国文影标主任委员魏大威分别汇报两单位 2016 年工作情况；副理事长徐建华汇报中国文影协换届筹备相关工作；副理事长杨成斌通报中国文影协年度收支情况和秘书处工作情况；秘书长李晓明介绍海峡两岸会议及 2016 年全国文影标评估和经费审查情况。来自国家图书馆、上海浦东新区档案局、北京量子伟业信息技术公司、江苏省档案局的 4 位专家分别就“国家图书馆数字资源保存的现状和发展策略”“基于分布式存储的数字档案云数据中心构建”“数位存档技术在档案、文献长期保存工作中的应用”“数字影像技术在档案（书画作品）高仿真复制工作中的应用”4 个领域同与会代表

进行交流讨论。

4.《中国图书馆分类法》编委会

2016年，《中国图书馆分类法》（以下简称《中图法》）编委会组织完成《中国分类主题词表》（以下简称《中分表》）第三版的数据审校、修订说明等出版准备工作；组织进行《中图法》第五版电子版的研发工作。通过中图法网站在线咨询、电话、邮件等多种渠道解答用户有关类表、词表及标引方面的咨询问题240余个，并维护修订类表、词表数据111条，将通过修订快讯向用户发布修订内容。组织编委开展增补《中分表》入口词工作，增补入口词万余条。组织开展《中图法》最终用户版体系结构与可视化相关研究，承担国家社科基金重点项目1项。组织《中分表》维护系统、注册与关联数据服务平台等需求的设计规划，开展《中图法》第五版类目翻译及与相关学科分类体系的类目对照工作。

《中图法》第八届编委会2016年工作会议

9月22—23日，《中图法》第八届编委会2016年工作会议在哈尔滨召开。来自全国各地的30多位《中图法》编委会委员、顾问参加会议。国家图书馆馆长助理、《中图法》编委会副主任委员兼主编汪东波出席会议。本次会议主要讨论2015—2016年《中图法》编委会各项工作任务，对4个项目的成果文件进行审定。与会委员在听取各项目组对项目进展及成果情况的汇报后，对“《中分表》Web维护系统需求分析书”“《中分表》注册与关联数据服务平台需求书”“《中图法》第五版（Web版）中英文3级类名对照版翻译及规则”“学科分类与代码国家标准与《中图法》第五版的对照版”“教育部学科门类及代码标准与《中图法》第五版的对照版”进行讨论、审定，提出修改意见及建议。委员们还听取“《中图法》第五版集成电子版”“《中图法》最终用户版体系结构及可视化研究”“增补《中分表》入口词”项目的专题汇报；对词表修订、开放应用问题进行讨论，并探讨《中图法》《中分表》如何在新的信息环境下获得更好的发展。

5.中国古籍保护协会

中国古籍保护协会履行动员社会力量参与古籍保护事业职能，持续组织高校志愿者开展古籍普查工作。2016年暑期，在国家古籍保护中心支持下，由协会主办，山西、安徽、广东、四川四省图书馆（省古籍保护中心）承办的“中华古籍保护志愿服务宣传推广活动”取得预期成效。来自山西大学、安徽大学、中山大学、四川大学等39所高校的192名学生志愿者，经过各省古籍保护中心的短期培训，分赴芮城县图书馆、无为县图书馆、东莞图书馆、中江县图书馆等46个受援单位，共整理、编目古籍（含部分民国线装书）60885种431785册，另编目雕版7种1854版，有效推进四省古籍普查进程。活动结束后，协会于9月22日在天津市古籍保护中心召开总结座谈会。有意向开展此项活动的吉林、上海、山东、湖北等省市图书馆相关领导也出席会议，提出各自的方案和设想。

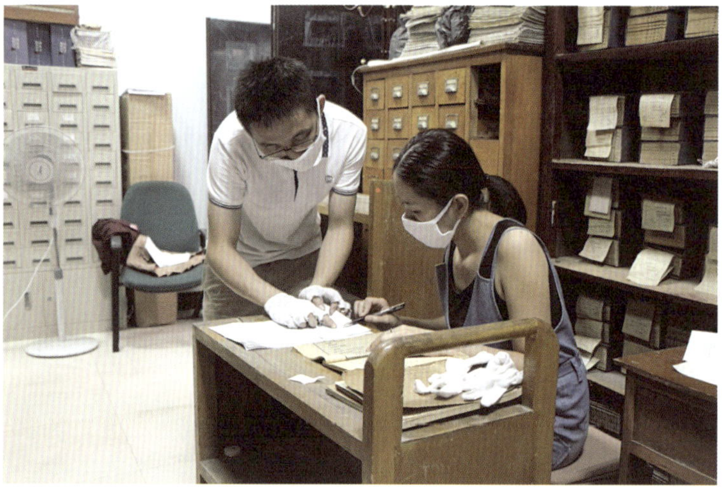
志愿者在山西运城盐湖区图书馆进行古籍登记

“中华古籍保护志愿服务宣传推广活动”贯彻“奉献、友爱、互助、进步”的志愿服务精神，志愿者考察基层古籍存藏状况，帮助不具备普查条件的单位整理、清点、登记古籍，不仅调动各地古籍存藏单位的工作积极性，也加深大学生志愿者对中华优秀典籍的热爱。活动得到高校、学生、古籍存藏单位等一致好评。志愿者们表示，通过此次活动，将书本上的理论知识运用到实际工作中，专业水平实现质的提高。指导教师、专家学者们认为，活动达到传帮带的效果，多年的经验储备得到较好的传承，古籍保护事业得以储备新生力量。2016年2月，在文化部全国文化志愿服务评选表彰活动中，“中华古籍普查志愿服务行动”项目被评选为“文化志愿服务活动典型案例”，受到表彰和奖励。

年度掠影

【中国图书馆学会中央国家机关图书馆分会工作会议召开】

为进一步推动中央国家机关图书馆信息服务机构间的交流与合作，共同提高为中央国家机关文献信息服务水平，9 月 13 日，中国图书馆学会中央国家机关图书馆分会工作会议在国家图书馆召开。中央组织部图书馆、中央编办电子政务中心、全国人大图书馆、中国社会科学院图书馆、最高人民法院图书馆、最高人民法院信息中心等 10 多家重点合作单位，15 位有关领导应邀出席。中国图书馆学会秘书长霍瑞娟，中国图书馆学会中央国家机关图书馆分会副主任卢海燕、秘书长白云峰、副秘书长王琦，以及分会秘书处的相关人员参加会议。国家图书馆副馆长、中国图书馆学会中央国家机关图书馆分会主任孙一钢主持会议。霍瑞娟首先宣读《中国图书馆学会关于成立第九届理事会中央国家机关图书馆分会的批复》。孙一钢向新一届中央国家机关图书馆分会委员颁发聘书。王琦向与会委员传达《中国图书馆学会分支机构管理办法》《中国图书馆学会分支机构学术活动管理办法》和《中国图书馆学会财务管理办法》等文件。卢海燕做分会近期工作安排。与会人员积极发言，充分肯定分会几年来的工作成绩，并对今后分会的发展提出建设性意见。孙一钢在总结发言中指出，各委员单位服务对象不同，但工作性质、职责相通，今后要齐心协力，突出服务中央国家机关特色，加强信息沟通、交流，将中央国家机关图书馆分会打造成交流之家、合作之家；分会秘书处要做好服务保障工作，及时与委员单位联系，倾听委员单位想法、建议，利用好中央国家机关图书馆分会这个平台，融入分会工作，做好立法决策服务工作。

中国图书馆学会中央国家机关图书馆分会工作会议合影

【最高人民法院数字图书馆上线仪式在北京举行】

11月22日，最高人民法院数字图书馆正式上线。科技部党组成员、秘书长徐建培，最高人民法院院长周强，副院长景汉朝、贺荣、陶凯元等出席上线仪式。中宣部、中央政法委、中央网信办、科技部、国家新闻出版广电总局、国家档案局、国家图书馆等有关部门负责人，最高人民法院有关部门负责人，中国出版集团等出版机构负责人，部分省市法院代表，参与最高人民法院数字图书馆建设的合作单位有关负责人参加活动。最高人民法院副院长江必新主持活动。周强致辞并启动最高人民法院数字图书馆上线运行。与会嘉宾观看相关视频宣传片，人民法院出版社社长黄文俊做使用演示。建设最高人民法院数字图书馆是顺应“互联网+”和大数据时代发展需要，贯彻落实网络强国战略和国家大数据战略，推进“智慧法院”建设，促进司法为民、公正司法的具体举措。最高人民法院数字图书馆汇聚海量的数字法律文献资源，集成大量中外法律数据库，联通国内外图书馆馆藏资源，是充分利用信息化手段为相关工作人员和人民群众提供全面知识资源和数据信息服务的互联网平台。

国家图书馆馆长韩永进在讲话中介绍国家图书馆为国家立法和政府决策提供文献信息支撑服务的历史、进展，以及近年来在服务国家政治外交大局中所扮演的角色和发挥的作用。最高人民法院数字图书馆是国家图书馆与最高人民法院继2015年国家图书馆人民法院分馆成立后的又一次合作创新与服务创新。在其筹建过程中，国家图书馆已经围绕中国历代判例、G20国家法院等专题资源进行数据库建设，并同步开展中国法律典籍文献的系统化整理，为其上线提供全方位支持。他表示，国家图书馆将进一步了解人民法院的需求，发挥资源和经验优势，助力搭建互联互通平台，帮助最高人民法院数字图书馆丰富馆藏资源，构建学科广泛、类型多样、使用便捷的数字资源体系，提供及时、便捷、优质、高效的信息服务，为传播中华法律文化、践行依法治国方略、推进社会主义法制文明建设做出积极贡献。

最高人民法院数字图书馆上线仪式

【国家图书馆与中国汽车技术研究中心共建“中国汽车图书馆”】

11 月 23 日，国家图书馆与中国汽车技术研究中心（以下简称“中汽中心”）合作框架协议签约暨中汽中心与国家图书馆共建“中国汽车图书馆”揭牌仪式在天津中汽中心主楼会议室举行。中汽中心党委书记于凯、副主任高和生，国家图书馆副馆长孙一钢等领导出席活动。国家图书馆与中汽中心的合作，将会在文献支撑服务、数字资源建设服务、讲座培训服务等领域为“中国汽车图书馆”提供支持，为汽车行业提供更全面、更前沿的文献信息支撑，为汽车产业创新发展提供强大保障。该馆的成立，是我国最大的文献信息资源基地与具有专业特性的研究服务机构的合作成果，这种合作不仅有利于提升中国汽车技术研究中心的综合研究实力和行业服务能力，也将为政府主管部门决策和汽车产业的创新发展提供有力支持，对国家图书馆馆藏文献信息资源的优化配置和专业化服务发挥积极促进作用。

国家图书馆与中国汽车技术研究中心共建“中国汽车图书馆”揭牌仪式

【国家图书馆部委分馆馆长联席会议暨国家图书馆立法决策服务平台服务年会召开】

12 月 27 日，国家图书馆部委分馆馆长联席会议暨国家图书馆立法决策服务平台服务年会在北京西华门西华书房召开。中办秘书局档案图书资料室、中央政法委办公室、中央编办电子政务中心、全国人大信息中心、全国人大机关图书馆、国务院法制办信息中心、全国政协办公厅信息中心、全国政协机关图书馆、最高人民法院信息中心、最高人民检察院法律政策研究室等 20 多家重点合作单位、近 30 位有关领导应邀出席。国家图书馆副馆长孙一钢出席会议并致辞，立法决策服务部主任卢海燕主持会议，立法决策服务部副主任白云峰、田贺龙和全体科组长及相关工作人员列席会议。

卢海燕汇报国家图书馆 2016 年立法决策服务工作的重点任务、创新发展、特点解析以及未来发展路径。白云峰对近期部门开发的新产品“图智”APP做背景、设计理念、特点功能等内容的介绍，并进行详细的实操演示。“图智”APP是一款以电子触控技术为基础、智能交互移动设备为载体，有效解决中央国家机关内外网对于外部资源使用的局限性，为立法决策用户提供个性化信息、资源及服务为设计理念的定制APP。现包括舆情资讯、专题数据库、移动阅读、服务产品、服务案例五大模块。与会代表围绕专题咨询服务、图书文献建设、产品合作、舆情监测服务、数字化建设、人员培训等方面展开讨论，对“图智”APP的推出给予极大关注并提出相关建议。孙一钢在总结发言中向与会代表发出“有困难，找国图”的倡议，并提出：在今后的服务推广与业务拓展中，国家图书馆立法决策服务工作要由简单的文献提供服务、一般性信息咨询服务向知识服务转变，由单一化的服务形式朝着特色化、专题化、个性化的服务形式转变，从而全面提升国家图书馆立法决策服务的综合保障能力，为中央国家机关的立法与决策工作做好服务。

在中央国务院部委建立国家图书馆部委分馆，为中央国家机关用户开通国家图书馆立法决策服务平台，是国家图书馆创建的立法决策服务的重要形式之一。到2016年年底，国家图书馆已在中央国家机关建立部委分馆16家，平台用户20家。国家图书馆部委分馆馆长联席会议暨立法决策服务平台服务年会自2009年开始，截至目前，已成功举办六届。

【编纂《习近平关于文化工作重要论述摘编》】

2016年，文化部组织开展《习近平关于文化工作重要论述摘编》编纂工作。前期文献整理工作由国家图书馆负责完成，由来自参考咨询部、研究院和《中华优秀传统文化文库》编纂项目工作组3个部门的17位馆员组成工作团队。在文化部政策法规司的具体指导下，编纂工作从1月21日启动，历时4个月，历经9次版本修订，于5月18日完成。该书遴选习近平同志2012年11月至2016年4月期间公开发表的关于文化工作的各类讲话、谈话、讲演、文章、书信、答问、批示、贺信等共计52篇重要文献，按发表时间编纂为5个篇章，114条论述，篇幅总量5万字。目前已正式下发供广大党员同志学习。

【多个阅览室开展春节系列活动】

2016年春节期间，综合阅览室通过“品书香，贺新春”春节传统民俗专题书目推荐和图书馆趣味知识有奖问答两大活动向读者推荐馆藏资源，介绍文献利用方式，深受读者好评。其中，“品书香，贺新春”春节传统民俗专题推荐，以展板的形式向读者推荐与春节传统民俗相关的图书，如“年夜饭艺术”“古版年画”“剪纸”“庙会”等，引起读者的兴趣，有部分读者将这些推荐图书预约出来阅览。图书馆趣味知识有奖问答包括图书馆政策服务相关问题、传统民俗问题以及文化常识问题三大类，让读者在轻松答题的同时对综合阅览室相关服务政策有更多了解。这种有奖问答的形式拉近一线服务工作人员与读者的距离。参与活动的读者100余人次。

中文图书阅览室在二层北区阅览室和“闲话中阅”微博上同步开展“灯谜过大年”活动。共设置题目120道，内容囊括中国传统文化知识、民俗知识、谜语灯谜以及关于国家图书馆馆藏及服务等。活动期间，阅览室内挂上拉花、灯笼、福字，制作了宣传展板，为读者准备了丰富多样的礼物，参与活动的读者络绎不绝。微博网络答题则为不能到馆的读者提供参与活动的平台。

中文图书阅览室开展“灯谜过大年”活动

中文图书借阅区向读者推荐“2015年度中文图书外借排行榜”，通过社科类、科技类、小说类、传记类等的细分推荐向读者展示2015年度高借阅率的图书书单，并通过标识指引读者借阅图书；同时组织猜灯谜活动，以轻松的答题形式将图书馆的各类知识普及给读者。“排行榜”和“猜灯谜”是中文图书借阅区春节期间的常规活动，在每年年初新春来临之际，普及节日风俗、温习历史典故，也借此宣传续借、预约等外借规则，让读者在参与精彩活动的同时也有所收获。

【中文图书阅览室设立《国家哲学社会科学成果文库》专架】

3月15日，《国家哲学社会科学成果文库》精装图书正式入驻国家图书馆。该文库专架位于总馆北区工具书区二层西侧，紧邻《中国大百科全书》，为工具书区注入新鲜的血液，丰富了图书种类，方便广大读者了解近年来国家社会科学研究成果，具有重要的资料价值和研究参考意义。该文库由全国哲学社会科学规划办公室筹建，其主要职责是制订国家哲学社会科学研究计划，管理国家社科基金。此次入驻书籍为2010—2014年度《国家哲学社会科学成果文库》入选作品，共453册，内容涉及马克思主义、科学社会主义、党史、党建、哲学、理论经济、应用经济、政治学、社会学、法学等。同时进驻的还有国家社科基金后期资助项目出版图书。后期资助项目作为国家社科基金中的一项内容，以资助中文学术专著为主，主要资助人文社会科学基础研究

中文图书阅览室设立《国家哲学社会科学成果文库》专架

领域中完成80%以上且尚未出版的优秀科研成果。范围包括国家社科基金23个学科（暂时不包括教育学、艺术学、军事学三个单列学科）。此次共入驻图书157册，由中央编译出版社、人民出版社、上海古籍出版社、中华书局等多家出版社出版。为使读者快速了解国家社会科学基金，专架还展示了《国家社会科学基金年度报告》。该年度报告全面、翔实地记录了国家社科基金的总体情况，介绍基金项目研究的新进展和管理工作的新举措，反映我国哲学社会科学取得的丰硕成果。

【中文图书阅览室设置“党员服务岗”】

2016年7月，以“两学一做”学习教育活动为契机，结合自身工作实际，中文图书阅览室创新服务模式，设立“党员服务岗”，力求为读者提供更为优质全面的服务。服务岗设置在二层中厅咨询台，由阅览室党员带头开展创新服务。服务岗本着宽容关爱、换位思考、甘于奉献、钻研业务的服务精神，变被动服务模式为主动，调动馆员的服务热情，细致询问读者需求，与读者心贴心，充分利用专业知识，为读者提供定制化、个性化服务。为了更好地开展服务岗工作，阅览室结合服务事例对党员服务岗的服务精神和服务技巧开展培训，并对常见事例及常用联系电话进行归纳整理，供大家学习交流。在硬件设施上，服务岗工作台前为老年读者、腿脚不便的读者增设座椅；在服务岗旁边增加两台目录查询机，方便馆员面对面指导读者学习使用图书馆查询系统。

【举办清末民初新闻漫画展】

9月22日，由典藏阅览部筹备并举办的“启蒙与批判——清末民初新闻漫画展”在国家典籍博物馆四展厅展出。展览持续一个月，参展期刊、报纸、书籍共计100余册。展览分三个部分，从清朝末年、辛亥革命时期、民国初年三个时间段介绍当时的新闻漫画。中国的近代漫画由西方传入，伴随着反帝反封建的革命浪潮，承载启迪民智、传播新思想的时代使命，因此在传入之初就形成战斗精神。新闻时事漫画揭露社会的各种弊端，饱含着漫画家对国家前途命运的关注，反映对国际局势的观察与思考。总体上，这个时期的漫画，艺术形式只是外衣，其中表达的内涵和思想更为重要。

【图书馆创客研习营在北京举办】

11月14—19日，由国家图书馆培训中心、中国图书馆学会图书馆学基础理论研究专业委员会联合举办的“开启未来新形态——图书馆创客研习营”在国家图书馆学津堂举办。为了探索图书馆未来在服务类型和馆内空间布局上的创新与发展，重新定位自身的价值，以崭新的服务面向21世纪的挑战，国家图书馆培训中心特邀来自国内各大高校的教师、创客团队，与学员们共同分享最新的空间创造与服务经验，共同探索图书馆的新思维、新资源、新空间、新教育。190位来自全国各地的公共图书馆、高校图书馆、咨询公司的学员参加此次培训。在杭州市图

王子舟做主题演讲

书馆事业基金会和青树基金会的邀请下，还有33位来自边远山区图书馆以及民间图书馆的代表参与这次学习。来自北京大学的张久珍、王子舟、黄文彬、王军，南开大学的于良芝，清华大学的王媛等老师担任此次培训讲师，国家图书馆展览部、典藏阅览部、社会教育部的相关负责人分享国家图书馆的创新服务。国家图书馆副馆长孙一钢、美国旧金山图书馆馆长路易斯·郝雷拉、丹麦奥尔胡斯图书馆馆长罗尔夫·哈佩尔、美国芝加哥图书馆馆长布瑞恩·班农以及欧美高校图书馆馆长代表等参加此次培训并担任讲师。

【国图讲坛“外交官亲历”系列讲座】

王泰平主讲“中日关系：怎么看？怎么办？”

2016年国家图书馆共举办“外交官亲历”系列讲座10场。1月24日，中日友好协会理事王泰平大使作为首位大使开讲，主题是“中日关系：怎么看？怎么办？”，吸引大批读者到场。随后的讲座分别为：驻阿根廷、巴西前大使沈允熬的“西半球文明古国：墨西哥”，驻阿尔及利亚、突尼斯、巴勒斯坦、黎巴嫩、埃及前大使安惠侯的“中东叙利亚热点形势”，前驻法属留尼汪首任总领事、法国斯特拉斯堡总领事张国斌的“上海申办世博会的前前后后”，驻尼日利亚前大使和驻哥伦比亚大使王嵎生的“一个大使的成长与思考”，驻老挝和越南前大使李家忠的“中国和越南关系：别样风雨看越南”，联合国前副秘书长、中国联合国协会名誉会长金永健的“中国和联合国：联合国的作用和中国在联合国中的地位”，驻尼泊尔、新加坡、泰国前大使张九桓的“我经历的几个外交片段”，驻美国使馆前参赞尹承德的“世界风云纵览——中国外交与国际问题探析：中美关系”，驻英国前大使马振岗的“英国脱欧的前前后后”。该系列讲座因结合重大热点地区热点问题、兼具文化博览和史学分析，得到学界专家与广大读者的好评。

【谭梅《领舞》新书发布会在国家图书馆举行】

谭梅《领舞》新书发布会

1月26日上午，“从领舞到领悟——谭梅《领舞》新书发布会”在国家图书馆学津堂举行。《领舞》一书由东方出版社出版，饱含谭梅30年从艺生涯的艺术追求、为人处世、生活感触和人生领悟。发布会现场，通过与吕继宏、蔡国庆、邵峰、李玉刚、付笛声夫妇、周洲、王茜等多位嘉宾的互动，畅聊谭梅从群舞、领舞到领悟的可贵历程。谭梅的丈夫、著名主持人朱军也在现场表达对妻子谭梅的感谢和敬意。为保证发布会的顺利举行，社会教育部特别启用“文津阅读”微信报名系统，报名参加活动的百余位读者获得由谭梅、朱军亲笔签名的新书《领舞》。

【举办世界诗歌日“文津经典诵读”特别活动】

3月21日是联合国教科文组织选定的“世界诗歌日”，旨在于全球范围内推广诗歌文化。“文津经典诵读”是国家图书馆推出的经典文化传播项目，自创建以来一直以弘扬中华优秀传统文化为使命。2016年，国家图书馆特别策划世界诗歌日“文津经典诵读”特别活动，结合自身特色举办讲座和诗歌吟诵会活动，弘扬中国传统，展现世界经典，鼓励诗歌朗诵和创作，加强与读者的互动，提升品牌影响力。该活动包括2场讲座和1场诗歌吟诵会。3月20日下午，古琴演奏家、东坡诗琴社社长黄明康女士，上海音乐学院杨赛老师做客“国图讲坛”，分别做题为“清音独远——琴与诗的美学意蕴”“中国歌诗中的人文精神”的诗歌讲座。讲座现场座无虚席，听众热情高涨，嘉宾抚琴而歌，极富艺术表现力的表演让听者为之动容、动情，现场互动热烈。3月21日下午，在国家图书馆学津堂举办世界诗歌日“文津经典诵读”诗歌吟

黄明康、俞明辰共同演绎《离骚》

诵会，邀请吟诵艺术家、著名诗人、外籍友人、学者、读者等不同领域的嘉宾，以多种艺术形态带领读者领略经典诗歌的艺术魅力。整场活动包含四个部分：一、古风雅颂，由“风雅中国”诗歌演唱团、古琴演奏家黄明康团队，南山诗社先后带领听众从诗词中、琴音中、歌声中充分领略东方雅韵；二、文津诵读，即“大众读诗”，从以往的“文津经典诵读”活动中选拔出3位优秀朗读者，现场朗诵经典诗篇并接受“文津经典诵读”志愿者证书授予；三、世界经典，来自俄罗斯、印度、英国的留学生用双语演绎他们本国大师的经典诗歌；四、诗人雅集，著名诗人李少君、树才举办诗歌座谈沙龙，从诗人的角度畅谈诗歌创作的种种机缘妙趣，以及他们对于人生和诗歌独特的思考。

【国图讲坛“纪念汤显祖、莎士比亚、塞万提斯逝世400周年系列讲座”】

2016年，国图讲坛推出“纪念汤显祖、莎士比亚、塞万提斯逝世400周年系列讲座”，共举办7场内容丰富、形态多样的学术活动。4月16日上午，著名学者、南开大学教授宁宗一先生以“说不尽的《牡丹亭》”为题拉开系列讲座的序幕。讲座还邀请莎士比亚研究会会长、北京大学教授辜正坤，著名编剧张弘，北京外国语大学教授陈国华，北京大学副教授范晔，著名昆曲表演艺术家、“梅花奖”得主孔爱萍等知名专家，分别就“莎士比亚作品及版本赏析”“心中的花园——《牡丹亭》之我见”“莎士比亚的艺术成就与莎剧的汉译”“塞万提斯的遗产：从《百年孤独》说起”“不到园林，怎知春色如许——昆曲闺门旦形象之比较”等主题展开阐述。

孔爱萍主讲“不到园林，怎知春色如许——昆曲闺门旦形象之比较”

【国图讲坛“2016年非物质文化遗产保护讲座月”活动】

2016年6月11日是我国第11个文化遗产日。国图讲坛遵循“年年有非遗”的办讲传统，在文化遗产日当天及随后的一个多月里，陆续向社会公众开展非物质文化遗产知识普及类讲座，在公众领域内探讨当前社会环境下非遗保护与传承的话题，以此宣传和推广非物质文化遗产保护工作，形成全社会关注非遗、重视非遗的良好氛围。2016年度共举办13场非遗讲座，14位非遗研究专家、传承人相继登台授课，内容涵盖非遗法律制度建设、地区非遗保护经验、非遗传承人群研修研习培训计划经验介绍、柳宗悦工艺文化思想解读、工匠与工匠精神讨论以及青铜器、铁观音、刺绣等制作工艺的介绍与展示，丰富多样的内容满足不同读者对非遗知识的获取需求。如中央美术学院乔晓光教授介绍文化部实施非遗传承人群研修研习培训计划的始末与经验；南京大学徐艺乙教授首次介绍柳宗悦的工艺文化思想，吸引多位研究日本非遗保护经验的学者参与深入讨论；执导过多部非遗纪录片的任长箴导演通过展示她的纪录片以及纪录片背后的故事，引发全场读者的强烈情感和对工匠精神的共鸣。

乔晓光介绍文化部实施非遗传承人群研修研习培训计划的始末与经验

【国图讲坛“纪念中国工农红军长征胜利80周年：父辈的长征”系列讲座】

2016年，为纪念中国工农红军长征胜利80周年，突出对社会公众的红色教育，国图讲坛特别策划推出“纪念中国工农红军长征胜利80周年：父辈的长征”系列讲座，从长征经历者子女讲述的独特视角对长征历史和长征精神进行生动的描述。该系列讲座自10月23日启动，邀请长征中红五师师长贺炳炎上将之女贺北生、原解放军工程兵副司令员王耀南之子王太和、原总参三部政委陈福初之子陈晓霆、原解放军炮兵学院政委谢良之女谢虹等嘉宾，分别做题为“红二方面军长征中的父亲——牢记父亲教诲，传承革命家风”“中央红军的工兵在长征中的历史功绩”“缅怀先烈，不忘初心——记红四方面军无线电技侦工作创始人蔡威”“铁流后卫——忆长征中的父亲”的专题演讲，对长征这段波澜壮阔的历史进行详细揭示。

【国图讲坛“外国文学名著鉴赏”系列讲座】

2016年，国图讲坛邀请多位外国文学专家到国家图书馆参与“外国文学名著鉴赏”系列讲座，与读者就这些经典名著进行面对面的交流。该系列讲座共举办10讲，由年轻翻译家代表、最新版译本《百年孤独》译者范晔首讲，主题为“塞万提斯的遗产：从《百年孤独》说起”（该讲座同时被

范晔主讲“塞万提斯的遗产：从《百年孤独》说起”

列入“纪念汤显祖、莎士比亚、塞万提斯逝世400周年系列讲座”）。其他9位老师随后做关于外国名著、戏剧的相关主题讲座，分别是：马晓冬“警惕‘天堂’：赫胥黎的《美丽新世界》”，丁莉“永远的唐土——日本平安朝物语文学的中国叙述”，段映虹“文艺复兴时期一位炼金术士的一生——解读尤瑟纳尔的《苦炼》”，杨国政“在沉默中走向孤独——谈卢梭的《对话录》”，闵雪飞“一座城与一个诗人：费尔南多·佩索阿笔下的里斯本”，程小牧“形象及其倒影：热内的名剧《阳台》”，龚觅“从浪漫的幻想到小说的真实：谈法国作家福楼拜的《情感教育》”，罗恬“安德烈·纪德与法国现代思想的危机”，田庆生“《追忆似水年华》中的真相与谎言”。该系列讲座选取欧洲多位著名作家的代表作进行分析和解读，兼具学术性和普及性，得到学界专家与广大读者的好评。

【国图流动讲坛“2016年文化部机关干部自主选学”系列讲座】

10月26日，国图讲坛和文化部人事司合作举办的“2016年文化部机关干部自主选学”系列讲座在文化部开讲。此系列讲座从启动至2017年1月18日落下帷幕，共举办10场讲座，分别为：北京师范大学文学院传播所教授毛峰“中国传统文化的当代复兴”，北京语言大学人文学院教授许树安“中国古代选举和科举制度”，中国人民大学哲学系教授、博士生导师肖群忠“中华传统美德的时代价值”，北京外国语大学教授田辰山“马克思主义与中国传统思想文化”，北京地理学会副理事长朱祖希“北京——中国历代都城的最后结晶”，国际儒学联合会副会长安乐哲“不同的文化预先假定，普通的文化误会：中美关系的最大希望”，北京大学考古文博学院教授齐东方“‘一带一路’的文物、经济发展与文化交流”，中央党校教授周熙明“核心价值观与文化强国”，中央党校教授陈宇飞“中国特色社会主义文化道路”，中央党校教授赵磊“大国崛起与软实力建设”。此系列讲座作为国图流动讲坛特别系列，将国图讲坛优秀讲座内容引入文化部机关，在满足机关干部学习愿望的同时，弘扬和宣传优秀的传统文化，受到文化部机关工作人员的好评和肯定。

朱祖希主讲“北京——中国历代都城的最后结晶”

【古籍保护技术与装备展示交流活动】

10月25—27日，在安徽铜陵举办的“2016年中国图书馆学会年会·中国图书馆展览会”上，中国古籍保护协会设置“古籍保护技术与装备展示区”，旨在搭建古籍保护技术研究、交流、展示平台，实现“为用户找产品，为产品找用户”的目的。展示活动分为展览区和交流演示区两个单元。中华书局、郑州枫华实业有限公司、汉王科技等23家企业的30个展位参展，产品范围涉及古籍修复、古籍装具、古籍脱酸、古籍出版、古籍数字化等多个领域。在交流演示区，国家图书馆出版社、四川西部文献修复中心等11家企业同现场观众互动，就古籍保护技术与工艺进行主题交流。文化部部长助理于群，文化部原副部长、国家图书馆名誉馆长周和平，国家图书馆馆长韩永进等先后来到展示区和交流区，对整体活动给予充分肯定。展示活动吸引业内人士及众多观众并给予高度评价。此次古籍保护技术与装备展示活动系业界首次举办，也是中国古籍保护协会成立以来首次举办，是引领行业和社会力量参与古籍保护事业的有益尝试。

【国家图书馆举办2016年迎春晚会】

2月4日，由国家图书馆主办的“书香筑梦　金猴送福——国家图书馆2016年迎春晚会”在国图艺术中心举行。国家图书馆馆长韩永进、馆长助理孙一钢等出席活动。晚会围绕“春联”主题，以公益性综合文艺演出的形式，通过不同的艺术载体展示春联文化。著名评书表演艺术家田连元先生为观众表演评书小段，魔术表演艺术家田学明，青年歌唱家韦铮、韩震、吴晓丹等分别通过歌舞、曲艺、杂技、魔术等文艺形式向读者拜年。晚会同时采用微信方式，与读者在线上同步互动，通过春联知识问答，赢取春节好礼，共享春联文化。现场还邀请书法名家挥毫泼墨，为读者送上春联和真挚的新春祝福。演出得到广大读者的热烈响应和好评，晚会现场座无虚席，互动环节温馨祥和。此次活动是国家图书馆首次以晚会的形式向读者拜年，是对传统拜年活动的扩展，也是丰富传统文化表现形式的一次尝试。

国家图书馆2016年迎春晚会

【国图艺术中心举办“超级大提琴 2010”古典音乐会】

2 月 20 日，“超级大提琴 2016”狂欢盛典在国家图书馆艺术中心揭幕。作为战略合作方代表，国家图书馆馆长助理孙一钢出席开幕活动，并与启迪控股股份有限公司董事长梅萌共同敲响开幕锣。“超级大提琴 2016”是中国首个古典音乐狂欢大趴，一次聚齐多位世界级大提琴大师，不仅国内无前例，国际上也很罕见。“法国大提琴双骑士”菲利普·穆勒和马克·库贝、“新世纪天才演奏家”克劳迪奥·波霍盖兹、“以色列鬼才大师”加弗利尔·利普金德、“德国老牌音乐家、大提琴的先知”尤利乌斯·贝尔格等大师悉数到场，领军世界第一弦乐学院——德国克隆伯格音乐学院的 3 位天才青年演奏家奥尔连·帕斯卡尔、安娜斯塔霞·科贝金娜、崔浩英，以及俞明青、杜泰航、盛原、林朝阳、李飚等国内音乐家翘楚，会同国家大剧院八重奏、琥珀四重奏、中央音乐学院名家室内乐团，加上欧阳娜娜等少年英才，总计近百位中外名家轮番献艺。此次活动历时两天，共安排 6 场音乐会，甄选 23 位世界作曲巨匠的近 30 首传世佳作，纵贯古典音乐史长河。活动还具有浓厚的音乐传承色彩，朱亦兵、菲利普·穆勒、马克·库贝、克劳迪奥·波霍盖兹、加弗利尔·利普金德和尤利乌斯·贝尔格分别推出专场大师音乐课，从各地赶来的中国琴童不出国门就获得极难得的大师亲自指点的学习机会。

“超级大提琴 2016”狂欢盛典

【国图艺术中心举办陈长林习琴七十年古琴音乐会主题讲座】

4 月 24 日下午，国图艺术中心邀请中国科学院计算技术研究所研究员、国家级非物质文化遗产项目古琴艺术代表性传承人陈长林做主题为“忆往思来”的古琴音乐会讲座，向现场观众介绍自己习琴七十年来的心得体会及他向吴子美、陈琴趣等多位老师的学琴往事，并兼谈“琴歌与吟唱”。陈长林出版有古琴专辑《闽江琴韵》以及《陈长林琴学文集》《陈长林古琴专辑 100 曲》《陈长林古琴谱集88曲》等。

陈长林习琴七十年古琴音乐会主题讲座

此次活动以公益性讲座的形式，通过陈长林大师的亲自讲解、现场演奏示范、曲目现场鉴赏等形式，普及古琴知识，推广非遗文化；同时通过公益讲座推广“立体化阅读”，做好国家图书馆“世界读书日”主题系列活动。此外，还陆续举办“忆往思来——陈长林习琴七十年古琴音乐会”“良辰美景·2016非遗演出季（国图专场）——泰山北斗映蓝天古琴名家名曲音乐会”，让读者与艺术大师零距离接触，感受艺术魅力，丰富文化生活。

【国图艺术中心举办“满天星业余交响乐团”交响音乐会】

4月28日晚，“满天星业余交响乐团”交响音乐会在国图艺术中心举办。该乐团前身是由中国16个省市和香港特别行政区的教授、将军、部长组成的“三高”爱乐之友业余交响乐团，是在党和国家原领导人李岚清同志的倡导和关怀下组建并不断发展壮大的。乐团旨在以生动的音乐示范和高尚的公益追求，推动高雅音乐走入大众，成为推动文化艺术繁荣发展、提高全民文化素养的重要力量。现由中央社会主义学院党组书记、第一副院长叶小文任团长，青年指挥家夏小汤任

“满天星业余交响乐团”交响音乐会

指挥。乐团曾在国内多所高校和多地举办专场音乐会。此次演出乐团精心挑选《梁祝》《蓝色多瑙河圆舞曲》等大家耳熟能详的经典曲目，其中最具特色的是李岚清同志所作乐团保留曲目——《鉴真东渡随想曲》。

国图艺术中心举办此次专场音乐会，以公益演出的形式，通过中外名曲的演奏、乐团老师亲谈自身音乐之路，普及音乐知识，开展艺术教育。特别是演奏人员都是在各自领域取得突出成就的人士，通过讲述自身音乐之路，更好地打动观众，更有效地传播文化，弘扬正能量。如 84 岁的中科院院士吴承康老先生是为我国“两弹一星”工程做出过卓越贡献的顶尖高温气体力学家，他从 15 岁开始练习演奏小提琴，从此科学与艺术在他的人生中就再也无法分开，吴老认为“做研究和演奏有很多相通之处，比如都讲究精益求精、全神贯注”；人民音乐出版社原社长吴斌是乐团的低音提琴手，他从理解音乐作品以及通过出版来记录经典音乐的角度分享自己与音乐的故事。

【中国首部航天题材儿童剧《航天奇妙夜》在国图艺术中心首演】

5 月 7 日上午，由北京剧盒子文化传播有限公司与国图艺术中心合作推出的儿童剧《航天奇妙夜》在艺术中心隆重首演。中国儿童电影制片厂原厂长、著名电影表演艺术家于蓝，著名喜剧表演艺术家潘长江等莅临首演现场，和首都航天界、文化界、教育界、新闻界代表以及小朋友、家长、老师一起观看演出。该剧是中国首部原创航天题材儿童剧，也是该系列的开山之作。主创团队多次深入中华航天博物馆、北京航空航天博物馆，力图以孩子们喜闻乐见的方式，普及有趣的航天知识。该剧以现实科学为基础，在各个航天设备实物基础上还原，将火箭、卫星、神舟飞船、返回舱、宇航服等拟人化，赋予他们不同性格，增加童趣。对于孩子们来说，这些不再是“正襟危坐”的科学知识，而是一次有趣并且有意义的视觉、听觉、想象力大测试，开创儿童剧大制作的时代。《航天奇妙夜》首创让家长和孩子走红地毯直接到舞台的形式，他们既是观众又是演员，演出从他们进入剧场由导游姐姐带领参观博物馆的那一刻开始，全场每一个观众都参与其中，台上、台下产生良好的互动效果。

国家数字图书馆建设

- 硬件设施建设
- 数字资源建设与发布
- 应用系统和平台建设
- 数字图书馆服务
- 信息安全建设
- 年度掠影

国家数字图书馆建设

一、硬件设施建设

开展存储系统建设。2016年完成存储系统160TB硬盘扩容以及NAS功能扩充，在原有SAN架构基础上增加NAS功能，增加国家图书馆存储系统的多样性，以适应不同数据需求。为9个业务系统实施集中存储管理工作，截至2016年年底，国家图书馆存储系统共为45个业务系统提供存储服务，涉及服务器70台。

二、数字资源建设与发布

（一）数字资源建设

截至2016年年底，国家图书馆数字资源总量达1323.35TB（较2015年总量增长162.37TB），主要来源为馆藏特色数字化资源1059.69TB、外购数据库101TB、网络导航和网络资源采集114.73TB、征集数字资源42TB、电子报纸呈缴5.93TB，其内容单元主要包括：电子图书3765676种4246420册；电子期刊55882种；电子报纸11596种；学位论文6410080篇；会议论文6073228篇；音频资料1111154首；视频资料150705小时（讲座按每场1小时计）。

1. 馆藏数字化资源

国家图书馆特色数字化资源全文超过2.8亿页，资源存储量计1059.69TB。包括：现代文献电子图书676795种682695册217861259页；博士论文262423种36036689页；音频资料555212首；视频资料55285小时。民国时期文献民国图书79516种83906册14707436页；民国期刊4515种5050000页；民国报纸25种64133期368786版；民国法律11118件37199页；年画607种734幅；海外民国文献数字化842种23175页。古籍文献甲骨实物6575种11732幅；甲骨拓片8775种10038幅；敦煌写卷1.6万种4516卷157029拍；石刻拓片23995种29472幅；地方志全文影像6868种3340000叶；地方志全文文本3181种2031400叶；西夏文献124种4909页；西夏论著1202种9793页；善本老照片7264种7328幅；永乐大典38种14930页；宋人文集513种162237页；家谱2626种2707687页；舆图62种332拍；样式雷4005种6019拍；海外中华古籍数字化回归资源8313种1258227页；古籍善本17259种132854册8751534页；中国古代典籍1084种约1亿字。

2016年全年数字化资源建设完成量134393.33GB，与2015年同期比较下降7.9%。年内开展多个专项任务，内容多样。首次开展样式雷、舆图资源的数字化，持续进行中文文献数字资源建设，不断丰富国家图书馆数字资源建设类别；继续利用模转数技术，将善本古籍、民国文献的缩微胶片转换为高清图片，用于建设国家图书馆馆藏特色数字资源库；继续通过合作共建、数据交换、资源征集、海外回归等方式与全球图书馆界共享文化资源，汇聚各地精粹，传承中华优秀传统文化；继续开展已有资源的深度加工，推送适用于手机门户、数字电视、触摸屏、海外文化中心等新媒体应用的图文资源和视频讲座，既为用户提供更为多样的阅读体验，也体现数字图书馆服务的创新与发展。各类文献的资源建设量如下：

现代文献：开展多个专项任务，中文图书扫描 5000 余种 121 万页，全文识别 300 册 0.89 亿字；学位论文 6902 种 103 万页。中文现代文献资源建设量总计 18836.7GB。

民国文献：民国文献数字化工作进展顺利，民国图书缩微胶卷数字化转换 1 万余种 193 万页；民国报纸缩微胶卷数字化转换 8 种 1.5 万期 9.3 万版。民国文献资源建设量总计 2112.81GB。

善本古籍：地方志全文化 20 种；家谱谱系整理 46 种；家谱图书数字化 24 册；甲骨拓片影像制作 1001 种；敦煌写卷全文影像 4.3 万拍；善本缩微胶卷数字化转换 9714 种 5.8 万册 373 万页；世界数字图书馆馆藏精品古籍数字化 40 种 8187 拍；馆藏舆图数字化 62 种；馆藏清代样式雷图档数字化 4005 种；上海图书馆交换入藏家谱数字化资源 1085 种 110 万页；法国国家图书馆赠送馆藏敦煌西域文献 3 万余幅、圆明园四十景图样；英国牛津大学博德利图书馆赠送馆藏的永乐大典 19 卷。古籍类资源建设量总计 99461.12GB，较 2015 年同期增长明显。

音视频资源：馆藏音像资料数字化近 1500 种，其中激光唱片、密纹唱片 1 万首；录像带 807 小时；学术讲座摄像编辑制作 100 场；文津讲坛摄像编辑制作 50 场；每日课堂摄像编辑制作 24 场；馆内重大活动摄像编辑制作 30 场；全国公共图书馆讲座联盟资源数据库制作 1.1 万条。音视频资源建设量总计 8258.87GB。

其他资源：援建期刊数字化 138 期 9360 页；中华人民共和国法律法规信息服务系统数据制作 5049 条；政府公开信息采集 7 万条；触摸屏期刊资源建设 150 种。资源建设量总计 550.83GB。

征集资源：征集来自 25 个地方馆的 35 个资源包，内容涵盖民国文献、地方文献、老照片、专题视频资料、少年儿童资源、少数民族资源、非物质文化遗产等特色资源，资源建设量 5173GB。

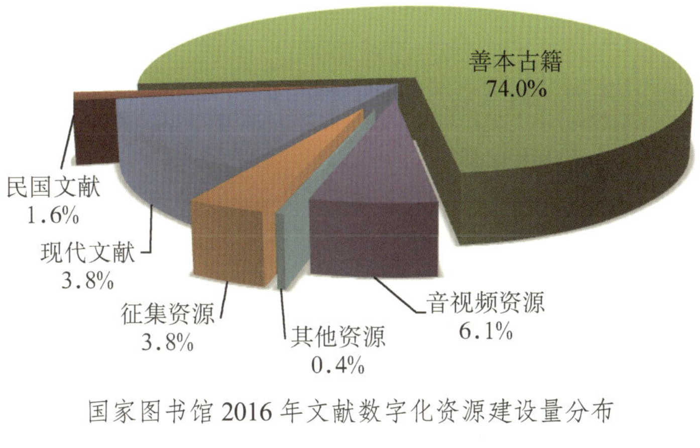

国家图书馆 2016 年文献数字化资源建设量分布

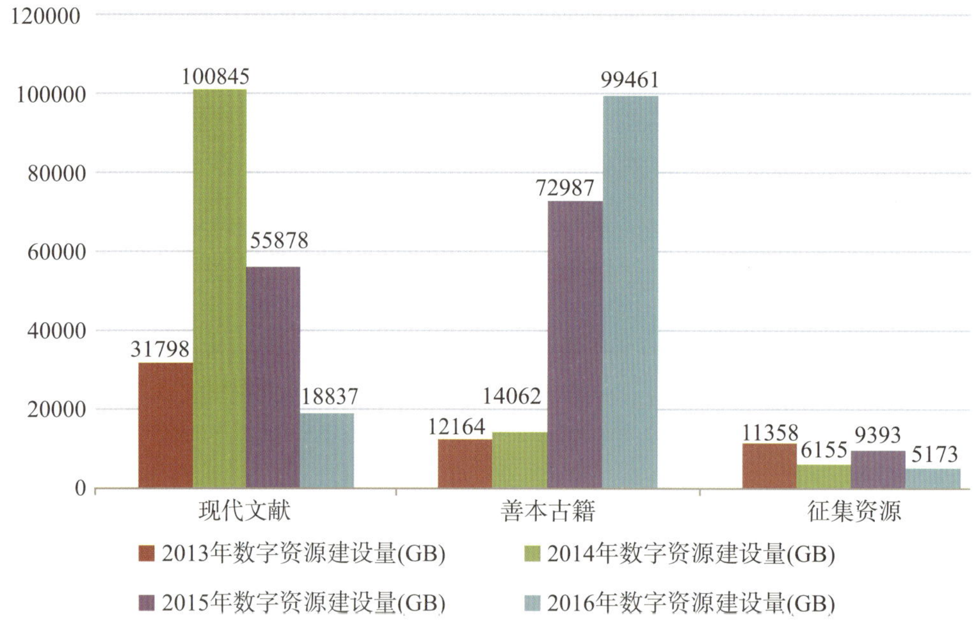

国家图书馆 2013—2016 年数字化资源建设量对比（一）

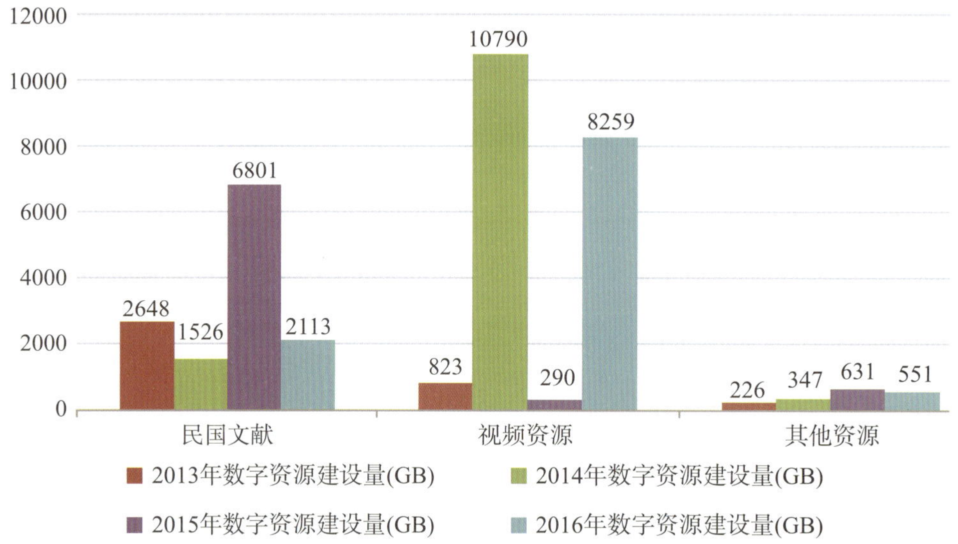

国家图书馆 2013—2016 年数字化资源建设量对比（二）

2.“掌上国图”资源建设

2016 年，“掌上国图”继续加大资源建设量，丰富资源服务形式。国家图书馆手机门户完成新增视频 150 场以及回溯往期视频 300 场的手机流媒体格式转换，转换标准为 360P 视频标准，共计 450 场，约 725 小时 337GB；新增学位论文数据 6089 条，包括元数据：数据库数据 6089 条，对象数据：中文摘要 6085 个，英文摘要 6079 个，共计 12164 个，MARC 数据 6089 条，存储量 154MB；手机门户建设“年画——把你的新年愿望张贴起来”“同筑中国梦　共度书香年楹联文化展”“永远的怀念——任继愈先生百年诞辰纪念展”“思想构筑未来　创新成就梦想”“数字知识获取新形态”“红色记忆——纪念中国共产党成立九十五周年馆藏文献展”“和爷爷奶奶‘童’读一本书”“机器人创想”8 个专题，共 78832 字，图片 652 张。

外购资源方面，继续购入“手机知网”“读览天下”两种商用移动资源，其中“手机知网”包括四个数据库：《中国学术期刊网络出版总库》（手机版）、《中国重要会议论文全文数据库》（手机版）、《中国重要报纸全文数据库》（手机版）、《中国工具书网络出版总库》（手机版）；继续购入“读览天下”各类期刊 460 种，实时更新；购买国图书刊有声资源 20765 集，包括中外小说、中外童话、英语有声名著、古典音乐、国学启蒙等类别。

3. 外购数据库

国家图书馆外购数据库共计 253 个，包括中文数据库 126 个、外文数据库 127 个。其中，已完成本地镜像数据库 105 个（包含子库），占用本地存储约 101TB。现有中文引进数据库包含的文献数量为：中文图书 505529 种 986273 册，中文期刊 21000 种，中文报纸 1389 种，中文学位论文 5577500 篇，中文会议论文 5660000 篇，国家标准 54149 条、行业标准 25694 条，工具书 102365 册（未去重），年鉴 2180 种 31613 册，实物影像 4000 副，语言 55942 集，音乐 500000 首，专题节目 17300 小时，学术性报告 59540 场，多媒体课程 11148 学时，少儿教学课件 126534 个，舞台艺术 1100 部 3000 小时，影视剧 5000 集；外文引进数据库包含的文献数量为：图书 2512367 种，英文期刊 30364 种，英文报纸 9250 种、俄文报纸 419 种，学位论文拥有 20520 篇、访问 549637 篇，会议论文 413228 篇，报告 19146 篇，标准 3669 项，档案 645.97 万页，行政法规 9656 条，案例 207817 件，手稿 11100 件，工具书 767 种。

外购数据库相关数据见下列表格。

外购数据库类型及数量

数据库类型	中文库数量（个）	外文库数量（个）
全文数据库	64	82
文摘 / 索引数据库	14	21
数值 / 事实数据库	26	17
多媒体数据库	19	0
工具型数据库	3	2
复合型数据库	0	5
合计	126	127

外购数据库所含主要内容单元

文献类型	中文数量	外文数量	合计
电子图书	505529 种 986273 册	2512367 种 2512367 册	3017896 种 3498640 册
电子期刊	21000 种	30364 种	51364 种
电子报纸	1389 种	9669 种	11058 种
学位论文	5577500 篇	570157 篇	6147657 篇
会议论文	5560000 篇	413228 篇	6073228 篇
音频资料	555942 首	0 首	555942 首
视频资料	95988 小时	0 小时	95988 小时

4. 网络导航和网络资源采集

国家图书馆网络导航资源主要包括国内外图书馆导航、电子报刊导航、新农村建设专题导航、农林导航等，总计 18604 项。网络资源采集已保存我国 5 万余个政府网站、373 个人人网站、907 个国内网站、3972 个国外网站、315 种中文电子报纸以及中国学、开放存取、奥运会、航空航天、日本地震核泄漏、雅安地震等 207 个专题信息。网络采集资源存储量共计 114.73TB。

5. 征集数字资源

国家图书馆征集资源存储量共计 42TB，主要包括地方志、民国文献、老照片、家谱、专题视频、非物质文化遗产、少数民族资源、少年儿童资源和馆藏特色资源等。2016 年共征集来自 25 个地方馆的 35 个资源包，内容涵盖民国文献、地方文献、老照片、专题视频资料、少年儿童资源、少数民族资源、非物质文化遗产等特色资源，资源建设量 5173GB。

2016 年，国家图书馆继续开展公共文化服务资源征集工作以及数字资源生产建设与服务情况调研。主要包括：对 4991 家文化机构进行调研，重点分析 139 个具备一定资源规模的专题资源库建设情况，形成《社会机构专题数字资源调研报告》；对“一带一路”、扶贫、“双创”以及传统文化等重点主题相关的数字资源开展调研，重点分析 29 个相关资源库的建设情况，形成《重点主题资源调研报告》；对电子图书建设和服务行业进行深入调研，以国家级图书评奖为基础，搜集整理 6783 种精品电子图书目录，形成《电子图书服务方案调研报告》。在充分调研的基础上，拟定相应的版权征集方案并遴选资源细目，共计征集 4712 种 60.4 万页民国图书资源，启动 680 种普通中文图书版权征集工作，签订 6 份 9 种图书版权捐赠合同。同时，严格按照国家图书馆相关标准规范要求完成 35 个已征集资源包的数据质检和版权材料验收，新增数据容量 5.02TB，版权材料 319 份。

6. 电子报纸呈缴

国家图书馆接受电子报纸呈缴 128 种，存储量 5.93TB。

7. 唯一标识符注册

2016 年，完成数字资源的唯一标识符注册 327188 条，其中：方正电子书 276153 条，中华古籍资源库 28239 条，馆藏音像 11485 条，民国图书 11311 条。实现自建数字资源的统一编号和规范管理，为数字资源的展示提供有力支撑，同时也带动了全国各省、市数字图书馆的建设。

在推广工程数字资源联合建设唯一标识符注册与维护项目中，对地方馆提交的唯一标识符进行质检，完成对辽宁省鞍山市图书馆、新疆维吾尔自治区图书馆、厦门市图书馆、重庆市巴南区图书馆 4 家图书馆数据的质检，为地方馆的唯一标识符注册工作提供有力支持。

8. 政府公开信息整合服务平台国家图书馆分站资源建设

2016 年，完成 70674 条政府信息采集、加工及元数据规范著录工作。结合 2015—2016 年社会热点，组织"互联网 +""一带一路"、中国梦、全面二胎、"十三五"规划 5 个热点专题，完成审核发布、数据备份及数字化存档。

国家图书馆分站新增数据 10.27 万条 77.57G。截至 2016 年 12 月，国家图书馆分站已累计发布数据 67 万余条。

9. 公有领域图书版权筛查与甄别工作

2016 年，国家图书馆开展"公有领域图书版权筛查与甄别"项目第八期工作，重点优化工作流程与方法，加强数据规范性，共筛查和甄别 40811 条数据。其中，筛查制作公有领域图书数据 25013 条，包括：名称规范数据 349 条，书目数据 24664 条。通过持续开展公有领域图书筛查工作，为馆藏资源确权、数字化加工与服务、专题资源建设等多项工作积累资源基础。同时，完成 15798 条数字化民国图书的版权甄别工作，为民国资源开发与利用服务提供切实的版权依据。

10. 海外民国时期文献数字化查验工作

严格数字资源质量标准，加强数字资源规范性建设，开展海外民国时期文献数字化回归项目数据质检和深加工工作。配合项目实施，针对项目各类型档案资源现状，制定数字资源加工和保存规范，为项目各阶段验收提供保障，同时力求数字资源达到长期保存和应用服务的要求。保存 2015 年引进的美国国家档案馆馆藏民国图片数字资源 5622 条元数据、5622 个影像文件，美国国家档案馆藏细菌战档案数字资源 1423 条元数据、11127 件档案文件，数字资源存储总量 1966.92GB；制作完成 2013、2014、2015 年海外民国时期文献数字化回归项目的数字资源长期保存光盘 2452 张。

（二）数字资源发布

截至 2016 年年底，国家图书馆已发布数字资源的内容单元包含：电子图书 3602414 种 4083691 册；电子期刊 55722 种；电子报纸 11062 种；学位论文 6404774 篇；会议论文 6073228 篇；音频资料 679780 首；视频资料 70554 小时。

1. 馆藏特色数字化资源

国家图书馆已发布馆藏特色数字化资源中现代文献主要实现局域网发布，发布率 62.6%；民国时期文献基本实现互联网发布，发布率 96.6%；古籍文献基本实现互联网发布，发布率 81.4%。

2. 外购数据库

253 个外购数据库均已在馆域网发布。其中，87 个数据库授权许可馆域网服务，占全部外购数据库的 34.39%；166 个数据库授权许可互联网远程访问，占全部外购数据库的 65.61%。

3. 网络导航和网络采集资源

网络导航数据采取建设即发布的方式，并保持定期更新维护，全部实现互联网服务。网络资源采集发布资源的存储量为 46.06TB，占全部网络资源采集存储量的 40.1%。

4. 征集资源

征集数字资源已发布资源的存量约为 42TB，占全部征集资源存储量的 99.9%。

公共文化服务征集资源发布 28928 种数字资源，包含文本文献 3198064 页、图片类 11474 幅、音视频 40401 分钟。

5. 电子报纸呈缴

国家图书馆接受呈缴的电子报纸 128 种，其中 37 种实现馆域网发布，数据量 1.5TB，占缴送数据总量的 25.3%。未发布资源与外购资源内容重复，主要用于备份保存。

6. 公开课资源发布

发布适合社会公众在线学习、图书馆自有版权的公开课视频资源 180 场（304 集）。以文字、图片和音视频的形式插入与课程有关的背景知识，共计 2740 条，实现与馆藏图书、期刊等资源的链接与融会贯通，并对 7 个外购数据库和 2 个自建数据库进行推介，对已经上线的 340 场视频资源新增单独字幕文件。

整合 18 个地方馆联建的公开课专题资源，对其中符合制作要求的天津图书馆、河北省图书馆、南京图书馆、合肥市图书馆、合肥市少年儿童图书馆、福建省图书馆、宜昌市图书馆 7 个馆的 21 条数据进行统一发布。

7. 数字电视平台资源发布

向北京歌华有线双向交互数字电视平台发布图文资源共 2334 条，其中包括文化播报资讯 1284 条、书刊推荐 960 本、图说百科展览 2 场、古籍精品 8 个、书画鉴赏图文信息 80 条、视频资源 96 场。每月选择文化行业热点事件或关键词进行主题化内容加工，实现专题文化导读发布 12 期，以图文及其他多媒体形式，与数字馆藏和公开课等精品内容之间形成关联。

8. 触摸屏资源发布

完成国家图书馆总馆触摸屏 200 种电子报纸、100 种电子期刊以及少儿馆触摸屏 50 种少儿期刊的更新及发布；每月新书推荐 100 种，全年共推荐新书 1200 种；新增讲座视频 50 场、老照片 100 张、年画 63 张、古籍珍品 flash 视频 8 场、民国书刊 2 册、名家手稿 1 场。

三、应用系统和平台建设

(一)图书馆业务自动化管理系统——Aleph 系统

2016 年 Aleph 系统全年数据处理量达 1607 万条，开发程序 10 余个。完成 197 个 Aleph 系统账号的新增和修改操作。对 Aleph 系统升级 22 版进行调研。开发设计 Aleph 离线数据系统，完成流通模块业务升级调整，为 7 个关联系统的 X-server 接口提供服务支持。开展馆藏自建数字资源与纸质文献整合展示的建设。

(二)联机公共目录检索系统——OPAC 系统

2016 年，完成 OPAC 系统迁移升级、域名调整。系统功能优化升级 19 次，解答业务部门、读者疑问，回复读者意见 6 次。

在做好日常通知发布、页面优化、数据备份的基础上，针对 OPAC 系统因用户访问量大影响检索速度的问题，采用加强监控、定期了解系统负载情况、自动阻断非法套录数据用户等多种手段进行应对，减轻系统负载，确保系统稳定运行。

(三)统一用户管理系统

继续做好统一用户管理系统定期监控，做到故障及时处理。针对系统所集成的各个外购数据库进行监测，及时解决业务部门及读者在使用外购数据库中发现的各类问题。对系统进行优化，为基础业务和读者服务提供技术支持。综合考虑技术革新和读者体验反馈，开展系统升级工作，2016 年完成需求调研整理与承建商招标工作，进入系统研发阶段。

继续做好读者权限的管理工作，及时为不同类型读者进行资源库的权限赋予和修改等，全年新增外购数据库 7 个。截至 2016 年年底，物理卡用户远程可访问资源 177 个；实名注册用户远程可访问资源 75 个；非实名注册用户可访问资源 49 个。

(四)文津搜索系统

2016 年，文津搜索系统通过多种手段实现文献资源整体的多维整合、深度揭示与知识关联，从而全面提升馆藏资源利用率。

完成 2600 多万条新数据的整合与揭示工作。文津搜索系统移动版项目，完成对适用于安卓移动设备的移动端功能开发，并整合到“国家数字图书馆”客户端，实现对移动端资源和文津搜索系统中已整合资源的统一检索，对检索结果进行排序优化，优先显示移动资源。通过“读者门户优化升级项目”的设计与开发，实现单点登录、用户信息的一站式集成、门户资源的个性化定制、用户阅读轨迹的分析与展示等。配合国家图书馆主页改版，系统完成手机门户优化调整工作。

完成 120G 原始数据备份，共完成近 4000 万条新数据的收集和分析工作，加大文津搜索系统的揭示力度，选取 10 个数据库的新数据约 2400 万条进行数据灌装、整合揭示，并在测试机上完成所有数据的验证工作。

（五）办公自动化系统

完成对服务器的日常监控，定期巡检，定期维护服务器密码，及时处理日常出现的各种故障，确保应用服务正常；对员工在使用过程中遇到的问题进行电话和现场支持。

OA 账号变动方面，配合国家图书馆各部门人事调整，2016 年全年完成人员账号调整 159 人次。公文处理方面，解答疑问并处理公文、合同等流程方面的问题，2016 年全年办理完毕的公文 4034 份，合同办结 1041 份；当年在维护的公文红头模板 38 个、78 个机关代字和公文用 7 类流程。

（六）档案管理系统

完成档案管理系统升级工作。经过 2015 年软件建设和部署测试等相关工作，于 2016 年 3 月完成系统培训工作，系统于 4 月 5 日正式上线试运行。此次档案系统的升级，解决原档案系统的诸多问题，系统运行较为稳定，保证国家图书馆 2016 年度归档工作顺利开展。

完成办公自动化系统中 2016 年度公文类文件向档案系统的归档和检查工作，共导入 4200 多条档案目录数据和 9000 多条相关原文数据，包括办公、发文、收文、领导日报周报、刊物、会议纪要等文件类别。完成系统用户账号和权限管理，新增公共查询账号并配置相应的权限和特定的工作流程。

（七）多媒体信息展示系统

多媒体信息展示系统平台以日常更新和专题制作相结合的方式，定期向读者推送读者指南、服务调整、活动预告、展览讲座、新闻通告等内容，同时配合各项活动进行专题制作，为春节、清明节、劳动节、端午节、国庆节、抗战胜利纪念、读者服务周、国图艺术中心海报、光荣榜、“甲骨文记忆展”“再遇芥子园”等活动进行宣传展示。

2016 年更新展览讲座 38 个批次，新闻通告 15 个批次，少儿活动预告 18 个批次，典籍博物馆展讯 19 个批次，艺术中心海报 39 个批次，全年节目内容更新 2000 余次。

（八）数据管理与分析平台

2016 年数据管理与分析平台导入数据 1.5 亿条，在采集的数据范围内得到统计、分析和挖掘结果，并从决策支持和业务参考、读者服务个性化与精细化、增值数据服务等方面，对平台的数据应用模型进行验证。根据平台的建设结果完成《国家图书馆大数据洞察报告》，介绍数据管理与分析平台的数据来源情况、分析方法，主要对国家图书馆服务情况、服务对象、资源利用情况、青少年读者进行详细的分析，并为国家图书馆大数据的发展提出建议。对平台进行试运行和优化，完成数据管理与分析平台项目建设及验收。

（九）国家数字图书馆 APP 改版

启动实施“国家数字图书馆”手机应用程序升级改版项目。改版涉及界面、服务、资源、个人中心、统计等多方面内容。在优化原客户端功能的基础上，增加馆区地图导引，实现第三方用户（微信、QQ、微博）账号登录，读者卡押金的在线支付，整合听书 SDK、读览期刊 SDK，整合文津搜索移动版，提高用户阅读体验。

（十）读者门户系统优化升级

读者门户系统在一期基础上完成优化升级，通过专栏、专题等形式深度整合、揭示国家图书馆各类数字资源，以智能分析推荐与用户定制相结合的模式提供可定制的“个人门户”服务，建立以“用户”为中心、以“精细化服务”为导向的知识化门户。2016 年完成读者门户系统页面设计、功能的开发、测试，包括图书、期刊等 9 个专栏以及我的数字图书馆、读者服务、专题、后台管理等功能模块，完成系统的部署、系统培训及验收工作，系统投入试运行。

（十一）国图公开课网络直播平台

国图公开课网络直播平台建设完成。该平台实现多操作系统多终端可访问，支持在互联网、全国图书馆专网以及国家图书馆局域网为视频会议、大型活动、讲座等进行直播服务，同时实现用户之间文字、语音、视频等多种形式的实时互动。平台部署后，顺利完成 2016 年世界读书日国家图书馆及 4 家省级图书馆的专网直播，完成“文化部学习贯彻党的十八届六中全会精神动员会”直播，并与多家省级图书馆联合完成 25 场专网及互联网直播，多次为馆内技术培训、党员知识竞赛、图书馆对外讲座等活动提供直播服务。截至 2016 年年底，平台共完成 36 场专网及互联网的直播服务，累积时长达 87 小时。

（十二）异地灾备中心

2016 年，异地灾备中心建设项目完成项目招标和合同签署，进入实施阶段。项目制定实施策略、技术方案、实施计划等；完成 1 套磁盘阵列设备的到货验收及安装部署，实施灾备存储设备与国家图书馆现有存储设备的兼容性测试，为下一阶段的部署实施打下良好基础。

（十三）中日韩数字图书馆建设工作

为配合 2016 年度中日韩数字图书馆会议的召开，建设中日韩数字图书馆网站，接收中日韩三国提交的数字资源 80 余种，并整理发布。通过中日韩数字图书馆网站，为用户提供中日韩三国古籍资源的分类展示、检索、在线全文阅读等服务，全面展示中日韩三国之间的文化渊源。

（十四）版权信息管理系统

加强版权信息管理系统的运维管理，开展日常巡检工作，定期进行系统维护，根据系统实际运行情况，调研并启动系统优化升级方案设计。同时，继续丰富馆藏资源版权信息数据，2016 年录入 43 份授权合同，122099 条元数据标识授权信息，按系统模板要求转换 19337 条征集资源和 15000 条公有领域资源的元数据格式，完成 2353 份、2883 页征集资源版权证明材料的整理和数字化转置。

（十五）文献数字化加工中心

2016 年，文献数字化加工中心建设进入最后阶段。38 台扫描设备、20 台服务器、2 套存储设备、17 台工作站、136 台 PC 机和 9 台网络设备采购到货。顺利完成场地改造、设备安装、网络环境搭建等基础设施建设工作。普通纸质文献数字化加工软件、古籍数字化加工软件、音视频数字化加工软件、中心管理软件等多个新系统部署到位，软件的部署测试和性能测试等工作进展顺利，待测试工作完成后，系统正式上线。

（十六）信息化建设项目验收

2016 年，完成“馆际互借与文献传递事务信息管理系统升级项目”“国家图书馆 Aleph 系统中文文献书目数据校验程序开发项目”“国家图书馆企业信息服务平台（四期）”“国图公开课系统平台”“国家图书馆人民法院分馆平台”“部级领导干部历史文化讲座签到管理及内容展示系统”“国家图书馆档案管理系统升级改造项目”“国家图书馆民国报纸史料库系统与软件开发项目”“全国古籍普查平台三期”“数字资源发布与服务系统定制开发项目”“数据管理与分析平台建设项目”“国家图书馆读者门户优化升级项目”和“国图公开课网络直播系统项目”共 13 个专项项目的验收工作，所有项目均验收通过。

（十七）电子阅览管理系统

2016 年，不断优化电子阅览管理系统运行与服务，增加网站黑白名单，完善结账下机过程；同时，定期对读者机系统进行日常维护和更新，完成系统与软件较大更新 15 次、1520 台次；硬件维护 132 次、269 台次，确保数字阅览顺利进行。

（十八）电子触摸屏

2016 年，数字共享空间不断完善更新触摸屏相关服务，触摸屏设备维护 39 次；完成 2016 年 1—9 月、2011 年 1—3 月触摸屏专项中电子报纸的长期保存入库；完成 2016 年 1—10 月报纸在线备份；完成“数字图书馆推广工程与发展巡展首展”展览的触屏部署，并给予技术支持。

（十九）镜像数据库管理维护

2016 年，对国家图书馆 103 个镜像数据库进行管理维护，更新其中 10 个数据库镜像数据，合计 582.58GB；接收中外文数据库备份盘（含光盘、硬盘）51 盘；对所属的 29 台服务器进行维护155次，更换故障硬盘17块；日常化进行数据库访问维护，定期对数据库服务情况进行检测排查与故障反馈，解决数据库有效期、馆外登录、图片缺失等问题14种。

四、数字图书馆服务

（一）互联网服务

1. 读者门户

2016年国家图书馆读者门户系统在稳定服务的基础上，继续加大资源的服务力度，集成国家图书馆47个自建资源库和130个商业数据库，为读者卡用户、网上实名注册用户、网上虚拟用户提供不同访问权限的资源服务。继续加强对读者问题的解答、读者邮件回复的管理，保证读者的问题及时得到回复。

2. 发布与服务

2016年度完成12批自建资源和2批征集资源的发布服务工作。在资源发布方面，完成12批自建数字资源的发布工作，包括2批中文图书、少儿图书共13128种13626册，2批数字善本数据共5464种28239册，2批矢量方志58种1869卷，2批民国图书10749种11311册，4批馆藏音视频数据共1472种12087个，2批视频荟萃、文津沙龙视频讲座共100种100场，自建数字资源发布的对象数据共占空间为2.12TB。在地方馆征集数字资源方面完成全部第8批征集资源的发布工作，图书类资源11665种12130册，图片类资源10855种10976幅，视频类资源视频类493种885场，音频类2535种2535首，对象数据共占空间394.5GB。累计发布资源的数量为56519种93758册。

（二）新媒体服务

1. “掌上国图”微信服务

“掌上国图”微信服务是国家图书馆拓展移动服务形式的新尝试，通过自定义菜单的形式，将移动服务业务整合在“掌上国图”微信服务公众号内，方便读者获取和使用；通过图文消息推送的形式，将国家图书馆的优质移动资源定期推送给读者，提升移动服务的能力和范围。“掌上国图”微信公众号2016年新增关注人数36699人。

2. 短彩信服务

短彩信平台是国家图书馆重要的服务支撑系统，协助国家图书馆各部门完成各种活动的短信通知及公众信息推送工作。全年发送短信1625397条；向公众发送“文津经典诵读”短信1115449条。

3. 阅读平台专题

移动阅读平台定位于移动阅读，集合国家图书馆总站和全国各地图书馆分站的优质特色数字资源，为用户免费提供随时随地随身的阅读。完成“穹顶之下　勿忘烟霾”“又是一年芳草绿——祭老舍”“品读诗歌　感悟人生”“思想构筑未来　创新成就梦想”“关爱自闭症儿童，走进‘星星的孩子’”“远离疾病，请勿吸烟”“感受古诗魅力，领略名家风采——国家图书馆馆庆特别推荐”“为了胜利！——纪念红军长征胜利80周年特别专辑”“M地铁图书馆”等21个专题31个子专题。制作发布49个专题，为读者推荐图书490本。

（三）数字图书馆体验区

2016年，数字图书馆体验区定期组织各类读者活动，不断提升读者服务质量，先后举办春节楹联互动体验、“虚拟现实”体验日、“数字知识获取新形态”系列科技体验活动、“悦读之旅”夏令营、“机器人创想”等读者活动，充分利用馆内外的新媒体平台，扩大读者活动的宣传推广范围，吸引更多的读者参与到活动中来。此外，还开展如下工作：

1. 展墙区域数据及设备更新

在体验区入口处国家数字图书馆区域增加3块液晶屏，在体验区入口处展墙新嵌1块液晶显示屏，进行欢迎、导览和各次活动介绍展示，在数字图书馆工程软件成果部分及数字资源部分新增两块液晶显示屏，以多媒体形式展示更新后的软件系统及数字资源数据外，增加国家图书馆大数据相关内容展示，将历年服务情况、用户增长情况数据、国家图书馆用户年龄分布、籍贯分布等图书馆服务洞察数据及特色数据在新增液晶屏上进行显示；国家数字图书馆工程区域及数字图书馆推广工程区域以2016年6月为截止时间进行数据更新。

2. 多媒体展项内容更新及优化

对体验区现有拍照留言互动程序进行设计优化及后台更新，在原有功能技术上，增加后台主题管理功能，工作人员可以根据不同主题如文津图书奖、读者活动等进行主题后台自由更换，并以元宵、中秋、国庆等设计七大主题模板配合节假日自动更新；增设国家数字图书馆推介导览，以动画方式引导公众使用国家数字图书馆各类服务，配合年度新版读者服务系统如新版读者门户、新版手机门户等向公众进行推介，对移动服务互动体验内容进行更新，将国家图书馆近两年新的移动服务内容增加到互动体验内容中。

3. 新增多媒体展项

新增两个多媒体展项。一是“文津经典诵读”古诗词虚拟现实体验，在文津经典诵读资源基础上引入互动机制，利用虚拟现实技术，以身临其境的方式为读者提供古诗词意境沉浸式体验，体验过程以春夏秋冬四季为背景，设置“铁崖苦读”“怀素书蕉”“流觞曲水”“千里婵娟”4个场景，故事背景分别取自于杨维桢辘皿传食，苦读五年；怀素生活清苦，芭蕉代纸；古时诗人集会，吟诗作对；十月金秋时节，晴云秋月。读者以寻诗找词、放孔明灯等方式进行互动体验。二是数字资源展示专题库平台，包括专题库模板以及后台数据库两个模块，通用专题库模板实现对体验区不同展示主题馆藏资源的分类、汇总、编辑与展示；后台数据库对所有主题内容进行保存，目前已展示体验区本年内开展的虚拟现实、增强现实及机器人等相关数字资源专题活动。

（四）读者咨询服务

全年共回复与自建数字资源服务相关的邮件 249 封，与用户注册、登录相关的邮件 601 封，转发给其他部门处理的关于外购资源库使用相关的邮件 335 封，合计邮件数 1185 封。在及时、完整地回复读者邮件疑问的同时，也注重读者意见的采纳与应用，已经在发布与服务系统中逐步进行了修改和完善。

国家图书馆统一用户系统通过邮件回复为读者解答疑问。全年共回复读者意见邮件 1074 封。

文津搜索系统作为提供读者咨询及读者意见和建议接收的重要途径之一，通过系统的读者反馈模块为读者解答疑问，全年共回复读者咨询及意见建议邮件 403 封。

国家图书馆为读者提供手机门户、国家数字图书馆 APP、移动阅读平台及官方微信公众号 4 个移动端意见反馈的渠道，全年回复解决各类读者意见和问题 1300 余条，内容包括移动阅读权限咨询、移动服务咨询、APP 功能改进意见，移动资源扩充需求等。为提升员工业务水平和读者服务能力，保证读者服务质量，建立移动端常见问题知识库。

五、信息安全建设

2016 年，完成网络安全及网络安全设备的监控和管理，及时制定调整策略，防范外来攻击，保障内网安全。全年发现并处理感染病毒的计算机 311 台，阻断来自互联网高风险事件约 680 万次，拦截垃圾邮件 752 万封，完成 700 多台服务器的漏洞扫描工作。加强网络安全的检查，进行信息系统的报备、信息系统的安全检查及信息系统服务器的可疑文件、账号深度排查。积极开展网络安全防护项目，完成包括国家图书馆主页系统在内的多个系统的远程渗透测试、系统测评工作。加强重大日期网络安全保障，完成“两会”期间网络及网络安全的监测和值班。

完成网络安全事项填报工作。一是文化部互联网网站安全专项治理工作，为国家图书馆门户网站申请中文域名、事业单位标识。二是完成 2016 年度文化部政府网站群网站管理改进相关工作调研。三是完成 2016 年国家图书馆重要信息系统及重点网站安全自查。四是完成文化部下发的《关于开展文化部系统关键信息基础设施网络安全检查的通知》的相关内容。此外，配合北京市公安局网络安全总队或文化部网信办，处理网络安全事件 6 起。

年度掠影

【推进版权管理工作规范化进程】

国家图书馆承担文化部《图书馆知识产权工作指南》课题研制工作。2016年，根据指南研制方案，完成全国160余家各级各类图书馆知识产权问卷调查与分析，起草指南初稿，并面向业界专家征求意见，形成课题初步成果，未来将进一步细化并完善指南内容，完成全部研制工作。同时，加强馆内版权制度建设工作，启动《国家图书馆数字资源利用管理办法》研制工作，全面梳理现有工作规章制度中关于数字资源利用的规定，从读者利用与服务、数字资源展览、数字资源开发、数字资源安全、知识产权等方面对国家图书馆的数字资源利用管理进行规范。

【深化数字版权资源服务】

2016年，国家图书馆开展馆藏数字资源版权状态梳理和确权工作。完成对36个自建专题数字资源版权状态的系统梳理和深入分析，针对服务工作和数字资源建设工作制定相应的策略；对公益性网络阅读项目、版权捐赠项目以及公共文化服务资源征集项目建设的15万余种版权征集资源，全面清查其授权情况，在元数据中标识授权期限，对其中授权到期13104种图书或视频资源做下架处理；更新12种援疆少数民族语言期刊2015年数据的版权授权，丰富援疆资源；开展文津图书奖获奖图书版权征集工作，与第十届、十一届获奖图书涉及的19家出版社沟通授权事宜，免费获得1家出版社全文授权、3家出版社部分内容授权；做好数字图书馆推广工程版权保障工作，对相关授权书、合同版权条款等进行严格把关；在海外中国文化中心数字资源建设项目中，加强版权控制，对拟提供的18类、约6300种数字资源开展版权甄别；在对外合作项目中，重视版权处理工作，对57类、近百万种数字资源进行版权甄别，并分析合作中涉及的版权问题。

【发布民国图片数据库】

国家图书馆深入挖掘馆藏民国时期图片数字资源的文化主题，并进行创意转化，形成内容独特、功能先进的特色资源库。民国图片数据库是以编年体方式建设的民国时期影像知识库，收录6万余幅民国时期拍摄的各类图片，涵盖历史人物、重大事件、民生民情、建筑景观等领域，全面反映我国这一历史时期面貌，是展示、学习和研究中国近代历史的可视化知识平台。2016年，民国图片数据库一期建设通过验收并作为国家图书馆自主知识产权的文化创意产品面向社会公开发布，已被澳大利亚国家图书馆等国内外机构引进。同时启动该数据库二期建设工作，初步拟定工作方案，为进一步丰富历史文化记录资源，创新影像记录的整合、保存和展现形式奠定基础。

重点文化工程

- 中华古籍保护计划
- 数字图书馆推广工程
- 民国时期文献保护计划
- 年度掠影

重点文化工程

一、中华古籍保护计划

2016年是“十三五”时期的开局之年。国家古籍保护中心扎实推进“中华古籍保护计划”下设各大项目，在古籍普查、人才培养、海外中华古籍调查与合作保护、古籍修复、古籍数字化、法律法规建设、整理出版、宣传推广等方面取得丰硕成果。

（一）中华传统典籍文化传承工作

3月27日，国务院正式公布第五批《国家珍贵古籍名录》和“全国古籍重点保护单位”名单。国家古籍保护中心办公室前期多次组织专家审校，配合国务院办公厅核校答疑；5月24日，协助文化部公共文化司召开新闻发布会；在《中国文化报》刊发“第五批《国家珍贵古籍名录》撷萃”专栏6期，邀请古籍保护专家撰文向公众介绍第五批名录亮点；联合中央电视台等多家媒体对五批名录开展宣传，受到社会广泛关注。

4月初，国家古籍保护中心与中国图书馆学会共同启动“我与中华古籍”创客大赛，面向全国古籍收藏单位征集创意元素，引导社会开展文化创意活动；6月11日启动“创客@图书馆——‘我与中华古籍’创客大赛”全国巡展，13个省100多家图书馆参与。此次活动通过将古籍文化植入当代人的物质生活和精神生活，有效拉近中华古籍与公众间的距离，加深公众对古籍的认识和理解，引起广泛关注。2016年中国图书馆年会期间，“中华古籍保护计划”展示体验区以“我与中华古籍”文化创意为主题，集中展示古籍文创产品300余种，取得良好社会效益。

5月，中国运载火箭研究院来函邀请国家图书馆，借长征七号运载火箭首飞搭载载荷组合体的契机，预留600克载荷搭载反映中华优秀传统文化。在办公室、古籍馆、社会教育部等部门的共同配合下，国家古籍保护中心以“古籍中的航天梦”为主题，选取古籍书影、《国家珍贵古籍名录》选录、任继愈先生著作《老子绎读》节选等内容，制成线装古籍形式作为搭载书籍。6月，国家图书馆提供的书籍和读者卡样卡成功搭载火箭升空，体现中华民族最古老厚重的文化软实力与最先进强大的科技硬实力的结合，具有重大的现实意义和深远的历史意义。9月26日举办“长征七号运载火箭搭载国家图书馆典籍交接仪式”，搭载典籍和读者卡正式入藏国家图书馆。

6月21日，举办“民族记忆　精神家园——国家珍贵古籍特展”，共展出100余部珍贵古籍，并通过古籍中的文化精粹揭示中华传统文化源流脉络、阐释中华文明的主要特点，受到各界一致好评（参见“特载”之“九、重大展览”）。

举办各类展览、讲座及文化活动，向社会大众推广优秀典籍文化。在湖南、广东、青海等省策划举办“册府千华”系列专题展览；与中国楹联学会联合举办“让古籍活起来”楹联征集活动，共收来稿3800余副；邀请李致忠、刘家真、林明、刘蔷等专家开展古籍保护专题讲座，受到读者热烈欢迎；与中国图书馆学会联合开展“国家珍贵古籍系列讲座”，在河北、新疆、浙江、山西等18省、市、自治区举办38场；与南京艺术学院、江苏省古籍保护中心合作开办“中华古籍保护名师讲堂”，每年举办10场古籍保护学术讲座，连续举办3年，2016年举办10场。

（二）《中华古籍保护计划“十三五”时期规划纲要》制定工作

2016年，国家古籍保护中心配合文化部做好《中华古籍保护计划“十三五”时期规划纲要》制定工作，起草征求意见稿，编制《全国古籍保护工作参考数据汇编》，多次组织专家审议会、研讨会，就指导思想、体制机制、基本原则、任务目标、文本表述等内容进行审议和修订，确保《中华古籍保护计划“十三五”时期规划纲要》符合当前我国古籍保护工作实际，也符合未来五年发展要求。2016年“两会”期间，国家古籍保护中心配合全国人大代表、贵州民族大学图书馆馆长卢云辉提交古籍保护立法提案，提案受到广泛关注，得到72位代表联合署名；配合文化部开展《古籍保护条例》立法调研、资料收集、信息咨询、文本材料提供等工作，推动古籍保护立法；6月22日，国家古籍保护中心微信公众号刊发武汉大学刘家真教授《古籍保护呼吁立法》一文，相继被澎湃新闻、凤凰网、人民网等媒体转载，引起强烈反响。

（三）全国古籍普查登记工作

截至2016年年底，全国古籍普查登记数据完成总量200余万条，1218家古籍收藏单位完成古籍普查登记工作。国家古籍保护中心重点推进各省数据审校工作，加快实现古籍普查数据的成果转化，8月召开“全国古籍普查登记工作调研会议”，明确“十三五”期间古籍普查具体目标；全年已出版《全国古籍普查登记目录》9部10册，累计出版119家古籍收藏单位的《全国古籍普查登记目录》30部57册（另有《南京图书馆古籍普查登记目录》第一辑2册仅供展示）；“全国古籍普查登记基本数据库”更新国家图书馆数据、上传43家单位普查数据，累计发布110家单位406438条3821381册；协助最高人民法院图书馆等中直单位开展古籍普查登记工作；组织开展《国家珍贵古籍名录》（一至五批）数据库的数据录入及上传；正式启动《中华古籍总目》（水文卷）编纂工作，就《中华古籍总目》（民语卷）相关语种编纂工作开展前期调研；推进《中华古籍总目·天津卷》《中华古籍总目·国图卷》编纂工作。

12月13日，在第一次可移动文物普查工作结束之际，双方进行数据交换。第一次全国可移动文物普查办公室向国家古籍保护中心办公室提供除宁夏回族自治区外共计30个省797家单位的280215条数据，主要范围为博物馆、纪念馆等文物系统所属单位的古籍数据；国家古籍保护中心办公室向第一次全国可移动文物办公室提供114家单位的279237条数据，主要范围为图书馆等文化系统所属单位的审校完成数据。

（四）国家级古籍修复中心管理和古籍保护科研建设工作

2016年，国家古籍保护中心配合文化部完成对12家国家级古籍修复中心的实地督导，对人员配置、设施设备、制度建设、修复场地、科研项目、宣传推广等工作进行检查，撰写督导情况报告；3月25日，文化部正式下发《文化部办公厅关于国家级古籍修复中心督导情况的通报》，总结各国家级古籍修复中心建设成果并提出下一步工作举措。截至2016年年底，全国已有国家图书馆、天津图书馆、山东省图书馆、宁波市天一阁博物馆、南京图书馆、云南省图书馆、上海图书馆7家国家级古籍修复中心获得“国家可移动文物修复资质”。

召开《中华医藏》工作会议和编纂工作协调会，进一步修订完善编纂方案及资源库建设方案，并向文化部、国家中医药管理局提交最新方案，跟进《中华医藏》编纂出版相关后续工作；在出版经费尚未到位的情况下，联合国家图书馆相关部门，筹备启动“中华医藏资源库”，制订完成项目方案，发布“中华医藏资源库”（测试版），对92种中医古籍影像进行发布测试。

召开“十三五”期间古籍保护技术项目征集专家研讨会，组织专家就提高和拓展古籍保护相关技术，促进古籍保护科学化、标准化、规范化进行研讨，提交《“古籍保护科技基础资源调查”需求建议书》(《国家科技基础资源调查专项重大需求建议书》)；在2016年中国图书馆年会期间举办“古籍数字化及其在图书馆应用研究”分会场，海内外40余位行业专家与会参与研讨。

（五）古籍修复和原生性保护工作

2016年完成“天禄琳琅”50册古籍修复；启动“山西省国家珍贵古籍修复项目”，对山西省图书馆和曲沃县图书馆藏22件一级善本进行修复，目前已完成曲沃县图书馆藏12件善本的修复。

发放“全国古籍重点保护单位古籍书库建设情况统计表”，全面了解“中华古籍保护计划”开展10年来全国古籍重点保护单位的古籍书库建设情况，监督有关单位进一步加强库房建设与管理；为国家图书馆古籍馆古籍保护科技文化部重点实验室配备红外压片机、压片模具、墙面水分仪、木材水分仪、化学试剂等设备和耗材；为甘肃省图书馆、山西祁县图书馆、曲沃县图书馆、西南大学图书馆、国家图书馆古籍馆制作古籍保护装具425个，与中国运载火箭技术研究院（航天一院）合作开展古籍保护装具研制工作；为西藏自治区图书馆等9家少数民族古籍藏量丰富，且亟须修复设备的单位采购配发中、大型压平机共计34台；为贵州省图书馆等10家单位配发小型压平机共计20台；为31家省级古籍保护中心和12家国家古籍保护人才培训基地采购配发排刷、浆刷共计172把；为复旦大学图书馆等6家国家古籍保护人才培训基地采购配发古籍修复工具共100套；为山西省图书馆、云南省图书馆、陕西省图书馆配发一批古籍修复用纸，收集各类古籍修复纸样30余种，为日后仿古纸采购做准备；完成对2007—2015年配发给12家国家级修复中心古籍修复设备、修复用纸、修复工具及材料相关的种类、数量、批次、单价、总金额等各类明细数据的统计工作。

（六）古籍整理出版和再生性保护工作

推动《中华再造善本》（续编）提要审校工作，筹备启动《中华再造善本》（三编）编纂工作，起草完成工作方案（初稿）；出版《中国古籍珍本丛刊》《中华古籍书志书目丛刊》系列成果6种；交付出版《中国珍贵典籍史话》8种；继续推进“《国家珍贵古籍名录》中古籍题跋整理与研究”项目前三批和第四批题跋整理、修订工作，并筹备第五批名录有关项目；与中华书局签订

《书目题跋丛书》（第一辑）编纂出版协议，交付出版稿件13种；《书志》第一辑编校工作已完成，《古籍保护研究》第二辑进入出版阶段；资助编纂出版《国学基本典籍丛刊》，正式出版三种《宋本论语集注》（4册）、《宋本孟子集注》（5册）《宋本大学章句 宋本中庸章句》（1册）；编辑出版《延年集》《从典籍中汲取智慧》《采铜于山：马泰来文史论集》等成果；推进古籍保护系列教材编纂出版工作，成立《古籍图像数字化》培训教材编写小组，组织开展撰稿工作。

（七）“中华古籍数字资源库”建设工作

继续开展国家珍贵古籍数字化，接收辽宁、陕西两省6万拍古籍数字资源，完成约4万拍的初步验收工作；继续开展馆藏善本缩微胶片转数字化工作，完成2015—2016年度善本数字化加工项目图像处理、目次标引、格式转换、质量验收180余万拍，提交数字资源部终检共计2627070拍；启动2016年度《赵城金藏》、“平馆藏书”缩微胶片数字化项目，完成《赵城金藏》250卷胶片扫描加工及126903拍的前整理工作，完成“平馆藏书”前整理工作162742拍；继续开展馆藏普通古籍数字化工作，完成2015—2016年度普通古籍50万拍加工工作以及2016—2017年度普通古籍数字化立项和招标工作；全部完成天津图书馆古籍数字资源5300余种300万拍的接收工作，加快开展验收和加工；完成购买云南省图书馆古籍数字资源（139种727册95496拍）报批和签约工作；通过“中华古籍资源库”发布1.7万多种古籍数字资源，推动古籍资源共享，获得社会各界广泛关注和一致好评。

（八）古籍保护人才培养工作

2016年，国家古籍保护中心积极推进“四位一体”人才培养模式，加大古籍保护人才培养力度，拓宽人才培养渠道，推动古籍保护学科体系建设。继续加强“国家古籍保护人才培训基地”建设，依据全国古籍保护工作实际需求，针对不同业务、不同水平的古籍保护工作人员开展培训。截至12月底，共举办古籍普查、修复、碑帖编目等培训班19期，培训学员758人次，累计举办培训班165期，培训学员8555人次，涵盖全国1700余家古籍收藏单位；以培训带动古籍修复和普查审校工作，在陕西、云南、甘肃、广东等地举办修复培训，在培养人才的同时修复一大批珍贵古籍；在文化部、国家宗教局的支持和指导下，举办第一期全国佛教古籍保护管理研修班和第一期全国道教古籍保护管理研修班，推动宗教系统古籍保护工作。

推动古籍修复技艺传习传承，在公共图书馆、高校图书馆、博物馆和著名专家私人博物馆间跨系统协作培养古籍修复人才，特别是“国家级古籍修复技艺传习中心李仁清传习所”，专门为传承传拓技艺而设立，是国家古籍保护中心首次在私人机构设立的传习所，为充分发挥专家作用、调动民间力量培养古籍保护人才提供了先例。截至12月底，共增设8家国家级古籍修复技艺传习所，新收徒73人。全国累积设立23家传习所，导师19人，收徒172人。

推动古籍保护学科体系建设，组织召开“古籍保护学科建设研讨会”，为高校与用人单位搭建沟通桥梁，共同推进高校古籍保护人才就业，真正实现学有所用。2016年，中山大学、复旦大学、天津师范大学、中国社会科学院研究生院共招收古籍保护专业硕士35人，累计招收68人。

（九）海外中华古籍调查暨数字化合作项目

推进海外中华珍贵典籍文献调查摸底，联合国际交流处、古籍馆、国家图书馆出版社等部门，与海外中华古籍存藏单位在文献数字化、合作出版等领域开展合作。2016 年 5 月，张志清副馆长率团赴西班牙、葡萄牙相关图书馆进行考察和业务交流，初步摸清两国存藏中华古籍的情况，为实现海外中华典籍数字化及实体回归奠定基础，也为双方下一步开展交流与合作创造良好开端；完成“海外中华古籍书目数据库”一期建设，累计完成包括美国、加拿大、西班牙、日本 4 个国家 30 家单位 24 万条（含子目）书目数据，开展二期数据加工，完成数据 31 万余条（含子目）；推进海外中华古籍数字化及出版合作，正式出版《美国哈佛大学哈佛燕京图书馆藏善本方志书志》《哈佛燕京图书馆藏稀见方志丛刊》《美国埃默里大学神学院图书馆藏中文古籍目录》《滨田德海搜藏敦煌遗书》《内藤湖南汉诗酬唱墨迹辑释：日本关西大学图书馆内藤文库藏品集》，以及大英图书馆和英国阿伯丁大学图书馆藏《永乐大典》（25 册）。

（十）少数民族古籍保护工作

推进新疆、西藏地区的古籍普查和普查目录编纂出版。阿里、那曲地区已正式提交藏文古籍普查数据并进入返改阶段；完成《新疆维吾尔自治区入选国家珍贵古籍名录图录》出版工作；协助两地完成入选《国家珍贵古籍名录》的古籍数字化数据验收、修改等工作；为两地配发古籍修复工具并指导其修复实践，提高古籍修复工作效率；推动两地古籍人才培养工作，在西藏日喀则市配合举办“第六期民族古籍普查培训班”；协调两地为入选《第五批国家珍贵古籍名录》古籍和入选第五批“全国古籍重点保护单位”的收藏单位进行宣传巡讲；协助文化部、国家图书馆业务处筹备第五次全国文化系统对口支援西藏工作会议，提供西藏古籍保护相关材料。

（十一）古籍保护标准化建设工作

配合全国图书馆标准化技术委员会秘书处做好《汉文古籍特藏藏品定级》第 2—6 部分的审批工作，按照最新要求修订并重新提交 5 个标准的《起草说明》文件。组织召开专家研讨会，完成“《汉文古籍特藏藏品定级　第 1 部分：古籍》定级释例”征求意见稿的编制工作。

（十二）古籍保护宣传推广工作

2016 年，国家古籍保护中心启动“中华古籍保护计划”十周年纪念活动，筹备拍摄“中华古籍保护计划”十周年专题片，先后赴辽宁、天津、广东、浙江、上海、江苏、安徽、云南、贵州等省市实地拍摄，采访古籍保护领域有关领导、专家及工作人员近百位，积累大量影像资料；开展《“中华古籍保护计划”十周年纪事文集》征文活动，面向海内外 200 余位专家学者及行业骨干约稿，共收到稿件百余篇。

加强新媒体宣传力度，开通“国家古籍保护中心”微信订阅号。创办“芸台书话”“古保论坛”“视听古籍”“书卷多情似故人”等专栏，发布优质原创文章和视频，各界反响热烈。截至 12 月底，已发布图文信息 160 余篇，用户关注近 5000 人。《“全国古籍普查基本数据库”和“中华古籍资源库”正式发布》一文，阅读量超过2万人次，相继被10余个微信公众号和澎湃新闻等新闻媒体转载。

联合新闻媒体，结合重要项目、重大活动加大宣传力度。5月24日，配合文化部召开第五批《国家珍贵古籍名录》和第五批“全国古籍重点保护单位”新闻发布会，《人民日报》《光明日报》、新华社、中央电视台、北京电视台等三十余家媒体记者到场进行采访报道；9月26日，与中国运载火箭技术研究院协作，成功举办“长征七号运载火箭搭载国家图书馆典籍交接仪式”，联合光明网、人民网、今日头条等媒体开展网络直播；9月28日，召开“全国古籍普查登记基本数据库”“中华古籍资源库”发布座谈会，服务大众阅览和学术研究，受到社会各界好评。

在报刊媒体刊发各类专版、专稿，设立专栏，进行专题报道。派员赴成都采访四川省图书馆、成都杜甫草堂博物馆等单位和个人，在《中国文化报》刊发《百万芸编待匠心——四川省古籍保护纪实》专版；与《藏书报》合作，开展“古籍保护学科建设之路高端访谈”系列报道，完成对11位古籍保护学科建设领域专家、领导的采访报道工作，促进全社会深入了解古籍保护学科建设的使命与担当；做好行业内部新闻宣传工作，编发《中华古籍保护计划工作专报》6期、《古籍保护参考》4期。

做好“中国古籍保护网”建设维护工作，共设计制作“册府千华”等专题网站6个，网站平均响应时间少于1秒，单个页面响应时间不超过3秒。制作后台模板83个，更新数据259条，发布页面1961个。全年完成中国古籍保护网静态数据备份12次。

二、数字图书馆推广工程

2016年是数字图书馆推广工程“十三五”时期建设的开局之年，按照工程建设规划与实施步骤的相关要求，本年度工作以规划工程“十三五”发展方向为重点，全面展示宣传“十二五”工程建设成果，围绕应用系统平台建设、数字资源建设、数字图书馆服务等工作开展，全面部署、有效推进、严抓落实，圆满完成各项工作。

（一）完善工程综合管理

制订《数字图书馆推广工程2016年度工作计划》《2016年推广工程数字阅读推广系列活动方案》《数字图书馆推广工程2016年宣传工作方案》等规划，部署落实全年工作。开展本级预算编报，统筹各部处落实项目执行进度，按月统计完成情况。开展2016年实施情况报送，完成两次工程运行情况报告；继续实施地方图书馆工作反馈机制，及时掌握、协调各地图书馆工程实施。

落实中央转移支付资金，确认各地年度工作任务。配合文化部完成2016年转移支付经费的申报及分配，两次组织全国省、市级图书馆申报年度项目，完成各地申报汇总，分别于4月和10月组织专家评审会，完成2016年度中央补助地方数字图书馆推广工程建设项目的评审，按照专家评审意见，测算年度转移支付经费分配方案。统筹工程2016年国家图书馆本级相关预算编报情况，并严格调控预算，定期监督经费执行情况。

开展工程建设协调推进工作，通过座谈交流和实地考察相结合的形式，赴山东、江苏、黑龙江、吉林、云南、重庆等6个省市开展工作，查找工程建设薄弱环节，切实解决特别是资源建设的瓶颈问题，促进工程建设科学、有序、高效地发展。

贯彻落实七部委联合下发的《“十三五”时期贫困地区公共文化服务体系建设规划纲要》，加快推进贫困地区公共数字文化服务体系建设，启动2016年贫困地区图书馆帮扶工作。赴陕西、四川、河北等省的11个贫困县实地调研，制订2016年精准扶贫工作方案，对重点扶贫地区，通过联通网络、遴选资源、赠送图书、专题培训等形式开展试点帮扶。面向贫困县遴选并赠送14000册图书，培训贫困县馆员60人，启动资源的加工整合和服务平台建设工作。

（二）推进网络和平台建设

2016年，推广工程继续开展虚拟网、专网搭建。已完成系统部署总计74馆次，其中唯一标识符系统新增13个馆，统一用户管理系统新增22个馆，运行管理平台新增39个馆。虚拟网共有54家图书馆与国家图书馆完成直连，专网共有34家图书馆与国家图书馆完成直连；运行管理平台已完成29家省级图书馆和38家地市级图书馆的部署；统一用户管理系统已完成28家省级图书馆和31家地市级图书馆的部署；唯一标识符系统已完成29家省级图书馆和16家地市级图书馆的部署；全年新建政府公开信息整合服务平台分站点80个。截至2016年年底，该平台累计建设分站点175个。

不断优化移动阅读平台功能，扩充平台资源，并对移动阅读平台进行升级，平台将具有更加完备的资源管理能力、精细化的统计分析能力，同时进一步提升用户阅读体验。本年度新增推广工程移动阅读平台分站63个，完成覆盖省、市、县三级共计212家公共图书馆的分站建设。

（三）开展数字资源建设

开展推广工程资源联建工作。基本完成2015年联建工作。完善统筹管理，加强资源建设业务指导、技术支持与协调推进，为资源联建工作提供整体保障，年内项目咨询量达1万余条，建设地方政府平台分站66个。开展2015年度联建资源的质检验收工作。截至2015年年底，建设自建资源元数据10万余条、唯一标识符数据3.4万条、政府信息数据137万条、数字化地方文献90万页、采集网站4581个、公开课视频460节。全面启动2016年联建工作。加强申报管理与项目评审，制定下发联建通知及11项标准规范。共有279家图书馆参与联建工作，较2015年增加7家。进一步丰富建设内容，启动地方报纸数字化、少数民族语言书刊数字化、地方公共数字文化资源整合与揭示、推广工程大数据整合服务等子项目建设。

开展普适型数字资源建设与服务工作。戏曲文化知识库一期开展读者服务，启动二期建设工作。通过推广工程专网，为全国各级公共馆共享数字资源。2016年新增电子图书约3万册、电子期刊约1.2万种、音频约10万首、电子图片约14万张、连环画1470种。年内向少数民族地区推送民语资源180GB，向贫困地区推送定制化数字资源1.8TB。通过各种渠道加强资源服务效能提升。

开展推广工程数字资源整合工作。加强资源调研梳理，完成平台设计和外购数据库元数据清洗、整合规则制定工作。平台上线试运行，第一期发布元数据100万条。

（四）举办宣传推广活动

春节期间，推广工程联合28家省级馆和350余家市、县级馆共同开展2016年“网络书香过大年”活动。线上线下参与活动总人数达94万余人次，日均访问量和访客数分别是去年线上活动的8倍和2倍多。其中，移动端浏览量占在线访问总量的41.29%。

筹备“4·23”世界读书日图书馆公开课专题活动。汇集国家图书馆和黑龙江、广西等4家省级图书馆的“4·23”当日公开课资源，面向全国图书馆进行直播，全国共计有9211人次参与，其中，线下观看直播3406人次，线上观看直播5805人次。同时整合发布12家省、市级图书馆提供的31场精选公开课资源。

组织2016年全国少儿诗词在线诵读活动。活动以“童音诵古韵，经典有新声”为主题，择取数字图书馆推广工程优质数字资源，组织少年儿童参与诗词在线诵读。共有179家各级图书馆参与，投稿用户数2229人，提交作品3784个。

积极响应文化部开展的“春雨工程”活动，协调湖南、四川、西藏三地筹备、策划2016年度网络书香阅读推广活动。截至10月底，三地活动依次展开，培训、展览及体验活动吸引大批读者到馆参与，获得一致好评。

举办各类数字图书馆推广工程展览。在第十三届网博会举办展览，以体验区的形式展示推广工程。筹备数字图书馆推广工程建设与发展巡展，在国家图书馆二期、天津、陕西、安徽、广州、江西、山东、浙江等八地展览。10月25—27日，国家数字图书馆体验区亮相2016年中国图书馆年会。展台以清晰、明快的形象，结合多种展示手段，充分展示过去一年来数字图书馆推广工程的建设成果及未来工作。展台吸引大批业内外观众，获得一致好评并被评为中国图书馆年会展览会最佳展示奖。

开展图书馆公开课直播。借助互联网每周开展一次图书馆公开课直播，方便全国读者获取公开课资源。全年共举办6期13场讲座，直播单位包括国家图书馆、首都图书馆、江西省图书馆、黑龙江省图书馆和广西桂林图书馆。

探索海外文化中心数字图书馆建设，完成优质资源的遴选和封装，促进国际文化交流。与澳门基金会合作，在澳门建设国家数字图书馆合作馆，推进国家数字图书馆资源和服务落地澳门。与澳门科技大学签订合作协议，为其提供数字资源及展览资源服务，协助开展文献资源数字化合作。

开通推广工程微信公众号，拓宽工程宣传渠道。定期面向业界和读者推送工程资源、活动进展等消息。截至2016年年底，共推送21期82条内容，编辑图文页面84版，制作工程成果及活动大数据6期，设计制作功能页面4个，回复用户留言2700余条。目前用户已达12000人。

配合各项重大宣传活动，通过国家图书馆网站和推广工程网站编发各类新闻39篇，国家图书馆简报7篇，国家图书馆通讯12篇，新华网、光明网、中华儿女专题、专栏3篇，文化部网站、新华网专题链接4个，凤凰网、《法制晚报》等主流媒体新闻报道与转载8篇，文化报手机报4篇。

督促各地宣传员提供稿件，在推广工程网站审核稿件72篇，编发23篇。继续与文化部信息中心开展数字资源与信息服务合作，探索合作长效机制，进一步推动数字图书馆推广工程实施。

（五）深化培训工作

2016年，推广工程在统筹全国人才培训工作的基础上，继续加大培训力度，不断丰富培训内容，创新培训形式，着力提升培训实效。

全年共举办集中培训31场次，培训人数超过2200人次。其中，重点开展小班教学为主的馆员研修工作，年内共策划13期专题研修班，来自全国50家副省级以上图书馆、21家少数民族地州馆、6家贫困县图书馆的149名业务骨干参与研修培训。2016年度馆员研修首次将副省级图书馆员工纳入培训对象中来，同时，对少数民族贫困地区和贫困县适度倾斜，将参与推广工程资源联建工作的少数民族地区图书馆也纳入进来，有力支持了推广工程扶贫、资源建设等项目进展。

除了面对面集中培训之外，推广工程面向基层文化队伍开展在线培训，年内共制作6期优秀讲座，以“网络书香”在线讲坛的形式与各地学员见面，通过数字图书馆推广工程网站面向基层人员开放访问。全年培训人员达7万余人次，全面提升数字图书馆人才培训效果。除了“网络书香讲坛”以外，推广工程还逐步完善在线培训平台，为全国数字图书馆从业人员提供远程培训学习的平台支持。年内已完成48场培训、449场课程内容制作工作，平台目前在试运行阶段。

全年为天津、广西、云南、四川、重庆、福建、新疆、安徽、浙江、广东等21个省市提供授课师资48人次，全力支持地方开展自主培训。各地按照推广工程的要求，密切结合实际，积极开展区域数字图书馆人才培训，为本区域培养了一批专业知识与实际技能兼备的数字图书馆专业人才。

推广工程注重培训效果的评估和反馈。每一期培训班都通过问卷或座谈形式收集学员评价，主要从课程安排、师资配备、后勤管理等方面广泛收集学员意见和建议。综合来看，学员对培训班的评价都比较高，在课程方面，学员的总体满意度在98%以上，师资方面在96%左右，管理方面在95%左右。同时，还根据学员反馈的意见和建议改进培训的各项细节，最大限度地满足学员的各项需求。

三、民国时期文献保护计划

“民国时期文献保护计划”自2012年正式启动以来，中央财政累计投入专项资金7500万元。2016年3月，该项目列入国家“十三五”规划纲要文化重大工程“中华典籍整理”专项，成为继“中华古籍保护计划”之后的又一个全国性文献保护项目。民国时期文献保护工作有效开展，成果丰硕，文献普查、海外文献征集、文献整理出版等各方面工作均取得重要进展。

（一）统筹规划建章立制

制订并实施《2016年民国时期文献保护工作方案》与年度预算计划，推进各项工作的实施。编制“民国时期文献保护计划‘十三五’规划”，编制“文化部中华典籍整理工程”“十三五”规划相关内容经费测算，推动“民国时期文献保护计划”工作顺利纳入国家“十三五”规划纲要文化重大工程“中华典籍整理”专项。

（二）落实国家重大专项

按照“国家社科基金抗日战争研究专项工程”相关要求，结合国家图书馆实际完成“日本战犯审判文献征集、整理与数据库建设”“日本对华调查档案资料整理和数字化”等7个专项的申报立项工作，最终获批立项5项，其中以国家图书馆为第一牵头单位的2项。

（三）深入开展文献普查

积极开拓并加强与专业图书馆、高校图书馆的普查合作，与中科院文献情报中心、中国社会科学院近代史研究所、广西壮族自治区桂林图书馆、辽宁大学、辽宁师范大学、东北师范大学签订《民国时期文献书目数据普查登记项目协议》。调整并上报《民国时期文献普查项目书目数据上载方案及费用标准》。制定“国家图书馆民国时期文献书目数据整理及查重质检服务”专项任务。完成民国时期文献普查平台功能优化建设工作。在河北沧州市图书馆举办民国时期文献编目工作研修班。

（四）继续推进《民国时期文献总目（图书卷）》编纂工作

确定《民国时期文献总书目（图书卷）》编纂方案，编制《民国图书目次数据方案》。根据编纂需求，完成广东省立中山图书馆、广西壮族自治区图书馆、缩微文献部征集数据和数字资源部征集数据的评估与整理工作。

（五）继续推进文献征集工作

制定《国家图书馆海外民国时期文献数字化加工规范（2016年）》。完成海外所藏日本细菌战罪行档案数字化征集1.1万拍，发订美国所藏日本二战期间战争罪行档案缩微胶卷248卷，二战期间俘获日方档案缩微平片2212片。启动日本战犯审判、日本在华暴行和“迪克西使团”文献海外征集调研工作。

（六）深度推进民国时期文献出版工作

加强立项申报指导，在全国范围内组织2016年民国时期文献整理出版申报工作，接受各级图书馆、档案馆、出版社、博物馆、研究中心等24家单位共45项申报书，确定立项29项。在深入调查各馆馆藏基础上，加强抗日战争史料整理出版选题策划，推出《丸之内审判文献汇编》《二战日军作战专题文献汇编》《民国时期禁烟禁毒资料汇编》等系列专项。全年共完成民国时期文献整理出版项目16项682册。“民国时期文献保护计划”整理出版专项工作从2012年开展以来，共计完成民国时期文献整理出版66项3637册。

（七）继续开展专题数据库建设。

完成东京审判资源库与抗战图片库发布与服务系统定制开发，实现数据描述、数据检索、元数据展示、对象数据展示、分类导航等功能。继续开展民国图书缩微胶片数字化项目。

（八）开展原生性文献保护研究

积极实施并完成“民国时期文献脱酸研究与脱酸设备研制”项目，创新科研合作模式，充分借助重点大学专业优势，通过委托形式开展脱酸液研究制备工作。截至2016年年底，国家图书馆自主研制的脱酸剂和脱酸系统已申报国家专利，现已进入实质审查阶段。

（九）牵头组织举办“红色记忆——纪念中国共产党成立九十五周年馆藏文献展”

展览得到社会各界的广泛关注和支持，共接待参观群众27万余人次（参见“特别记载”之“九、重大展览”）。筹办“不忘初心，砥砺奋进——国家图书馆藏革命历史文献精品展”。

（十）实施“日本战犯罪行审判史料编译”项目

通过“民国时期文献保护计划”海外征集并整理出版的对日本战争罪行审判文献史料的每日编译发布，满足广大公众查阅日本侵华罪行一手史料需求，并在《中国文化报》上开辟“日本战犯罪行审判史料编译”专栏进行连续8期的宣传报道。

（十一）加强宣传推广工作

围绕“民国时期文献保护计划”列入国家“十三五”规划、民国时期文献保护重大活动做好新闻策划和宣传推广。举办“民国时期文献保护计划”宣传推广吉林站、辽宁站、黑龙江站系列活动暨民国时期文献保护工作培训班。完成民国时期文献保护网功能完善项目，做好日常运维。编撰发布《国图简报民国时期文献保护专报》6期，《国图简报》1期。

年度掠影

【《中华古籍保护计划“十三五”时期规划纲要》编制审议会议在北京召开】

2月24日，文化部公共文化司在国家图书馆召开《中华古籍保护计划“十三五”时期规划纲要》编制审议会议。公共文化司副司长陈斌彬、白雪华出席会议并讲话，国家图书馆副馆长、国家古籍保护中心副主任张志清主持会议，省级图书馆馆长和古籍保护专家代表20余人参会。会上，张志清对《中华古籍保护计划“十三五”时期规划纲要》(以下简称《纲要》)编制工作进展及主要内容进行说明。陈斌彬介绍文化部文化类规划的制订情况、古籍保护工作在文化建设中的重要性及未来发展情况。与会专家和各单位负责人结合当前传统文化建设形势、党中央关于“十三五”时期规划制订的具体要求及各单位具体工作情况，对“中华古籍保护计划”机制完善、资金投入、人才培养、宣传利用等方面进行讨论，特邀参会的上海社会科学院研究员巫志南从国家战略层面对《纲要》文本提出具体的修改意见与建议。与会代表一致认为，《纲要》事关科学合理地推进我国古籍保护工作、事关有效地促进优秀传统文化的传承和弘扬，必须慎之又慎，要力争制定形成一个既符合科学发展规律又满足事业发展需要的《纲要》。

《中华古籍保护计划“十三五”时期规划纲要》编制审议会议在北京召开

【“我与中华古籍”创客大赛活动在全国举办】

4 月 13 日，由国家图书馆（国家古籍保护中心）与中国图书馆学会共同主办的“我与中华古籍”创客大赛活动发布会在国家图书馆举行。该活动旨在培育公众的古籍保护意识，传承中华优秀传统文化，将古籍文化植入当代人的物质生活和精神生活。活动共设置平面创意、产品创意、多媒体创意和其他创意 4 个竞赛单元，面向全国古籍收藏单位征集创意元素，引导各地、各系统图书馆和图书馆学会、创客团队、专业艺术院系、广大古籍工作者、设计工作者和社会公众利用古籍相关元素，开展文化创意活动。

6 月 11 日，由中国图书馆学会和国家古籍保护中心联合主办的“创客 @ 图书馆——‘我与中华古籍’创客大赛”全国巡展正式拉开帷幕，陆续在福建、广东、天津、江西、新疆、海南、陕西、辽宁、江苏、河北、内蒙古、安徽、吉林等地的 100 多家图书馆展出。

10 月 26 日，“我与中华古籍”创客大赛颁奖仪式在 2016 年中国图书馆年会展览会“中华古籍保护计划”展区现场举行。此次大赛共征集到海报、文化产品、多媒体等类别参赛作品 300 余件（套），共评选出 21 人荣获优秀作品奖，12 家单位荣获大赛优秀组织奖。文化部公共文化司副司长陈彬斌，国家图书馆馆长、国家古籍保护中心主任、中国图书馆学会理事长韩永进，常务副馆长、中国图书馆学会副理事长陈力，副馆长、国家古籍保护中心副主任张志清，副馆长李虹霖，中国图书馆学会副理事长刘小琴、吴建中为获奖个人与单位颁奖。

领导参观“我与中华古籍”创客大赛展区

【长征七号运载火箭首飞搭载中华典籍交接仪式在国家图书馆举行】

2016 年 5 月，中国运载火箭研究院来函邀请国家图书馆借长征七号首飞搭载载荷组合体的契机，预留 600 克载荷搭载反映中华优秀传统文化。国家古籍保护中心以“古籍中的航天梦”为主题，选取古籍书影、《国家珍贵古籍名录》选录、任继愈先生著作《老子绎读》节选等内容，制成线装古籍形式作为搭载书籍。6 月，长征七号运载火箭在海南文昌发射场实施发射，国家图书馆提供的书籍和读者样卡成功搭载升空。

9 月 26 日，长征七号运载火箭首飞搭载中华典籍交接仪式在国家图书馆举行，搭载典籍和读者卡正式入藏国家图书馆。国家图书馆馆长、党委书记韩永进，副馆长、党委副书记魏大威，副馆长张志清、李虹霖、孙一钢，中国运载火箭技术研究院党委书记、副院长郝照平，党委副书记罗晓阳，长征七号运载火箭总指挥王小军，全国古籍保护工作专家委员会主任、国家图书馆研究馆员李致忠以及双方有关领导、专家共50余人出席仪式。

【国家级古籍修复技艺传习中心李仁清传习所挂牌】

5月18日，“国家级古籍修复技艺传习中心李仁清传习所”在郑州市金水区文化馆举行揭牌仪式，来自国家图书馆、故宫博物院、上海图书馆及河南文博单位的20多位古籍整理与保护专家出席。国家图书馆副馆长、国家古籍保护中心副主任张志清，中国文化传媒集团副书记杨守民，河南省文化厅社会文化处处长崔玉山，河南省文物局副局长孙英民共同为传习所揭牌。揭牌仪式上，李仁清先生向国家图书馆捐赠《张威卿墓》等河南济源和洛阳等地出土石刻拓片244种271张，填补国家图书馆金石拓片收藏的空白。

“国家级古籍修复技艺传习中心李仁清传习所”为传承传拓技艺而设立，是国家古籍保护中心在拓宽古籍修复技艺传习人才培养渠道、完善人才培养机制、建立健全覆盖全国的古籍修复技艺传承体系的重要举措，也是国家古籍保护中心首次在私人机构设立的传习所，为充分发挥专家作用、调动民间力量、培养古籍保护人才提供先例。今后，国家古籍保护中心将继续推广传习所古籍保护技艺传承模式，引导社会各界人士参与古籍保护事业，传承古籍保护技艺，逐步壮大古籍保护人才队伍。

国家级古籍修复技艺传习中心李仁清传习所挂牌

【国家古籍保护中心微信订阅号正式开通】

6月15日，国家古籍保护中心微信订阅号正式开通。该公众号是国家古籍保护中心加强新媒体宣传力度的新举措，设立“芸台书话”“古保论坛”“视听古籍”“书卷多情似故人”等专栏，内容丰富，图文并茂，通过发布优质原创文章和视频，向公众普及古籍保护知识，弘扬中华优秀传统文化。订阅号一经开通，各界反响热烈，截至 2016 年年底，已发布图文信息 160 余篇，用户关注近 5000 人。部分文章影响广泛，6 月 22 日发布的武汉大学刘家真教授《古籍保护呼吁立法》一文，相继被澎湃新闻、凤凰网、人民网等媒体转载，引起巨大反响；《“全国古籍普查基本数据库”和“中华古籍资源库”正式发布》一文，阅读量超过 2.2 万人次，相继被十余个微信公众号和澎湃新闻等新闻媒体转载，好评如潮。

【“全国古籍普查登记基本数据库”“中华古籍资源库”正式发布】

9 月 28 日，国家图书馆（国家古籍保护中心）召开发布座谈会，“全国古籍普查登记基本数据库”“中华古籍资源库”向社会发布，服务大众阅览和学术研究。发布会上，国家图书馆副馆长、国家古籍保护中心副主任张志清介绍全国古籍普查和古籍数字化工作整体情况。国家古籍保护中心办公室工作人员分别介绍“全国古籍普查登记基本数据库”和“中华古籍资源库”的建设情况和使用方法。截至 2016 年年底，“全国古籍普查登记基本数据库”更新国家图书馆数据、上传 43 家单位普查数据，累计发布 110 家单位数据 406438 条 3821381 册；“中华古籍资源库”发布古籍数字资源 1.7 万多种，推动古籍资源共享，获得社会各界广泛关注和一致好评。

【数字图书馆推广工程春节阅读活动精彩纷呈】

2016 年春节期间，国家图书馆联合全国各级公共图书馆继续开展“网络书香过大年”活动。活动历时 1 个多月，共有 28 家省级馆和 350 余家市、县级馆、94 万余人次参与线上线下活动，较去年同一活动增长逾七成。本次活动首次实现移动端适配，各地读者用移动端浏览量占到在线访问总量的 41.29%，活动吸引力增强，公众参与活动时间明显延长。

数字图书馆推广工程 2016 年“网络书香过大年”活动

此次线上活动包括“趣味春联拼拼看 · 南腔北调诵新春”“资源探索乐园”和“电子明信片送祝福”，各地读者通过参与互动游戏品味楹联文化、学习“国图公开课”知识及推广工程资源库信息、给亲朋好友送祝福。线下活动同样精彩纷呈：湖北省图书馆开展“新春数字互动体验”活动，让读者现场感受 3D 打印、移动阅读等各种新技术与服务；吉林省图书馆在大年初一为到馆读者赠送 300 张精美的“数图生肖阅读卡”，推广数图资源和使用平台；杭州市图书馆发起“我来晒年味儿”随手拍有奖征集活动，网友参与热度很高；重庆市图书馆开放“大数据互动展示区”，将关键业务数据以大屏幕可视化形式实时播报，更好地为群众提供数字文化服务；邢台市图书馆开展“新技术·新阅读”数字阅读活动，帮助到馆读者学习使用数字资源和移动阅读平台。各地图书馆还就新春年俗、非物质文化遗产传承和特殊群体服务等方面开展多项活动。地方图书馆的积极参与，既保障活动的顺利实施，也扩大活动的辐射面，增强活动的社会影响力。

【数字图书馆推广工程建设与发展巡展在多地举办】

数字图书馆推广工程建设与发展巡展

为让全国读者更加直观地认识数字图书馆推广工程的实施成效与意义，引领读者共同展望“十三五”推广工程发展蓝图，3—5 月，国家图书馆分别在北京、天津、陕西、安徽、广州、江西、山东、浙江八地举办“数字图书馆推广工程建设与发展”巡展。展览分为“进无止境　数字图书馆建设成果惠及全民”“开拓创新　助力现代公共文化服务体系建设”“融合发展　共谋‘十三五’建设新篇章”“蓄力生长各地数字图书馆百花竞放”4 个部分。以图文并茂的形式，利用多媒体视频展播，集中展现“十二五”时期推广工程建设进展以及服务惠民成效，介绍数字图书馆推广工程在加快构建现代公共文化服务体系方面所做出的努力，呈现“十三五”重要战略机遇期推广工程的建设思路；同时，从特色资源建设、基层与特殊群体服务、新媒体与科技创新、科学管理与社会化合作等方面，展示全国各级各地图书馆在数字图书馆建设与服务中取得的成果。

“十二五”时期，国家图书馆积极组织实施数字图书馆推广工程，得到文化部、财政部及各级文化行政部门和各级图书馆的大力支持。“十三五”期间，推广工程将以“一云一库一网”为主要工作抓手，着力建设国家文化传播大数据综合服务平台，实现各类文化机构间资源与服务的全面共知、共建、共享，为“大众创业、万众创新”提供数据支撑，为数据强国贡献力量。

【数字图书馆推广工程新媒体培训班在北京举办】

3 月 14—17 日，由国家图书馆主办、中央文化管理干部学院承办的数字图书馆推广工程新媒体培训班在北京举办。国家图书馆、中央文化管理干部学院相关领导出席开班仪式。来自全国 46 家公共图书馆的近 90 位新媒体建设与服务相关工作人员参加此次培训。5 位专家围绕“新媒体建设与服务”这一主题展开授课。中国人民大学新闻学院教授匡文波从新媒体的定义、发展脉络以及对图书情报领域的影响展开授课，以新媒体和图情领域跨学科研究的崭新视角，给予学员们对新媒体的宏观认识；浙江图书馆副馆长刘晓清以翔实的行业数据、丰富的业内案例对图书馆开展移动服务的宏微观环境和业界进展进行归纳；国家图书馆信息技术部副主任邢军对推广工程移动阅读平台做整体介绍，并分享国家图书馆在移动服务方面的做法和未来设想；来自故宫博物院和国家博物馆的相关负责人分别介绍新媒体服务案例。培训结束后，学员们到国家博物馆现场体验其“云导览”等新媒体服务。

新媒体培训班在国家博物馆开展实地教学

【数字图书馆推广工程图书馆公开课培训班在上海举办】

5 月 10—13 日，由国家图书馆主办，上海市文广局人才培训交流中心承办的数字图书馆推广工程图书馆公开课培训班在上海举办。国家图书馆、上海市文广局人才培训交流中心相关领导出席开班仪式。来自全国图书馆的 80 位公开课建设项目相关工作人员参加此次培训。慕课是 Massive Open Online Course 的中文简称，其核心是将教育的全过程在互联网上实施。图书馆公开课正是借鉴慕课先进理念开展的一种“互联网 + 图书馆社会教育服务”，也是推广工程资源建设的一项主要工作内容。此次培训班围绕慕课这种在线学习方式的产生、发展以及在图书馆的应用而延展开来，既有大学教授的前沿讲座，也有图书馆行业和商业机构的案例分享。复旦大学教师、教学发展中心副主任蒋玉龙介绍慕课的发展历程和其对教育行业产生的颠覆性影响；国家图书馆社会教育部副主任廖永霞分享国家图书馆借鉴慕课理念所开设的国图公开课，其建设初衷和上线一周年的服务现状，是泛慕课概念首次在公共图书馆的应用；网易教育产品部战略总监孙志岗介绍网易的慕课建设经验并展望其未来；国家图书馆副研究馆员萨蕾以推广工程资源联合建设项目工作要求解读推广工程“图书馆公开课”。本次培训特意安排分组讨论的环节，大家踊跃发言、气氛热烈，对图书馆在慕课中的核心竞争力进行深入探讨，更进一步明晰推广工程资源联建项目的建设重点。在实地教学环节，组织学员参观上海嘉定区图书馆，对图书馆贴近大众需求和创新服务方面有了更为直观的认识。

【数字图书馆推广工程开展 2016 年全国少儿在线诗词诵读活动】

小状元们练习诵读发音

2016 年“六一”儿童节之际，由数字图书馆推广工程主办、全国各级公共图书馆协办的“童音诵古韵·经典有新声”全国少儿诗词在线诵读活动正式启动，面向全国 6—12 岁的小朋友在线征集优秀的古典诗词诵读作品。活动旨在通过诵读形式让广大少年儿童感受中国古典诗词的魅力，强化其对中华优秀传统文化的理解与学习，提升少年儿童的人文与信息素养，共同推动全民阅读和书香社会的建设。诵读活动依托推广工程微信公众号来开展。全国参与活动的小朋友通过微信语音功能录制提交诵读作品，上传成功后，借助微信、微博等社交网络平台进行作品分享，让他人为其点赞。活动一经推出，社会反响热烈，共收到来自全国 26 省 500 余地 2688 位参与用户提交的诵读作品 4817 个。经过大众点赞和专家评审环节，活动最终遴选出 10 位“诵读小状元”和 50 位“诵读小达人”，并抽取 200 位幸运“小诗童”。10 位“诵读小状元”还受邀来北京参加“文津经典诵读”专题活动，并被推荐到中央人民广播电台进行诵读节目录制。本次诗词诵读活动得到全国各级图书馆的鼎力支持，共有 25 家省级馆、113 家市级馆和 41 家县级馆参与。

借助活动热度，推广工程面向活动关注对象每周针对性推介工程精品资源，通过微信推文介绍“国图公开课”“移动数字图书馆”“推广工程音乐资源库”和“掌上国图”等栏目的图书和音频资源，内容涉及亲子沟通、家庭教育、古典诗词鉴赏、诵读技巧等主题，推文阅读总量达 5772 次，同时统一用户注册数和移动数字图书馆平台访问量有较大增长。据统计，移动阅读平台 7 月点击量较上月增长 22787 人次，增长 32%；统一用户注册人数 7 月较上月增长 40914 人。同时，很多用户在推文留言中也对推送资源给予好评，希望能够推介更多优秀资源。

【“春雨工程 · 网络书香”数字图书馆阅读推广活动】

为响应文化部、中央文明办开展的“春雨工程”号召，加强对边疆民族地区数字文化服务的援助力度，7—11 月，数字图书馆推广工程先后在湖南省湘西土家族苗族自治州图书馆、西

“春雨工程·网络书香”数字图书馆阅读推广活动西藏站现场

藏自治区图书馆、四川省广元市图书馆举办“春雨工程·网络书香”数字图书馆阅读推广活动，为边疆民族地区公众带去丰富多彩的资源与活动，让当地读者更好地体验数字阅读的便捷和乐趣。系列活动包括“印象数字图书馆”体验区展览、读者及图书馆员培训、赠送实体及数字资源等内容。“印象数字图书馆”体验区融合多媒体终端、交互设备体验等手段，集知识性、互动性、趣味性、实用性于一体。观众通过展板和志愿者的生动讲解能够充分了解数字图书馆、数字图书馆推广工程的建设成果及提供的各类资源与服务；通过参与“书墙扫码赢奖品”“我心中的数字图书馆”活动，激发利用数字图书馆查阅信息、获取知识的兴趣；通过现场的电脑设备还能亲身体验数字阅读，在欢乐中分享知识、收获智慧。培训活动或邀请阅读推广领域的资深专家为公众授课，鼓励边疆民族地区群众享受数字阅读、提高阅读素养，引导读者充分利用数字图书馆查阅信息、获取知识；邀请业务专家为当地图书馆的数字图书馆从业人员授课，从建设理念与专业技能上切实提高其业务水平，进而提高边疆民族地区基层图书馆的服务能力。此外，国家图书馆专门遴选3万册图书及4TB推广工程优质资源赠予3地基层图书馆，使其能够更快更好地为基层群众提供服务。

【数字图书馆推广工程2016年省市级馆长培训班（西部地区）在贵阳举办】

8月8—11日，数字图书馆推广工程2016年省市级馆长培训班（西部地区）在贵阳举办，来自170家省、自治区、市图书馆的180名馆长和数字图书馆建设部门主任参加培训。本次培训班由国家图书馆主办，贵州省图书馆、贵阳孔学堂数字图书馆承办。国家图书馆、贵州省文化厅相关领导出席开班仪式并致辞。国家图书馆数字资源部主任曹宁介绍了未来5年推广工程的主要任务和规划，国家图书馆信息技术部副主任邢军讲解推广工程移动阅读建设与服务，国家图书馆研究院副院长申晓娟总结公共图书馆“十二五”建设成就并畅想“十三五”发展前景。培训班还邀请南京图书馆副馆长许建业做“融合发展中的图书馆服务”专题讲座，以翔实的数据、丰富的案例对图书馆开展创新服务的宏微观环境和业界进展进行归纳和总结。在培训方式上，除课堂教学外，培训班还采取互动研讨、经验分享等多种培训形式，来自贵州省、重庆市、楚雄州、玉林市、绵阳市5家省市级图书馆的经验分享得到学员的欢迎；学员还以数字图书馆主要面临的业务难题及发展规划等内容为议题进行分组讨论，共谋发展。此次培训班特地设计了展览体验环节，展览以“推广工程建设与发展”为主题，以图文并茂的形式，利用多媒体视频展播，集中展现“十二五”时期推广工程建设进展以及服务惠民成效。

【数字图书馆推广工程2016年省市级馆长培训班（东部地区）在威海举办】

8月24—26日，由国家图书馆主办，山东省图书馆、威海市图书馆承办的数字图书馆推广工程2016年省市级馆长培训班（东部地区）在威海举办，来自东部地区9省的180位馆长（含少儿馆）参加培训。培训班邀请国家图书馆研究院副院长申晓娟、云南省图书馆馆长王水乔等知名专家授课；邀请金陵图书馆、厦门市图书馆、嘉兴市图书馆代表就数字图书馆新技术应用、数字资源共建共享、社会化合作模式等方面的优秀经验进行分享。在互动研讨中，各地馆长积极发言，针对各馆数字图书馆建设的成果和面临的问题展开讨论，并为推广工程的未来发展建言献策。

【数字图书馆推广工程面向贫困地区图书馆举办馆员研修班】

首期贫困地区图书馆馆员研修班学员结业合影

为贯彻落实《“十三五”时期贫困地区公共文化服务体系建设规划纲要》文件精神，加快推进贫困地区公共数字文化服务体系建设，国家图书馆紧密围绕习近平总书记强调的“实事求是、因地制宜、分类指导、精准扶贫”十六字方针，于2016年正式启动数字图书馆推广工程扶贫工作，确定河北、陕西、四川、宁夏4省共10家州、县级图书馆作为推广工程扶贫试点。8月28日至9月3日，面向贫困地区图书馆在北京举办首期研修班，共12名县级图书馆馆长和工作人员参加培训。本次研修班在课程设置上紧密结合基层图书馆特点，针对图书馆基础业务和数字图书馆建设重点，由数字资源部联合中文采编部、典藏阅览部和信息技术部，带领学员实地参观并学习图书报刊编目加工全流程、国家图书馆读者服务、数字资源建设与服务等内容丰富的业务课程。同时，研修班还安排学员走进首都图书馆和故宫博物院，感受“互联网+”环境下公共文化创新性服务方式。贫困县研修班是2016年推广工程系列馆员研修中的一期，全年共有来自全国50家副省级以上图书馆、21家少数民族地州馆、6家贫困县图书馆的149名业务骨干参与研修培训。

【数字图书馆推广工程2016年省市级馆长培训班（中部地区）在武汉举办】

9月21日，由国家图书馆主办、湖北省图书馆承办的数字图书馆推广工程2016年省市级馆长培训班（中部地区）在武汉举办，这是此次系列培训的最后一站，来自118家省、市图书馆的121名馆长参加培训。文化部公共文化司副司长白雪华、国家图书馆数字资源部主任曹宁、湖北省文化厅公共文化处处长李波出席开班仪式并致辞。白雪华对国家公共文化服务体系建设政策进行了解读，全面介绍十八大报告中关于公共文化发展的论述，以及近期国务院出台的关于“引入社会力量”提供公共文化服务以及“推进基层综合性文化服务中心”的意见，强调公共文化服务应“提高服务效能”。除专题课程以外，培训班还邀请黑龙江省图书馆副馆长张大尧做讲座；湖北省、长沙市、铜陵市、洛阳市4家省市级图书馆做经验分享；学员还以数字图书馆主要面临的业务难题及发展规划为议题进行分组讨论。此次培训班还设计了参观和展览体验环节，组织学员参观湖北省图书馆新馆和“推广工程建设与发展”主题展览。

【数字图书馆推广工程2016年资源联建培训班（东部地区）在沈阳举办】

10月18—21日，由国家图书馆主办、辽宁省图书馆协办、辽宁省艺术学校承办的数字图书馆推广工程2016年资源联建培训班（东部地区）在沈阳举办。国家图书馆、辽宁省图书馆及辽宁省艺术学校相关领导出席开班仪式并讲话。来自东部地区90家图书馆的103位数字资源联合建设项目相关人员参加此次培训。数字图书馆推广工程2016年资源联建培训班按照东、中、西部地区分期分区域开展，东部地区培训班是此次系列培训的首站。国家图书馆围绕推广工程资源联建工作这条主线，设置推广工程2016年数字资源联合建设项目解读、推广工程资源的共享与利用等一系列具有较强针对性、专业性和实效性的课程。为提升培训效果，此次培训班还创新培训形式，首次设置业务技能竞赛环节，通过以赛代培的方式进一步深化学员对推广工程及资源联建工作的认识，提高业务技能。

【国家数字图书馆体验区亮相2016年中国图书馆年会】

10月26—27日，2016年中国图书馆年会在安徽铜陵开幕。在年会展览会期间，文化部党组成员、部长助理兼办公厅主任于群，文化部原副部长、国家图书馆名誉馆长周和平，安徽省副省长谢广祥，铜陵市委书记李猛，文化部公共文化司副司长陈彬斌，国家图书馆馆长、党委书记韩永进、常务副馆长陈力、副馆长李虹霖，中国图书馆学会副理事长刘小琴以及国际图联主席多纳·希德（Donna Scheeder）、秘书长杰拉德·莱特内（Gerald Leitner）

韩永进馆长参观国家数字图书馆体验区并进行交流

等领导先后参观国家数字图书馆体验区。

国家数字图书馆体验区通过虚拟现实体验、人机交互体验、视频展播互动等形式，充分展现国家图书馆组织全国各级公共图书馆通力开展数字图书馆推广工程，实现网络互联互通、统一用户认证、资源共建共享、图书馆大数据应用等方面的建设成果，并为观众提供国图公开课、文津经典诵读、移动阅读等主题互动体验活动。在展板展示区，“提升公共文化服务传播能力”“丰富优秀文化资源产品供给”“大数据提升公共文化服务效能”三个板块分别介绍了推广工程在网络互联互通、用户统一认证方面的实施成效，资源联建与共享对全国图书馆资源建设工作的带动，大数据技术手段对图书馆数据中隐含价值的发掘与利用等。机器人担当智能接待员，与门口大屏配合，生动有趣地给观众讲解体验区情况、主持国图公开课以及答疑解惑；虚拟现实体验让“文津经典诵读”古诗词活起来，为观众带来引人入胜的沉浸式体验；移动阅读提供国家图书馆各类创新服务平台，让公众享受随时阅读的乐趣；还有各地数字图书馆优秀案例展播、可以取走的照片墙和微信打印机自主体验，也吸引众多观众。

【数字图书馆推广工程版权管理理论与实务培训班在北京举办】

11月3日，数字图书馆推广工程版权管理理论与实务培训班在国家图书馆举办，来自30个省的68位相关工作人员参加培训。培训班紧密围绕数字资源建设和版权管理的结合，策划数字版权管理与数字图书馆建设、数字出版产业发展与法律政策、引进数字资源版权管理方法、自建数字资源版权甄别与管理、地方馆推广工程资源建设与服务版权管理实践等一系列具有较强针对性和实效性的课程。

【数字图书馆推广工程2016年资源联建培训班（中部地区）在合肥举办】

11月15—18日，由国家图书馆主办、安徽省图书馆承办的数字图书馆推广工程2016年资源联建培训班（中部地区）在合肥举办。国家图书馆和安徽省图书馆相关领导出席开班仪式并讲话。来自中部地区86家图书馆的96位数字资源联合建设项目相关人员参加此次培训。培训主要围绕推广工程资源联建工作这条主线，策划了推广工程2016年数字资源联合建设项目解读、推广工程资源的共享与利用等一系列具有较强针对性、专业性和实效性的课程。联合建设项目解读课程着重介绍今年新增项目的主要建设内容，为2016年推广工程资源联建工作的顺利实施打下坚实基础。推广工程资源的共享与利用课程详细讲解推广工程各类数字资源的使用方法。除课堂教学外，培训班还开展互动研讨、经验分享等活动，安徽省、黑龙江省、四平市、九江市、合肥市少儿馆5家省市级图书馆分别就联建工作统筹协调、文献数字化、网事典藏等工作进行经验交流；学员们还结合自身工作学习实践，分享听课感受，更加深了对课程的理解和思考。

【数字图书馆推广工程2016年资源联建培训班（西部地区）在昆明举办】

12月2日，由国家图书馆主办、云南省图书馆承办的数字图书馆推广工程2016年资源联合建设培训班（西部地区）在昆明举办，来自92家省、自治区、市图书馆的120余名数字资源联建项目负责人参加此次培训。国家图书馆和云南省图书馆相关领导出席开班仪式并讲话。此次培训班除讲授具有较强针对性、专业性和实效性的课程外，延续了2016年度联建培训班的创新培训形式，运用学员结课发言、业务技能竞赛、分组讨论等多种培训手法，进一步深化学员对推广工程及资源联建工作的认识，提高学员业务技能，在增加学习积极性的同时更学以致用，让所学知识与自身工作学习实践有机结合。

2016年资源联建培训班（西部地区）业务技能竞赛现场

【数字图书馆推广工程2016年度商购资源配置工作】

2016年更新数据库4个。其中，电子期刊以硬盘封装形式更新县级基层图书馆及乡镇文化服务站200种期刊2014—2015年度数据；以建立国家中心镜像总站点方式更新200种期刊2017—2018年度数据，累计可提供服务的期刊数量超过400种，学科配置以社科为主、科技为辅；艺术图片新增14.3万，主要包含中国绘画、书法、陶瓷艺术、玉石珠宝、古董珍玩等单元；许可授权15万首曲目，包含国际顶级唱片品牌，9000多位艺术家、100多种乐器的音乐作品；1.4万种期刊的远程访问授权，采购量比2015年上涨1.4倍。以上资源除硬盘封装电子期刊外，均授权全国省市级公共图书馆局域网及馆外合法授权用户提供服务。新增数据库1个，包含1470种世界文明史连环画，数据容量约120GB，授权全国省市级公共图书馆局域网及馆外合法授权用户提供服务。

【国家图书馆文献脱酸设备研制取得阶段性成果】

2015年，国家图书馆民国时期文献保护工作办公室设立“民国时期文献脱酸研究与脱酸设备研制”项目，由古籍保护科技文化部重点实验室具体承担项目研发工作。经过近一年的努力和攻关，2016年年初脱酸设备研制工作取得阶段性进展，并已申请国家专利。该项目研制的文献脱酸设备主要由储液系统、脱酸系统、冷凝系统和控制系统组成，采用撬装方式安装在一个箱体内。设备整体占地空间小，系统结构紧凑，安装方便。脱酸过程全部实现自动化，操作简单。脱酸时，将需要脱酸的文献放入脱酸罐后，只需启动开关，系统就会自动运行，完成整个脱酸过程。设备可对整本图书进行脱酸，不需要拆装订，能一批处理多本文献，单批次可处理的文献数量在20—

常务副馆长陈力现场考察脱酸设备研制情况

50本之间。该设备的研制成功填补了国家图书馆在文献批量脱酸方面的空白，将有利于推进民国时期文献原生性保护工作的开展。未来将组织相关专家从文化与科技融合的角度策划项目，争取上级部门更多的支持，着力解决制约民国时期文献保护工作发展的瓶颈问题。1月21日，国家图书馆常务副馆长陈力在业务管理处、古籍馆负责同志及相关人员的陪同下，现场考察文献脱酸设备研制情况，并就后续研发工作进行相关部署。

【2016年民国时期文献整理出版申报项目专家评审会在北京召开】

3月31日，2016年“民国时期文献整理出版申报项目专家评审会”在国家图书馆召开。中国社会科学院近代史研究所所长、研究员王建朗，北京大学历史学系教授、中外关系史研究所所长王晓秋，南开大学日本研究院院长、教授宋志勇，四川大学、北京大学历史学系教授罗志田等10位专家参加评审。王建朗主持会议，国家图书馆常务副馆长陈力、业务管理处处长毛雅君出席会议。

自2013年起，国家图书馆面向全国组织申报民国时期文献出版项目，经过三年的努力，这项工作已取得明显成效。从2013年到2015年，共立项91项5497册，已完成出版50项2960册，并在实践中逐步形成民国时期文献资料丛编，对日战犯审判文献资料丛刊，民国时期珍稀档案、日记、手札文献，抗日战争文献史料丛编，革命历史文献资料丛编以及目录、图录、索引等六大系列，出版多项填补国内空白、具有重要文献价值的资料汇编、档案资料，其中尤为突出的是抗战文献、东京审判文献的整理出版成果。2016年，国家图书馆继

民国时期文献整理出版项目专家评审会召开

续面向全国开展民国时期文献整理出版项目的申报立项工作。截至 3 月20 日，收到来自全国各级各类图书馆的申报书 44 份，内容涉及民国时期政治、经济、文化、教育等多个领域。

评审会上，国家图书馆业务管理处副处长孙伯阳介绍了民国时期文献整理出版项目的整体策划、前期工作以及取得的阶段性成果。与会专家本着公开、公平、公正的原则，对各项申报项目逐一进行评审、遴选，挑出符合要求的优秀申报项目；专家们积极建言献策，对民国时期文献以及档案资料的整理工作提出很多建设性意见和建议。会后，国家图书馆及时与获得立项的申报单位沟通，促进立项项目整理出版工作的开展。

【民国时期文献编目工作研修班在沧州举办】

7 月 7 日，由国家图书馆、中国图书馆学会、河北省文化厅主办，河北省图书馆学会、沧州市图书馆共同承办的民国时期文献编目工作研修班在沧州市图书馆开班。河北省沧州市文广新局党组成员、纪检组长戴文，河北省文化厅公共文化处处长张雪芳，国家图书馆业务管理处处长毛雅君先后致辞。毛雅君代表国家图书馆和中国图书馆学会向承办方代表河北省图书馆学会副理事长兼秘书长顾玉青，沧州市图书馆学会理事长、沧州市图书馆馆长宋兆凯颁发感谢状。全国知名的民国文献编目专家以及来自全国各级各类图书馆及相关机构从事民国时期文献编目工作的业务骨干共计 160 余人参加本次研修班。在为期两天的研修班上，毛雅君对民国时期文献保护计划概况做介绍；沧州区域文化研究所所长、南开大学社会史研究中心客座研究员孙建为做题为“民国文献里的家国情怀——以沧州地区为例”的民国历史文化讲座；国家图书馆刘小玲、朱芊、延卫平分别讲授“民国图书著录”“民国资料、图书标引”“全国联合编目系统民国时期图书联机上载与馆藏编制”等专业课程，学员们结合各馆民国时期文献保护实际工作进行交流。

【民国时期文献保护计划宣传推广活动在吉林举办】

9 月 7—8 日，民国时期文献保护计划宣传推广活动——吉林站系列活动举行，此次活动由文化部公共文化司指导，国家图书馆、中国图书馆学会、吉林省文化厅主办，吉林省图书馆、吉林省图书馆学会承办。启动仪式由吉林省图书馆馆长赵瑞军主持。来自吉林省公共图书馆、高校图书馆等相关单位的 82 名业务骨干参加主题培训活动。开幕式上，吉林省文化厅副厅长张辰源和国家图书馆业务管理处副处长孙伯阳先后致辞，充分肯定宣传推广民国文献的价值和意义，强调民国文献保护工作的重要性和迫切性。孙伯阳代表主办方分别向吉林省图书馆、省图书馆学会颁发感谢状。领导、嘉宾和学员随后参观“民国时期文献保护计划”系列展览，并观看《历史的审判——〈远东国际军事法庭庭审记录〉》视频。

在为期两天的培训班上，孙伯阳从“东京审判”资料流散的教训，民国文献基本情况、史料价值和现实意义，保护工作的紧迫性等多个方面介绍“民国时期文献保护计划”的立项情况。东北师范大学教授、博士生导师曲晓范以“民国时期吉林社会文化的兴起与发展”为题，介绍民国时期吉林文化的发展、繁荣及其历史环境和历史背景。国家图书馆研究馆员刘小玲以“民国时期图书著录”为题，分别对图书著录概述、CNMARC 记录结构和九大功能块、机读目录格式填写说明等内容进行授课。国家图书馆研究馆员朱芊以“民国时期图书标引中应注意的问题”为题，从依据的标引工具、历史类目类号的处理、主标题确定的原则、民国时期图书的特点及标引方法等方面进行授课。国家图书馆副研究馆员延卫平以“全国联合编目系统民国时期图书馆藏编制和添加”为题，从 UCS 系统介绍、UCS 系统书目与馆藏数据关系、UCS 客户端的安装和登录 UCS 系统等方面进行授课。

【民国时期文献保护计划宣传推广活动在辽宁举办】

9 月 21—22 日，由文化部公共文化司指导，国家图书馆、中国图书馆学会、辽宁省文化厅主办，辽宁省图书馆、辽宁省图书馆学会承办的民国时期文献保护计划宣传推广活动——辽宁站系列活动在辽宁省图书馆举办。国家图书馆业务管理处处长毛雅君、辽宁省图书馆馆长王筱雯以及来自辽宁省公共图书馆、高校图书馆等相关单位的近 90 名业务骨干参加系列活动。启动仪式上，王筱雯和毛雅君先后致辞，毛雅君代表中国图书馆学会分别向辽宁省图书馆和辽宁省图书馆学会颁发感谢状，启动仪式由辽宁省图书馆副馆长杜希林主持。

研讨班上，毛雅君从民国文献基本情况、史料价值和现实意义、保护工作的紧迫性等多个方面介绍民国时期文献保护计划的立项情况。辽宁省张氏帅府博物馆副馆长曲香昆以“从民国文献中品读张氏帅府”为题，介绍民国时期辽宁文化和相关文献情况。国家图书馆研究馆员刘小玲、朱芊和国家图书馆中文采编部袁春燕分别以“民国时期图书著录”“民国时期图书标引中应注意的问题”和“全国联合编目系统民国时期图书馆藏编制和添加”为题进行授课。同期举办“民国时期文献保护计划”系列展览，播放“历史的审判——《远东国际军事法庭庭审记录》”视频，受到学员和广大读者的欢迎。

【地铁 4 号线开出京城首个“童书专列”】

9 月 27 日，由京港地铁和国家图书馆长期合作的“M 地铁 · 图书馆”地铁文化公益项目首次携手“书香中国 · 北京阅读季”，在京港地铁 4 号线开出主题为“和爷爷奶奶‘童’读一本书”的“童书专列”，让乘客在书香中体验与孩子共读一本书的乐趣。

中国童书发展近百年来，涌现了大量经典作品，从中国童话的开山之作孙毓修的《无猫国》到细腻忧伤的曹文轩的《荒原茅屋》，这些优秀的儿童读物给中国儿童带来无穷欢乐。此次活动推荐严文井、洪汛涛、张之路、沈石溪等儿童文学史上重要作家的 10 本出版时间跨越百年的童书著作，让大众了解中国童书的发展史。“童书专列”以此次活动推荐的童书里的角色和插画场景为设计素材，特别装饰 6 节创意车厢，并推介大量经典儿童书籍。登上列车，仿佛置身童书的海洋，各种经典作品的角色在眼前游动、漫步，与乘客“对话”“交流”，吸引乘客走进书籍，品读经典。而在位于地铁平安里站的“M 地铁 · 图书馆”童书专馆中，详细介绍了向公众推荐阅读的 10 本经典童书，公众扫描书籍二维码即可实现全本免费阅读；通过访问主题资源库，公众还可以了解中国童书百年发展的历程。图书馆内还为此次活动特别制作了充满童趣的主题画，吸引孩子们走进图书馆里轻松选书。

童书专列之《无猫国》车厢

国家图书馆历来重视面向公众的阅读推广服务，常年开展讲座、展览、文化沙龙等丰富多彩的阅读推广活动。2015 年启动的“M 地铁 · 图书馆”项目虽然时间不长，却收获了良好的社会反响，也切实为地铁出行的旅客带来丰富的阅读资源。2016 年这一期活动，国家图书馆推出民国时期文献保护计划的部分工作成果，接下来，还将遴选特色馆藏资源，经过专题性的策划加工，为公众带来更多更好的文献资源。

【国家图书馆启动国家抗战研究专项工程】

10 月 18 日，在远东国际军事法庭开庭 70 周年之际，国家社科基金抗日战争研究专项工程“日本战犯审判文献征集、整理与数据库建设”开题会在国家图书馆举行。国家图书馆馆长韩永进、常务副馆长陈力，中共中央党史研究室原副主任章百家，中国第二历史档案馆副馆长马振犊等领导以及课题组成员共 30 多人参加会议。开题会由专家组组长、中国社会科学院近代史研究所所长王建朗主持。

开题会上，国家图书馆馆长韩永进介绍专项工程立项的总体情况以及项目的总体目标等内容。2016 年 3 月，民国时期文献保护计划被纳入国家“十三五”规划纲要。在本年度国家社科基金抗日战争研究专项工程中，国家图书馆主持或参加的研究项目共 5 个，其中由国家图书馆作为第一牵头单位负责的 2 个，包括此次开题的“日本战犯审判文献征集、整理与数据库建设”项目，以及后续即将开题的“日本对华调查档案资料整理和数字化”项目，另有“抗日英烈名录数据库”“抗战文献专题目录及同名书目数据库建设”“抗日战争及近代中日关系文献数据平台建设”3 个项目为国家图书馆与中国社科院、民政部等单位共同牵头。此外还有1项“满铁剪报”出版与研究项目为国家出版基金专项支持项目。这些工作，为配合国家整体战略部署和内政外交大局、捍卫我国作为日本侵略最大受害国和世界反法西斯战争战胜国的历史地位与国际话语权发挥积极作用，也是驳斥日本右翼歪曲否认侵华史实翻案言论的有力武器，更是图书馆等历史文献收藏单位的工作职责，具有重要的历史价值和现实意义。

开题会现场

国家图书馆业务管理处处长毛雅君做专项工程开题说明。专家们积极建言献策，一致肯定“日本战犯审判文献征集、整理与数据库建设”项目的重大意义，并对该项工程提出很多建设性意见和建议，同时希望国家图书馆继续发挥优势，联合业界相关单位，在全球范围内搜集包括马尼拉审判、东京审判、丸之内审判等A级、B级、C级战犯的资料，全面、完整建构日本战犯审判档案文献专题库，积极开展整理、研究与数据库建设工作，为子孙后代保存好卷帙浩繁的宝贵遗产。

【国家图书馆集中首发日本战犯审判文献】

10月18日，《伯力审判庭审记录》《丸之内审判文献汇编》《二战日军战史资料汇编》新书发布仪式在国家图书馆举行，国内多位近代史、中日关系、抗日战争研究专家30余人参加此次活动。国家图书馆馆长、党委书记韩永进，全国哲学社会科学规划办公室规划处副处长孙璐，中国社会科学院近代史研究所所长、党委书记王建朗，国家图书馆出版社社长方自金分别致辞。仪式由国家图书馆常务副馆长陈力主持。

《伯力审判庭审记录》全5册，是国内首次公开出版的汇集中、英、俄、德、日语种的伯力审

国家图书馆集中首发日本战犯审判文献

判庭审记录。伯力审判是东京审判的延续与补充，也是历史上第一次对细菌战罪行公开审判。该文献的整理出版将成为揭露侵华日军使用细菌武器这一罪行的第一手审判材料。

《丸之内审判文献汇编》全18册，该文献汇编盟军总司令部设立特别军事法庭，审判原日本联合舰队总司令丰田副武、原俘虏情报局长官田村浩的庭审记录、法庭证据与法庭判决等审判相关材料，揭露日军作战期间虐待、虐杀俘虏等重大犯罪事实，是日军残暴战争罪行的铁证。

《二战日军战史资料汇编》全30册，是国内首次公开出版二战日本陆海军战史档案资料，涉及日军战前的政策战略、战争计划与各主要战场的具体作战情况，覆盖日本在太平洋战场的所有方面，包括各区域、各部队及重要战斗情况，其中还有大量日军侵华事实，涉及“九一八”事变、卢沟桥事变、台儿庄战役、昆仑关战役等重要事件，是研究二战战争史的重要史料来源。

自2011年以来，民国时期文献保护计划整理出版工作已立项120项，出版完成58项3066册，其中“对日战犯审判文献资料丛刊”和“抗日战争文献史料丛编”整理出版成果尤为突出。此次首发出版的三套历史文献，在内容上极大地补充了“对日战犯审判史料系列”专题文献，是对日本战犯审判文献整理工作的拓展与延伸，也是国家社科基金抗日战争研究专项工程“日本战犯审判文献征集、整理与数据库建设”的第一批成果，意义重大。

【国家图书馆着力打造日本对华调查档案资料数字化服务平台】

11月15日，国家社科基金抗日战争研究专项工程“日本对华调查档案资料整理和数字化”开题会在国家图书馆召开。国家图书馆馆长韩永进、常务副馆长陈力，中国国家博物馆副馆长白云涛等专家、领导以及课题组成员共30多人参加会议。开题会由专家组组长、中国第二历史档案馆馆长马振犊主持。

开题会上，馆长韩永进介绍专项工程立项的总体情况以及项目的总体目标等内容，常务副馆长陈力、典藏阅览部主任王志庚分别做专项工程的开题说明。专家们积极建言献策，一致肯定“日本对华调查档案资料整理和数字化”项目的重大意义，建议对搜集到的史料进行内容鉴别，实行分类分级开放。

为加强日本对华调查档案资料的整理、研究和开发工作，为服务国家内政外交大局和抗战研究提供史料支撑，国家图书馆申请立项国家社科基金抗日战争研究专项工程课题——“日本对华调查档案资料整理与数字化”项目。按项目规划，国家图书馆将建立一个“日本对华调查

馆长韩永进和第二历史档案馆馆长马振犊为新书首发揭幕

档案资料”数字化服务平台，从东亚同文书院和满铁调查报告开始，对馆藏日本对华调查资料进行全面整理和数字化，同时还将联合国内外各相关文献单位，对日本对华调查档案资料进行全方位地搜集、整理加工和标引，建立专题数据库，从而大力推动日本对华调查资料的研究和服务工作。

同日，《东亚同文书院中国调查手稿丛刊》（200册）在国家图书馆首发。该套丛书根据国家图书馆藏东亚同文书院的大旅行日志和调查报告整理汇编而成，由国家图书馆出版社出版。这是国内东亚同文书院中国调查手稿的第一次集中面世，更是对日本军国主义的又一次集中揭露，也是对国人防范意识的一次警醒。该丛刊作为“日本对华调查档案资料整理和数字化”项目的第一批成果，为中日近现代关系史研究开辟了新的领域，对推进和深化抗日战争研究具有重要的现实意义。

【民国时期文献保护计划宣传推广活动在黑龙江省图书馆举办】

11月30日，民国时期文献保护计划宣传推广活动——黑龙江站启动仪式在黑龙江省图书馆举办。此次活动由国家图书馆、中国图书馆学会及黑龙江省文化厅联合主办，黑龙江省图书馆、黑龙江省图书馆学会承办。中国图书馆学会副理事长、国家图书馆常务副馆长陈力，黑龙江省文化厅副厅长韩慧峰，中国图书馆学会秘书长霍瑞娟，黑龙江省图书馆学会理事长、省图书馆馆长高文华，副馆长毕红秋等领导和嘉宾以及来自全省各类图书馆132名民国文献编目从业人员出席启动仪式。陈力、韩慧峰先后致辞。陈力和霍瑞娟分别代表国家图书馆、中国图书馆学会向黑龙江省图书馆、省图书馆学会颁发感谢状。

此次宣传推广活动由“民国时期文献保护计划系列展览”和“民国时期文献编目工作研修班”两个板块组成。研修班主要针对黑龙江省民国文献编目从业人员开展，分别由陈力讲授“民国时期文献保护计划概况”，黑龙江省地方志办公室研究室原主任、编审柳成栋讲授“黑龙江民国文献的开发与利用”，国家图书馆研究馆员刘小玲和朱芊分别讲授“民国图书的著录”“民国资料、图书的标引”，国家图书馆副研究馆员延卫平讲授“全国联合编目系统民国时期图书联机上载与馆藏编制”。系列展览介绍了民国时期文献保护计划取得的成果和目前的工作进展，受到观众的一致好评。此次活动对于宣传推广民国时期文献保护计划，提升黑龙江省各级图书馆的民国文献工作有重要意义。

文献整理与开发

- 善本古籍的开发
- 普通古籍的开发
- 民国文献的开发
- 馆藏重大出版整理项目
- 年度掠影

文献整理与开发

一、善本古籍的开发

古籍馆继续对馆藏善本文献进行整理出版，宋刻本《详注周美成词片玉集》、金刻本《栖霞长春子丘神仙磻溪集》、明嘉靖刻本《赐号太和先生相赞》、明万历刻本《坐隐先生精订陈大声乐府全集》、明刻彩色套印本《湖山胜概》等珍贵文献化身千百。支持国家图书馆出版社出版《国学基本典籍丛刊》，影印出版珍贵善本，使其可以成为寻常老百姓的插架之物。为中医古籍出版社的《养生珍本医籍丛刊》、中国书店的《中国道教版画全集》、北京联合出版有限责任公司的《山水志丛书》、华东师范大学的《子藏》编纂出版项目、齐鲁书社的《历代丛书汇纂》等国家重点出版项目或大型文献整理丛书提供底本支持。

2016年，舆图文献开发得到可喜发展，分别为福建省图书馆、南海博物馆、聊城中国运河文化博物馆、中国海洋大学、复旦大学历史地理研究中心、中共中央办公厅警卫局、宁波市规划局、中国社会科学院历史研究所等单位提供舆图文献的复制件。少数民族语言文字古籍开发有新突破，为中央民族大学、福建人民出版社出版《中国少数民族珍稀典籍汇编》提供《皇舆山河地名考》等满文古籍4种10册，为出版《中国民族古文字图典》提供馆藏西域文献等少数民族文字古籍24种24册/件。金石拓片的开发继续深入，策划出版《国家图书馆藏青铜器精品全形拓集》，收书723种，为丹棱县文化广电新闻出版局提供《龙鹄山榜书》复制件，并开展馆藏邢侗所书法帖拓本的出版。

二、普通古籍的开发

国家图书馆出版社将馆藏古籍按照专题进行分门别类的整理开发，主要涵盖传记文献、史籍史料、书目版本、文学艺术、方志地理、哲学宗教、综合文献等方面。

传记文献方面，《历代人物传记资料汇编》（全150册），涵盖国家图书馆藏先秦至清近3000年间撰述人物的重要史料文献，分为总传与传记。不论人物地位高低，是历史名人还是泛泛之辈，材料或多或少，均收录入本书。本书按照所记史事或人物之时代先后排列。谱牒、地理等不在本书收录范围之中。总传部分以两人及以上多人事迹为主，共收录71种书，除传记、图赞外，另收录姓氏目录、缙绅册等。著作与刊刻时代集中于明清两朝，同时展现14至19世纪的中国古代社会生活及对古代人物的认识。传记部分主要以个人生平事迹为主，包括行实、行状、行略、墓志铭等撰述形式，收录从商至19世纪末期历代人物133人（以明清居多），其中大部分为抄稿本，系首次整理出版，具有极高的文献价值。本书所收书大部分为国家图书馆馆藏善本，此次集中影印人物资料，为文史哲爱好者、学者及图书馆等收藏单位收藏、使用古籍资料提供便利，同时也让难得一见的善本古籍为大众所知，有利于古籍的流传与保存。

史籍史料方面，①《中国古籍珍本丛刊·武汉大学图书馆卷》（全72册），收录武汉大学图书馆收藏的20种珍本文献，其内容分为4部分：一是经部文献，包括《易经正讹》等3种文献；二是史部文献，包括《增修附注资治通鉴节要续编》《筹海图编》等8种文献；三是子部文献，包括《新编西方子明堂灸经》等4种文献；四是集部文献，包括《陈伯玉文集》《文山先生文集》等5种文献，这些著述均具有较高的文献参考价值。②《史学辑佚文献汇编》（全69册），本书是《历代辑佚文献分类汇编丛刊》之一，国家“十二五”重点图书规划项目。第一次将历代的史学散佚文献从诸多后代辑佚丛刊中辑选出来，按照正史类、别史类、编年类、杂史类、载记类、史评类、传记类、政书类、职官类、时令类、地理类、目录类等分类整理成书，对于研究两汉以来的史学，提供更为集中的辑佚资料。

书目版本方面，《国家图书馆藏佛道教书目题跋丛刊》（全30册），收录国家图书馆馆藏民国及以前保存下来的佛道书目54种，其中佛教45种、道教9种。国家图书馆所藏的佛道书目基本涵盖至今存世的佛道书目，这批书目至今未全面集中出版过，具有很高的学术研究和实际应用价值。

文学艺术方面，①《古本戏曲丛刊九集》（全40册），收录故宫博物院、国家图书馆、首都图书馆等地收藏的内府抄本10种结集出版。清宫廷戏大多为连台大戏，本书收录的《升平宝筏》《劝善金科》为清乾隆时张照编。通过九集可以了解清宫廷戏和内府抄本的特色。本书将1962年出版的《古本戏曲丛刊九集》以精装大32开形式影印出版，方便广大戏曲爱好者与文学研究者欣赏与研究。②《近人传奇杂剧初编》（全6册），近代传奇杂剧作品繁多，其中不乏佳作精品，但历来少有人进行细致整理，本书编者历经数载，选编近人传奇杂剧近百家，剧目近200种，选录标准兼重思想艺术性和稀见性，此书的出版填补了这一时期传奇杂剧文献整理的空白，有益于相关研究的深入开展。

方志地理方面，①《地方志人物传记资料丛刊·华中卷》（全100册），主要收录河南、湖南、湖北三省方志300余种。所收人物传记资料的门类大致包括：各类人物传记，一般分名宦、乡宦、仕进、孝友、节烈、耆旧、寿民、方伎、流寓等；各种表志，如职官表、选举表等；另有金石、艺文类中的墓志、传记等。②《历代地方诗文总集汇编》（全500册）。我国对地方文献尤其是诗词文赋等文学作品的搜集汇编有着良好的传统，尤其是明清两代，各地府州县镇积极整理本地艺文，产生大量的地方诗文总集。民国时期，战乱频繁，但地方文献整理之风未衰。直到现在，各地也在不遗余力地搜集地方文献。此次将230多种汇为一编，涉及20多个省市，数百县镇，可以补充别集的不足。既能为今人重编地方艺文提供文献资料，也能为地方文献和文学研究提供便利。③继续开发方志资源，为福建省地方志编纂委员会、广西地方志编纂委员会、山西太谷县史志研究室、榆次区史志研究室、晋江市地方志编纂委员会办公室、围场县档案局、山东黄氏印务有限公司等方志收藏或出版机构提供方志底本；为江西省图书馆等单位出版明刻本《玉茗堂书经讲意》、文物出版社出版《函牍资料汇编》、汝州市文学艺术界联合会出版《风穴续志》提供普通古籍文献。

哲学宗教方面，①《子藏·名家部·人物志卷》（全4册），共收录先秦至民国时期（原则上截止到1949年）目前所知有关《人物志》白文本、注释本、节选本、校勘本、批校本及各类研究著作等25种，集各种版本及研究文献之大成。在遴选方面，主要体现出收书较全、注重校跋本的收录以及关注稿抄本等特点。②《径山藏》（全230册），《径山藏》的刊刻发起于明万历七年（1579），由紫柏、密藏、袁了凡等带领，历经种种磨难，终于雍正元年（1723），正藏、续藏、又续藏全部刊竣，历时近145年。它是明代后期刊刻的一部私版《大藏经》，也是我国编纂的《大藏经》中收录内容最多的一版，共计收录典籍2191部。它是一部掺杂各种藏外版佛书的百衲本《大藏经》，也是我国第一部方册装《大藏经》，故此也称其为“方册藏”。

综合文献方面，《英国阿伯丁大学图书馆藏〈永乐大典〉》，系阿伯丁大学图书馆藏《永乐大典》，即卷11907。该册于1997年由牛津大学博德利图书馆中文部负责人何大伟（David Helliwell）先生发现，截至目前未收入任何影印本。该卷韵目为十八养，内容为广州府，正文共计39个筒子页。原书上有水渍及霉菌。

《美国汉庭顿图书馆藏〈永乐大典〉》，现藏于美国汉庭顿图书馆的《永乐大典》卷10270《教世子》及卷10271《文王世子篇》，是目前世上发现的第419册《永乐大典》。卷中大量引用《礼记》等12部文献典籍，其中包括4部完全失传的文献。其内容讲述皇室家族如何教育皇子。除引用文献记载，书中还有不少注解，具有很高的文献价值。《宋本孟子集注》（全五册），影印所据底本，为铁琴铜剑楼原藏（今藏国家图书馆），宋淳祐十二年当涂郡斋刻本《四书章句集注》之《孟子》抽印本，作为《国学基本典籍丛刊》之一种，供广大国学爱好者阅读收藏。

近年来，国家图书馆大力支持国家图书馆出版社整理出版馆藏文献，所提供的普通古籍涉及的出版项目包括《中国书院文献丛刊》《晚清民国商业账簿汇刊》《〈华阳国志〉丛刊》《国家图书馆藏稀见书目汇刊》《农书汇编》《遵义丛书》《赋学文献》《国家图书馆藏稿抄本年谱汇刊》《中国易学文献集成续编》《牡丹亭善本丛刊》《中国古代音乐文献集成第四辑》《宋育仁文集》《民国时期县政史料汇编》《清代家集丛书续编》等数十个。

三、民国文献的开发

2016年，民国文献开发力度继续加大，大型出版项目延续系列化、专题化特征稳步发展，相关图书的基本信息分为“民国文献资料丛编”“外文类影印图书”“名人日记信札”“抗战及对日战犯审判文献”等类。

民国文献资料丛编方面，《民国时期经济调查资料三编》（全30册），是《民国时期经济调查资料汇编》的三编，收录民国时期的经济调查报告200余种，内容为：各地方县市的经济概况调查。工业、农业、手工业、商业等具体门类的专门调查，包括制造业、粮食、棉花、茶叶、矿产、国货等产业和行业的产销报告等。这些调查报告，涉及全国大多数省份、经济学的大多数门类，且很多都是抗战时期的调查，是研究民国经济史、地方经济史、抗战史的重要参考。《民国时期出版史料续编》（全20册），是《民国时期出版史料汇编》的续编，内容主要分为出版机构史料、出版学专著及出版类期刊三类，凡正编已收录出版史料方面的图书，本续编则不予收录，其体例与正编同。对于出版史研究、文学史研究都有帮助。《广东省政府公报》（全160册），收录民国时期1912—1949年的《广东公报》《广东行政周刊》《广东省政府周报》《广东省政府公报》约4000多期。这4种公报在时间上是接续的，都是广东省政府的官方出版公报，只是随着时间的推移或政权变更而改换了名称。公报分为政府命令、法令法规、党务、民政、财政、公牍电函、议事录、报告等内容。公报出版时间基本延续整个民国时期，对于了解和研究民国时期广东政府的各方面情况具有珍贵的史料价值。《民国时期浙江省地方议会史料汇编》（全40册），收录民国时期浙江省议会及地方各县议会所编印191种文献，内容涉及浙江省、杭州市、绍兴县、昌化县、慈溪县、镇海县等31个县市议会的议决案、常年会、议事录、文牍、议员质问书、议会要览、会议案、报告书、会刊等，这些资料展现民国时期浙江省及各县议会的组织、活动等情况，较完整地保存了当时议会所提出与公布的议案，这些文献反映浙江省基层民主政治发展的过程，是研究基层政治史、民国议会史、民国浙江史的重要文献。

外文类影印图书方面，《海关医报》（*Medical Reports*）（全10册），创刊于1871年，以中国区域性疾病考察和分析为主旨，充分展示中医“症”与西医“疾病”从相遇、对峙到共处的转折过程，记录西方医生在现代科学思路的指引下，在中国乃至亚洲发现“疾病”的探索历程，为了解与研究“疾病”体系在中国被认知的历史，提供翔实的史料和充分的科学依据。1910年在第80卷出版后，《海关医报》未再付梓。1915年年底，总税务司安格联（F.A.Aglen）决定将其由海关造册处转交给《博医会报》出版。此次影印出版，除完整收入80卷《海关医报》及《博医会报》上的“海关医报”专栏内容之外，还收入相关专书《驻华医报撮要》《汉口药物》及《中国药物》，为学者从东西方疾病史比较研究的框架下探索19世纪以来世界医学的进程，提供翔实的史料。

名人日记信札方面，《求恕斋日记》（全18册），系20世纪著名藏书家刘承幹之日记原稿影印本。日记稿本原藏刘氏上海寓所，身后散出，今分藏于上海图书馆及复旦大学图书馆。《求恕斋日记》记事始自清光绪二十六年，迄于1962年，时间跨度长达63年，日记详细记录了反映刘承幹及其家族在中国近代社会变革洪流中之特殊命运，折射出近代中国历史、经济、文化等发展轨迹，堪称刘承幹为后世遗留之又一贡献。《中国民间家书集刊》（全10册），所言“民间家书”，是指尚未被各图书馆、档案馆、博物馆等公藏机构收藏，散落在民间的家书，包括名人家书和普通人家书。此书遴选3000余封极具历史价值和收藏价值的家书，分为清代卷2册、民国卷3册和当代卷5册，其内容分别为清人信札，民国徽商家书、侨批、文人手迹及当代知青家书、新疆建设兵团教师家书、两岸家书、华侨家书等，力图反映清代民国以来中国民间家书的大概风貌。

抗战及对日战犯审判文献方面，《伯力审判庭审记录：中、英、俄、德、日文版》（全5册），伯力审判即哈巴罗夫斯克审判（the trial of Harbarovsk），是1949年12月25日至30日由苏联政府在伯力城对12名前日本陆军军人在战争期间实施的细菌战罪行进行的审判。伯力审判是日军部队在侵华战争时使用细菌武器这一罪行的第一手审判材料，是指证日本实施细菌战的重要原始证据。伯力审判是东京审判的延续与补充，作为历史上第一次对细菌战罪行的公开审判，具有极其重大的意义，足以被载入战犯审判的史册。《丸之内审判文献汇编》（全 18 册），1948 年 10 月，东京审判即将结束之际，盟军总司令部（GHQ）设立特别军事法庭，对原海军大将丰田副武和原陆军中将田村浩进行审判，被认为是“准 A 级审判（准甲级战犯审判）”，汇编当时的庭审记录、法庭证据、赦免请愿、法庭判决等审判相关材料，涉及战争期间日军虐待、杀害战俘等战争罪行。

四、馆藏重大出版整理项目

2016 年，国家图书馆与贵阳市人民政府正式合作，开展王阳明文献的典籍普查、复制和研究。此项目涉及金额 2000 余万元，是国家图书馆承接开展专题文献整理研究规模最大的项目，体现国家图书馆充分发挥自身馆藏资源优势，进一步整理与弘扬阳明学说，开创国家图书馆传承与弘扬中华优秀传统文化的新途径。

年度掠影

【“中国记忆”东北抗日联军专题系列出版物】

为纪念“九一八”事变85周年，国家图书馆与中信出版集团合作，出版发行中国记忆项目东北抗日联军专题系列出版物《我的抗联岁月——东北抗日联军战士口述史》《最危险的时刻——东北抗联史事考》和《请把我埋在战斗过的地方——追寻远去的抗联》。

其中，《我的抗联岁月——东北抗日联军战士口述史》是中国记忆项目东北抗日联军专题口述史料采集和整理的阶段性成果。2012年3月，中国记忆项目启动东北抗日联军专题抢救性文献资源建设，对东北抗联战士及抗战亲历者、抗联后代、抗联历史研究者进行口述史访问及照片、日记、出版物等相关资料收集，历时3年，先后在北京、辽宁、黑龙江、湖北、新疆、广东、吉林7个省（市、自治区）采集或收集85位受访人的口述史料。其中包括所有健在的东北抗联战士25位，东北抗联家属或后代42位，抗战亲历者10位，抗联历史研究者8位。此书系从中选出20位口述史受访人（其中东北抗联战士16位、东北抗联后代4位）的口述史料，配以数十幅珍贵历史照片，整理编辑而成，全书共计22万字。

《最危险的时刻——东北抗联史事考》和《请把我埋在战斗过的地方——追寻远去的抗联》是中国记忆项目东北抗日联军专题特邀专家史义军、姜宝才在参与口述史采访和相关史料收集工作过程中，对相关历史问题进行研究、考证，并就相关人物、事件进行介绍和评论的文章集成，共收录《东北抗日联军将领冯仲云传奇》《饥饿和寒冷是东北抗联的天敌》《为抗联作证的人》等49篇文章，共计41万字。

《我的抗联岁月——东北抗日联军战士口述史》

此3种出版物已分别纳入中国记忆项目“中国记忆口述史”“中国记忆丛书”两个出版序列，已全面上市。

【历史文化名城馆藏文献开发暨资源建设研讨会召开】

11 月 2 日，由中国图书馆学会编译出版委员会主办、国家图书馆出版社承办的“历史文化名城馆藏文献开发暨资源建设研讨会”在河南大学图书馆召开。来自全国历史文化名城馆藏单位的 30 余位代表参加会议。中国图书馆学会编译出版委员会图书馆馆藏开发与出版专业委员会的委员代表出席会议。国家图书馆出版社社长方自金详细介绍出版社的历史、概况和出版特点，回顾和各馆开展的重点合作项目，并就本次会议的缘起、会议主旨，以及期待解决的问题进行阐述。会议就历史文化名城馆藏文献开发经验交流和资源建设规划展望开展研讨。浙江图书馆研究馆员朱小燕、嘉兴市图书馆馆长章明丽、衢州学院孔氏南宗文化研究中心副教授刘小成、西南大学图书馆特藏部主任张丽芬、北京市西城区第二图书馆馆长李金龙、上海通志馆编研部编审吕鲜林、杭州图书馆专题文献中心副主任陈峰平、商丘师范学院图书馆特藏部主任贾光作为会议代表做主题发言，详细介绍各馆馆藏和开发利用情况，并对未来的工作思路和规划进行简要陈述。中国科学院文献情报中心主任罗琳、清华大学图书馆科技史暨古文献研究所研究馆员刘蔷、首都图书馆地方文献部主任马文大、中国艺术研究院图书馆特藏部主任俞冰作为馆藏开发与出版专业委员会的委员代表分别对发言进行评议，肯定以往成绩，指出各自存在的问题和需要加强的地方，提出自己的专业性意见和建议。

本次会议的代表分别来自高校研究机构和图书馆、公共图书馆、方志馆、博物馆，会议在一定程度上构建了一个不同机构之间馆藏文献开发和资源建设的互动交流平台，更好地调动文献存藏机构的积极性，扩大馆藏文献开发的覆盖面和影响力。

【民国文献整理与研究国际学术研讨会在上海召开】

11 月 16—19 日，“回眸与展望：民国文献整理与研究”国际学术研讨会在上海师范大学召开，来自美国、博茨瓦纳等国家以及我国台湾地区和北京、天津、吉林等 20 余个省市的专家学者，图书馆、档案馆、出版社等业界同人 120 余人与会。国家图书馆出版社作为主办方之一派代表全程参与此次会议。在开幕式环节，上海师范大学副校长刘晓敏，上海市高校图工委秘书长、上海交通大学图书馆馆长陈进，上海图书馆副馆长周德明，国家图书馆出版社副社长殷梦霞分别致辞。会议期间，与会代表围绕民国文献整理的学术研究及业务开展进行讨论。在大会间隙，还举

民国文献整理与研究国际学术研讨会

行《上海师范大学图书馆民国文献珍本图录》及《民国文献整理与研究发展报告（2016）》新书发布会，两部新书由国家图书馆出版社于会议前夕出版。发布会上，上海书店出版社文史编辑室主任完颜绍元、上海师范大学天华学院图书馆馆长吴志荣对两书的编撰与出版予以高度评价，认为两书的编撰“需要相当的学养和精力，需要掌握相当的资料”，是上海师范大学图书馆“专业人员的专业能力和专业水平的真正体现”，并且“相信此书能为加强民国文献的整理和研究工作做出贡献”。东方网、《新民晚报》《中国教育报》《解放日报》等近10家媒体到会采访。

学术与科研

- 科研项目
- 学术成果
- 博士后科研工作站
- 图书馆事业发展研究与图书馆政策研究
- 年度掠影

学术与科研

一、科研项目

（一）立项情况

2016 年度获准立项国家社科基金项目 4 项，资助经费 440 万元。馆级项目立项 39 项，资助经费共计 81 万元（参见“统计资料”之四“科研立项与结项”）。

（二）结项情况

2016 年共结项 33 项。其中馆级项目 27 项、部级项目 4 项、国家社科基金项目 2 项（参见“统计资料”之四“科研立项与结项”）。

二、学术成果

截至 2016 年年底，国家图书馆员工入选国家社科基金成果文库 1 项，正式发表的成果包括著作类（包括参与编撰等）26 部，论文 330 篇。

文津出版基金共资助 3 部著作出版：①李蜜《民国时期古籍出版综论（附图书目录）》。该书对民国时期古籍出版史做概览性描绘，用丰富翔实的出版统计数据直观揭示此阶段古籍出版业的发展趋势。通过论述各类出版主体不同的运营方式和出版特色，揭示出政治社会变迁与古籍出版业间的影响关系和互动现象，从古籍出版业的变化展现中国近现代文化思潮起落。附录《民国时期出版古籍简明目录》系统著录民国时期出版古籍图书，是这一主题的首部专类目录。②刘波《国家图书馆与敦煌学》。国家图书馆是中国收藏敦煌遗书最丰富的机构，也是中国敦煌学研究与敦煌学学术服务中心之一。全书共 10 章，分多个专题阐述百余年来国家图书馆在敦煌遗书保护、敦煌学研究等方面的作为与贡献，内容涵盖收藏史、保护史、编目史、研究史、服务史等多个方面，并综论国家图书馆对敦煌学的贡献。书后附《国家图书馆敦煌学编年事辑》《国家图书馆敦煌学论著目录》两个附录，具体展现国家图书馆对中国敦煌学发展的贡献与影响。③肖禹、王昭《家谱谱系数据模型研究》。该书是国内第一部以家谱谱系模型为研究对象的专著，国家图书馆馆级优秀科研项目成果。通过对谱系表格、世系树 XML、GEDCOM 等现有数据模型的比较研究，结合大量数字化工程实践，提出具有专指性、通用性和可扩展性的世系树模型，实现人物数据与关系数据的低耦合度建模。世系树模型按照核心集、扩展集、辅助集的方式构建，支持各类谱系数字化，能够描述联宗谱、通谱、支谱等不同规模的谱系。同时，给出世系树文件 XML schema 描述和谱系数据实例。

三、博士后科研工作站

2016年，国家图书馆博士后科研工作站（以下简称“工作站”）紧密围绕图书馆事业发展重点，积极开展学术研究，完善内部管理机制，各项工作均取得稳步发展，一个科研与业务相互促进、科研与人才培养相互支撑的良性互动机制正在形成。

（一）颁布博士后工作有关文件

2016年5月，为贯彻落实《国务院办公厅关于改革完善博士后制度的意见》（国办发〔2015〕87号），国家图书馆博士后科研工作站结合工作实际，对2012年8月印发的《国家图书馆博士后科研工作站管理办法》（国图研发〔2012〕22号）进行修订，发布《关于印发〈国家图书馆博士后科研工作站管理办法〉的通知》（国图研发〔2016〕15号），进一步完善工作站管理制度。

（二）博士后进出站及日常管理情况

工作站发布2016年招生简章，收到18份进站申请书，分两批组织进站面试，最后确定招收2名2016级博士后人员；组织完成4名博士后出站；组织召开出站鉴定会2场、开题论证会4场和中期考核会1场。

（三）在站博士后人员基本情况

截至2016年年底，工作站共有合作导师10人，主要研究方向包括图书馆事业发展战略研究、文献信息组织、数字图书馆、古籍题跋整理与研究、古典文献学研究和善本书志与古籍保护；已出站人员21人，在站研究人员5人。

在站博士后人员中：2015级3人，2016级2人；古典文献学3人，图书馆学2人；全职2人，兼职3人；女5人。

（四）博士后基金申报与资助情况

2016年，工作站积极组织在站博士后申报各类型科研项目：组织开展第59—60批博士后面上资助项目，获批面上资助二等项目1项；获批国家图书馆馆级科研项目3项。

2014级博士后杨观做馆内讲座

（五）博士后科研及学术交流情况

2016年，工作站在站博士后共发表论文10余篇，参加学术研讨会10余人次。组织博士后在馆内开展学术报告两场，反响良好。

四、图书馆事业发展研究与图书馆政策研究

2016年，国家图书馆围绕图书馆事业发展与相关政策开展系列研究工作，主要包括以下几个方面。

（一）图书馆事业发展研究

1. 组织开展图书馆事业发展中长期规划研究

组织编制规划文本。其中，《国家图书馆“十三五”规划纲要》根据征求意见和国家的最新政策文件，完成规划文本修改；《全国图书馆标准化工作“十三五”规划纲要》于7月正式发布；受文化部公共文化司委托编制的《全国公共图书馆事业发展“十三五”规划》经反复讨论修改后于10月上报。

受文化部公共文化司委托开展规划支撑研究。其中，《全国公共图书馆事业“十三五”发展规划》围绕公共图书馆事业发展现状及问题、公共图书馆总分馆制、数字图书馆建设、法人治理结构等8个重点问题开展专题调研，完成13.6万字的调研报告上报；《全国古籍保护“十三五”规划纲要》围绕古籍制度建设、普查登记、保护修复和开发利用等重点问题开展调研，完成6.7万字的调研报告上报。

2. 组织开展图书馆事业发展研究

组织编纂《中国图书馆年鉴》和《国家图书馆年鉴》。其中，《国家图书馆年鉴2016》于9月正式出版，约52万字，169幅图片；《中国图书馆年鉴2016》于11月完成编校并交付出版，约103.3万字，155幅图片。7月在甘肃兰州组织召开“《中国图书馆年鉴》编纂工作会议”，部署2016卷年鉴编制工作，共70余人参会。

《中国图书馆事业发展报告·“十二五”时期图书馆事业发展卷》统稿会

组织编纂《中国图书馆事业发展报告》（蓝皮书）。其中，《农村图书馆卷》于 3 月正式出版。《数字图书馆卷》根据出版社意见完成审校修改，待正式出版。《少年儿童图书馆卷》于 5 月召开统稿会，完成修改稿并交付出版。《“十二五”时期图书馆事业发展综合卷》于 1 月召开启动会，并完成初稿撰写。

《中国图书馆事业发展报告·农村图书馆卷》

在文化部财务司的支持和指导下，继续组织对我国公共图书馆事业发展的年度数据进行汇总整理与分析，完成编制《2015 中国公共图书馆事业发展基础数据概览》，供省级以上政府主管部门领导和副省级以上公共图书馆管理者参阅，共寄发近 300 份。

组织编纂《中国大百科全书》第三版“图书馆事业”分支，确定分支条目遴选、参与条目编纂、联系业界专家撰写或修改条目、召开撰稿人会议等，目前已回收 173 个条目。

开展全国各省公共图书馆事业发展情况调研。梳理各省省情、公共文化事业发展情况以及公共图书馆事业发展情况，完成公共图书馆事业发展概况初稿。

为全面系统地剖析国家图书馆的特殊职能，并从世界各国国家图书馆履行职能的具体实践中汲取成功经验，为国家图书馆在“十三五”时期建设成为“国内最好，世界领先”图书馆提供参考借鉴，启动《国家图书馆概论》编纂工作，已完成初稿，并于 9 月召开统稿会。

（二）图书馆政策研究

1. 开展立法支撑研究

开展《公共图书馆法》立法支撑研究。受文化部委托，对社会各界关于《公共图书馆法（征求意见稿）》的 778 条意见与建议进行汇总整理，组织召开 3 次专家研讨会；根据国务院法制办的意见，对法条中涉及的重点问题、概念表述进行阐释说明，并对法条中涉及的图书馆行业组织、文献信息处置制度、公共图书馆法人治理结构、数字图书馆事业发展等重点问题开展专题研究。向文化部报送 2015 年度调研成果《“公共图书馆法”立法支撑研究报告》，被评为“全国文化系统 2015 年度十佳调研报告”。编辑整理《2015 年公共文化相关法律政策选编》。

2. 提供重要政策建议及报告

根据文化部等上级主管部门要求，就《中华人民共和国公共图书馆法（征求意见稿）》《中华人民共和国全民阅读促进条例（征求意见稿）》《关于推进公共文化服务与学校教育融合发展的工作方案》《关于推进县级文化馆、图书馆总分馆制的指导意见（征求意见稿）》等有关法律法规及政策文件的制定和实施提出意见建议。

就国家图书馆重点工作开展研究，向有关部门提交研究报告及相关政策建议，包括《关于国家图书馆战略储备库功能定位的研究报告》《关于国家图书馆分馆建设的调研报告》《关于国家图书馆各馆区名称及职能 / 功能定位的建议》《国家图书馆关于上报中华文化传承工程材料的函》等。

3. 组织开展省、市、县图书馆业务规范研制工作

受文化部公共文化司委托研制《公共图书馆业务规范》。召开专家讨论会，根据专家意见完成对省、市、县三级公共图书馆业务规范的修改，于 8 月正式上报。经公共文化司审查，建议作为文化行业标准正式发布，目前正在向文化科技司申报行业标准。

4. 接受各级政府主管部门委托开展调查研究

承担文化部 2015 年重点调研项目“公共文化机构建立法人治理结构”。完成《我国公共文化机构建立法人治理结构调研报告》并上报文化部，被评为“全国文化系统 2015 年度优秀调研报告”。

受文化部公共文化司委托，开展“乡镇综合文化站专题调研项目”“乡镇综合文化站服务效能抽查项目”调研和召开工作会、专家研讨会等工作。

完成廊坊市创建第二批国家公共文化服务体系示范区制度设计研究。根据委托方廊坊市文广新局的意见，完成项目成果的汇总整理，并协助委托方完成示范区验收评审等工作。该项目在文化部组织的示范区制度设计成果验收中位列中部组第一名。

完成教育部委托项目“我国文化场馆语言文字应用调查及对策研究”。撰写项目成果《我国文化场馆语言文字使用情况调查及对策研究报告》，共计约 16.5 万字，获 2015 年度教育部机关优秀调研报告二等奖。根据教育部新的委托要求，起草《文化部、教育部关于进一步加强文化场馆语言文字规范化工作的通知（建议稿）》。

5. 对相关政策文件及行业发展动态进行搜集整理和研究

组织编发《图书馆政策研究参考》《图书馆决策参考》《业界动态》等内部刊物，面向图书馆管理者和政府主管部门领导，跟踪报道国内外图书馆相关政策制度发布情况和图书馆事业发展实践动态信息，目前共计编发各类刊物 40 期。

编辑整理《习近平论文化》第二辑（2015 年 8 月—2016 年 1 月）；在之前整理《习近平论历史》《习近平论文化》基础上，编印《习近平论历史文化学习读本》。

（三）数字图书馆研究

2016 年编发 4 期数字图书馆发展研究专报。其中：《新信息环境下的图书馆营销》分析公共图书馆的营销现状，全面总结分析新信息环境下图书馆多种渠道、多种形式的营销案例，给出公

共图书馆营销的策略建议；《文献战略储备库的信息基础设施建设》介绍国内外图书馆战略储备库建设的基本情况，详细梳理信息基础设施建设的新理念、新技术、新模式，结合国内外相关案例的介绍，为国家文献战略储备库的信息基础设施建设提出建议；《开启全民阅读盛宴——移动阅读平台调研分析与启示》对国内外商业移动阅读平台和国内图书馆界移动阅读平台进行全面系统的调研与分析，为公共图书馆开展移动阅读平台建设和服务提供参考与建议；《聚焦信息安全，探索网络空间新发展——图书馆信息安全研究》研究和分析当前主流的信息安全防护体系框架，介绍信息安全防护的新理念、新技术、新趋势，为图书馆建立和完善信息安全保障体系提供参考和建议。

年度掠影

【文化部科技提升计划项目“中文字符数转模技术研究”结项】

11月24日，文化部科技提升计划项目“中文字符数转模技术研究”通过验收委员会专家评审，顺利结项。该项目主要进行四方面研究，一是对中英文字符的差异性进行分析，对典型中文字符字体的线对表现技术进行研究；二是数转模设备曝光技术研究，解决数字屏幕分辨率较低、曝光次数与时间配比及影像边缘变形等问题；三是数转模设备的设计与研发，解决硬件设备设计、选型、加工、组装、测试等环节中出现的问题；四是研究和制定中文字符“数转模”标准规范。该项目由国家图书馆、北京市照相机总厂、天津图书馆3家单位联合申报，2015年6月正式立项，旨在全面调研国外数转模技术原理及实现办法，深入研究中文字符数转模标准规范及实现手段，研发数转模样机，为设备的国产化搭建技术环境。

文化部科技提升计划项目“中文字符数转模技术研究”结项会

编辑与出版

- 《中国图书馆学报》
- 《国家图书馆学刊》
- 《文献》
- 《中国图书馆年鉴》
- 《国家图书馆年鉴》
- 国家图书馆出版社专业文献
- 年度掠影

编辑与出版

一、《中国图书馆学报》

《中国图书馆学报》2016年全6期

2016年，学报编辑部完成中文刊1—6期编辑出版发行工作，审稿1089篇，发文52篇；完成英文年刊的排版、校对、发行工作。通过国家图书馆国际交换组，发行至世界300个国家和地区的国家图书馆及相关地区的图书馆。

在期刊栏目和选题策划方面，编辑部策划召开“《中国图书馆学报》创刊六十周年文选”编辑研讨会暨2016前沿论坛、第二届青年学术论坛，刊发相关学术成果。前沿论坛以“反思与前瞻”为主题，主要针对本刊创刊六十周年策划相关选题，回顾过去，展望图书馆事业和图书馆学的发展趋势。青年学术论坛，秉承既定宗旨，邀请学界和业界青年学者就图情领域的相关选题进行学术交流，培养全国中青年的研究梯队，推动学术研究和事业的发展。《中国图书馆学报》作为图书馆学期刊和年鉴编辑出版专业委员会主任委员单位，在2016年中国图书馆年会开设“图书馆员论文撰写与投稿”开放论坛，立足基层图书馆员，介绍图书馆学术论文的选题、研究方法和写作方法、语言、规范，以及如何保证文章的整体质量等内容。在国际化方面，为促进国内学术研究成果的国际传播和影响力，期刊继续向SSCI报送新出版的期刊，同时加强国际发行、宣传，以及与国际作者、学者的联系。在网站建设方面，正在回溯1979年以前的旧刊，以及民国时期的相关资源，查缺补漏，完成后拟发布到网站上供读者查阅；启动“图书情报学学术资源库”模块，海外部分资源已经整理完成并上传网站，定期更新补充，以摘要的形式推介海外图情领域重要著作，供学界参考交流。

“《中国图书馆学报》创刊六十周年文选”编辑研讨会的专家根据过去60年我国图书馆事业和图书馆学发展的特点，最后确定分五个时期选目编辑。目前已完成目录初选工作，撰写完成各阶段图书馆事业和图书馆学发展概述，预计2017年4月出版。

《中国图书馆学报》连续多年被评为全国优秀图书馆学期刊。在北京大学《中文核心期刊要目总览（2014年版）》、南京大学《中文社会科学引文索引来源期刊目录（2014—2015年）》、中国社会科学院《中国人文社会科学核心期刊要览（2013年版）》及武汉大学《中国学术期刊评价研究报告（2015—2016 年）》中均居图书馆、情报与文献学类期刊第一位。还被国际上许多著名的检索期刊如《乌利希国际期刊指南》《图书馆文献》和《最新连续出版物题录》等收录。2012 年成为首批获得国家社科基金资助期刊之一。2014 年 11 月，中国社会科学院中国人文社会科学评价中心发布的《中国人文社会科学期刊评价报告（2014 年）》中，《中国图书馆学报》入选全国人文社科顶级期刊，并在所有人文社会科学顶级期刊中排名第五。2015 年 3 月，《中国图书馆学报》在第四届《中国学术期刊评价研究报告（武大版）（2015—2016）》中，被中国科教评价网、武汉大学中国科学评价研究中心、武汉大学图书馆评为“RCCSE 中国权威学术期刊（A+）”。《中国图书馆学报》被《中国学术期刊（光盘版）》电子杂志社有限公司、清华大学图书馆、中国学术文献国际评价研究中心评为“2015 中国国际影响力优秀学术期刊”。

二、《国家图书馆学刊》

《国家图书馆学刊》是由文化部主管、国家图书馆主办，国内外公开发行的图书情报专业学术刊物，主要面向国内外图书馆、大专院校及科研单位的广大图书情报专业工作者。入选 2008—2009 年、2010—2011 年、2012—2013 年、2014—2015 年《中文社会科学引文索引》（CSSCI）来源期刊，《中文核心期刊要目总览》（2008 年版、2011 年版、2014 年版）收录期刊，《中国人文社会科学核心期刊要览（2013 年版）》以及《“中国人文社会科学综合评价 AMI”核心期刊》。

《国家图书馆学刊》2016 年全 6 期

2016 年，《国家图书馆学刊》全年来稿量 1600 多篇，刊发 93 篇，另刊登“业界动态”29 条。主要栏目有“专题研究”“政策与法规研究”“管理与服务”“资源建设”“信息组织”“技术应用”“文献保护”“图书馆史研究”等。为充分反映当期图书馆学研究与图书馆事业发展的重点和热点，本年度共策划专题研究 3 组：“叙词表编制标准的修订”“图书馆阅读推广研究”“‘十二五’专家谈”，策划“话题讨论”1 组：“图书馆战略规划的制定与实施”。

此外，该刊入选《中文社会科学引文索引（CSSCI）来源期刊（2017—2018）目录》，本年度被“复印报刊资料”全文转载 16 篇。

三、《文献》

2016年《文献》共出版6期，刊发各类稿件107篇。其中，为了更集中地揭示国家社科基金重大项目成果，于第2期和第6期编发“国家社科基金重大项目文献研究成果”专栏，受到学界普遍关注，反响良好。另外，为多方面听取学者意见，进一步提高办刊水平，《文献》编辑部先后在浙江大学、浙江工商大学、北京外国语大学、南京大学召开座谈会，就当前文史研究中文献整理研究的学术动态、学术热点等进行了充分交流。

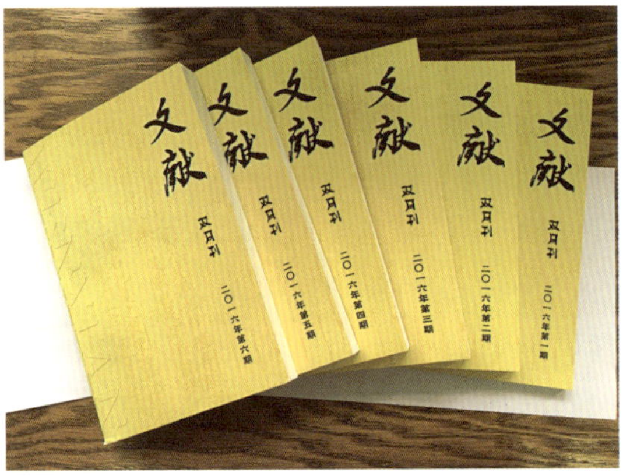

《文献》2016年全6期

四、《中国图书馆年鉴》

《中国图书馆年鉴2016》全面反映2015年中国图书馆界的发展状况。正文采用分类编辑法。设立纪事、专文、图书馆事业、学术研究与活动、法律法规与政策性文件、专业文献、统计资料、年度大事记、图书馆活动图辑、索引10个栏目。其中“纪事”栏目重点反映公共图书馆法公开征求意见，中办、国办印发《关于加快构建现代公共文化服务体系的意见》，“十三五”时期现代公共文化服务体系建设研讨会召开，教育部印发《普通高等学校图书馆规程》，教育部等三部门联合印发《关于加强新时期中小学图书馆建设与应用工作的意见》，中国古籍保护协会成立等年度内在全国图书馆界产生较大影响的事件；“专文”栏目重点登载“十二五”时期中国图书馆事业发展综述、2015年度学校图书馆发展报告等年度热点问题。

《中国图书馆年鉴2016》

2016卷共收到原始稿件183万字，图片316幅；最终定稿103.3万字，图片155幅。12月交付国家图书馆出版社出版。

五、《国家图书馆年鉴》

《国家图书馆年鉴2016》全面记录国家图书馆在2015年的工作全貌，系统、准确地反映国家图书馆2015年各项事业的发展情况，为读者了解和研究国家图书馆提供基础数据和资料。全书共分为综述、特别记载、基础业务工作、服务工作、国家数字图书馆建设、重点文化工程、文献整理与开发、学术与科研、编辑与出版、对外交流与合作、机构与人员、设施建设与安全保卫、党建与群团活动、统计资料、重要文件选编、媒体报道、年度大事记、综合索引18个栏目。本卷在上一卷结构框架的基础上做局部修改：原“文献开发”改为“文献整理与开发”，强调对馆藏文献整理与开发并重。《国家图书馆年鉴2016》于2016年9月由国家图书馆出版社出版，全书共计52万字，图片169幅，统计表30个。

《国家图书馆年鉴2016》

六、国家图书馆出版社专业文献

国家图书馆出版社2016年度出书319种，比去年同期增加28.11%。其中：新版书245种，比去年同期增加19.51%；重印书74种，比去年同期增加68.18%。全年销售额收入稳步增长，发货码洋15812万元（不含《中华再造善本》），比去年同期增长20%。

（一）重点图书的出版

2016年，《全国古籍普查登记目录》出版《中国民族图书馆古籍普查登记目录》《重庆市北碚图书馆等八家收藏单位古籍普查登记目录》等9种目录；积极策划申报“中华古籍保护计划”项目，《美国哈佛大学哈佛燕京图书馆藏善本方志书志》《延年集》《富连成藏戏曲文献汇刊》《美国埃默里大学神学院图书馆藏中文古籍目录》《古本戏曲丛刊六集》等15个项目列入“中华古籍保护计划”成果，已出版12种（参见专条“《美国埃默里大学神学院图书馆藏中文古籍目录》发布座谈会召开”“《古本戏曲丛刊》六集出版暨《丛刊》文献及文化意义座谈会在北京召开”）；积极策划、申报并承担“民国时期文献保护计划”项目中《抗日战争史料丛编·第三辑》《伯力审判庭审记录》《丸之内审判文献汇编》《二战日军作战专题文献汇编》《民国时期经济调查资料三编》等

24 个项目，其中 20 种已出版。

完成出版“十一五”国家重点图书出版规划项目“著名图书馆藏稀见方志丛刊”2 种（河南大学图书馆卷、武汉大学图书馆卷）；“十二五”国家重点图书出版规划项目《中国古籍珍本丛刊》3 种（西南大学图书馆卷、河南大学图书馆卷、武汉大学图书馆卷）、《东亚同文书院中国调查手稿丛刊》（国家出版基金项目）；2011—2020 年国家古籍整理出版规划项目《国家图书馆藏样式雷图档·圆明园卷初编》《古本戏曲丛刊六集》《美国汉庭顿图书馆藏〈永乐大典〉》（国家古籍整理出版专项经费资助项目）等 7 种；国家出版基金项目《汉唐地理总志钩沉》；国家古籍整理出版专项经费资助项目《地方志人物传记资料丛刊·华中卷》；国家清史纂修项目《清代阿拉善和硕特旗满文档案选编》；新闻出版改革发展项目库项目《中国社会科学院近代史研究所藏“满铁剪报”类编：第一辑》；国家社科基金后期资助项目《新中国古籍影印丛书总目》。

《国家图书馆藏样式雷图档·圆明园卷初编》出版座谈会

（二）申报项目和参评奖项

1. 申报“十三五”国家重点图书出版规划项目，有 11 项获得批准。项目名称：“中国历史人物传记资源数据库”《国家图书馆藏历代印谱辑存》“海外藏《永乐大典》仿真影印回归项目”《法国收藏中国石刻拓片目录》《李一氓藏〈花间集〉廿种》《历代诗文集汇刊》《中国图书馆史》《中国京剧百部经典外译丛书》《民国诗文集汇刊》《中国抗战戏剧文献丛刊》《马克思主义在中国的传播资料汇编》（参见专条“《马克思主义在中国的传播资料汇编》等 11 个项目入选‘十三五’

出版规划项目”“海外藏《永乐大典》仿真影印回归项目取得重要进展”）。前6种同时增补进入2011—2020年国家古籍整理出版规划项目。

2. 申报各类重点项目

申报2016年度国家出版基金项目，有2个获得批准。项目名称：《东亚同文书院中国调查手稿丛刊》《汉唐地理总志钩沉》（参见专条“《东亚同文书院中国调查手稿丛刊》等两书获评2016年度国家出版基金项目”）。2015年主题出版项目《抗日战争史料丛编：第二辑》申请国家出版基金资助获批立项。

《历代赋学文献辑刊》《地方志人物传记资料丛刊·中南卷》《上海图书馆藏稿抄本日记丛刊》《明清孤本戏曲选本丛刊》《国家博物馆藏稀见方志丛刊》《增订中国地方志联合目录》《英国阿伯丁大学图书馆藏〈永乐大典〉》7个项目获得2016年度国家古籍整理出版资助（参见专条“《历代赋学文献辑刊》等7个项目获2016年国家古籍整理出版资助项目立项”）。

《中国图书馆史》获2016年国家社科基金后期资助项目出版安排。

3. 优秀图书评奖

《清代家集丛刊》荣获2015年度全国优秀古籍图书奖一等奖，《文求堂书目》《西班牙藏中国古籍书录》《中国古籍珍本丛刊·广东省立中山图书馆卷》《上海图书馆藏珍本年谱丛刊》获二等奖，《〈史记〉史话》获普及读物奖（参见专条“《清代家集丛刊》等6种图书获2015年度优秀古籍图书奖”）；《老子绎读》荣获第十一届文津图书奖年度特别推荐奖（参见专条“《老子绎读》荣获第十一届文津图书奖最佳推荐奖”）。《十竹斋》在中国博物馆协会主办的全国文博单位文化创意产品联展上获得“文博传承奖”（参见专条“《十竹斋藏书纪事笺》获全国文博单位文化创意产品联展‘文博传承奖’”）。

4. 数字出版项目

进一步完善已有《中华再造善本》一期数据库，启动二期准备工作。“民国时期文献资源总库”二期建设工作有序进行。“国家古籍资源数据库”成功申报2016年文化产业发展专项资金（参见专条“‘国家古籍资源数据库’编例讨论专家座谈会召开”）。“民国档案资源平台”申报中央文化企业国有资本经营预算支出项目获得资金支持；“珍贵古籍资源展示平台”项目被评为首批新闻出版产业示范项目，获得文化产业发展资金奖励。“古籍图典设计资源提取、开放及再开放平台建设”项目获得北京市科委奖励。

完成“中国历代人物传记资源数据库”数据压缩及数据库迁移，继续建设“抗战及中日关系史料平台”“古籍数字出版基地”“特殊历史文献数字出版系统”“中国古代图典”等项目。

年度掠影

【《东亚同文书院中国调查手稿丛刊》等两书获评 2016 年度国家出版基金项目】

国家图书馆出版社遴选的《东亚同文书院中国调查手稿丛刊》《汉唐地理总志钩沉》两个项目获评 2016 年度国家出版基金资助项目。东亚同文书院是近代日本在中国开办的大学，具有间谍机构的性质，近 60 年间总计派出 4000 余名日本学生对中国各地进行卷地毯式的调查，搜集中国各方面的情报，留下了重要的调查资料。《东亚同文书院中国调查手稿丛刊》项目计划整理出版其大旅行日志和调查报告的全部手稿近 2000 种。这批手稿本分藏于中日两地，内容是铅印整理本的三倍，包括机密资料、不许可出版的报告，此前未曾完全对外公开。另单独出版“解说、总目、索引、附录”一卷。

《东亚同文书院中国调查手稿丛刊》

《汉唐地理总志钩沉》是作者刘纬毅先生历时十余载，从 40 余种、6000 余卷文献中辑录汉唐佚志 69 种、佚文 3966 条，成书共计 50 万字。其主要特点归纳如下：其一，新发现并辑录 20 余种未被著录或前人未曾整理的佚志；其二，前人已经辑佚但有所缺失的佚志，本书予以补辑；其三，《水经注》佚文钩沉作为附录出现，可为郦学研究提供参考。

【《马克思主义在中国的传播资料汇编》等 11 个项目入选“十三五”出版规划项目】

“十三五”出版规划项目由图书和音像制品、电子出版物两大部分 11 个子规划组成，其中图书部分包括 9 个子规划，分别是主题出版规划、重大出版工程规划、文艺原创精品出版规划、未成年人出版物出版规划、少数民族出版规划、古籍出版规划、辞书出版规划、社会科学与人文科学出版规划、自然科学与工程技术出版规划。音像制品、电子出版物部分包括 2 个子规划，分别是音像制品出版规划和电子出版物出版规划。首次遴选的“十三五”出版规划项目共 2171 种，未来五年出版规划总规模为 3000 种左右。国家图书馆出版社入选“十三五”国家重点图书出版物规划项目 11 种，分别是《马克思主义在中国的传播资料汇编》《历代诗文集汇刊》《李一氓藏〈花间集〉廿种》“海外藏《永乐大典》仿真影印回归项目”“中国历史人物传记资源数据库”《中国图书馆史》《中国抗战戏剧文献丛刊》《民国诗文集汇刊》《法国收藏中国石刻拓片目录》《国家图书馆藏历代印谱辑存》《中国京剧百部经典外译丛书》。

【《国家图书馆藏样式雷图档 · 圆明园卷初编》出版座谈会召开】

4月20日，《国家图书馆藏样式雷图档·圆明园卷初编》出版座谈会在北京市三山五园文化体验馆召开。中国工程院院士、中国建筑技术研究院建筑历史研究所研究员傅熹年，清华大学建筑学院教授郭黛姮，天津大学建筑学院教授王其亨，北京大学历史系教授李孝聪等学者莅临会议并做学术发言。国家图书馆常务副馆长陈力和北京市海淀区委常委、宣传部部长陈名杰共同为新书揭幕。故宫博物院原副院长晋宏逵，文化部恭王府管理中心主任孙旭光，国家清史编纂委员会常务副主任卜键等相关机构领导出席会议。清华大学、北京大学、中国人民大学、北京师范大学、首都师范大学、中国科学院、中国艺术研究院、首都图书馆、首都博物馆、北京古代建筑研究所等相关机构学者20余人参加会议。

“样式雷”是对清代二百多年间主持皇家建筑设计的雷姓世家的誉称，是我国古代科技史上的杰出代表。2007年，清代样式雷图档入选联合国《世界记忆名录》。据统计，现有2万余件样式雷图档存世，是世界建筑档案存世最多的一种。其中，国家图书馆收藏有样式雷图档14936件，为样式雷图档最大的收藏单位。为让这项世界记忆遗产发挥更重要的作用，经多年筹备，国家图书馆古籍馆和国家图书馆出版社合作，于2014年10月启动样式雷图档的整理编辑工作，决定分期分批进行出版。现推出其中圆明园卷的第一部分，收入圆明园全图及正大光明、勤政亲贤、茹今涵古、坦坦荡荡等景区图档共534件，既有景点规划设计图、踏勘草图、建筑平面图、建筑立面图，又有室内室外装修图，这些图档多为道光、咸丰、同治朝所绘。

参会学者认为，样式雷图档这样完整、系统地保存下来的宫殿设计图十分罕见，它的整理和出版对总结、发扬中国的传统文化、保存历史文献具有非常重要的意义。该影印书在样式雷原档文件大小不一、有的字还非常小的情况下做到印刷清晰精美、阅读无碍，非常难得，能够省却以往去藏书机构查阅原件的种种不便，为专业研究带来极大便利。针对样式雷图档卷帙浩繁，现存藏于多个机构的现状，参会学者呼吁图档的存藏机构能够打破各种限制通力合作，将整批珍贵文献全部出版，以造福学界。

相比较现存的大量样式雷图档，圆明园卷初编只是其中很小的一部分，其他还有西郊园林卷、颐和园卷、香山卷、玉泉山卷、故宫及前门卷、三海卷、南苑卷、其他园林卷等，这些图档今后将分期分批出版。

【《老子绎读》荣获第十一届文津图书奖最佳推荐奖】

在4月23日“世界读书日”上，国家图书馆举行第十一届文津图书奖颁奖典礼。此届评奖的评选范围包括2015年1月1日至12月31日国内出版的哲学、社会科学和自然科学、少儿类的大众读物，由国家图书馆出版社出版的《老子绎读》一书荣获最佳推荐奖。《老子绎读》是任继愈先生对中华民族最重要的经典——《老子》的注解和阐释。作者在《老子》原文的每章前，撰写了高度概括性的内容提要和中心思想；对原文中的重点和难懂词句，逐一校注，并附有历代名家的校勘成果；译文精确、流畅、规范、易懂。作者译注《老子》始于1956年，先后出版过三部《老子》注译著作，深受几代学人的推崇和喜爱。本书集作者半个多世纪研究《老子》的大成，也是《老子》问世2000多年来的最新研究成果之一。

《老子绎读》

【《历代赋学文献辑刊》等7个项目获2016年国家古籍整理出版资助项目立项】

2016年5月，全国古籍整理出版规划领导小组办公室公布《2016年度国家古籍整理出版专项经费资助项目》名单，共有103个项目获得出版资助。国家图书馆出版社有7个项目入选，分别为《历代赋学文献辑刊》《地方志人物传记资料丛刊·中南卷》《上海图书馆藏稿抄本日记丛刊》《明清孤本戏曲选本丛刊》《国家博物馆藏稀见方志丛刊》《增订中国地方志联合目录》《英国阿伯丁大学图书馆藏〈永乐大典〉》。

【《清代家集丛刊》等6种图书获2015年度优秀古籍图书奖】

6月13—15日，由中国出版协会古籍出版社工作委员会（以下简称“古工委”）主办，广西师范大学出版社集团有限公司承办的第31届全国古籍出版社社长年会暨2015年度优秀古籍图书评奖会在桂林召开。优秀古籍图书评奖会上，评委会在36家古工委成员单位申报的207种参评图书（古籍类图书181种，普及类图书26种）中，最终评选出2015年度优秀古籍图书一等奖44种、二等奖56种、普及奖12种。其中，国家图书馆出版社10个参评品种中的6种图书分获不同奖项：《清代家集丛刊》荣

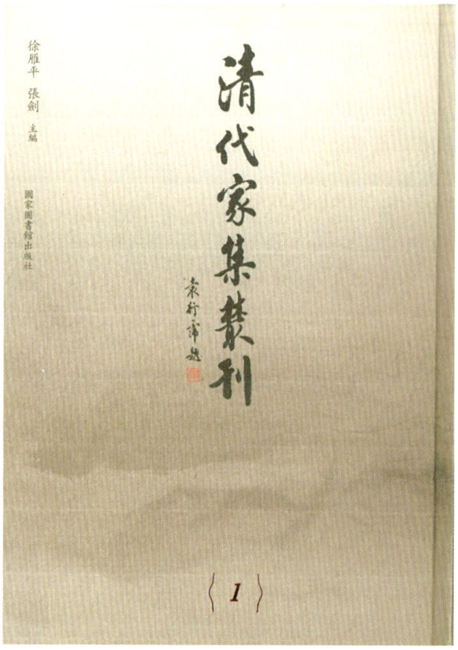

《清代家集丛刊》

获一等奖,《文求堂书目》《西班牙藏中国古籍书录》《中国古籍珍本丛刊·广东省立中山图书馆卷》《上海图书馆藏珍本年谱丛刊》获二等奖,《〈史记〉史话》获普及读物奖。评奖结束后，近10万码洋的169种参评图书由古工委赠予广西师范大学图书馆。

【《十竹斋藏书纪事笺》获全国文博单位文化创意产品联展“文博传承奖”】

6月22日，由中国博物馆协会主办、中国博物馆文创专业委员会和湖北省博物馆承办的“让文物活起来”——全国文博单位文化创意产品联展在湖北省博物馆开展。本次联展汇集中国国家博物馆等44家国家级、省级、市级综合博物馆和中国人民抗日战争纪念馆等部分专题博物馆、纪念馆近年来开发的文创产品500余种。国家图书馆出版社策划出版的《十竹斋藏书纪事笺》获“文博传承奖”，并受到现场评委和参会人员的高度评价。此系列记事本以“梅”“兰”“竹”“菊”为主题各1册，内用筒子页形式线装成册，甄选明胡正言《十竹斋笺谱》中的精美图案与清叶昌炽《藏书纪事诗》七绝八首，介绍了毛晋、范钦等8位古代著名藏书家，与国家图书馆出版社的形象与内涵完美贴合。而其中最为精彩的是每册夹入一张带拱花效果的仿真十竹斋笺纸，传承了明代版画之优秀传统，荣获“文博传承奖”也可谓实至名归。

《十竹斋藏书纪事笺》

【《古本戏曲丛刊六集》出版暨《丛刊》文献及文化意义座谈会在北京召开】

8月22日,《古本戏曲丛刊六集》出版暨《丛刊》文献及文化意义座谈会在北京召开。国家新闻出版广电总局、中国社会科学院、中国艺术研究院、国家图书馆、北京大学、中国人民大学、北京师范大学、北京语言大学、中山大学、温州大学、中华书局、人民文学出版社等机构和高校的近40位专家学者参会。中国社会科学院文学研究所党委书记、研究员刘跃进和国家图书馆馆长、党委书记韩永进共同为《古本戏曲丛刊六集》揭幕。国家图书馆副馆长、国家古籍保护中心副主任张志清致辞，对这一“中华古籍保护计划”成果的面世表示祝贺。中央文史研究馆馆员程毅中先生、中国社会科学院文学研究所研究员刘世德先生、北京语言大学人文学院教授吴书荫先生等业界著名学者先后发言，畅谈对本书出版的感想，并表示期待后续出版工作的持续开展。

《古本戏曲丛刊》是迄今为止最大的戏曲作品总集，收集留存于世的绝大部分戏曲孤本与珍本。从20世纪50年代开始,《古本戏曲丛刊》一直是中国社会科学院文学研究所的重点工程，前四集由郑振铎先生主持编纂。《古本戏曲丛刊初集》于1954年出版，收录元杂剧《西厢记》和元、明时期戏文传奇100种。其中第一种书《新刊奇妙全相注释西厢记》为海内外孤本。此后，《古本戏曲丛刊二集》《古本戏曲丛刊三集》《古本戏曲丛刊四集》《古本戏曲丛刊九集》《古本戏曲丛刊五集》分别于1955、1957、1958、1962、1986年出版，共收录元、明、清时期戏曲作品303种。2012年，《古本戏曲丛刊》六、七、八集被列入“二〇一一—二〇二〇年国家古籍整理出版规划项目”，六集还被列入“二〇一三年国家古籍整理出版专项经费资助项目”及“中华古籍保护计划”。国家图书馆出版社主动申请承担六、七、八集的出版工作，并得到古籍出版规划领导小组和学界同人的肯定与支持。六集的具体选目及版本确认工作由北京语言大学人文学院教授吴书荫先生负责。

《古本戏曲丛刊六集》

2016年3月，《古本戏曲丛刊六集》由国家图书馆出版社正式出版，收录清代顺治到乾隆时期的传奇和戏曲别集77种，共计109种剧目。所收剧目中，《昊天塔》《埋轮亭》《钟情缘》《百子图》《蟠桃会》等皆为孤本；《儿孙福》为康熙十年乌丝栏稿本；《双叩阍》为乾隆年间宁府钞本或稿本，目前原书已难以寓目；《西川图》为哈佛燕京图书馆收藏的原齐如山藏钞本，都是比较珍贵的传本。全书沿用前五集的开本和形态，制作成线装17函180册。同时，鉴于《古本戏曲丛刊》前五集的出版已历经半个世纪，当初印制数量较少且不少图书馆已有残损，中国社会科学院文学研究所决定同国家图书馆出版社合作，将前五集以大32开精装本的形式重新影印出版，以供广大戏曲爱好者、收藏者能收藏、阅读及欣赏这套最大的戏曲总集。

【《美国埃默里大学神学院图书馆藏中文古籍目录》发布座谈会召开】

8月29日，《美国埃默里大学神学院图书馆藏中文古籍目录》发布座谈会在国家图书馆出版社举行。座谈会由国家图书馆出版社社长方自金主持，分为发布和座谈两部分。在发布环节，国家图书馆出版社编辑总监廖生训介绍该书出版情况，参与编目整理工作的国家图书馆古籍馆副研究馆员刘明介绍该书整理情况，收藏单位负责人美国埃默里大学图书馆东亚研究馆员王国华和国家图书馆副馆长、国家古籍保护中心副主任张志清先后发言，对该书的出版表示祝贺；在座谈环节，中国社会科学院历史研究所研究员陈祖武、美国芝加哥大学东亚图书馆馆长周原、美国斯坦福大学东亚图书馆馆长杨继东、复旦大学教授吴格、北京大学教授廖可斌等专家学者纷纷发言，畅谈感想，并对国家古籍保护中心海外中华古籍书目出版工作这一重要阶段性成果给予高度赞誉，期待此系列图书出版工作的持续开展。

素有“南部哈佛”美誉的美国埃默里大学建于1836年，神学院是其九大院系之一，其富藏中国文献。2008年由张志清先生协调，并得到埃默里大学图书馆王国华女士及Patrick M. Graham馆

《美国埃默里大学神学院图书馆藏中文古籍目录》发布座谈会

长的同意，派遣国家图书馆刘明赴美编目。刘明以勤奋负责的态度，按时保质完成合作项目。《美国埃默里大学神学院图书馆藏中文古籍目录》共1册，包含埃默里大学神学院图书馆藏约500种中文古籍与基督教文献的中英文目录，并简要介绍扉页和序跋等情况。

此书属"海外中华古籍书目书志丛刊"系列。自2015年起，国家图书馆出版社已先后出版3种，即《文求堂书目》《西班牙藏中国古籍书录》与《美国哈佛大学哈佛燕京图书馆藏善本方志书志》。海外中华古籍书目书志的陆续出版，对保存保护中华传统典籍、推进海外散藏文献为学界利用、促进学术研究深入开展有重要意义，也将极大促进中外文化交流的实质性拓展。

【"国家古籍资源数据库"编例讨论专家座谈会召开】

10月21日，国家图书馆出版社召开"国家古籍资源数据库"编例讨论专家座谈会。国家图书馆古籍馆副馆长谢冬荣，国家古籍保护中心办公室副主任王雁行，国家图书馆出版社社长方自金、副社长殷梦霞出席会议。方自金首先致欢迎辞，国家图书馆出版社数字出版部主任王涛随后介绍"国家古籍资源数据库"初期建设的基本情况。与会专家就数据库的收录范围、版本选用标准、编例、客户需求、功能等议题进行讨论；此外还讨论了该资源库底本选择、二期以后的资源来源和资源整合问题，以及如何提高数据库的兼容性，加强数据库之间的对接，增强数据库的开放性等问题。黄燕生、黄显功、李云、俞冰、龙向洋、李明杰、丁延峰等专家对数据库的各方面建设提出建议。

【孔府藏书出版战略合作框架协议书签署】

11月17日，国家图书馆馆长、党委书记、国家古籍保护中心主任韩永进，国家图书馆副馆长、国家古籍保护中心副主任张志清，国家图书馆出版社社长方自金赴山东曲阜参加国家图书馆与曲阜市孔子博物院战略合作框架协议书的签订。济宁市委常委、市委秘书长李长胜出席仪式。韩永进、李长胜共同为国家古籍保护中心"中华优秀传统文化实践基地"揭牌。张志清、曲阜市文物局局长孔德平分别代表双方单位签署战略合作框架协议书。根据协议，双方将在孔府藏书出版、孔府档案揭示、优秀传统文化传承发展、古籍保护人才培养等方面开展系统化合作，并将其纳入"中华古籍保护计划"框架中，成果将由国家图书馆出版社出版。

《孔府档案》和孔府旧藏古籍、碑拓作为孔府文献的重要代表，是曲阜馆藏文物的重要组成部分。曲阜孔府文物档案馆现存《孔府档案》9000余卷、约25万件，古籍图书6000余部、4万余册，古籍雕版4400余块，碑帖拓本1900余套、4000余件。2009年，孔府文物档案馆分别被授予“山东省古籍重点保护单位”和“国家古籍重点保护单位”。2016年5月，《孔府档案》成功入选《世界记忆亚太地区名录》。此外，国家图书馆出版社与曲阜孔府文物局商定的出版项目还有《曲阜市孔子博物院古籍普查登记目录》《曲阜市孔子博物院珍品图录》《曲阜市孔子博物院藏拓片》《曲阜市孔子博物院珍本丛刊》《曲阜市孔子博物院档案》《曲阜市孔子博物院族谱》《孔子研究论文集》及《曲阜市孔子博物院普及读本》等。

【《天一阁藏历代方志汇刊》编纂座谈会召开】

12月28日，《天一阁藏历代方志汇刊》编纂座谈会在国家图书馆出版社弘文堂举行。国家图书馆常务副馆长陈力、国家古籍保护中心办公室副主任王雁行、国家图书馆出版社社长方自金、宁波市文化广电新闻出版局副局长杨劲、天一阁博物馆馆长庄立臻，以及来自中国地方志指导小组、中国社会科学院、北京大学、清华大学、中国民族图书馆、国家博物馆、中国科学院文献情报中心、中国艺术研究院、首都图书馆等机构的领导和专家学者出席会议。会上，庄立臻介绍启动《天一阁藏历代方志汇刊》工程的缘由、意义、思路和规划。国家图书馆出版社重大项目编辑室主任张爱芳介绍《天一阁藏历代方志汇刊》的编辑准备情况。陈力、杨劲对于《天一阁藏历代方志汇刊》出版的价值、意义做重要讲话，并为首批10册样书揭幕。

《天一阁藏历代方志汇刊》编纂座谈会

天一阁是我国乃至亚洲最古老的私家藏书楼，距今有450年的历史。2016年，为响应总书记习近平“让书写在古籍中的文字活起来”的号召，《天一阁藏历代方志汇刊》正式立项实施。该书囊括天一阁所藏的518部、3273册历代方志。预计制作成精装16开、成书850册，预计2017年9月由国家图书馆出版社出版发行。

【海外藏《永乐大典》仿真影印回归项目取得重要进展】

2016年，国家图书馆出版社共仿真影印出版海外藏《永乐大典》两种，即《大英图书馆藏〈永乐大典〉》（全24册）和《英国阿伯丁大学藏〈永乐大典〉》。《大英图书馆藏〈永乐大典〉》共计24册49卷，即卷913—914、3002、6850—6851、6933—6934、7389—7390等，内容涉及汉书古今人表、丧礼、国恤、城名、兵制、相龙法等。《英国阿伯丁大学图书馆藏〈永乐大典〉》，即卷 11907。该册于 1997 年由英国牛津大学博德利图书馆中文部负责人何大伟（David Helliwell）先生发现，截至目前未收入任何影印本。该卷韵目为十八养，内容为广州府。

此外，国家图书馆出版社于 9 月与日本东洋文库、日本国会图书馆分别签订合作协议，仿真影印东洋文库藏《永乐大典》34 册、日本国会图书馆藏《永乐大典》1 册。两书预计 2017 年内出版。

海外藏《永乐大典》

对外交流与合作

- 赴国外及台、港、澳交流
- 国外及台、港、澳重要来访
- 对外及台、港、澳合作项目
- 年度掠影

对外交流与合作

一、赴国外及台、港、澳交流

2016 年全年出访共计 30 批 105 人次。重要出访包括：馆长韩永进率团赴美国、加拿大进行海外战略储备库调研；常务副馆长陈力率团访问澳大利亚国家图书馆并出席“大清世相”展览开幕式，率团赴马其顿、匈牙利进行图书馆业务交流；副馆长张志清率团访问西班牙图书馆博物馆并赴葡萄牙签署协议，率团赴韩国国立中央图书馆进行业务交流；副馆长魏大威率团赴荷兰、德国调研欧洲数字图书馆项目；副馆长王军率团赴法国、英国进行海外战略储备库调研；副馆长李虹霖率团赴意大利参加世界博物馆协会第 24 届大会并访问奥地利；副馆长孙一钢率团赴美国参加第 82 届国际图联大会并赴加拿大参加会前会，率团赴澳门参加中文文献资源共建共享合作会议；馆长助理汪东波率团赴新西兰参加亚洲及大洋洲地区国家图书馆馆长会议；原常务副馆长詹福瑞率团赴英国参加“英中文化交流项目圆桌讨论会”。与 2015 年相比，出访批次减少 23%，出访人数增加 6%。

馆长韩永进率团赴美国、加拿大进行海外战略储备库调研

二、国外及台、港、澳重要来访

2016年全年接待来访共计56批469人。重要来访包括：朝鲜国家科学院及人民大学习堂刘言一行，韩国仁川广域市图书馆馆长李吉周一行，澳大利亚驻华大使安思捷一行，埃及驻华大使一行，世界卫生组织驻华代表施贺德一行，日本国立国会图书馆冈村志嘉子，哈萨克斯坦总统图书馆代表团，韩国国会图书馆沈银珠一行，西班牙大使馆文化参赞格罗丽亚·明格斯一行，亚美尼亚文化部副部长一行，埃塞俄比亚文化与旅游部部长阿伊莎·穆罕默德一行，伊朗国家图书与档案馆馆长赛义德·雷扎·萨利赫代表团，日本出版贩卖株式会社平林彰一行，毛里求斯国家图书馆馆长拉莫斯一行，美国芝加哥大学东亚图书馆馆长周原，缅甸宗教及事务文化部常务秘书兼历史研究与图书馆局局长南达洪恩一行，埃及开罗图书馆馆长一行，厄瓜多尔驻华大使何塞·博尔哈一行，罗马尼亚文化中心拉库·埃列娜，葡萄牙文化部部长路易斯·门德斯一行，iGroup亚太资讯集团公司一行，美国密苏里大学堪萨斯分校图书馆馆长一行，泰国副总理塔纳萨·巴迪玛巴功代表团，国际图联主席多纳·希德一行，美国纽约移民银行霍华德·米尔斯坦一行，印尼西爪哇图书与档案馆戴薇一行，日本国立国会图书馆一行，新加坡国家图书馆管理局一行，圣智Gale学习出版社一行，哈萨克斯坦驻华大使一行。港澳台重要来访包括：香港民政事务局局长刘江华一行，澳门科技大学副校长庞川一行，台湾图书馆周淑惠一行，台湾汉学研究中心庄惠茹，台湾两“厅院”图书馆于复华一行，台北“故宫”冯明珠一行，香港公共图书馆助理馆长程佩珊一行。与2015年相比，接待来访批次减少15%，来访人数减少36%。

三、对外及台、港、澳合作项目

2016年是“十三五”规划的开启之年，国家图书馆国际交流工作在全面总结“十二五”规划成果的同时，围绕全馆重点工作开拓思路、积极探索。继续调研海外中华古籍存藏情况，积极推进海外中华古籍调查暨数字化合作项目的实施；配合国家“一带一路”发展战略，积极与一带一路沿线国家图书馆开展合作；参加重要国际会议，积极争取话语权，提高国家图书馆在国际图书馆界地位，为今后在我国举办国际会议积累经验；开展海外战略储备库建设调研工作；参加和举办多项展览活动，进一步扩大国家图书馆的影响力。

在2015年成果基础上，合理安排出访，继续对西班牙、葡萄牙等重点国家及地区进行海外中华古籍存藏情况调研，促进更多中华古籍早日回归，并签署中国国家图书馆与葡萄牙国家图书馆谅解备忘录。

为落实国家“一带一路”发展战略，参加中阿图书馆联合委员会会议，与阿盟秘书处为合作共建中阿图书馆电子门户网站进行磋商；与埃及亚历山大图书馆、阿尔及利亚国家图书馆签署合作备忘录，以促进今后开展实质性合作。

多次参加重要国际会议，主要包括：赴新西兰参加第24届亚洲及大洋洲地区国家图书馆馆长会议，会上中国国家图书馆被推选为2017年亚洲及大洋洲地区国家图书馆馆长会议主办馆；赴美国参加第82届国际图联大会及卫星会议。

国家图书馆国家文献战略储备库项目是列入国家“十三五”规划的四个重大文化设施项目之一。2016年，国家图书馆开展海外战略储备库调研工作：访问法国国家图书馆技术中心和黎塞留旧馆，调研英国国家图书馆西约克郡分馆典藏自动化设备，赴美国、加拿大参访两国的文献储备库。

全年参与多项展览活动，主要包括与澳大利亚国家图书馆共同举办“大清世相”展览；与伊朗国家图书馆和档案馆共同举办“美丽的伊朗”图片展；与中外文化交流中心和墨西哥中国文化中心共同举办“甲骨文记忆展”活动；举办第二届“石景宜博士杯——华夏书画创作大赛”优胜作品巡回展·北京站；赴日本参加东京书展；赴美国参加书展和“园林 / 艺术 / 商业：中国木刻版画”展览。

开展双边、多边合作交流活动。赴英国参加“中英文化交流圆桌研讨会”；分别与马其顿国家和大学图书馆、匈牙利国立塞切尼图书馆签署中马图书馆谅解备忘录、中匈图书馆合作协议；出访韩国，与韩国国立中央图书馆进行第19次业务交流；派员赴美国、新西兰、日本、斯里兰卡等国开展图书馆交流及培训活动；为继续加强与台港澳地区图书馆界交流与合作，国家图书馆派团参加在台湾举行的“海峡两岸档案暨缩微学术交流会”和在澳门举行的“第十一次中文文献资源共建共享合作会议”。

在做好重点对外合作项目的同时，继续做好常规业务交流活动。积极实施“中国之窗”对外赠书项目；组织“李炳穆交流合作奖”评选事宜；承担国际图联保存保护中心中国中心、中文语言中心相关工作；配合完成接收港澳大学生到馆实习工作；组织外语志愿者培训工作，为日常外事活动、国际图联大会同声传译和快报编译工作做好准备，将对外交流合作与国家图书馆的业务工作更紧密地结合起来。

年度掠影

【“大清世相”展览在澳大利亚国家图书馆开幕】

常务副馆长陈力在“大清世相”展览开幕式上致辞

2月5日，由中国国家图书馆和澳大利亚国家图书馆共同主办的“大清世相：中国人的生活1644—1911”展览在澳大利亚国家图书馆开幕。澳大利亚总理马尔科姆·特恩布尔及其夫人，驻澳大利亚大使马朝旭等中澳两国有关领导，中国国家图书馆常务副馆长陈力、澳大利亚国家图书馆馆长安妮－玛丽·施沃特里奇等各界人士近500人参加活动。开幕式由澳大利亚国家图书馆理事会主席施莱恩主持。此次展览分为圣治、文风、红尘、番邦、变迁5个部分，全面反映17至20世纪清王朝的皇家社会与百姓生活。展览共展示珍贵文献160余件，其中88件来自中国国家图书馆，涉及舆图、样式雷、金石拓片、年画、汉文和少数民族文字古籍等。

【汪东波率团参加亚洲及大洋洲地区国家图书馆馆长会议】

3月9—11日，第24届亚洲及大洋洲地区国家图书馆馆长会议在新西兰国家图书馆召开，馆长助理汪东波率团参会。会上，中国国家图书馆被推选为2017年亚洲及大洋洲地区国家图书馆馆长会议主办馆。本届会议的主题是“国际合作为图书馆附加价值”，共有来自17个国家的26名正式代表参会。各成员国代表宣读了本国的国家报告，并通过第23届亚洲及大洋洲地区国家图书馆馆长会议纪要。来自新西兰、日本、韩国和新加坡的代表还分别就“国家图书馆的战略规划”、亚洲及大洋洲地区国家图书馆馆长会议官网及信息简报、图书馆的图书捐赠、国际图联亚大区域办公室的活动等议题进行发言和讨论。

会议期间，汪东波分别会见日本、韩国、新加坡和澳大利亚等国的国家图书馆馆长，并介绍2017年亚洲及大洋洲地区国家图书馆馆长会议的主题策划和会议筹备等情况。代表团还访问了新西兰国家图书馆和惠灵顿市立公共图书馆。

【孙一钢会见澳大利亚驻华大使安思捷】

3月12日，副馆长孙一钢会见澳大利亚驻华大使安思捷女士一行。孙一钢在会谈中希望以在澳大利亚国家图书馆举办的“大清世相”展览为契机，进一步深入开展双方的实质性合作，共同促进两国文化事业的交流与发展。安思捷对“大清世相”展览的成功举办予以肯定，并介绍正在中国国家图书馆少儿馆举办的澳大利亚文学周系列活动，希望双方进一步加深了解、加强合作。会见结束后，安思捷来到国家图书馆少儿馆参加澳大利亚幻想大师葛瑞米·贝斯新书发布会暨图画书作品展活动并致辞，此次活动是澳大利亚文学周系列活动之一。

【韩永进会见世界卫生组织驻华代表施贺德】

4月7日，馆长韩永进会见来访的世界卫生组织驻华代表施贺德博士一行，双方就合作举办“打败糖尿病——世界卫生日‘卫生·对话’”主题活动进行交流。施贺德在会谈中表示，中国国家图书馆拥有丰富的馆藏资源和优质的场地设施，希望双方继续开展全方位合作。会见结束后，施贺德一行参加了在中国国家图书馆文会堂举办的“打败糖尿病——世界卫生日‘卫生·对话’”主题活动。中外嘉宾及观众共计150人参加此次活动。世界卫生组织驻华代表施贺德，中国疾病预防控制中心副主任梁晓峰，英国驻北京大使馆公使及副大使Martyn Roper，中日友好医院内分泌代谢中心主任、亚洲糖尿病学会副主席杨文英，中国农业大学食品学院营养与食品安全系副教授范志红5位专家围绕“打败糖尿病”这一主题进行现场对话，分别从政府医疗服务、公众卫生意识、疾病防治措施、个人饮食和生活方式等多个角度和层面展开讨论，旨在扩大预防、加强护理、增强监测，提高公众对于糖尿病的认识，从而建立一套具体、有效且可行的举措应对糖尿病，更有效地管理糖尿病、打败糖尿病。此次世界卫生日主题活动是首次在国家图书馆举办，充分发挥国家图书馆在提高公众认知水平以及拓展社会教育服务方面的作用，也是扩大与政府间国际组织合作的有益举措。

世界卫生日主题活动现场

【张志清率团赴西班牙、葡萄牙访问】

5月29日—6月4日，国家图书馆副馆长张志清率代表团一行3人赴西班牙、葡萄牙访问。代表团一行先后访问西班牙加泰罗尼亚图书馆、塞维利亚市的西印度群岛综合档案馆、葡萄牙国家图书馆和西班牙国家图书馆。访问期间，张志清副馆长分别就古籍出版、古籍数字化、交换展览、古籍修复材料和技术等方面的合作与各馆负责人交流，并签署《中国国家图书馆与葡萄牙国家图书馆谅解备忘录》，为今后两馆开展古籍数字化等合作项目奠定重要基础。

此次出访，初步摸清西、葡两国图书馆等相关机构存藏中华古籍的情况，进一步加强中国国家图书馆与西、葡两国图书馆间的交流和了解，为实现海外中华典籍数字化及实体回归奠定基础，也为双方下一步开展古籍保护与修复以及舆图和传教士文献开发等方面的交流与合作创造良好开端。

副馆长张志清与葡萄牙国家图书馆负责人签署谅解备忘录

【“美丽的伊朗”图片展在国家图书馆开幕】

6月6日，由中国国家图书馆、伊朗国家图书与档案馆、伊朗伊斯兰文化联络组织共同举办的“美丽的伊朗”图片展在国家图书馆开幕。伊朗驻华大使阿斯哈、中国国家图书馆馆长韩永进、伊朗国家图书与档案馆馆长萨利赫出席仪式并共同为开幕式剪彩，中国国家图书馆副馆长孙一钢主持活动。开幕式后，与会嘉宾集体参观了展览。伊朗代表团一行还到稽古厅观看部分中国国家图书馆藏波斯文献。

此次展览展出的图片主要内容为伊朗自然风光、人文风貌和历史文化，向中国人民展示波斯文明的源远流长。中华民族和波斯民族都有着悠久的历史和灿烂的文化，很早以前，中国和波斯就开始通过“丝绸之路”友好往来，共同为人类文明的进步做出重要贡献。2016年1月，国务院新闻办公室在伊朗国家图书与档案馆举办“美丽的中国”图片展，向伊朗人民介绍中国的自然风光和人文风貌等，引起很大反响。“美丽的伊朗”图片展与“美丽的中国”图片展形成积极的文化互动。

“美丽的伊朗”图片展在国家图书馆开幕

【陈力率团访问马其顿、匈牙利】

6 月 23—29 日，常务副馆长陈力率团赴马其顿和匈牙利访问，先后参访马其顿国家和大学图书馆、斯科普里公共图书馆、匈牙利国立塞切尼图书馆、匈牙利国会图书馆和布达佩斯公共图书馆。访问马其顿国家和大学图书馆期间，陈力与该馆馆长扎罗夫签署《中国国家图书馆与马其顿国家和大学图书馆谅解备忘录》，中国驻马其顿大使温振顺以及马其顿外交部负责中国事务的官员出席签约仪式。仪式上，该馆向中国国家图书馆赠送《马其顿文学》丛书（中文版）。

访问匈牙利国立塞切尼图书馆期间，陈力与该馆馆长图斯克签署《中国国家图书馆与匈牙利国立塞切尼图书馆合作协议》，并与匈牙利国立塞切尼图书馆、匈牙利巴拉西学院就计划在中国国家图书馆举办“匈牙利人眼中的中国”展览事宜进行商谈。参访中，代表团与上述两馆相关人员就图书馆资源建设、古籍文献保存与修复、数字化建设等内容进行深入交流。

【李虹霖率团参加 2016 米兰国际博物馆协会第 24 届大会并访问奥地利】

7 月 3—10 日，国家图书馆副馆长、国家典籍博物馆常务副馆长李虹霖率代表团一行 5 人应邀赴意大利参加 2016 米兰国际博物馆协会第 24 届大会并访问奥地利。

国际博协创立于 1946 年，目前该协会由来自 135 个国家的 35000 名会员组成，设有 118 个国家委员会和 30 个国际委员会。协会成立 70 年来，在促进世界不同文化文明间相互交流交融，推进博物馆业务科学发展起到重要的作用。此届大会的主题为“博物馆与文化愿景共同构建文化遗产”。此次是国家典籍博物馆成立后首次派员参加该项国际会议。会议期间，代表团参加了国家和国际委员、地区联盟以及附属组织会议，李虹霖代表国家图书馆、国家典籍博物馆同与会同行就展览策划、交换合作、文创开发等业内共同关注的问题进行沟通与交流，并立足国家图书馆、国家典籍博物馆实际情况，对“甲骨文记忆”等展览做介绍和推广，引起业界的热烈反响。会议结束后，受奥地利应用艺术博物馆邀请，代表团对该馆以及奥地利其他文化机构进行参访。

【中国国家图书馆与韩国国立中央图书馆开展第 19 次业务交流活动】

7 月 5—12 日，应韩国国立中央图书馆邀请，国家图书馆副馆长张志清率团出访韩国，开展两馆间第 19 次业务交流。中韩双方分别就本次业务交流主题“古籍数字化和保存保护”做主题报告，同时结合报告和实际业务工作做深入研讨。韩方对“中华古籍保护计划”所取得的成绩表示赞赏，并愿意在“中华古籍保护计划”和“民国时期文献保护计划”框架内共同开展韩国古籍数字化合作项目。

为更好地开展海外中华珍贵典籍调查，进一步了解韩国汉文古籍存藏情况，代表团参访了韩国学中央研究院藏书阁、首尔中国文化中心、首尔大学韩国学研究院奎章阁、成均馆大学尊经阁、海印寺八万大藏经经板存藏库，同时考察了韩国古代活字印刷情况。

【韩永进会见毛里求斯国家图书馆代表团】

8 月 5 日，馆长韩永进会见来访的毛里求斯国家图书馆理事会主席安杜尔德·巴桑先生和馆长拉莫斯女士，副馆长孙一钢参加会见。韩永进向代表团介绍中国国家图书馆的基本情况，希望双方不断加强交流与合作。安杜尔德·巴桑提到，毛里求斯国家图书馆新馆舍在中国政府的帮助下将于 2016 年年底动工，希望中国国家图书馆今后可以利用自身的技术与经验优势对其提供更多的指导与帮助。拉莫斯还向中方介绍了毛里求斯国家图书馆的基本情况。会见结束后，安杜尔德·巴桑和拉莫斯接受了国家图书馆社会教育部的采访，并参观总馆北区和典籍博物馆。

【孙一钢率团参加第 82 届国际图联大会】

8 月 12—18 日，副馆长孙一钢率代表团一行 5 人应邀参加在美国俄亥俄州哥伦布市举行的第 82 届国际图联大会。此届大会的主题为“连接、合作、共同体”，安排各类会议总计约 240 余场，来自 145 个国家的约 4000 位代表参会。大会期间，孙一钢副馆长还参加了国际图联亚洲和大洋洲地区专业组常委会、国家图书馆专业组常委会、国家图书馆馆长会议等会议，与各国图书馆高层就图书馆界热点问题进行探讨；与国际图联主席多纳·希德、国际

副馆长孙一钢率团赴美国参加第 82 届国际图联大会及会前会

图联秘书长杰拉德·莱特内以及新加坡、英国、美国、加拿大等国家图书馆高层举行双边工作会谈，就相关事项进行协商。

会前，代表团于8月10—12日赴加拿大多伦多市参加国际图联管理与营销组策划的图联大会卫星会议，就图书馆与信息环境下的人力资源管理等议题与参会代表进行深入探讨。

【王军率团赴法国、英国进行文献战略储备库调研】

9月3—10日，副馆长王军率代表团一行5人赴法国、英国访问，与相关机构就文献战略储备库建设等问题进行交流。在法国访问期间，代表团分别访问法国国家图书馆技术中心和法国国家图书馆黎塞留旧馆，会见技术中心主管吉耶斯·贝多克和黎塞留旧馆改造工程负责人裴程，并就文献典藏设备及手段、库房建设、消防设备、联合出版馆藏古籍书目等问题与法方进行深入探讨。在英国访问期间，代表团重点调研英国国家图书馆西约克郡分馆典藏自动化设备，参访文献采编部及文献提供中心，并与该馆运营主管安迪·阿普雷雅德进行会谈。此外，代表团还赴牛津大学博得利图书馆与特藏部部长克里斯多夫·费莱切博士见面，双方都表达了进一步深化在古籍开发方面的合作意向；访问英国国家图书馆圣潘克拉斯新馆，与风险综合管控主管皮特·布鲁克斯进行会谈，就两馆的安保措施以及双方联合办展所涉及的安全问题交换意见。

副馆长王军率团赴法国、英国进行海外战略储备库调研

国家图书馆国家文献战略储备库项目是列入国家“十三五”的4个重大文化设施项目之一，于2015年11月获国家发改委审批立项。目前，国家图书馆正在为全面推进该项目进行调研工作。通过此次出访，代表团深入了解了法、英两国国家图书馆在文献储备库建设方面的先进经验，为国家图书馆文献战略储备库的建设提供宝贵依据，同时深化与两国图书馆界的业务交流，为在古籍联合出版、合作办展等方面开展进一步合作奠定基础。

【韩永进率团赴美国、加拿大进行文献战略储备库调研】

9月4—11日，馆长韩永进率代表团一行5人应邀赴美国、加拿大访问，分别走访美国国会图书馆、哥伦比亚大学图书馆、加拿大国家图书和档案馆等机构，并对美加两国文献战略储备库的相关情况进行调研。访美期间，韩永进与美国国会图书馆代理馆长茅以森进行会谈，就如何推进两馆在中美图书馆合作会议、世界数字图书馆项目、图书馆战略储备库建设等方面的合作进行探讨。访加期间，韩永进与加拿大国家图书和档案馆文化出版物司司长皮埃尔·卡玛德等人进行会谈。韩永进建议，两馆应在增进相互了解的基础上，就双方共同感兴趣的合作项目展开探讨，尽快就交流与合作框架达成一致意见，择机签署合作意向书。

此次访问美国、加拿大期间，代表团重点参访两国的文献储备库——美国国家视听资料保存中心和加拿大国家图书和档案馆文献保存中心，对其选址、建设思路、内部规划、技术配置等情况做深入了解。

【韩永进会见厄瓜多尔驻华大使并接受赠书】

9 月 27 日，馆长韩永进会见厄瓜多尔驻华大使何塞·博尔哈一行，并接受厄方赠送的图书 405 册，双方共同签署图书交接纪要。韩永进表示，近年来，以使馆赠书为契机，双方保持友好的交流与合作。此次使馆赠书又一次丰富了中国国家图书馆馆藏，为读者提供进一步了解厄瓜多尔和西班牙语文学的机会，为两国文化交流做出新的贡献。何塞·博尔哈表示，愿意进一步推动中国与厄瓜多尔图书馆界建立长期的交流机制，积极推进两国图书馆事业的共同发展。厄瓜多尔驻华使馆文化公使克劳德·拉拉等参加会见和赠书交接仪式。

【李虹霖会见泰国副总理塔纳萨 · 巴迪玛巴功上将】

副馆长李虹霖接待泰国副总理代表团

10 月 13 日，副馆长李虹霖会见来访的泰国副总理塔纳萨·巴迪玛巴功上将一行。李虹霖向来宾介绍国家图书馆的发展历史、读者服务情况以及典籍博物馆基本概况，并表示以图书馆为载体，通过合作展览等方式进一步促进两国的文化交流和相互了解。巴迪玛巴功希望泰国图书馆界可以有更多机会向中国国家图书馆学习业务、借鉴经验，以促进两国图书馆的共同发展。会见结束后，巴迪玛巴功一行在李虹霖陪同下参观了典籍博物馆、总馆北区阅览室以及《四库全书》专藏库房。

【“甲骨文记忆展”在墨西哥开幕】

10 月 22 日，在文化部外联局、中国驻墨西哥大使馆和墨西哥阿卡普尔科市政府支持下，中国国家图书馆与中外文化交流中心、墨西哥中国文化中心共同主办的“甲骨文记忆展”，作为墨西哥阿卡普尔科“中国船”艺术节中国主宾国活动揭幕展，在阿卡普尔科圣迭戈历史博物馆开幕。此次展览从甲骨文的发现及制作、历史传奇、殷商社会等方面向墨西哥人民揭开甲骨文神秘面纱。展出中国国家图书馆馆藏精品甲骨复制品10件，内容涉及祭祀、天气、生育、战争等主题；同时展出一些反映殷商时期生活的器具仿真品，如精美的青铜器、鼓、青铜刀等，让墨西哥观众较为直观地近距离欣赏甲骨文的魅力，了解殷商社会风貌。展览特别辅以寓教于乐的动画影视片放映、甲骨文和西班牙语对应的模拟树林和传拓互动等体验活动。尤其是传拓互动体验得到墨西哥人的喜爱，不少参观者聚集在甲骨传拓台前，排队体验甲骨传拓，并将自己的作品带回家。

为配合此次展览，在圣迭戈历史博物馆专门举办了一场以“中国最古老的文献——甲骨”为主题的讲座。中国国家图书馆副研究馆员赵爱学在讲座中对甲骨文的特点，以及甲骨文与玛雅文共有的结构方式等内容做阐释。2016年适逢中拉文化交流年，此次展览为中墨两国之间的文化交流起到积极的推动作用。

【韩永进会见国际图联主席和秘书长】

10月24日，馆长韩永进会见了国际图联主席多纳·希德、国际图联秘书长杰拉德·莱特内，副馆长魏大威参加会见。韩永进向来宾介绍国家图书馆的基本情况，回顾中国图书馆界与国际图联交流的历史，中国作为国际图联的创始会员国之一，积极支持和参与国际图联的各项工作。韩永进表示，国家图书馆愿意以更积极的姿态参与国际图书馆界的交流与合作，参与国际图联事务，希望双方保持密切联系。希德表示，国际图联非常关注中国图书馆事业的发展，中国图书馆是国际图联重要组成部分，中国公共图书馆事业发展迅速，并积极参与国际交流与合作，希望通过国际图联的平台为中国图书馆事业发展提供更多支持。

馆长韩永进会见国际图联主席和秘书长

会见结束后，希德主席和莱特内秘书长参观了国家典籍博物馆以及总馆北区。

【英国著名口述史专家保罗·汤普森来国家图书馆交流】

11月10日，英国著名口述史专家、大英图书馆“国家生活故事”（National Life Story）项目创始人保罗·汤普森（Paul Thompson）来到国家图书馆，参观典籍博物馆、读者阅览区和中国记忆项目东北抗联专题成果展，并与中国记忆项目中心的工作团队进行为期1天的口述史工作交流。

在交流中，汤普森先生首先了解了中国记忆项目的基本情况，肯定中国记忆项目在采集整理中国现当代重大历史事件和人物口述史方面的工作成果，并对口述史影像化采集的方式给予高度评价。其后，汤普森先生对英国口述史的发展概况、大英图书馆的口述史料采集工作以及口述史采访的经验方法进行介绍与分享。汤普森先生结合其享誉国际的经典著作《过去的声音：口述史》（The Voice of the Past：Oral History），为在座的中国记忆项目工作团队讲述口述史的理论依据、发展历程、工作方法、技术手段，并分享自己在撰写《爱德华七世时代的人们》《英国渔民口述史》等著作期间的口述史采访案例和经验。最后的交流环节中，中国记忆项目的团队成员提出口述史采访所涉及的语言障碍、文化和专业差异等问题，汤普森先生一一解答和阐释，双方进行深入探讨。

【中国国家图书馆与日本国立国会图书馆举行第35次业务交流活动】

11月28日—12月4日，日本国立国会图书馆副馆长网野光明率代表团一行5人来访，进行两馆间第35次业务交流活动。馆长韩永进、副馆长孙一钢会见网野光明一行，双方表达今后继续深入开展多种形式的业务交流从而带动中日两国图书馆事业合作发展的愿望。

日本国立国会图书馆来访进行两馆间第35次业务交流活动

在11月29日和30日举行的两场业务交流会上，双方以报告会的形式分别就书目服务、文献保存与书库建设等内容进行深入探讨。副馆长张志清出席交流会，并作题为“新历史时期下中国国家图书馆的发展”的中方基调报告；网野光明作题为“从2016到2017——国立国会图书馆的新征程”的日方基调报告。此次两馆交流，通过报告会研讨的方式促进了对彼此业务工作的相互了解和借鉴。

访问期间，馆长助理汪东波与代表团见面并交流。代表团还访问了同方知网技术有限公司、中国科学技术信息研究所、首都图书馆、上海图书馆等机构。

【魏大威率团访问荷兰、德国】

11月30日—12月6日，副馆长魏大威率代表团一行5人应邀赴荷兰、德国访问。访荷期间，代表团访问欧盟数字图书馆。欧盟委员会为在数字图书馆建设方面能够形成统一的欧盟体系，于2005年发起建设欧盟数字图书馆，目前对欧洲48个国家图书馆提供32种语言的资源访问服务。在欧盟数字图书馆总部，代表团与执行馆长吉尔·卡森女士进行座谈，就数字图书馆的发展战略、管理机制、资源建设及相关重点项目做深入交流。中国驻荷兰大使馆文化处一秘杨晓龙、二秘崔卿参加座谈。

访德期间，代表团访问柏林国家图书馆，并与副馆长瑞哈德·阿尔滕霍内尔进行会谈。德国国家数字图书馆项目由德国国家图书馆牵头，项目参与单位包括德国的图书馆、音像图书馆、档案馆、博物馆以及其他公益性和商业机构共2731家，其中核心成员14家，项目于2012年提供服务，在数字化资源和长期保存的同时，通过不断提升服务质量实现公众对数字化内容获取的便捷性。双方围绕德国数字图书馆项目的建设思路、服务情况和未来发展规划进行探讨。代表团还应邀参访荷兰皇家图书馆和法兰克福国家图书馆。

【新加坡国家图书馆管理局代表团访问中国国家图书馆】

12月5—9日，新加坡国家图书馆管理局副总裁郑爱清等一行5人访问中国国家图书馆并进行业务交流。馆长韩永进会见代表团一行，副馆长孙一钢参加会见。韩永进回顾近年来双方交流情况并向代表团介绍中国国家图书馆基本概况。郑爱清感谢中国国家图书馆的热情接待并表示希望双方进一步加强交流、相互学习，共同推动图书馆事业发展。访问期间，代表团与中国国家图书馆业务管理处、典藏阅览部、数字资源部、古籍馆等多个部门进行深入的业务交流，参观国家典籍博物馆、阅览室和《四库全书》专藏。代表团还访问了中国第一历史档案馆、国家博物馆、故宫博物院等机构。

新加坡国家图书馆管理局代表团来访

【哈萨克斯坦图书角揭幕仪式在中国国家图书馆举行】

12月15日，哈萨克斯坦图书角揭幕仪式在国家图书馆举行。哈萨克斯坦共和国驻华大使沙赫拉特·努雷舍夫、中国国家图书馆馆长韩永进、哈萨克斯坦学术图书馆馆长乌木坎·穆娜尔巴耶娃分别致辞。韩永进与穆娜尔巴耶娃共同为图书角揭幕。中国国家图书馆常务副馆长陈力、哈萨克族知名作家艾克拜尔米吉提，以及文化部外联局相关负责同志出席仪式。此次在中国国家图书馆设立哈萨克斯坦图书角，旨在以书籍、文字为纽带，积极推动中哈两国文化交流与合作，加强文明的相互尊重和理解。此次赠书丰富了国家图书馆哈萨克斯坦语的相关馆藏，为中国读者开启一个了解哈萨克斯坦文学、文化的新窗口。揭幕仪式后，嘉宾们来到国家图书馆外文第一阅览室参观哈萨克斯坦图书角书架。穆娜尔巴耶娃馆长对此次赠予国家图书馆的100册图书做介绍。

机构与人员

- 事业单位人事制度改革
- 人才队伍建设
- 组织机构建设
- 干部管理工作
- 职称评审工作

机构与人员

2016 年，国家图书馆积极贯彻“创新发展年”各项要求，坚持围绕中心、服务大局，继续推进事业单位人事制度改革工作，进一步加强组织机构建设，努力建设一支优秀的文化人才队伍，为促进国家图书馆事业繁荣发展护航。

一、事业单位人事制度改革

（一）国家图书馆“三定”方案获得批复

按照《文化部人事司关于开展直属事业单位“三定”方案工作的通知》（人函〔2015〕132 号）要求，进一步修改完善国家图书馆“三定”方案内容，并完成上报工作。2016 年年底，文化部下发《文化部关于国家图书馆职责、内设机构及人员编制的批复》（文人函〔2016〕1123 号），明确国家图书馆的机构性质及主要职责，内设机构名称、职责及岗位设置，以及人员编制和领导职数。

（二）稳步推进事业单位养老保险制度改革

2016 年是国家养老保险改革工作至关重要的经办衔接阶段。按照人力资源和社会保障部、文化部有关工作部署，为保障改革工作的顺利推进，国家图书馆积极着手制定实施方案，圆满完成人员清查、人员信息采集、基础数据制作等数据采集任务，并如期完成 2014 年度和 2015 年度津贴、补贴情况的全面核查清理与数据上报，稳步推进事业单位养老保险制度改革工作。

二、人才队伍建设

人才队伍建设是事业发展之本。2016 年，国家图书馆进一步加强人才队伍建设工作，努力建设一支政治素质良好、专业技术精湛、业务成就突出的优秀文化人才队伍。

（一）人才引进

完成应届高校毕业生接收工作。严格按照人力资源和社会保障部、文化部的政策要求，立足事业发展，紧扣人才需求，研究制定并上报《国家图书馆 2016 年度高校毕业生计划与岗位对接方案》。经笔试、专家面试、外调审查等程序，共计接收应届毕业生 36 人。

圆满完成军队转业干部接收工作。按照国务院军转办的相关政策要求，对申报国家图书馆的18名军转干部的资格进行初审，通过面试、考察等程序，共计接收军队转业干部2名，现已补充到保卫处、后勤服务管理中心紧缺岗位。

顺利完成劳务派遣员工招录工作。为进一步完善国家图书馆人才队伍结构，充分调动劳务派遣员工的工作积极性，于2月启动劳务派遣员工招录工作。经各部处审核推荐、笔试、体检、考察、公示等程序，共有20名业务能力突出的优秀劳务派遣员工进入事业编制，有效推动业务发展。

（二）人才培养

积极选拔和推荐各类优秀人才。2016年，国家图书馆优秀专家遴选和推荐工作成果丰硕，有1人获评2016年度文化部优秀专家，1人获评2016年全国维护儿童权益先进个人，1人获评人力资源和社会保障部第十三届全国技术能手，4人入选文化部2016年青年拔尖人才名单。选派2名业务骨干赴日本进行业务交流学习。

扎实推进全员培训工作。制定年度培训计划，创新培训形式，继续加大员工培训力度，不断提高培训效果。以提升全员综合素质为核心，以各部门为员工教育培训主体，广泛开展具有针对性的专题培训，在提升各部门专业基础知识的同时，拓展员工的视野，共举办全员培训31场，合计参训2350人次。举办入馆新员工培训班，共有80余名高校毕业生和调入人员参加专题培训。举办2016年入馆新员工座谈会。根据文化部关于开展对部系统文艺工作者大规模轮训工作安排，组织595人参加文化部第一期至第十五期文艺工作者培训班。

鼓励员工参加在职学历、学位教育。2016年，国家图书馆共有6人申请攻读在职博士研究生、10人申请报考在职硕士研究生。为12人发放继续教育学费奖励。共有10名员工完成相关专业在职学习，其中2人取得博士学位，7人取得硕士学位，1人取得高等教育自学考试专科毕业证书。

加强外事志愿者队伍建设。完成2016年外事志愿者选拔工作，共有22人通过资格审核、培训成绩合格进入外事志愿者队伍，有效促进外语人才的全面培养，保障国家图书馆的外事交流工作。

积极开展业界交流。2016年，共有来自西藏自治区图书馆、四川省图书馆、贵州安顺市图书馆、上海图书馆等的27名同行来馆以专题课程、参观交流、在岗实践的方式进行交流、学习。

三、组织机构建设

（一）成立国际图联保存保护中国中心领导小组

为加强与国际图联保存保护中心的联络沟通，进一步明确职责，促进国际图联保存保护中国中心各项工作的开展，成立国际图联保存保护中国中心领导小组，负责国际图联保存保护中国中心相关任务的组织和领导工作。办公室设在国家古籍保护中心办公室。

（二）成立国家图书馆内部控制建设工作领导小组

为加强内部控制建设工作的组织领导，推动相关工作顺利开展，成立国家图书馆内部控制建设工作领导小组，负责内部控制建设与实施的组织协调工作。办公室设在审计处。

（三）成立国家图书馆典籍整理策划小组

为继承和弘扬中华优秀传统文化，充分发挥国家图书馆典籍的存藏和研究优势，实现对中华优秀传统文化的系统挖掘和整理，经2016年第16次馆务会研究决定，成立国家图书馆典籍整理策划小组，在馆领导班子领导下工作，负责对国家图书馆典籍整理工作进行调研、策划与咨询。办公室设在研究院。

四、干部管理工作

（一）干部的选拔、任用和监督管理

根据中组部、人力资源和社会保障部以及文化部对事业单位人事管理的规定和要求，严格按照干部聘任程序完成11名处级干部职务聘任工作，完成73人次科级干部聘任、调整工作。

根据中组部、文化部相关文件精神及要求，进一步加强干部监督工作，不断完善干部管理体系建设。完成67名处级以上领导干部个人有关事项报告工作；完成对在岗涉密人员信息采集及报告工作；完成处级干部档案专项审核工作，共审核64位处级干部档案。

（二）全力做好援藏干部选派工作

对口支援是党和国家的重大战略决策，也是党培养干部的重要平台。根据《文化部人事司关于第八批援藏和第三批援青干部人才选派工作有关事项的通知》要求，国家图书馆严格按照援派干部人才选拔标准，强化组织把关作用，选派1名能力素质过硬、党性作风过硬的优秀干部作为第八批援藏干部赴藏开展工作，对口支援岗位为西藏自治区图书馆副馆长。

五、职称评审工作

按照文化部统一部署，组织完成2016年度职称评审和推荐工作。本年度共有6人晋升正高级专业技术职称资格，62人晋升或转任副高级专业技术职称资格，通过晋升或转任中级及以下职称36人。完成191人职称初聘。

处级机构：29 个
科级机构：102 个

国家图书馆内设机构设置图

（2016 年 12 月 31 日）

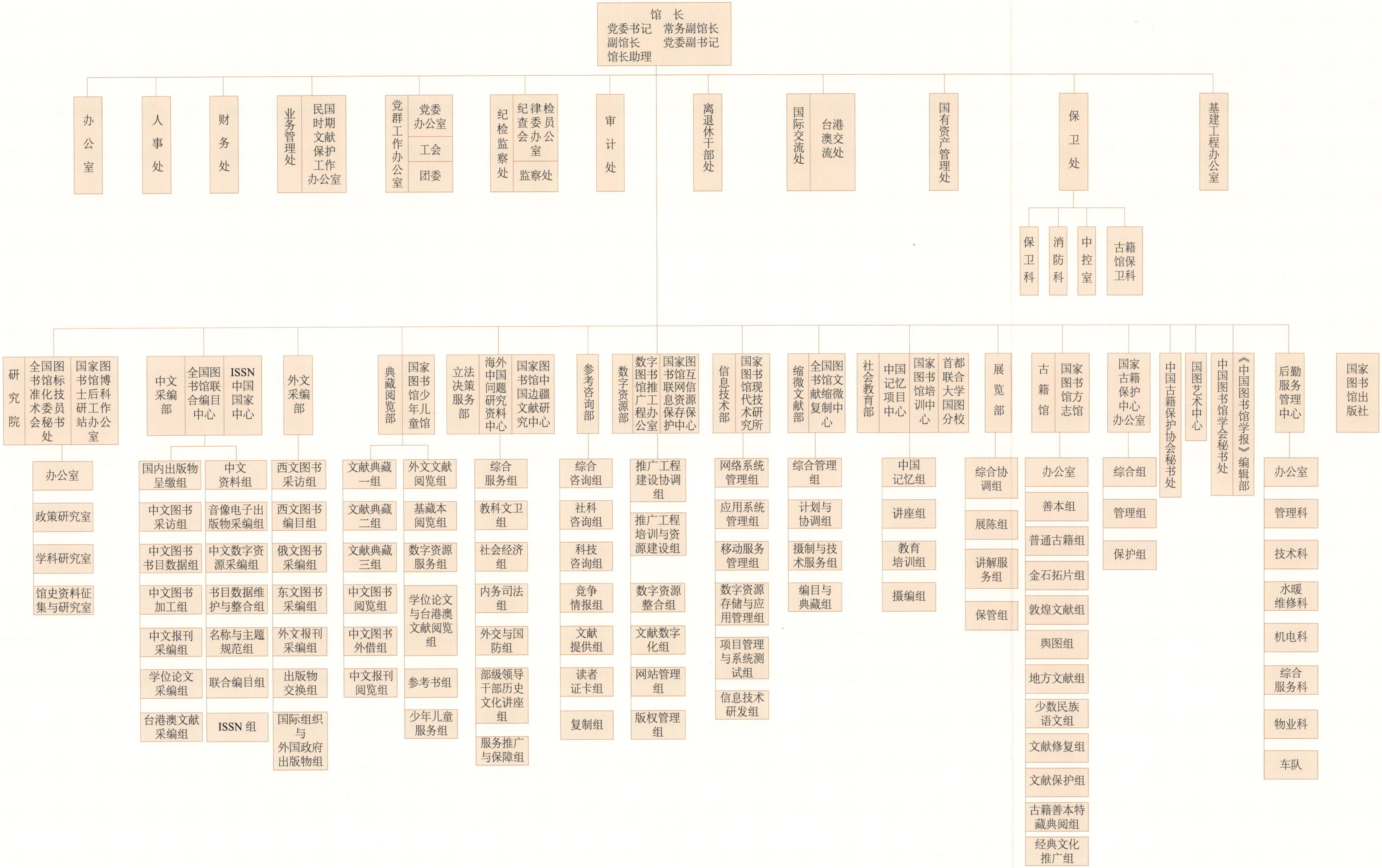

设施建设与安全保卫

- 基建工程
- 安全保卫
- 后勤服务
- 年度掠影

设施建设与安全保卫

一、基建工程

（一）总馆南区维修改造工程

2016年，根据总馆南区A栋书架照明智能控制器运行情况，对其进行全部维修和调试，更新2940台控制器，开通A栋智能照明系统。同时，完成总馆南区总配电室6台变压器温控线修复和馆区监控系统施工，以及综合楼、C栋一层消防水问题阀门的更换工作。2016年12月，国家图书馆基本完成总馆南区维修改造工程竣工结算工作。

（二）国家文献战略储备库建设

国家文献战略储备库建设项目取得重要进展（参见“特别记载”之“国家图书馆国家文献战略储备库建设工程项目取得重要进展”）。

2016年11月23日，副馆长王军率领基建工程办公室和可行性研究报告编制单位主要负责同志到故宫博物院进行国家文献战略储备库建设工程项目调研。

副馆长王军到故宫博物院调研

二、安全保卫

（一）治安工作

1. 重大活动安保任务

2016年，针对国家领导人参观视察、重要展览举办、国际交流活动日趋增多等实际情况，确立“统一思想、部门联动、信息共享、把好关口”的工作思路，圆满完成一系列重大安保任务。先后承担“石景宜博士杯——华夏书画创作大赛第二届优胜作品巡回展”“永远的怀念——任继愈先生百年诞辰纪念展”“一门三院士、共筑中国梦”展览开幕式、“美丽的伊朗”图片展开幕式、“杭州有约·喜迎G20西泠印社名家精品巡回展”“民族记忆·精神家园——国家珍贵古籍特展”“传承红色基因·弘扬长征精神——长征途经省份文化系统老干部书画作品展”“和衷共济筑梦中华——孙中山与华侨专题展”等大型展览和新春团拜会、中国博物馆协会第六届四次理事长会议及新春座谈会、全国“两会”、“4·23”世界读书日、“青少年中华传统文化教育基地”授牌仪式、世界博物馆日、青年汉学家在国家图书馆学习交流活动、中央国家机关离退休干部局庆祝建党95周年“光耀中华”文艺演出、文化部“两优一先”表彰暨庆祝建党95周年歌咏大会、部级领导干部集体参观典籍博物馆等重大活动的安保任务；协助警卫局和属地公安部门，做好全国政协原主席贾庆林、国务院副总理刘延东、中宣部部长刘奇葆以及伊朗图书馆馆长等国内外领导来国家图书馆参观视察的安保工作；承担12次“部长讲座”、56次古籍善本押运、60次文津讲坛和典籍文化讲座的安全保卫工作。

2. 日常安保工作

全年共处理读者故意滋事27起，协助派出所逮捕盗窃嫌疑人3名，查扣各类刀具80余把、打火机3200余个；处理精神病人干扰秩序、读者物品被盗、流氓行为以及调解读者矛盾纠纷、调取视频监控等130余起；捡拾并归还读者现金4722元。通过日常值班和巡视检查，发现并排除房屋漏雨、玻璃碎裂、围墙受损、门窗未关等隐患120余起。办理户籍借出、员工及子女落户、身份证更换补办等事项共337起；办理图书馆临时出入证92张；办理IC卡申办、变更权限、注销共计442张。

3. 安保人员培训工作

为增强国家图书馆安保人员应对突发事件的处置能力，先后10次对各区域值班人员进行设备操作使用、各类报警的处置程序和方法的集中培训，有效提高值班人员的业务水平。先后2次安排安保人员到国家博物馆和故宫博物院调研学习。

2016年初，为保安公司人员制订年度培训计划，发挥保卫处从军经历人员较多的优势，利用早晚和值班时间对保安人员进行培训。采取优化人员组成，普训特训相结合，公司主训、保卫处主考等措施，提高保安员应对突发事件的处置能力；对处于重要岗位但纪律观念淡薄、处置事件能力弱的队员督促保安公司进行岗位调整，提高馆区整体安防能力。4月，古籍馆组织保安进行执勤记录仪、手持式安检探测器和钢叉等器材的实际操作培训。

（二）消防安全工作

2016年，召开消防安全专题会议及协调会6次，督促各部门开展节前消防安全自查3次。针对春节期间烟花爆竹集中燃放的特点，下发“春节期间防火告知书”，并与31个部门签订安全责任书。实行分区负责、常态化巡查制度，全年累计参与检查约600余人次，处理挤占消防疏散通道、封堵消火栓、遮挡消防指示标志等违章问题19起。4月和9月，分别对总馆南区建筑和北区建筑内的灭火器进行年度检修，对北区小院、皮炎所、金沟河、大柳树、舞蹈学院员工住宅楼的消防器具进行更换，共检测维护便携式灭火器5900余具。全年共发放动火证69份。

开展古籍馆书库气灭系统安全知识专项培训

积极开展消防宣传和培训工作。利用集体办公的特点，通过OA系统在网上采取交流互动、友情提示、一问一答的形式，共发送消防文摘邮件达1万余份；在“119”全国消防日宣传活动中，对全馆1500余名员工进行消防知识摸底测试，并组织110名员工进行考核。组织新入馆员工进行消防安全教育，普及消防知识。7月，分别对中文采编部、数字资源部等单位员工进行消防安全授课和实际操作培训；8月，组织国家图书馆安全员和义务消防队队长赴南戴河培训基地进行消防技能培训，提升员工安全意识和灭火技能；10月，邀请维保公司专业技术人员为古籍馆书库员工进行气体灭火安全常识培训。全年共计培训员工2600余人次。

（三）安防设施建设与维护

2016年，新开通启用门禁点276个，调整门禁卡权限2794人次，新增室外监控摄像机59处，除南侧地铁改造区域外，周界视频监控系统基本达到全覆盖。查处火警相关操作136人次，测试漏水报警点563个，检查和维护室内监控摄像机868个、UPS电源系统11台。对总馆北区典籍博物馆展厅、善本库区、善本修复室、善本冷藏室共14个保护区的入侵报警系统进行功能测试，确保重点、要害部位的技防设施安全可靠。5月，对总馆南区气体灭火系统的启动、反馈进行检测；8月，为网络机房配电室安装气体灭火装置，并做了能试验和联动测试。全年累计检测消防、安防设施3885个，发现并解决问题89个，配合属地派出所及相关单位调用查看录像42次，刻录光盘36张，累计提供监控数据32.76GB。

三、后勤服务

截至2016年12月，后勤服务保障的馆舍面积约35万平方米，涵盖八大运行系统33项专业管理及服务保障工作。

2016年，进一步建立和完善后勤管理体制和运行机制，加强后勤保障能力，确保各项工作稳步开展，各系统设备平稳运行，服务质量和服务水平稳步提高。

（一）系统设备运行保障和日常维修工作

全年无重大设备事故，综合设备完好率达到96%以上。完成冬季供暖和中央空调保障工作。中央空调安全运行2860小时，恒温恒湿机运行保障8784小时；完成电力设备巡检732次；完成电力设备、书刊传送系统以及房屋、给排水等各种维修近4000次；安装、调整电话440部；完成全馆58000多次电话报修、查询服务。

（二）服务保障工作

全年完成国家领导人参观视察、高层讲座、馆长公开课等重大活动服务保障80余次；重大活动电力保障26次、车辆保障103次；重大活动疏导车辆2060余辆，开启节日照明24次。完成全馆员工健康体检和日常门诊等医务保障、收发服务、车辆保障、饮用水供应、电梯保障等服务保障工作。除日常后勤保障之外，及时发现并解决因设备故障、天气影响等原因造成的安全问题5起。

（三）行政管理工作

完成计划生育、爱国卫生、房屋管理、人防工程、馆区及宿舍区改造维修等行政管理工作，以及对员工食堂和物业公司的监管工作。多次安排对员工食堂食品与卫生工作，物业服务、设备运行以及安全管理等的抽查或不定期检查，对发现的问题督促整改，促进其服务水平的提升。

年度掠影

【召开 2015 年度国家图书馆安全工作总结表彰会】

3 月 3 日，国家图书馆 2015 年度安全工作总结表彰会在综合楼五层多功能厅召开。馆长、党委书记韩永进出席会议，副馆长王军出席会议并讲话。各部处主管领导、安全员以及先进集体和先进个人代表近 90 人参加会议，保卫处处长赵建国主持会议。业务管理处、外文采编部、典藏阅览部、古籍馆 4 个部处和保卫处古籍馆保卫科等 14 个科组被评选为 2015 年度安全保卫工作先进集体。馆领导向获得表彰的先进集体和科组颁发奖牌和证书。

馆领导为安全保卫工作先进部处颁发奖牌

【举办 2016 年度安全员培训活动】

根据年度培训计划安排，国家图书馆于 8 月 15—18 日在河北昌黎培训基地开展全馆安全员培训活动，40 余名安全员和义务消防队队长参加培训。此次培训以讲座、实操和讨论为主，通过培训提高安全员的知识和技能。保卫处处长赵建国根据目前图书馆安全工作特点，以“国家图书馆安全工作应急预案解读及注意事项”为主题做专题讲座。通过此次培训，各部门安全员进一步提高安全责任意识，增强安全工作能力，完善安全理论体系。特别是通过业务学习和讨论，增进彼此联系，强化信息共享、合作交流，为全馆安全工作

安全员培训之灭火器实际操作培训

奠定坚实基础。

【开展 2016 年度创安验收工作】

12 月 15—31 日，根据国家图书馆年度工作安排，保卫处对全馆各部处的安全工作进行创安验收检查。保卫处成立以处长赵建国为组长的验收工作组，检查工作包含日常安全现状统计和年终现场检查两个阶段，采取现场巡检、档案检查和考试抽查的方式进行。检查中，验收工作组还与部处主管领导交流反馈日常安全现状。2016 年年中，保卫处还组织了中期创安验收。这两次检查相结合，有利于各部门了解不足，明确改进方向，也为创建安全单位的评选提供参考依据。

与部门负责人交换创安验收检查情况

【建设电动汽车充电桩】

2016 年，为落实北京市政府关于加快发展新能源汽车的战略部署和满足员工购买新能源汽车的需求，经多方筹划，积极协调，后勤服务管理中心完成馆区内 10 个电动汽车快速充电桩建设，并在地下车库铺设线缆，建设 5 个电动汽车慢速充电桩，以满足员工的充电需求。

【完成职工住宅物业管理和供热采暖补贴改革、发放工作】

2016 年，根据中央有关文件精神，后勤服务管理中心分析全馆住宅区和员工物业、供暖服务与改革资金需求的状况，制订全馆职工住房物业服务补贴及采暖补贴发放工作实施方案，编写补贴发放教育宣传提纲，协调馆属住宅物业服务单位和供热单位有关物业费及采暖费的收缴。完成全馆职工及离退休职工 2532 人次的物业服务补贴及采暖补贴发放标准的确定和补贴数据测算，按时上报财务处，确保发放工作顺利进行。

【完成 2016 年防汛工作】

后勤服务管理中心重新修订并完善《2016 年国家图书馆防汛工作总体预案》，成立 4 支共计 100 多人的防汛抢险应急保障分队。在春季，按计划对馆属城区平房宿舍进行排查、评估，维修、加固城区平房宿舍危旧区域 43 处；清掏、疏浚馆区雨、排水管道（井）、化粪池；检查测试潜污泵 188 台。6 月 1 日正式启动防汛工作，开始汛期值班，密切关注天气变化，及时应对汛情、险

馆长韩永进、副馆长王军冒雨检查全馆大屋顶以及重点机房漏雨情况

情。在2016年极端天气和几次特大暴雨期间，部门各级干部主动加班、抢险队员严防死守。7月20日突发大暴雨，馆长韩永进、副馆长王军冒雨深入防汛一线，检查全馆大屋顶以及重点机房漏雨情况。由于持续大雨，造成总馆南区地下管沟渗漏进水，水暖维修科动用8台水泵抽水排险，确保地下文献库房安全。7月20日至25日，主管馆领导和后勤干部员工30多人连续值班，奋战在防汛一线，保证了馆区安全。从6月1日入汛到8月底汛期结束，防汛工作运行平稳，馆区没有发生房屋大面积漏雨、路面积水、雨水井倒灌等问题。文化部在8月对国家图书馆进行的检查中，对2016年防汛工作给予充分肯定。

党建与群团活动

- 党建工作
- 纪检监察审计工作
- 工会工作
- 共青团工作
- 离退休服务与管理工作
- 年度掠影

党建与群团活动

一、党建工作

（一）深入学习贯彻十八届六中全会精神，提升从严治党思想自觉

2016年，馆党委围绕习近平总书记在十八届六中全会上的重要讲话以及审议通过的《关于新形势下党内政治生活的若干准则》和《中国共产党党内监督条例》，组织全馆党员深入学习全会精神。坚持以上率下，中心组及时召开专题学习会，畅谈学习体会；安排正处级以上干部参加文化部专题研讨班；引导各支部结合工作实际，不断加深对全会精神的领会理解。将学习全会精神与“两学一做”学习教育紧密结合；以全会精神为统领，进一步抓好国家图书馆第三次党代会精神的贯彻落实。通过学习，广大党员进一步坚定了维护以习近平同志为核心的党中央权威的自觉，进一步增强了政治意识、大局意识、核心意识、看齐意识。

（二）扎实开展“两学一做”学习教育，强化党员队伍作风建设

馆党委紧密结合实际，确保“两学一做”学习教育取得实效。2016年全年围绕学习党章党规和习近平总书记系列重要讲话精神组织中心组学习12次；创新学习方式，举办馆长讲授专题党课8场，引领良好学风；指导党支部和广大党员采取多种形式开展学习，努力将学习同支部业务和队伍建设紧密结合，引导党员联系工作实际和思想实际，不断增强党员意识和党性观念。注重理论联系实际，坚持将学习教育和谋划事业发展紧密结合，组织党员系统整理习近平总书记关于文化建设、历史研究等方面重要论述，以习近平总书记关于培育践行社会主义核心价值观、弘扬中华优秀传统文化和文化改革发展系列重要论述为指引，开展系统学习，用学习成果指导业务建设，以业务实践加深思想认识。开展“两优一先”表彰活动，激励广大党员以身边先进为榜样，更加自觉地立足本职，发挥先锋模范作用。按照“基础在学、关键在做”的要求，以“党员进社区”活动为抓手，组织相关支部与紫竹

组织召开“两学一做”学习教育专题工作会议

院街道办事处、紫竹院学区管理中心开展社区文化共建，年内先后举办社区居民和辖区小学生阅读推广等基层文化活动10余次，受到广泛好评；与海淀区文明办以“书香社区”为主题，联合策划实施基层阅读推广活动，进一步提升辖区基层文化建设水平。实施一线工作岗位“党员挂牌上岗”，引导党员进一步提升服务群众意识，增强服务本领。

各支部在馆党委的领导下，策划实施各具特色的学习教育活动。有的支部将学习同部门业务建设相结合，引导党员争做本职岗位的行家里手；有的支部注重学习制度建设，依托“三会一课”，不断规范支部学习，提升学习实效；有的支部注重青年党员队伍建设，建立健全青年党员轮岗学习、支部书记谈话制度，不断强化党支部的凝聚力与战斗力；有的支部将“国图精神”的培育融入学习教育中，切实提升党员特别是青年党员的归属感和荣誉感。通过深入开展“两学一做”学习教育，广大党员精神风貌得到进一步提升，为推动国家图书馆事业发展提供更加坚强的思想政治保障。

（三）胜利召开中共国家图书馆第三次代表大会，部署全馆党建工作任务

中共国家图书馆第三次代表大会是国家图书馆首次按照党章规定按期召开的党代会，关系国家图书馆事业发展全局。筹备阶段，馆党委组织开展支部党建工作专题调研，与全馆22个支部、百余位支委进行深入交流。通过调研，进一步深化对党建工作的认识，为科学谋划国家图书馆党建工作提供重要参考。严格按照充分酝酿、民主集中的原则，组织全馆党员推荐新一届两委委员候选人预备人选，选举党代表，广大党员接受了一次生动的教育。10月11—12日，大会如期召开，审议通过国家图书馆第二届党委、纪委报告，选举产生新一届党委和纪委，为今后一个时期的党建工作以及加强党风廉政建设和反腐败工作奠定基础。文化部党组书记、部长雒树刚对此次大会给予高度评价。

召开中国共产党国家图书馆第三次代表大会

（四）严格落实专项整改工作，增强党员队伍组织纪律观念

按照《文化部关于落实中央国家机关工委专项巡视组整改工作方案》要求，结合“两学一做”学习教育，制定整改方案，明确责任分工，加强督促落实，确保各项整改工作落到实处。根据中组部和文化部直属机关党委要求，开展党员组织关系集中排查工作，进一步严格党员管理；开展党费收缴工作专项检查工作，积极进行党费核算补交，严格落实党费缴纳规定。按照《文化部直属机关党委关于在文化部直属机关对党代会代表和党员违纪违法未给予相应处理情况进行排查清理的通知》和《关于开展党员学习教育“灯下黑”问题专项整治的通知》要求，进行梳理摸排，不断严格国家图书馆党的组织建设。召开馆领导班子年度民主生活会，深入查摆班子及班子成员在理想信念、政治纪律和政治规矩、工作作风、担当作为、组织生活、落实全面从严治党责任等方面存在的不足，提出整改措施。

（五）加强党员教育管理，提升党员队伍素质

以纪念中国共产党成立 95 周年以及红军长征胜利 80 周年为契机，组织广大党员认真学习习近平总书记在纪念大会上的重要讲话，参观“红色记忆——纪念中国共产党成立九十五周年馆藏文献展”，举办以学习《中国共产党章程》《中国共产党廉洁自律准则》《中国共产党纪律处分条例》为主题的知识竞赛，组织新老党员赴中国人民抗日战争纪念馆参观并举行宣誓活动，广大党员的理想信念得到进一步坚定。加强党员培训，组织近三年新入党党员专题培训；选派党员干部参加上级党组织举办的专题培训，33 名正处级以上干部参加文化部十八届六中全会学习培训，3 名处级党员干部参加中央党校国家机关分校学习；向党支部配发 20 余种学习教材，引导党员干部开展自学。将党员培训与“国图精神”培育和业务建设相结合，以任继愈先生百年诞辰为契机，举办系列纪念活动，增强党员特别是青年党员的职业荣誉感和认同感；组织党支部书记赴承德考察文献战略储备库建设情况，加强业务交流。做好党员发展和管理工作。严格把握发展标准，坚持调控总量、提升质量，注重从专业技术人员和业务骨干中培养发展党员。按照年度党员发展计划，完成 9 名发展对象的党课培训，接收新党员 18 名，预备党员转正 18 名。

二、纪检监察审计工作

（一）做好新一届馆纪委换届工作

国家图书馆纪委积极配合馆党委做好中共国家图书馆第三次党代会的筹备和召开工作。起草并向大会提交《中共国家图书馆纪律检查委员会向中共国家图书馆第三次代表大会的工作报告》，全面总结过去五年来全馆党风廉政建设和反腐败工作取得的成绩和经验，提出当前和今后一个时期馆纪委工作的各项建议。大会选举产生新一届中共国家图书馆纪律检查委员会。新一届馆纪委召开第一次全体会议，选举魏大威同志为新一届馆纪委书记。

（二）组织召开党风廉政建设工作会议，部署全年党风廉政建设工作

在文化部召开2016年党风廉政建设工作视频会议之后，于4月21日组织召开国家图书馆2016年党风廉政建设工作会议，对全年党风廉政建设工作做出部署。馆领导班子成员、党委委员、纪委委员等相关负责人80人参会。会议传达习近平和王岐山同志在十八届中央纪委六次全会上的重要讲话精神、国务院第四次廉政工作会议和文化部2016年党风廉政建设工作会议精神，总结国家图书馆2015年党风廉政建设工作，并对2016年工作进行部署。馆长、党委书记韩永进就贯彻落实中央、国务院和文化部精神，进一步推进全馆党风廉政建设和反腐败工作做重要讲话。

（三）贯彻落实中央八项规定精神，坚持不懈抓好作风建设

1. 贯彻落实中央国家机关工委对文化部落实中央八项规定精神情况专项巡视工作有关精神

2016年，按照《中央国家机关工委办公室关于开展落实中央八项规定精神情况纪检专项巡视的通知》要求，根据文化部部署积极配合做好相关工作落实。按照巡视工作安排，认真梳理中央八项规定出台以来全馆出台的落实中央八项规定精神的有关制度及相关材料；对照中央八项规定精神和国家图书馆制定的实施意见，对全馆相关工作落实情况进行自查和总结；在自查工作基础上，对相关方面的管理制度进行健全完善，以堵塞漏洞、规范管理；做好上级机关对国家图书馆贯彻落实中央八项规定情况的调研接待。做好中央八项规定精神专项巡视反馈工作会精神传达落实，组织召开专门会议传达学习文化部召开的“中央国家机关工委落实中央八项规定精神专项巡视反馈工作会”精神，馆长、党委书记韩永进在会上就贯彻落实有关精神，进一步做好国家图书馆中央八项规定精神贯彻落实工作提出明确要求。对照巡视组反馈意见，结合国家图书馆工作实际，提出相关方面的改进意见和措施，切实做好巡视发现问题整改工作。

2. 加强对中央八项规定精神贯彻落实的监督检查，持之以恒纠正“四风”

继续加强对全馆贯彻落实中央八项规定精神情况的监督检查，并按要求于每月底就贯彻落实情况进行报送，此项工作对于强化中央八项规定在国家图书馆的贯彻落实，形成制度化监督检查机制起到重要作用。按照驻部纪检组、部直属机关党委《关于“两节”期间深入反“四风”的通知》《关于“五一”、“端午节”期间落实中央八项规定精神持续不断整治“四风”的通知》《关于落实中央八项规定精神廉洁过“两节”的通知》的要求，抓住元旦、春节、五一、端午、中秋、国庆节日关口，做好学习传达、贯彻落实，通过加强节前宣传教育、节日期间监督检查，认真做好节日关口的反“四风”工作，切实保证中央精神和相关规定不折不扣地得到执行。2016年中秋、国庆两节前，再次发布《关于中秋、国庆期间严格落实中央八项规定精神严防“四风”反弹的通知》，反“四风”工作取得积极成效。

（四）组织党风廉政学习和教育

1. 组织开展驻文化部纪检组、国家图书馆纪委“两学一做”学习教育联合活动

为纪念中国共产党建党95周年，7月8日下午，驻文化部纪检组、国家图书馆纪委联合开

展“两学一做”学习教育活动。驻文化部纪检组党支部书记、副组长单威率驻部纪检组同志一行12人，国家图书馆副馆长、党委副书记兼纪委书记魏大威率馆纪委委员及纪检监察处专职纪检监察干部6人共同参观国家图书馆主办的“红色记忆——纪念中国共产党成立九十五周年馆藏文献展”，取得良好效果。

2. 积极配合中央纪委在国家图书馆举办“廉洁文化公开课”

12月20—21日，由中央纪委推出的原创文化视频栏目“廉洁文化公开课”在国家图书馆举办。国家图书馆馆长、党委书记韩永进做题为“从典籍中汲取实现中国梦的精神力量——走进国家图书馆”的演讲，获得广大听众的热烈响应，收到良好的政治和社会效果。

（五）有效开展监督，保障各项经济活动有序推进

1. 政府采购监督工作

全年进行监督事项94项，其中政府采购招投标相关事项43项（新媒体自有版权资源内容加工与制作项目、民国图书缩微胶卷数字化加工服务采购项目、进口西文图书采购项目、国家文献战略储备库工程设计招标资格预审等），数据库采购、家具及设备采购等商务谈判31项，废旧家具、废旧电脑设备等物资处置5项，舆图、新善本等古籍鉴定11项，异地灾备系统采购项目、保安服务采购项目等现场踏勘4项。

2. 审计工作

①加强制度建设，制定《国家图书馆内部审计工作暂行规定》和《国家图书馆项目支出绩效评价管理暂行办法》，强化审计工作制度保障。

②前移审计监督关口，运用企业内部审计结果，对2016年度馆属企业和国家图书馆出版社经营责任书提出相关意见和建议，推动审计工作从“事后检查”向“事前控制”转变。

③对5家馆属企业及出版社2015年度的经营管理情况进行内部审计，对其主要经营负责人开展经济责任审计，提高企业经营管理水平；对1个国家艺术基金项目和5个国家社会科学基金项目的经费使用和管理情况进行结项审计，加强项目的监督管理，促进基金使用的规范化和科学化。

④开展国家图书馆2015年度书刊资料购置项目、运行经费项目和典籍博物馆展览专项的绩效评价工作，提升预算管理水平。

⑤促进内部控制体系建设，加强经济活动风险防范和管控。根据文化部的要求，成立国家图书馆内部控制建设工作领导小组，加强领导、明确任务、落实责任，扎实做好内部控制建设工作；制定具体工作方案，完成内部控制基础性评价工作，了解和掌握全馆内部控制基本情况和风险漏洞，逐步完成内部控制体系的建立与实施，促进管理水平和效能不断提高；认真总结并向文化部报送全馆内部控制工作实施进展情况。

⑥配合文化部完成财务考评工作，并以此查找财务管理薄弱环节，增强风险防范意识，促进从被动接受监督检查向主动加强内部控制、强化内部管理转变，促进财务管理水平提升，进而带

动整体管理水平的提升。

（六）妥善处理法律事务，提升法律服务水平

2016 年，为提高咨询服务效率，提前做好律师到馆咨询提醒服务，于每月底向馆内各部处发布下月律师到馆咨询安排。全年馆聘法律顾问有效开展合同审核，出具法律意见书，并按照规定定期到馆进行法律咨询，共审核合同 1297 件次，提出审核意见 1634 条，出具正式书面意见书 58 件。馆聘律师法律工作在控制法律风险、处理法律纠纷等方面对全馆各项工作的开展发挥重要作用。

三、工会工作

（一）加强员工思想教育，增强员工主人翁责任感

2016 年，按照馆党委的安排部署，馆工会以开展“两学一做”学习教育为契机，通过多种学习形式，组织引导全馆员工认真学习党的十八大和十八届三中、四中、五中、六中全会精神，以及习近平总书记系列重要讲话精神，不断提高全馆员工投身我国文化事业建设的自觉。以纪念中国共产党成立 95 周年和红军长征胜利 80 周年为主题，组织开展全馆性群众歌咏活动，组织员工代表参加文化部纪念中国共产党成立 95 周年群众歌咏大会；组织员工参观“红色记忆——纪念中国共产党成立九十五周年馆藏文献展”，增进广大员工对党的光辉历史的认识。注重“国图精神”培育，在任继愈先生百年诞辰之际，组织员工参加相关纪念活动，增强员工的职业荣誉感和认同感。通过开展各类思想教育活动，进一步提高广大员工的思想认识水平，进一步增强员工立足本职推动国家图书馆事业发展的使命感和责任感。

（二）广泛开展群众性文化活动和全民健身运动，努力推动文化建设

馆工会以活跃员工文化生活、促进国家图书馆文化建设、凝聚全馆员工力量为着眼点，开展丰富多彩的员工文体活动。成功举办国家图书馆第十一届艺术节，在举办员工书画比赛、摄影大赛和员工文艺会演的基础上，引导鼓励各分工会（基层工会）结合自身员工特点和实际，举办各类文化艺术活动，进一步增强员工参与度。本次艺术节共征集到书画作品 200 余幅、摄影作品 900 余幅，共计 700 余人次参与，展现员工积极健康的精神风貌，活跃员工文化生活。组织开展羽毛球比赛、“阳光健步走”等全民健身活动；代表文化部组队参加中央和国家机关第四届“公仆杯”羽毛球比赛。针对特定人群开展形式多样的文化活动，“三八”妇女节举办“推荐一本好书”主题图书推荐活动；“六一”儿童节之际，与相关部门联合举办亲子阅读互动活动；“八一”建军节前夕开展复转军人慰问活动。鼓励支持各分工会（基层工会）开展灵活多样的文体活动，专款资助各分工会开展文艺活动和迎新春联欢活动。加强员工社团组织建设，加大经费支持力度，鼓

励员工合唱团、篮球队、乒乓球队、小乐队、摄影俱乐部等社团积极开展活动。

举办国家图书馆第十一届艺术节

（三）推进民主管理，凝聚员工队伍合力

馆工会积极发挥职工代表大会在推进国家图书馆民主管理中的重要作用。组织召开第二届职工代表大会第五次全体会议，审议通过《国家图书馆2016年工作要点》《国家图书馆2015年度财务工作报告》；组织职代会代表围绕全馆各项业务建设，在员工工作、生活、福利等方面开展提案征集办理工作，共收到职代会代表提案9件，协调相关部门积极开展提案答复和办理工作，落实冷却塔隔音降噪、新能源汽车充电桩建设、馆区大门改造、退还职工承租平房宿舍租赁保证金4件实事。落实馆领导指示精神，进一步增进各层面的交流沟通，制定2016年“馆长—员工月度交流午餐会”工作方案，确定交流主题，完善工作机制。馆领导分别与一线读者服务标兵、青年员工、荣获“两优一先”表彰党员代表等各方面员工代表共进午餐，轻松交流，有效增进馆领导与基层员工的沟通。

（四）关心群众生活，努力把工会组织建设成员工之家

馆工会认真落实馆领导有关改善员工工作和文化生活条件的指示开展相关工作。进一步改善母婴室、健身房等员工活动场所管理，2016年近20位女员工登记使用母婴室，员工健身房平均每月接待员工500余人次，员工活动室在员工文化和社团活动中发挥积极作用，有力地支持群众文体活动的开展。坚持开展员工慰问和送温暖活动，给予当年罹患重病或生活出现特殊困难的员工切实帮扶，为6名员工申请中央国家机关央务助学经费、职工残疾子女补助；向中央国家机关工委、文化部工会等上级单位积极争取困难帮扶经费的支持，利用节假日开展慰问活动，把党组织的温暖及时地送到员工身边，年内先后对13位困难员工给予帮助。

（五）完善内部管理，不断提升履职能力和服务水平

根据上级工会组织的要求和国家图书馆工会组织建设的实际需要，按照相关政策和规定，组织完成馆工会委员补选和工会主席选举工作，进一步健全工会组织建设。加强工会干部队伍建设，举办工会干部培训班，馆工会委员、分工会委员30余人参加，围绕习近平总书记系列重要讲话精神，组织安排业务学习、业务研讨等活动，进一步提高工会干部的思想理论水平和履职能力。

四、共青团工作

（一）成功举办首届青年学术论坛，打造学术交流新平台

2016年，结合国家图书馆“围绕中心　建设队伍”的主要任务，在馆领导的指导下，创设国家图书馆青年学术论坛。在五四青年节之际，成功举办以传承弘扬中华优秀传统文化为主题的“传承经典　言美知新”国家图书馆第一届青年学术论坛，100余位团员青年参加此次论坛。副馆长张志清做主旨报告，8位发言人做主题发言，分享在中华优秀传统文化继承、保护和传播方面的研究成果和经验。本次青年学术论坛为全馆青年打造了一个重要而崭新的学术交流平台，对青年员工传承弘扬中华优秀传统文化、培育践行社会主义核心价值观具有重要的示范和促进作用，也进一步开拓青年视野，激发青年爱岗敬业的热情，更好地引导青年立足本职，岗位成才。

举办国家图书馆第一届青年学术论坛

（二）以学雷锋系列活动为抓手，开启志愿服务新形式

在3月5日学雷锋纪念日，馆团委采用“业务学习＋志愿服务”方式，开展典藏阅览库房文献整理、缩微文献库房整理、典籍知识讲解志愿服务、“宣传绿色环保，共创美丽家园”志愿宣传等学雷锋志愿服务系列活动，引导青年员工深入基层，在学习业务知识的同时从事志愿服务，让

爱岗敬业、无私奉献的雷锋精神在青年人心中深深扎根。除此之外，积极组织志愿者参加老干部春秋游、“中国—南亚图书馆管理与服务高级研修班”“图书馆创客研习营”等志愿服务。组织开展“衣份心、衣份暖”献爱心活动，共募集衣物2000余件，捐献给四川省阿坝地区和北京工友之家，帮助有需要的贫困人群度过寒冬。携手中国艺术研究院、恭王府管理中心等单位团组织开展“关爱儿童你我同行”走进北京光爱学校活动，为孩子们送去图书800余册。

（三）组织系列主题学习活动，加强思想政治引领

围绕学习贯彻习近平总书记关于中华优秀传统文化的重要论述以及关于文化建设的重要论述，组织参观“2016年国家图书馆楹联文化展”“南昌汉代海昏侯国考古成果展”“纪念殷墟妇好墓考古发掘四十周年特展”等展览，增强团员青年对中华优秀传统文化的认识，进一步提高团员青年的文化自信和文化自觉。以重大纪念活动为契机加强学习，组织团员青年认真收听收看习近平总书记在庆祝中国共产党成立95周年大会和在纪念红军长征胜利80周年大会上的重要讲话，配发讲话读本，坚持原汁原味学习；组织参观“红色记忆——纪念中国共产党成立九十五周年馆藏文献展”“纪念中国工农红军长征胜利80周年”等主题展览，使团员青年学习好理解好习近平总书记重要讲话精神，务求讲话精神入心入脑。开展馆史教育，以纪念任继愈先生诞辰一百周年为契机，组织团员青年参观“永远的怀念——任继愈先生百年诞辰纪念展”，参加“任继愈先生百年诞辰纪念会暨学术研讨会”等活动，进一步加强团员青年对馆史的认识，增强职业归属感和干事创业的责任感。

（四）深入开展团建调研，提升工作科学化水平

为进一步提升团建工作科学化水平，馆团委开展加强团组织建设系列调研活动，举办专题座谈会，听取各团支部关于加强和改进团组织建设的意见和建议，深化对团建实际和团建规律性认识，交流团青工作的经验和做法，增进支部间的沟通与相互学习。创新调研方式，借助微信等新媒体平台，面向馆领导、部处主任和广大团员青年开展《国家图书馆团员青年调查问卷》活动，收回有效问卷624份，提高意见和建议征集的广泛性与充分性。馆团委根据调研结果，结合全馆发展实际和新形势下团员青年呈现的新特点与新诉求，提出措施、方案，为共青团国家图书馆委员会第九次代表大会的召开打下良好基础。

馆团委荣获2015年度中央国家机关“最具活力团支部奖”荣誉称号，是文化部系统中唯一获此荣誉的团组织。

（五）创新活动形式，激发支部活力

以“团委主办＋团支部承办”形式开展系列活动，加强支部间自主交流学习。开展“走进服务一线”主题活动，为青年员工了解馆内业务开拓新途径，本年度组织青年走进典藏阅览部、缩微文献部、展览部、社会教育部、古籍馆、出版社6个部处，并与相关员工交流座谈。各团支部立足部门实际，结合青年特点，组织开展形式多样的活动，服务青年成长。中文采编部团支部和

古籍馆团支部分别开展“文化创意产品设计大赛”和“古籍在手，文创我有”文创产品设计大赛，激发青年创新热情；典藏阅览部团支部成立读书俱乐部，开展“好书分享”“电影”“吃的艺术”“如何写书评”等主题读书分享会，提高青年文化涵养，共享阅读之乐；数字资源部团支部邀请专家讲授“思享众筹法”，对青年员工进行创新思维训练；信息技术部团支部为馆内举办的党务知识竞赛、团青工作问卷调查、青年主题活动等制作 PPT、微杂志、手机报，充分发挥技术优势，做好工作支撑和宣传推广；缩微文献部团支部组织参观杂书馆，学习交流文献保存、保护方法，积累工作经验。

（六）开展丰富多彩的文体活动，活跃青年文化生活

立足青年特点和需求，开展实践活动。举办团干部培训班，提升能力素养。举办“青春绽放——青年篮球友谊赛”，促进青年体育锻炼，增进团支部交流。组织青年舞蹈队、青年电声乐队参加国家图书馆第十一届员工艺术节，展示青年活力。与文化部兄弟单位开展“携手博物馆之夜”单身联谊活动，加强交流，增进友谊。组织青年骨干参加文化部直属机关团委开展的“青春长征路，公共文化行”文化青年走基层实践活动，考察基层公共文化建设情况，并捐赠调拨图书 4000 册，支援基层文化建设。在首个“中国航天日”之际，组织团员青年参加由中央国家机关团工委主办的“与院士面对面”活动，学习航天精神。组织团员青年参加文化部“纪念中国共产党建党 95 周年暨红军长征胜利 80 周年书画摄影展”，获得优秀组织奖。

五、离退休服务与管理工作

（一）基础服务

1. 老干部常规服务

截至 2016 年 12 月底，国家图书馆离退休员工达 1075 人，其中离休员工 51 人、退休员工 1024 人。年度接收新退休员工 44 人；为老同志办理就近就医医院及社区卫生服务中心登记备案及变更手续 41 人次；为年满 80、90 周岁的老同志上门祝寿 22 人次，探视慰问住院及生病人员、特困人员等共计 187 人次；协助过世离退休员工家属办理丧事 14 人；完成发放年度医药补助 23 人次，共计 17150 元；发放独生子女费 43 人次，共计 43000 元；领取并发放文化部侨联慰问金 9 人共计 4500 元；完成查档并为老同志出具政审证明和其他证明 10 份；为离退休女员工发放“三八”妇女节慰问品 647 份；为离退休员工办理社保信息采集登记工作近千人次；完成离退休员工办理建行工资卡短信通知业务 165 人；参加文化部离退休干部工作者培训 2 人；参加文化系统文艺工作者培训 4 人；协助老同志进行法律咨询 1 人。

2. 基层党建服务

截至 2016 年 12 月底，国家图书馆离退休干部处党支部共有党员 456 人，离退休党员约占离

10 月 23 日，文化部部长雒树刚看望国家图书馆百岁离休干部吴瀚

退休人员总数的 42.5%，核算党费 131158 元。支部全年共接收 12 名新退休党员，发展 1 名离退休员工入党积极分子为预备党员。支部按照文化部党组及馆党委的统一部署，组织老同志事迹材料参与文化部及馆内优秀党务工作者、优秀党员评选；参加学习贯彻《党章》《中国共产党廉洁自律准则》《中国共产党纪律处分条例》知识竞赛活动；提交“两学一做”情况统计表、党支部学习教育工作台账；开展纪念建党 95 周年划拨党费走访慰问老党员活动；开展学习纪念长征胜利 80 周年总书记重要讲话精神，并为吴瀚老人颁发“中国工农红军长征胜利 80 周年”纪念章。“七一”当天，支部组织党员观看建党 95 周年献礼影片《大火种》。8 月，举办国家图书馆离退休干部党小组长及协管工作骨干培训班举行，支委、党小组长及老干部社团俱乐部负责人等 30 余人参加培训。10 月，支部组织党员投票选举中共国家图书馆第三届委员会和纪律检查委员会候选人预备人选；选举产生 20 名支部党代表参加中共国家图书馆第三届党代会。

（二）重点工作

1. 春节团拜及节日慰问

1 月 27 日，国家图书馆 2016 年离退休、统战人员迎春团拜会在国图艺术中心举行。馆领导班子、各部处负责人和 700 余位离退休老同志、统战人员欢聚一堂，共庆新春佳节。馆长韩永进代表馆领导班子向大家拜年，通报国家图书馆过去一年来取得的各项显著成绩，对老同志多年来为国家图书馆事业进步做出的贡献表达诚挚谢意。

春节前夕，国家图书馆领导深入 45 位离退休员工家中进行慰问，询问他们的生活、身体情况，倾听意见和建议，并从老同志身体状况、家庭情况、离退休金水平、医药费报销额度等实际情况出发，筛选出困难老同志给予补助，发放困难补助 6.9 万元，缓解他们的生活压力；中秋及重阳双节期间，国家图书馆离退休干部处实地走访 60 位老同志，包括 85 岁以上离休干部、老馆长、老专家以及长期居住在敬老院的老同志。

2. 春秋游活动

4 月 26 日、27 日，组织 400 余名离退休员工分批乘车前往北京国际鲜花港开展春游踏青；10 月 19 日、20 日，组织近 400 位离退休员工分批乘车赴北宫国家森林公园开展秋游活动。馆团委组织敬老志愿者参与服务，后勤服务管理中心安排应急用车、医务人员全程陪同，离退休干部处工作人员妥善安排车辆行程、游览路线、午餐地点，制定应急预案，保障春秋游活动顺利开展。

离退休员工秋游北宫国家森林公园

（三）全面推进文化养老

1. 老干部俱乐部

积极推动银杏摄影之家、书香舞蹈队、夕阳红合唱团、卓越乒乓球俱乐部开展相关活动。银杏摄影之家受邀参加农业嘉年华活动，协助昌平科协参与“最美昌平”摄影大赛，组织俱乐部“现代建筑”季赛及数次观片会，参加西城区宗教摄影展，举行喇叭沟采风活动，参与文化部老干部书画学会组织的“纪念中国共产党成立 95 周年暨红军长征胜利 80 周年书画摄影展”活动，10 幅作品入选；书香舞蹈队参与海淀区紫竹社区运动会开幕式演出，参加“魅力盛夏，舞动泉城”固安草坪广场舞大赛，参加鼎富人生舞蹈大赛及优品文化传媒舞蹈大赛；夕阳红合唱团依托老年大学声乐班进行日常训练，并组织优秀队员参与国家图书馆庆祝建党 95 周年歌咏比赛活动及艺术节；卓越乒乓球俱乐部举行招新大会，出台新修订章程，组织队员开展日常训练，进行相关比赛及俱乐部活动。

2. 老年大学

根据老同志的实际需要，促成文化部老年大学西区分校二胡班的设置和开课，2016 年课程增至书法、摄影、舞蹈、二胡等 7 种 9 个班次，服务文化部系统离退休学员 260 余人。课程任课教师队伍由文化部离退休干部局指派教师与国家图书馆部分在职专业人员共同组成，国家图书馆培训中心安排专人负责老年大学教学教务管理工作。在中央歌剧院举行的“文化部老年大学教学成果汇报演出”中，由国家图书馆西区分校舞蹈班学员参与表演的藏舞“格桑梅朵”受到广泛好评。在国家图书馆第十一届艺术节举办的书画、摄影大赛活动中，离退休干部处组织老同志提交硬、软笔书法作品6幅，摄影作品94幅，12人获奖；9月23日，“传承中华经典，点燃艺术梦想”员工舞台艺术展演在国图艺术中心上演，离退休员工演出集体舞《咏荷》。

年度掠影

【组织召开“两学一做”学习教育专题工作会议】

4月20日，国家图书馆党委召开“两学一做”学习教育专题工作会议，结合前一阶段全馆学习教育情况，对立足实际深入推进学习教育做出安排部署。馆领导班子成员、党委委员、纪委委员、各党支部委员参加会议。副馆长、党委副书记魏大威主持会议并结合国家图书馆“两学一做”学习教育方案，对加强学习、提升服务水平和推进党员队伍建设等工作进行安排部署。馆长、党委书记韩永进做重要讲话，就立足国家图书馆实际、突出自身特色，进一步学习贯彻中央精神和文化部党组部署，扎实深入开展国家图书馆“两学一做”学习教育做重要指示。

【举办国家图书馆“两优一先”表彰暨学习贯彻《中国共产党章程》《中国共产党廉洁自律准则》和《中国共产党纪律处分条例》知识竞赛】

馆长韩永进为获得国家图书馆先进党支部的代表颁奖

6月29日，在纪念建党95周年之际，国家图书馆党委举办国家图书馆“两优一先”表彰暨学习贯彻《中国共产党章程》《中国共产党廉洁自律准则》《中国共产党纪律处分条例》知识竞赛。对5个先进党支部、45名优秀共产党员和5名优秀党务工作者进行表彰；在知识竞赛中，外文采编部党支部代表队夺得一等奖，中文采编部党支部代表队和典藏阅览部党支部代表队荣获二等奖，财务处联合党支部代表队、研究院与中图学会秘书处党支部联合代表队和数字资源部党支部代表队荣获三等奖。外文采编部党支部代表队李菡荣获个人风采奖。

【召开中共国家图书馆第三次代表大会】

10月11—12日，中国共产党国家图书馆第三次代表大会召开。中央纪委驻文化部纪检组组长、党组成员王铁代表文化部党组出席大会开幕式并讲话。馆长、党委书记韩永进代表中国共产党国家图书馆第二届委员会向大会做工作报告。文化部直属机关党委常务副书记李立新、中央纪委驻文化部纪检组副组长华珍出席大会开幕式。文化部原副部长、名誉馆长周和平，原党委书记、常务副馆长詹福瑞等特邀代表出席大会开幕式。由全馆各党支部选举产生的120位党代表参加大会。

大会经过充分讨论，通过《中国共产党国家图书馆第三次代表大会关于中国共产党国家图书馆第二届委员会工作报告的决议》和《中国共产党国家图书馆第三次代表大会关于中国共产党国家图书馆第二届纪律检查委员会工作报告的决议》。报告总结回顾过去五年的主要成绩和基本经验，客观分析面临的新形势、新机遇、新挑战，讨论确定未来五年发展的总体要求和工作任务，特别是对加强思想建设、作风建设、组织建设、队伍建设和反腐倡廉建设提出明确要求，进一步丰富和完善引导国家图书馆科学发展的总体思路。大会选举产生新一届中国共产党国家图书馆委员会委员和中国共产党国家图书馆纪律检查委员会委员；在中国共产党国家图书馆第三届委员会和纪律检查委员会分别召开的第一次全体会议上，选举韩永进担任新一届党委书记，选举魏大威担任新一届纪委书记。新一届馆党委和馆纪委的选举产生，对于做好今后一个时期的党建工作，以及加强党风廉政建设和反腐败工作发挥重要的组织保障作用。文化部党组书记、部长雒树刚同志对此次大会给予高度评价，充分肯定馆党委的履职成绩，对新一届党委提出殷切期望。

【召开2016年国家图书馆党风廉政建设工作会议】

召开2016年国家图书馆党风廉政建设工作会议

4月21日，国家图书馆召开2016年党风廉政建设工作会议，学习传达习近平和王岐山同志在十八届中央纪委六次全会上的重要讲话精神、国务院第四次廉政工作会议和文化部2016年党风廉政建设工作会议精神，总结2015年党风廉政建设工作，部署2016年工作。会议由副馆长、党委副书记、纪委书记魏大威主持，馆领导班子成员、党委委员、纪委委员、中层干部、党支部书记、党支部纪检委员80人参加会议。会上，副馆长、党委副书记、纪委书记魏大威做国家图书馆党风廉政建设工作报告，馆长、党委书记韩永进就贯彻落实中央、国务院和文化部精神，进一步推进国家图书馆党风廉政建设和反腐败工作做重要讲话。结合完成全馆“创新发展年”的工作任务，韩永进对做好当年党风廉政建设和反腐败工作提出五点要求。一要深入学习领会中央和文化部反腐倡廉重大决策部署，力求从思想上、认识上、行动上把自身统一到中央和文化部决策部署上来。二要强化党章党规党纪意识，把纪律和规矩立在前面，坚持高标准和守底线相结合，筑牢拒腐防变思想道德防线。三要严格执行中央八项规定，强化对“四风”问题的监督检查，由浅入深、由易到难、循序渐进、久久为功，把作风建设抓到底。四要从严落实“两个责任”，坚定不移推进从严治党，要以刚性问责推动责任落实到位，坚持有责必问、问责必严。五要强化学习、狠抓落实，确保完成全年党风廉政建设工作任务，切实把中央和文化部会议精神贯彻落实到国家图书馆的党风廉政建设工作中去。会后印发韩永进馆长讲话，要求各部处、党支部认真组织传达学习，结合实际贯彻落实。

【组织开展驻文化部纪检组、国家图书馆纪委“两学一做”学习教育联合活动】

为纪念中国共产党建党95周年，7月8日下午，驻文化部纪检组、国家图书馆纪委联合开展“两学一做”学习教育活动，参观国家图书馆主办的“红色记忆——纪念中国共产党成立九十五周年馆藏文献展”。驻文化部纪检组党支部书记、副组长单威率驻部纪检组同志一行12人，国家图书馆副馆长、党委副书记兼纪委书记魏大威率馆纪委委员及纪检监察处专职纪检监察干部6人共同参加此次学习教育活动。在参观学习过程中，大家认真听取讲解人员的介绍，一边参观一边交流研讨，一致认为此次展览主题突出、深受教育，通过回顾党的光辉历史，领略党的丰功伟绩，更加坚定了道路自信、理论自信、制度自信、文化自信，决心进一步通过“两学一做”学习教育，增强政治意识、大局意识、核心意识、看齐意识，在自己的岗位上充分发挥共产党员的先锋模范作用，不忘初心，继续前进。

【完成公务用车制度改革】

2016年，为落实《中央事业单位公务用车制度改革实施意见》（中车改〔2015〕35号）和《文化部直属企事业单位公务用车制度改革实施方案》文件要求，切实贯彻厉行节约反对浪费，结合国家图书馆实际，制定《国家图书馆公务用车制度改革实施方案》并获得文化部公务用车制度改革领导小组批复。按照“统一管理、统一使用、统一调配”的原则，规范车辆运行程序，制定并印发《国家图书馆车辆使用管理暂行办法》，自2017年1月1日起执行。

【开展行政事业单位资产清查工作】

资产清查是按照财政部、文化部统一部署开展的2016年度重点工作。国家图书馆按照要求完成清查任务并通过中介机构核查，汇总上报清查结果。馆内成立由副馆长、党委副书记魏大威同志任组长，副馆长孙一钢同志任副组长，各有关部门负责人担任成员的馆资产清查工作小组，制订详细的资产清查工作方案，开展资产清查各项工作。4月中旬，召开由各部门负责人和财产员参加的资产清查工作动员会，对各部门开展自查专项部署。5月至6月，国有资产管理处对部门在用设备、家具类固定资产进行全面盘点，对土地、房屋及车辆等特殊资产进行重点清查，对图书文献类资产进行抽查盘点，对办公用品材料库、医务室药品库、缩微制品库等库存低值易耗品进行清查。分别于4月、6月、9月3次召开资产清查工作小组会议，对清查工作中的各类问题进行集中讨论研究，在此基础上，进行清查结果的核查及报表填报，对资产盘盈、盘亏情况进行核实，确认资产损益类型，收集整理损溢数据，进行资产盘点结果的系统录入，并填写资产清查相关报表。8 月，文化部指定的会计师事务所对全馆清查结果进行专项审计并出具审计报告。

本次资产清查真实反映国家图书馆资产财务状况。通过此次全面清查，摸清资产家底，完善资产财务基础数据，清理历史陈欠问题，进一步夯实资产管理基础，增强国有资产管理责任意识。清查结果表明，国家图书馆资产在种类多、数量大的情况下整体管理有序，中介机构核查对此给予肯定，认为管理责任较为明确，管理制度较为健全。

【召开国家图书馆第二届职工代表大会第五次全体会议】

1 月 22 日，国家图书馆召开第二届职工代表大会第五次全体会议。馆长、党委书记韩永进，常务副馆长陈力，副馆长魏大威、李虹霖，馆长助理汪东波作为特邀代表出席会议，原馆党委书记、常务副馆长詹福瑞出席会议，全馆职代会代表参会。会议由副馆长、党委副书记、馆工会主席刘惠平主持。常务副馆长陈力代表馆领导班子就《国家图书馆 2016 年工作要点》做说明，介绍要点的起草过程、总体思路、基本结构和主要内容；财务处处长张军报告国家图书馆 2015 年度财务工作情况；馆工会副主席荣杰报告国家图书馆第二届职工代表大会第四次会议提案审理落实情况。大会深入讨论并表决通过《国家图书馆 2016 年工作要点》决议和《国家图书馆 2015 年度财务工作报告》决议。

召开第二届职工代表大会第五次全体会议

【开展学雷锋志愿服务系列活动】

在 3 月 5 日学雷锋纪念日来临之际，国家图书馆团委组织团员青年集中开展学雷锋志愿服务系列活动。采用“业务学习 + 志愿服务”方式，引导和激励团员青年深入文献库房、典籍博物馆展厅等图书馆服务阵地及街道社区，在开阔视野、学习业务知识的同时，从事志愿服务，让雷锋精神充满青春活力代代传承，凝聚和释放当代国图青年的正能量。活动期间，青年志愿者们协助典藏阅览部工作人员进行文献盖章打捆服务，参加“典籍知识讲解志愿服务”，对缩微文献库房进行集中整理、保洁，并参加馆团委与海淀城管执法局紫竹院执法队联合举办的“宣传绿色环保，共创美丽家园”学雷锋志愿服务活动，推动环保知识的普及，倡导绿色生态、健康环保的生活方式。

开展学雷锋志愿服务系列活动

【举办 2016 年国家图书馆羽毛球团体赛】

4 月 27—29 日，馆工会举办国家图书馆员工羽毛球团体赛。140 名选手以分工会为单位组成 14 支参赛队，分别进行男双、女双、混双、男单、女单的比赛。经过激烈角逐，中文采编部分工会最终摘得团体赛桂冠，缩微文献部分工会荣获第二名，立法决策服务部和参考咨询部分工会获得并列第三名。此次活动，进一步活跃了员工的精神文化生活，增强了团队协作意识，得到全馆员工和各部处的广泛肯定。

【举办国家图书馆第一届青年学术论坛】

5 月 4 日，由馆团委主办的以“传承经典　言美知新”为主题的国家图书馆第一届青年学术论坛在文会堂举行。馆长、党委书记韩永进，副馆长、党委副书记魏大威，文化部直属机关团委副书记马海荣出席并致辞，部处主任和团员青年代表等 100 余人参加论坛。

论坛活动中，副馆长张志清做题为“保护古籍　传承文明　服务社会——从‘中华古籍保护计划’看国图青年的责任”的主旨报告。故宫博物院杨晓波、《中华传统文化百部经典》编纂工作办公室负责人张洁等业内专家和研究院副研究馆员李丹等馆内业务研究方面的 6 位青年代表先后做主题发言，分享在中华优秀传统文化继承、保护和传播方面的研究成果和经验。本次青年学术论坛为国图团员青年打造了一个重要而崭新的学术交流平台，进一步开拓青年视野，激发青年爱岗敬业的热情，更好地引导青年立足本职，岗位成才，为国家图书馆事业发展增添动力。

【举办庆祝“六一”儿童节亲子互动活动】

5月30日，馆工会、典藏阅览部在少儿馆联合举办亲子互动活动。50多名国图宝宝在家长的陪伴下参加“阅读体验”“亲子手工”等活动。通过活动，不仅让孩子们在动手动脑中充分享受到成长的乐趣，感受着书香，更为年轻父母们带来育儿思路和方式上的启发，让父母陪着孩子度过一个愉快而有意义的节日。

举办庆祝“六一”儿童节亲子互动活动

【举办2016年团干部培训班】

8月2—5日，团委委员、团支部支委以及读书会、篮球队、舞蹈队等青年社团负责人共35人参加馆团委举办的2016年团干部培训班。此次培训以提升新形势下团干部综合素养为主题，突出思想政治学习，安排集中学习、专题教学、研讨交流、文化参观、素质拓展等活动。培训班上，集中学习韩永进馆长在2016年国家图书馆年中中层干部工作会议上的讲话精神；简要总结馆团委2016年上半年工作，部署下半年工作；各团支部交流汇报了团工作开展情况。同时，结合对习近平总书记在庆祝中国共产党成立95周年大会上的讲话精神的学习，立足国家图书馆实际，围绕如何进一步加强对青年员工的思想政治引领、帮助青年树立理想信念的精神支柱、树立向上向善的价值追求等主题进行研讨。培训班特邀中国人民大学哲学院副教授常晋芳为学员讲授“马克思中国化与中国道路的历史逻辑”“学习习近平总书记系列重要讲话精神”课程。

【举办2016年工会干部培训班】

馆工会于8月23—26日举办2016年工会干部培训班，馆工会委员及各分工会、基层工会干部30余人参加培训。培训班通过专家授课、集中学习、专题调研、分组讨论等多种形式加强工会干部的理论素养和实践能力。邀请国家图书馆研究院副院长申晓娟讲授《国家图书馆“十三五”时期发展规划概要》，使工会干部能够全面准确地把握国家图书馆“十三五”时期发展方向，从而更好地围绕中心工作发挥工会组织的积极作用。在专题交流环节，工会干部代表围绕“如何创新基层工会工作思路，使工会活动更加具有吸引力，更加个性化、多样性”进行主题发言。培训期间，还组织了工会工作专题调研会，围绕“十三五”时期工会工作开展调研，工会干部各抒己见，提出不少务实有效、具有操作性的意见和建议。

【举办国家图书馆第十一届艺术节】

9月23日，国家图书馆工会主办的第十一届国家图书馆艺术节“传承中华经典　点燃艺术梦想”员工舞台艺术展演在国图艺术中心隆重举行。馆领导与馆内员工、离退休老同志一同观看演出，文化部领导应邀出席。本届艺术节包括“翰墨弘正气　炫彩颂辉煌”员工书画比赛、“光影释传承　聚焦晒幸福”员工摄影大赛和“传承中华经典　点燃艺术梦想”员工舞台艺术展演3个部分，16个分工会（基层工会）700余人次参与活动。在所征集的近200幅书画作品、900余幅摄影作品中评选出硬笔书法、软笔书法、绘画、摄影共33幅获奖作品，并于9月17日至30日通过优秀作品展览的方式向广大员工展出，受到广泛关注。

【举办“书香结缘　琴韵传情”单身联谊活动】

12月26日，国家图书馆、文化部信息中心、中国气象局等单位的50余名单身青年齐聚国家典籍博物馆，举行“书香结缘　琴韵传情”单身联谊活动，副馆长、党委副书记魏大威，文化部直属机关党委干部张呈鼎出席活动。活动现场，青年们欢聚一堂，大家在活泼愉快的气氛中相互认识、真诚交流。活动的成功举办，为青年职工拓宽了交友沟通的渠道。

举办“书香结缘　琴韵传情”单身联谊活动

【推广支部工作法】

4月7日，在中央国家机关工委召开的离退休干部支部工作法推广会上，国家图书馆离退休干部处党支部介绍了“一网五平台”工作法。“一网五平台”指支部搭建的用于提高工作效率、密切党群关系的党群工作网，以及“追忆流年，丰富馆史”“培养爱好，满足兴趣”“人文关怀，健康养生”“文化参观，聚会联谊”“建言献策，发挥潜能”5个文化养老平台，在延伸支部服务管理工作触角、深入推进文化养老方面起到重要作用。经过前期申报和数轮选拔，国家图书馆离退休干部处党支部从1100余个中央国家机关离退休干部处党支部中脱颖而出，成为推广会上介绍工作法的8个党支部之一，也是文化部系统的唯一代表。相关材料由中组部老干部局在《老干部工作情况交流》内部资料上刊发，作为加强和改进离退休干部党建工作、深入开展为党的事业增添正能量的典型案例进行推广。

【开展捐书公益活动】

6月16日上午，由国家图书馆离退休干部组建的银杏摄影之家前往北京市昌平区崔村镇大辛峰村，为村里的圣学图书馆捐赠图书347本、期刊362册、磁带和光盘35盘，同时利用俱乐部成员的摄影专长，为当地的村民及孩子举办摄影知识讲座，普及摄影常识。圣学图书馆是一家民间公益图书馆，长期扎根农村，致力于让农民及农民的孩子有书看、有好书看，常年接受社会捐赠，是银杏摄影之家的定点扶持援助场所。这也是银杏摄影之家年初在圣学图书馆及南邵中学举办“金色年华摄影展”巡展以后，再次组织老同志开展社会公益活动，积极响应为党和人民的事业增添正能量的号召，为丰富当地群众精神文化生活及推广书香阅读做贡献。

银杏摄影之家为圣学图书馆捐书

【举办离退休干部党小组长暨协管工作骨干培训班】

8月9—11日，国家图书馆离退休干部党小组长及协管工作骨干培训班在昌黎培训基地举办，支委、党小组长及老干部社团俱乐部负责人等30余人参加培训。培训班上，国家图书馆离退休干部处党支部书记张艳霞代表支部做工作报告，从做好离退休干部服务保障工作、完善离退休干部党支部建设、增强离退休干部归属感、凝聚和释放离退休干部正能量等方面总结上半年重点工作。各社团负责人就离退休员工俱乐部现状、举办活动情况及对未来的展望进行交流汇报。培训期间，安排党员观看《中国共产党纪律处分条例》辅导报告视频，组织开展“两学一做”专题教育活动知识答题，引导教育广大党员老同志深入学习党章党规，发挥示范引领作用，做一名合格、优秀的共产党员。

举办国家图书馆离退休干部处党支部党小组长暨协管工作骨干培训班

统计资料

- 经费使用
- 国有资产
- 业务统计数据
- 科研立项与结项
- 人员
- 馆内奖励
- 馆外奖励
- 出访和来访
- 部分会议、培训、讲座、展览
- 馆史档案资料

统计资料

一、经费使用

（一）购书经费

单位：万元

项目	经费	项目	经费
中文书	2781.68	联合国资料	90.11
西文书	3599.00	图书装订费	243.33
东文书	9535.43	中文资料	41.04
俄文书	3006.34	中文刊	285.56
交换书	4389.63	外文刊	4052.00
港台书	5155.63	港台报刊	159.47
善本特藏	34.95	中文报	521.58
学会论文	11.86	其他书	321.52
视听资料	55.05	地方文献	349.65
合计	34633.83		

（二）国家数字图书馆资源建设及服务经费

单位：万元

项目		经费
电子出版物	中文	820.10
	外文	2127.98
合计	2948.08	

二、国有资产

（一）简况

截至2016年年底，国家图书馆资产总计583001.42万元。其中：固定资产338939.53万元，流动资产31285.66万元，长期投资2390万元，无形资产21751.64万元。固定资产中，房屋建筑物原值7976.92万元，各类设备原值

29639.39 万元，家具、装具原值 13583.6 万元，图书文献账面金额 287739.62 万元。

在建工程共计 188423.81 万元（主要为国家图书馆二期工程暨国家数字图书馆工程、国家图书馆一期维修改造工程）。

与 2015 年相比，2016 年资产总量增加约 22146.85 万元，其中固定资产增加约 15727.76 万元，流动资产增加约 2145.77 万元，无形资产增加约 3783.27 万元。

（二）政府采购

2016 年，国家图书馆严格执行政府采购的各项法律法规，全年政府采购预算 27799.87 万元，节约资金 2156.30 万元，资金节约率为 7.75%。

国家图书馆政府采购总额为 25643.57 万元。其中：货物类为 16376.66 万元，占采购总额的 63.86%，比上年增加 8.7%；服务类为 9266.91 万元，占采购总额的 36.14%，比上年减少 0.9%。

国家图书馆政府集中采购规模为 3288.09 万元，占采购总规模的 12.82%，其中货物类 997.98 万元，服务类 2290.11 万元。分散采购规模为 22355.48 万元，占采购总规模的 87.18%，其中货物类 15378.69 万元，服务类 6976.79 万元。

（三）馆属企业

2016 年，按照双效合一要求，加强企业考核，进一步理清馆方与馆属企业关系，推动企业拓展对外业务，提升经营能力和对馆方回报能力。各企业营业总收入（含国家图书馆出版社）由 2015 年的 19019 万元增长至 2016 年的 20978 万元，增长 10.3%。

积极协调馆属企业拓展对外业务。支持北京北图文化发展中心拓展淮安文化中心托管外包等项目，支持国图书店策划承接天津滨海新区图书馆整体外包等项目。北图文化发展中心合作建设黑鸭子童声合唱团，书院、雅集开设读书会、古琴体验课等传统文化体验课，国图书店新承接西华书房项目，书目数据中心竞争力显著提升，馆属企业实现经济效益和社会效益。

开展专题调研。根据 2016 年第 34 次馆务会要求，就进一步支持馆属企业发展并实行有效监管等问题开展专题调研，提出有关思路和建议，包括为文化创意产品开发落实企业运营平台、明确宾馆的维护维修责任和费用承担、加强馆属企业对外投资及业务拓展的管理等。根据第 55 次馆长办公会要求，开展关于解决员工食堂改进服务、加强管理等问题的专项调研，形成调研报告。会同相关部门做好企业经营效益测算、收缴及有关合同签订工作。

完成国家文献战略储备库建设工程建筑设计招标工作（参见“特别记载”之“国家图书馆国家文献战略储备库建设项目取得重要进展”）。

三、业务统计数据

1. 各类文献登记总量 623053 种 3066124 册 / 件，登记册 / 件与 2015 年相比减少 2.82%。

2. 各类文献编目加工总量为604866种1352327册/件，编目加工种数与2015年相比减少13.55%。

3. 正式入藏各类文献为623675种1278490册/件，与2015年相比减少8.87%；非正式入藏各类文献626785册/件，与2015年相比减少2.80%。

4. 截至2016年年底，馆藏总量为36459962册/件。

5. 接待到馆读者5639886人次，与2015年相比增加10.03%。

6. 全馆流通书刊24756125册次，与2015年相比增加7.26%。

7. 国家图书馆网站年访问量为131239.5万次，与2015年相比减少10.54%。月平均访问量为10936.63万次，日平均访问量为359.56万次。

8. 各类咨询104.46万件，与2015年相比增加2.46%。其中一般咨询103.45万件，与2015年相比增加2.50%。

9. 办理读者证卡50.76万张，其中实体证卡23.41万张，虚拟办证（网络实名注册）27.35万张。实体证卡与2015年相比增加10.70%。

10. 培训、讲座、参观、展览等各项活动共接待读者155.13万人次，与2015年相比增加24.80%。其中：举办展览18场，114.37万人次；开办公益性讲座542场，7.2万人次；组织培训2006批，24.13万人次；接待参观2592批，9.44万人次。

11. 截至2016年年底，数字资源总量达1323.35TB，与2015年相比增加162.37TB。其中：馆藏特色数字化资源1059.69TB，外购数据库101TB，网络导航和网络资源采集114.73TB，征集数字资源42TB，电子报纸呈缴5.93TB。资源内容主要包括：电子图书3765676种4246420册，电子期刊55882种，电子报纸11596种，学位论文6410080篇，会议论文6073228篇，音频资料1111154首，视频资料150705小时。

12. 截至2016年年底，外购数据库共计253个，包括中文数据库126个，外文数据库127个。

外购数据库类型及数量

数据库类型	中文库数量（个）	外文库数量（个）
全文数据库	64	82
文摘/索引数据库	14	21
数值/事实数据库	26	17
多媒体数据库	19	0
工具型数据库	3	2
复合型数据库	0	5
合计	126	127

13. 截至 2016 年年底，已发布数字资源的内容单元主要包括：电子图书 3602414 种 4083691 册，发布率 95.7%；电子期刊 55722 种，发布率 99.7%；电子报纸 11062 种，发布率 95.4%；学位论文 6404774 篇，发布率 99.9%；会议论文 6073228 篇，发布率 100%；音频资料 679780 首，发布率 61.2%；视频资料 70554 小时，发布率 46.8%。

注：以下表总登记量报纸按单件统计，入藏量按合订册统计。

2016 年各类文献入藏明细表（正式馆藏）

	文献类别	种　数	册（件）数	上年册（件）数	增长率 %
图书	中文普通书	252195	577310	664966	−13.18
	台港图书	20007	20907	22534	−7.22
	盲文图书	0	0	126	——
	线装书	12295	12507	16323	−23.38
	中文图书总计	284497	610724	703823	−13.23
	西文图书	49896	53694	60241	−10.87
	俄文图书	7005	7039	7050	−0.16
	日文图书	18396	18690	19387	−3.60
	东文图书	4675	4806	7592	−36.70
	外文图书总计	79972	84229	94270	−10.65
	图书总计	364469	694953	798093	−12.92
期刊	中文期刊	11092	209413	223882	−6.46
	台港期刊	822	9187	8257	11.26
	中文期刊总计	11914	218600	232139	−5.83
	西文期刊	4002	34881	35478	−1.68
	日文期刊	1314	10862	12103	−10.25
	俄文期刊	775	7596	8019	−5.27
	东文期刊	230	1782	961	85.43
	外文期刊总计	6321	55121	56561	−2.55
	期刊总计	18235	273721	288700	−5.26
报纸	中文报纸	983	8055	6717	19.92
	台港报纸	85	1808	1771	2.09
	中文报纸总计	1068	9863	8488	16.20
	外文报纸总计	69	0	1599	−100
	报纸总计	1137	9863	10087	−2.22

（续表）

	文献类别	种　数	册（件）数	上年册（件）数	增长率%
特藏专藏	善　本	39	186	174	6.90
	外文善本	184	618	0	——
	新善本	161	181	203	−10.84
	精装精印	26	67	87	−22.99
	其他文献	0	0	4278	−100
	金石文献	1272	1819	5238	−65.27
	手　稿	463	1612	670	140.60
	舆　图	0	0	0	——
	画　片	0	0	0	——
	照　片	0	0	0	——
	民语文献	8221	14898	8875	67.86
	学位论文	186843	186843	200866	−6.98
	敦煌资料	3728	3805	1292	194.50
	地方文献	1918	11717	9813	19.40
	图书馆学资料	——	513	422	21.56
	联合国资料	722	1196	1646	−27.34
	中文资料	8412	8650	8839	−2.14
	特藏专藏总计	211989	232105	242403	−4.25
缩微	缩微平片	14847	30300	34684	−12.64
	缩微胶卷	0	0	2147	−100
	缩微文献总计	14847	30300	36831	−17.57
音像资料	中文音像资料	9473	22225	16555	34.25
	外文音像资料	1282	3955	4827	−18.07
	音像资料总计	10755	26180	21382	22.44
电子文献	电子文献总计	2243	11368	5440	108.97
正式入藏文献总计		623675	1278490	1402936	−8.87

到馆读者人次、文献流通册次统计表

	人次	册次
1月	419459	1883780
2月	344312	1657193
3月	421948	2039191
4月	402599	1921944
5月	416478	1907019
6月	422335	1935656
7月	589865	2855813
8月	563034	2845837
9月	514058	2019568
10月	558689	2033879
11月	535976	1794147
12月	451133	1862098
合计	5639886	24756125

各阅览室与服务点接待读者人次统计表

阅览室及服务点名称	读者人次	阅览室及服务点名称	读者人次
OPAC检索（南区）	37086	OPAC检索（北区）	4499
人工复制（南区）	69278	人工复制（北区）	4170
自助复制（南区）	11707	自助复制（北区）	45532
缩微文献阅览室	7817	法律参考阅览室	6668
保存本（综合阅览室）	7284	海外中国问题研究资料中心	9312
基藏本（综合阅览室）	152018	中文图书阅览区	1774106
工具书（综合阅览室）	30550	工具书区（北区）	375669
基藏外文图书外借出纳台	50567	中文图书借阅区	380816
学位论文阅览室	31746	中文期刊区	117157
台港澳文献阅览室	45207	中文报纸区	117151
外文文献第一阅览室	75543	数字共享空间（集中区）	300675

（续表）

阅览室及服务点名称	读者人次	阅览室及服务点名称	读者人次
年鉴　新方志阅览室	15241	数字共享空间（分散区）	33154
外文文献第二阅览室 日本出版物文库阅览室	28512	数字共享空间（手持阅读）	5
善本特藏阅览室	8761	少年儿童图书馆	317318
敦煌吐鲁番资料研究中心	2260	复制服务（古籍馆区）	945
中国少数民族语文阅览室	8185	普通古籍阅览室（古籍馆区）	12487
国际组织与外国政府出版物阅览室	3553	家谱、旧方志阅览室（古籍馆区）	3588
总计	4088567		

咨询工作统计

单位：件

	一般咨询	代检索课题	编制文献	年累计
党和国家领导	0	0	4	4
中央国家机关	10	8	1949	1967
重点科教单位	1219	4140	3641	9000
一般读者	1033270	162	161	1033593
年累计	1034499	4310	5755	1044564

国际互借工作统计表

项目	借出资料	借入资料
人次	120	286
册次	120	668
复印（件）	47	377
拒绝（件）	71	228

读者证卡统计

单位：个

证卡名称		本年证卡	累计（实体/虚拟）
人工办证	成人读者卡	47316	2444733
	少儿读者卡	4729	
自助办证	读者卡	182065	
虚拟办证	实名注册	273520	1348351
合计		507630	3793084

四、科研立项与结项

（一）立项科研项目

项目类别	编号	项目名称	申请人	经费（万元）	研制时间
社科基金抗日战争研究专项工程项目	16KZD012	日本战犯审判文献征集、整理与数据库建设	韩永进	200	2016-06—2020-11
社科基金抗日战争研究专项工程项目	16KZD013	日本对华调查档案资料整理和数字化	陈力	200	2016-06—2020-02
社科基金青年项目	16CTQ003	互联网+时代公共数字文化工程的服务模式转变研究	温泉	20	2016-06—2019-04
社科基金青年项目	16CTQ004	公共图书馆线上线下服务融合研究	童忠勇	20	2016-07—2018-06
馆级	NLC-KY-2016-01	“一般资料标识”与“内容形式和媒体类型标识”在书目数据中的应用	贺燕	5	2019-06-30
馆级	NLC-KY-2016-02	近代重要藏书家及其珍贵典藏系列展览必要性与可行性研究	张廷银	5	2017-12-31
馆级	NLC-KY-2016-03	馆藏20世纪90年代以来南海文献整理与研究	李东屹	3	2017-12-31

（续表）

项目类别	编号	项目名称	申请人	经费（万元）	研制时间
馆级	NLC-KY-2016-04	理论与实践——国家典籍博物馆运行机制探索	林世田	5	2017-12-30
馆级	NLC-KY-2016-05	国家图书馆藏名人家谱调查与研究	谢冬荣	5	2018-03-01
馆级	NLC-KY-2016-06	文献战略储备库专用存藏家具（装具）研究	郑伟	2	2017-12-31
馆级	NLC-KY-2016-07	基于图书馆的互联网信息采集评估指标体系研究	吕琳	2	2016-12-31
馆级	NLC-KY-2016-08	国图馆藏清人奏议善本整理与研究	芦婷婷	2	2017-07-31
馆级	NLC-KY-2016-09	国家图书馆中文图书捐赠史梳理与研究	于菲菲	2	2017-12-31
馆级	NLC-KY-2016-10	刘国钧与国家图书馆文献分类编目发展研究	赵悦	2	2018-03-01
馆级	NLC-KY-2016-11	国家图书馆藏日本对华战争罪行文献整理与提要	唐玉屏	2	2018-02-28
馆级	NLC-KY-2016-12	玛格丽特曼荣誉奖主要获奖者思想评述及对现代及当代编目实践的影响研究	赵丹丹	2	2018-07-01
馆级	NLC-KY-2016-13	国家图书馆藏新民会查禁资料整理与研究	李娟	2	2018-06-30
馆级	NLC-KY-2016-14	馆藏东亚同文书院调查资料的整理与研究	郭传芹	2	2018-06-30
馆级	NLC-KY-2016-15	图书馆非标RFID标签数据迁移方法研究	陈攀	2	2017-12-31
馆级	NLC-KY-2016-16	晚清民国时期国法与家法关系研究——以馆藏家谱文献为中心	刘冰雪	2	2018-04-20
馆级	NLC-KY-2016-17	图书馆联盟协作运行模式研究——以建设全国省级公共图书馆决策咨询服务协作平台的视角	贺一航	2	2017-12-31

（续表）

项目类别	编号	项目名称	申请人	经费（万元）	研制时间
馆级	NLC-KY-2016-18	中美日国家图书馆立法决策服务产品比较研究	田贺龙	2	2018-04-01
馆级	NLC-KY-2016-19	新媒体环境下的国家图书馆文献提供服务模式创新研究	赵星	2	2018-02-28
馆级	NLC-KY-2016-20	民国时期北平图书馆与其他图书馆参考咨询工作对比研究	蔡成普	2	2018-12-31
馆级	NLC-KY-2016-21	基于数字图书馆推广工程的图书馆公开课建设研究	汪静	2	2017-12-31
馆级	NLC-KY-2016-22	数字图书馆推广工程数字资源绩效评价研究	韩萌	2	2017-10-31
馆级	NLC-KY-2016-23	公共图书馆微服务体系研究	田钢	2	2017-12-31
馆级	NLC-KY-2016-24	典籍博物馆内容设计机制研究	徐慧子	2	2017-12-31
馆级	NLC-KY-2016-25	国家典籍博物馆公共教育课程化研究	王萃	2	2017-12-31
馆级	NLC-KY-2016-26	丝绸之路研究论著叙录	常荩心	2	2017-12-31
馆级	NLC-KY-2016-27	古籍索引数据模型应用研究	肖禹	2	2017-12-31
馆级	NLC-KY-2016-28	我国古籍保护标准体系建设研究	赵文友	2	2017-12-30
馆级	NLC-KY-2016-29	传承经典论著，挖掘时代价值——基于《中华优秀传统文化百部经典》编纂项目的探索与思考	张洁	2	2017-12-31
馆级	NLC-KY-2016-30	国家图书馆藏先秦道家子书善本批校整理研究	冯坤	1	2017-12-30
馆级	NLC-KY-2016-31	胡适与国立北平图书馆（1929—1948）	李蜜	1	2017-12-31

（续表）

项目类别	编号	项目名称	申请人	经费（万元）	研制时间
馆级	NLC-KY-2016-32	日本目录规则的历史变迁与国际化道路研究	霍晓伟	1	2018-02-01
馆级	NLC-KY-2016-33	基于国际组织与外国政府出版物的“一带一路”重要国家经济类文献整合及专题平台建设	武小瑞	1	2017-12-31
馆级	NLC-KY-2016-34	馆藏民国时期抗战题材画报整理与研究	李雪	1	2017-12-31
馆级	NLC-KY-2016-35	国家图书馆问题读者及服务危机研究	管峰	1	2017-12-31
馆级	NLC-KY-2016-36	国家图书馆参考咨询“微服务”模式研究	肇诚	1	2017-09-30
馆级	NLC-KY-2016-37	国家图书馆藏民国禁烟禁毒文献整理与研究	齐午月	1	2016-12-31
馆级	NLC-KY-2016-38	日藏中国专志目录研究——以山水志、书院志、寺庙志为中心	赵依澍	1	2017-12-31
馆级	NLC-KY-2016-39	文献修复用纸植物染色应用研究	田婷婷	1	2017-07-31

（二）结项科研项目

项目类别	编号	项目名称	申请人	经费（万元）	鉴定时间
社科基金重点项目	10ATQ005	大陆藏汉文古籍藏书题跋整理与研究	詹福瑞	20	2016-12-15
社科基金后期资助项目	13FTQ002	新中国古籍影印丛书总目	南江涛	28	2016-05-28
文化部科技创新项目	1-2012	物联网环境下的公共文化服务体系研究	王宇鸽	5	2016-12-01
文化部文化科技提升计划	2015-05	中文字符数转模技术研究	李晓明	60	2016-11-24

（续表）

项目类别	编号	项目名称	申请人	经费（万元）	鉴定时间
文化部文化科技提升计划	2015-实01	文献用纸保存寿命评估体系研究	田周玲	50	2016-09-09
文化部文化科技提升计划	2014-07	古籍修复知识网络系统	方自金	60	2016-08-24
馆级	NLC-KY-2012-46	面向行业用户的图书馆竞争情报战略服务	运梅	1	2016-12-13
馆级	NLC-KY-2012-07	全媒体时代图书馆营销策略与实践研究	王雁行	2	2016-12-13
馆级	NLC-KY-2012-21	基于交互电视的全国公共图书馆数字阅读平台服务模式研究	张炜	2	2016-12-08
馆级	NLC-KY-2012-52	基于国家图书馆网站的信息可视化建设研究	孙倩	1	2016-11-28
馆级	NLC-KY-2014-08	网络资源存档的数据质量保证策略与方法研究	曲云鹏	2	2016-11-28
馆级	NLC-KY-2014-15	大数据背景下数字图书馆移动服务的用户行为分析模式研究	宋姝	2	2016-11-30
馆级	NLC-KY-2014-16	数字图书馆大数据处理与应用技术研究	薛尧予	2	2016-11-29
馆级	NLC-KY-2012-37	基于关联数据的数字图书馆资源服务扩展研究	魏达贤	2	2016-11-25
馆级	NLC-KY-2012-06	图书馆检索系统的质量模型研究	杨东波	5	2016-11-22
馆级	NLC-KY-2014-40	红外光谱法对墨水痕迹在不同老化条件下消褪过程的研究	张铭	1	2016-10-31
馆级	NLC-KY-2014-10	明季西书来华与西学东渐——国家图书馆藏金尼阁藏书整理和研究	彭福英	2	2016-12-11
馆级	NLC-KY-2012-22	基于用户需求的数字图书馆推广策略研究	邵燕	2	2016-10-18
馆级	NLC-KY-2012-34	图书馆数字资源安全共建共享技术研究	路龙惠	2	2016-09-13

（续表）

项目类别	编号	项目名称	申请人	经费（万元）	鉴定时间
馆级	NLC-KY-2012-05	口述史料在图书馆馆藏体系中的地位及其应用模式研究	田苗	5	2016-08-30
馆级	NLC-KY-2015-29	国家图书馆总馆楼宇监控中心建设方案研究	张大华	2	2016-08-22
馆级	NLC-KY-2014-32	网络资源采集策略与服务方式研究	马宁宁	1	2016-08-18
馆级	NLC-KY-2010/09	明代中后期浙东藏书家研究	张玮	2	2016-08-11
馆级	NLC-KY-2015-48	国家图书馆文津街馆区普通善本库改造方案研究	包涵	1	2016-07-21
馆级	NLC-KY-2015-30	国家图书馆总馆北区恒温恒湿系统改造项目可行性方案研究	师宇腾	2	2016-07-21
馆级	NLC-KY-2012-32	国内图书馆馆员继续教育制度建设研究	史建桥	2	2016-07-15
馆级	NLC-KY-2015-47	基于BIM技术的图书馆机电设备一体化管理研究	张清华	1	2016-06-16
馆级	NLC-KY-2015-19	便携式数码缩微阅读器的研发	张阳	2	2016-04-28
馆级	NLC-KY-2015-46	《中国图书馆学报》与《中国社会科学》等人文社科顶级期刊的比较研究	袁浩	1	2016-04-13
馆级	NLC-KY-2014-07	规范数据在元数据仓储中的应用研究	萨蕾	2	2016-04-06
馆级	NLC-KY-2014-39	现代显微技术在古籍鉴定与修复中的应用研究	宋晖	1	2016-03-24
馆级	NLC-KY-2014-23	基于RFID数据分析的开架阅览室室藏建设评价与读者需求分析研究	陈攀	1	2016-01-07
馆级	NLC-KY-2014-24	国家图书馆青少年读者（13—16岁）的阅读行为及服务对策研究	李莹菲	1	2016-01-07

五、人员

（一）2016年馆领导名单

姓名	职务名称
周和平	名誉馆长
韩永进	馆长、党委书记兼国家古籍保护中心主任、国家典籍博物馆馆长
陈　力	常务副馆长（正局级）
魏大威	副馆长、党委副书记兼纪委书记
张志清	副馆长兼国家古籍保护中心副主任
王　军	副馆长
李虹霖	副馆长兼国家典籍博物馆常务副馆长
孙一钢	副馆长
汪东波	馆长助理兼研究院院长（副局级）

（二）2016年处级干部名单

部处	职务名称	姓名	备注
办公室	主任	苏品红	
	副主任	辛璐	
人事处	处长	王青云	
	副处长	张彬	
财务处	处长	张军	
	副处长	李红霞	
	副处长	刘婷婷	
业务管理处（民国时期文献保护工作办公室）	处长	毛雅君	
	副处长	孙伯阳	
	副处长	谢强	
党群工作办公室	主任	荣杰	
	副主任	张红霞	
纪检监察处	处长	陈荔京	
	副处长	王正元	
	纪检监察员（副处级）	乔淑锦	

（续表）

部处	职务名称	姓名	备注
审计处	处长	安洁	
离退休干部处	处长	张艳霞	
	副处长	孙乐	
国际交流处（台港澳交流处）	处长	张煦	
	副处长	马静	
国有资产管理处	处长	魏崇	
	副处长	郝丽萍	
保卫处	处长	赵建国	
	副处长	张明亮	
	副处长	尹存喜	
研究院	院长	汪东波	兼任
	副院长（正处级）	申晓娟	
	《文献》常务副主编（副处级）	张廷银	
	副院长（副处级）	汪桂海	
	《国家图书馆学刊》常务副主编（副处级）	陈清慧	
中文采编部	副主任（主持工作）	王洋	
	副主任	刘瑛	
外文采编部	主任	顾犇	
	副主任	罗翀	
	副主任	张玮	
典藏阅览部（国家图书馆少年儿童馆）	主任兼国家图书馆少年儿童馆馆长	王志庚	
	副主任兼国家图书馆少年儿童馆副馆长	黄洁	
	副主任	刘博涵	
	副主任	陈慧娜	
立法决策服务部	主任	卢海燕	
	副主任	白云峰	
	副主任	田贺龙	
参考咨询部	主任	王磊	
	副主任	李翠薇	
	副主任	葛艳聪	
数字资源部（数字图书馆推广工程办公室）	主任	曹宁	
	副主任	李春明	
	副主任	吕淑萍	

（续表）

部处	职务名称	姓名	备注
信息技术部（国家图书馆现代技术研究所）	主任	孙一钢	兼任
	副主任	邢军	
	总工程师（副处级）	王乐春	外聘
缩微文献部	主任	李晓明	
	副主任	张阳	
	副主任	王浩	
社会教育部	主任	汤更生	
	副主任	廖永霞	
展览部	主任	林世田	
	副主任	顾恒	
	副主任	张立朝	
古籍馆	馆长	张志清	兼任
	副馆长（正处级）	陈红彦	
	副馆长（副处级）	谢冬荣	
	副馆长（副处级）	萨仁高娃	
国家古籍保护中心办公室	主任	张志清	兼任
	副主任	王雁行	
中国古籍保护协会秘书处	秘书长（副处级）	梁爱民	
《中华优秀传统文化文库》编纂项目工作组	副主任	张洁	
国图艺术中心	主任	吕慧军	
	副主任	侯宁	
中国图书馆学会秘书处	秘书长	霍瑞娟	
	副秘书长	仲岩	
	《中国图书馆学报》副主编	卓连营	
后勤服务管理中心	主任	曹伟	
	副主任	张海波	
基建工程办公室	主任	王六长	
	副主任	卢希	
国家图书馆出版社	社长	方自金	
	总编辑	贾贵荣	
	副社长	殷梦霞	

（三）人员结构

人员总数		
	在编员工	1529
	离退休人员	1077
	2016年进馆人数	60
	2016年离馆人数	54（其中退休36人，调出16人，去世2人）
性别结构		
	男	568
	女	961
部处科组管理人员		
	处级	73
	科级	258
年龄结构		
	30岁及以下	435
	31—40岁	549
	41—50岁	213
	51岁及以上	332
专业技术职务结构		
	正高级职称	65
	副高级职称	398
	中级职称	717
	初级职称	235
学历结构		
	博士学历	86
	硕士学历	674
	本科学历（硕士学位）	67
	本科学历	492
	专科及以下学历	210

六、馆内奖励

2016 年度先进集体名单

一、获得 2016 年度国家图书馆先进集体的部处

业务管理处　　保卫处　　中文采编部　　信息技术部

二、获得 2016 年度国家图书馆先进集体的科组

研究院馆史资料征集与研究室　　外文采编部出版物交换组
典藏阅览部文献典藏三组　　立法决策服务部内务司法组
参考咨询部竞争情报组　　数字资源部网站管理组
缩微文献部编目与典藏组　　社会教育部摄编组
展览部综合协调组　　古籍馆地方文献组
国家古籍保护中心办公室管理组　　后勤服务管理中心机电科

2016 年度国家图书馆服务标兵名单

张　茜（中文采编部联合编目组）
崔　玥（中文采编部中文资料组）
李跃进（外文采编部国际组织与外国政府出版物组）
唐　龙（典藏阅览部中文图书外借组）
佘　雯（典藏阅览部少年儿童服务组）
陶敏娟（典藏阅览部中文报刊阅览组）
李　超（典藏阅览部中文图书阅览组）
屈　凯（典藏阅览部参考书组）
王红波（典藏阅览部数字资源服务组）
汪晓莉（典藏阅览部学位论文与台港澳文献阅览组）
王宝兴（典藏阅览部基藏本阅览组）
王　琳（立法决策服务部社会经济组）

贺一航（立法决策服务部服务推广与保障组）
杨　桦（参考咨询部复制组）
运　梅（参考咨询部竞争情报组）
唐　晶（参考咨询部社科咨询组）
徐冰冰（参考咨询部科技咨询组）
王谢文（参考咨询部读者证卡组）
姜晓曦（数字资源部推广工程建设协调组）
宋　姝（信息技术部移动服务管理组）
张　宁（信息技术部项目管理与系统测试组）
杨晓微（缩微文献部计划与协调组）
罗林池（社会教育部讲座组）
方　堃（社会教育部教育培训组）
赵国香（展览部讲解服务组）
肖　刚（古籍馆善本特藏典阅组）
戴　季（古籍馆经典文化推广组）

2016年度创新奖项目名单

数图体验区“数字知识获取新形态”创新服务（信息技术部）

“不朽的巨匠——纪念汤显祖、莎士比亚、塞万提斯逝世400周年”国图公开课特别活动（社会教育部）

国家典籍博物馆青少年教育机制创新（展览部）

整本文献批量脱酸工艺的研制（古籍馆）

2016年度“馆长特别奖”获奖名单

“红色记忆”及“民族记忆”双璧展（业务管理处、展览部、古籍馆、典藏阅览部、国家古籍保护中心办公室）

海外文化中心数字图书馆（国际交流处、业务管理处、信息技术部、中文采编部、数字资源部）

七、馆外奖励

序号	获奖单位	获奖名称	授予单位
1	国家图书馆	2015年度文化信息工作先进单位	文化部办公厅
2	国家图书馆	《“公共图书馆法”立法支撑研究报告》被评为全国文化系统2015年度十佳调研报告	文化部办公厅
3	国家图书馆	《公共文化机构建立法人治理结构调研报告》被评为全国文化系统2015年度优秀调研报告	文化部办公厅
4	国家图书馆	2016年度文化部政府网站群绩效评估年度最佳奖	文化部办公厅、文化部网络安全和信息化领导小组办公室
5	国家图书馆	2016年度文化部政府网站群绩效评估快速发展奖	文化部办公厅、文化部网络安全和信息化领导小组办公室
6	国家图书馆	“国家图书馆”微信公众号入选首届“大众喜爱的50个阅读微信公众号”	中国新闻出版传媒集团、中国全民阅读媒体联盟
7	国家图书馆	M地铁·图书馆荣获“第13届IFLA-BibLibre国际图书馆营销奖”	国际图联管理与营销组、法国BibLibre公司
8	国家图书馆	2016年中国图书馆展览会优秀展示奖	中国图书馆学会
9	国家图书馆	海淀区2016年度交通安全先进单位	北京市海淀区交通安全委员会
10	中国国家古籍保护中心	2016年中国图书馆展览会优秀展示奖	中国图书馆学会
11	国家典籍博物馆	“《十竹斋》笔记本”在2016年度中国博物馆协会举办的“让文物活起来——全国文博单位文化创意产品联展”中荣获文博传承奖	中国博物馆协会
12	国家图书馆党委	中央国家机关先进基层党组织	中共中央国家机关工作委员会
13	国家图书馆党委	文化部先进基层党组织	中共文化部直属机关委员会
14	国家图书馆团委	2015年度中央国家机关“最具活力团支部奖”	共青团中央国家机关工作委员会
15	国家图书馆出版社	2015年度全国优秀馆配商评选·十佳出版社	《图书馆报》

（续表）

序号	获奖单位	获奖名称	授予单位
16	国家图书馆出版社	《清代家集丛刊》荣获2015年度全国优秀古籍图书奖一等奖	中国出版协会古籍出版工作委员会
17	国家图书馆出版社	《文求堂书目》荣获2015年度全国优秀古籍图书奖二等奖	中国出版协会古籍出版工作委员会
18	国家图书馆出版社	《上海图书馆藏珍本年谱丛刊》荣获2015年度全国优秀古籍图书奖二等奖	中国出版协会古籍出版工作委员会
19	国家图书馆出版社	《西班牙藏中国古籍书录》荣获2015年度全国优秀古籍图书奖二等奖	中国出版协会古籍出版工作委员会
20	国家图书馆出版社	《中国古籍珍本丛刊·广东省立中山图书馆卷》荣获2015年度全国优秀古籍图书奖二等奖	中国出版协会古籍出版工作委员会
21	国家图书馆出版社	《〈史记〉史话》荣获2015年度全国优秀古籍图书奖普及读物奖	中国出版协会古籍出版工作委员会

八、出访和来访

（一）出访

2 月 2—6 日，常务副馆长陈力、古籍馆副馆长谢冬荣、国际交流处副研究馆员郝金敏出席“大清世相”展览开幕式，并访问澳大利亚国家图书馆。

3 月 7—11 日，古籍馆金石拓片组副组长赵爱学、金石拓片组副研究馆员胡辉平赴英国国家图书馆开展古籍业务交流。

3 月 7—12 日，馆长助理汪东波、典藏阅览部主任王志庚赴新西兰参加亚洲及大洋洲地区国家图书馆馆长会议。

3 月 14—21 日，古籍馆副研究馆员董馥荣、馆员李江波赴澳大利亚对“大清世相”展览展品进行维护。

3 月 15—19 日，原常务副馆长詹福瑞、国际交流处馆员谢天赴英国参加“英中文化交流项目圆桌讨论会”。

4 月 10—20 日，业务管理处主任毛雅君、国际交流处处长张煦、数字资源部主任曹宁、国际交流处馆员郭妮赴沙特阿拉伯、埃及和阿尔及利亚访问。

5 月 10—15 日，国有资产管理处处长魏崇，国家图书馆出版社隋阳、毋栋赴美国芝加哥参加书展。

5 月 20—30 日，古籍馆副馆长萨仁高娃、副研究馆员董蕊、刘家平赴澳大利亚撤展。

5 月 29 日—6 月 5 日，副馆长张志清、古籍保护中心办公室副主任王雁行、国家图书馆出版社副社长殷梦霞、古籍馆经典文化推广组组长赵大莹、展览部馆员赵婷访问西班牙图书馆博物馆，赴葡萄牙签署协议。

6 月 12—18 日，缩微文献部主任李晓明和信息技术部副主任邢军赴台湾参加“海峡两岸档案暨缩微学术交流会”。

6 月 23—30 日，副馆长陈力、国际交流处副处长马静、业务管理处副处长谢强、中文采编部副主任王洋、国际交流处馆员郝金敏赴马其顿、匈牙利开展图书馆业务交流。

6 月 29 月—7 月 3 日，展览部副主任张立朝随文化部团组赴日本参加日本授权展相关活动。

7 月 3—10 日，副馆长李虹霖、办公室主任苏品红、社会教育部主任汤更生、展览部副主任顾恒、外文采编部馆员李伟赴意大利参加世界博物馆协会第 24 届大会并访问奥地利。

7 月 5—12 日，副馆长张志清、展览部主任林世田、业务管理处副处长孙伯阳、国家古籍保护中心办公室主任助理王红蕾、外文采编部副研究馆员李吉子赴韩国国立中央图书馆进行业务交流。

7 月 10—13 日，古籍馆副研究馆员孙俊、展览部馆员李周赴新西兰开展图书馆业务交流。

8 月 10—18 日，副馆长孙一钢、立法决策部主任卢海燕、中国图书馆学会秘书处秘书长霍瑞娟、数字资源部副主任李春明、办公室吴凯、典藏阅览部王景睿、陶敏娟、李洋和数字资源部毛嘉瑞、周笑盈赴美国参加第 82 届国际图联大会并赴加拿大参加会前会。

9 月 3—10 日，副馆长王军、保卫处处长赵建国、外文采编部主任顾犇、基建工程办公室高级工程师卢希、典藏阅览部馆员石楠赴法国、英国进行海外战略储备库调研。

9 月 4—11 日，馆长韩永进、研究院副院长申晓娟、基建办副主任王六长、副研究馆员朱亮、国际交流处馆员谢天赴美国、加拿大进行海外战略储备库调研。

9 月 12—17 日，古籍馆副馆长陈红彦、研究馆员程有庆赴美国参加“园林　艺术　商业：中国木刻版画”展览。

9 月 20—24 日，业务管理处研究馆员贺燕、数字资源部版权管理组组长龙伟、数字资源部文献数字化组组长槐燕、外文采编部西文图书编目组馆员杨恩毅赴斯里兰卡进行业务交流。

9 月 22—26 日，国家图书馆出版社社长方自金、编辑总监廖生训，中文采编部副主任刘瑛赴日本参加东京书展。

10 月 3 日—12 月 30 日，外文采编部助理馆员袁冶、信息技术部助理工程师宁秋丹赴日本出版贩卖株式会社进行业务交流。

10 月 10—16 日，社会教育部田苗随文化部团组赴波兰参加首届中国—中东非物质文化遗产保护专家级论坛。

10 月 15 日—11 月 5 日，国有资产管理处齐欣赴德国参加“德国文化机构公共资产管理研究”培训班。

10 月 18—26 日，古籍馆金石拓片组副组长赵爱学、展览部馆员全凤燕、杜春磊赴墨西哥办展。

10 月 24—28 日，副馆长孙一钢、国际交流处处长张煦、参考咨询部主任王磊、参考咨询部副研究馆员赵星赴澳门参加“第十一次中文文献资源共建共享合作会议”。

11 月 3—5 日，中文采编部书目数据维护与整合组组长王彦侨、副研究馆员王广平赴香港参加中文名称规范联合协调委员会第十四次会议。

11 月 9—11 日，古籍馆副馆长陈红彦、数字资源部副主任吕淑萍赴澳门参加两岸四地科技文献服务合作与创新研讨会。

11 月 29 日—12 月 6 日，副馆长魏大威、办公室副主任辛璐、信息技术部主任助理李志尧、数字资源部数字资源整合组组长张炜、数字资源部版权管理组刘沣霆赴荷兰、德国调研欧洲数字图书馆项目。

11 月 30 日—12 月 3 日，数字资源部副主任李春明、信息技术部副主任邢军、国际交流处馆员刘源泓、古籍馆馆员马琳赴韩国参加中日韩数字图书馆项目业务交流。

（二）来访

1 月 13 日，以色列艾利贝斯公司一行 3 人来访座谈，副馆长孙一钢会见来宾。

1 月 21 日，朝鲜国家科学院、人民大学习堂刘言一行 31 人来访参观，副馆长孙一钢会见来宾。

1 月 28 日，约翰威利商务服务（北京）有限公司总监汪亚文一行 3 人来访交流，常务副馆长陈力会见来宾。

1 月 30 日，香港民政事务局局长刘江华一行 22 人来访参观，馆长韩永进、副馆长孙一钢会见来宾。

3 月 1 日，英国国家图书馆一行 3 人来访交流。

3 月 7 日，韩国仁川广域市图书馆馆长李吉周一行 3 人来访参观。

3 月 12 日，澳大利亚驻华大使安思捷一行 6 人来访交流，副馆长孙一钢会见来宾。

3 月 18 日，石景宜华夏书画创作大赛人员一行 85 人来访交流，副馆长孙一钢会见来宾。

3 月 21 日，柬埔寨图书馆管理研修班一行 23 人来访交流，副馆长魏大威会见来宾。

3 月 22 日，埃及驻华大使等 2 人来馆参加活动，副馆长李虹霖会见来宾。

3 月 23 日，意大利圣卢卡斯学院 1 人来访参观。

4 月 5 日，英国阿伯丁大学中国事务部负责人克里斯多夫·肯来访交流。

4 月 7 日，世界卫生组织驻华代表施贺德一行 3 人来访交流，馆长韩永进会见来宾。

4 月 8 日，日本友好贩卖株式会社 1 人来访交流。

4 月 14 日，日本国立国会图书馆冈村志嘉子来访交流，馆长韩永进会见来宾。

4 月 18 日，哈萨克斯坦总统图书馆代表团一行 8 人来访交流，馆长韩永进、副馆长孙一钢会见来宾。

4 月 27 日，韩国国会图书馆沈银珠一行 7 人来访交流。

5 月 4 日，西班牙驻华使馆文化参赞格罗丽亚·明格斯等 2 人来访交流。

5 月 10 日，亚美尼亚文化部副部长一行 5 人来访交流，副馆长魏大威会见来宾。

5 月 10 日，澳门科技大学副校长庞川一行 3 人来访参观，副馆长陈力会见来宾。

5 月 23 日，埃塞俄比亚文化与旅游部部长阿伊莎·穆罕默德一行 8 人来访参观，副馆长孙一钢会见来宾。

5 月 24 日，台湾图书馆采访编目组周淑惠一行 3 人来访参观。

5 月 27 日，克罗地亚科学图书馆一行 4 人来访参观。

6 月 22 日，港澳实习生 7 人来访交流，副馆长孙一钢参加交流活动。

6 月 27 日，英国国家图书馆展览部 1 人来访交流。

7 月 4 日，多国青年汉学家一行 32 人来访参观。

7 月 7 日，日本出版贩卖株式会社平林彰一行 12 人来访交流，副馆长魏大威、孙一钢会见来宾。

8 月 1 日，毛里求斯国家图书馆馆长拉莫斯等 2 人来访交流，馆长韩永进会见来宾。

8 月 13 日，台湾汉学研究中心庄惠茹来访交流。

8 月 25 日，北美东亚图书馆界一行 14 来访参观。

9 月 8 日，台湾两“厅院”图书馆于复华一行 7 人来访交流。

9 月 11 日，台北“故宫”冯明珠等 2 人来访交流，常务副馆长陈力会见来宾。

9 月 12 日，韩国国立中央图书馆 1 人来访交流，副馆长孙一钢会见来宾。

9 月 13 日，英国国家图书馆一行 5 人来访交流，副馆长张志清会见来宾。

9 月 18 日，缅甸宗教及事务文化部常务秘书兼历史研究与图书馆局局长南达洪恩一行 8 人来访交流，馆长韩永进会见来宾。

9 月 20 日，埃及开罗图书馆一行 3 人来访参观。

9 月 27 日，厄瓜多尔驻华大使何塞·博尔哈一行 3 人来访签约，馆长韩永进会见来宾。

9 月 28 日，罗马尼亚文化中心拉库·埃列娜来访交流。

10 月 9 日，葡萄牙文化部部长路易斯·门德斯一行 4 人来访交流，馆长韩永进、副馆长张志清会见来宾。

10 月 12 日，iGroup 亚太资讯集团公司一行 6 人来访参观并赠送图书，馆长助理汪东波会见来宾。

10 月 12 日，密苏里大学堪萨斯分校图书馆馆长一行 4 人来访参观。

10 月 13 日，泰国副总理塔纳萨·巴迪玛巴功代表团一行 17 人来访，副馆长李虹霖会见来宾。

10 月 19 日，日本图书馆界代表团一行 11 人来访交流。

10 月 21 日，德国柏林图书馆高杏佛来访交流，副馆长张志清会见来宾。

10 月 24 日，国际图联主席多纳·希德等 2 人来访交流，馆长韩永进、副馆长魏大威会见来宾。

10月24日，纽约移民银行董事长霍华德·米尔斯坦一行8人来访交流，副馆长张志清会见来宾。

10月31日，英国国家图书馆赵铠铨来访交流。

11月12日，南亚六国图书馆高级管理人员一行12人来访交流，馆长韩永进、副馆长孙一钢会见来宾。

11月14日，香港公共图书馆助理馆长程佩珊等2人来访交流。

11月22日，印尼西爪哇图书与档案馆一行8人来访交流。

11月28日，日本国立国会图书馆一行5人来访交流，馆长韩永进、副馆长孙一钢、张志清会见来宾。

12月4日，新加坡国家图书馆管理局一行5人来访交流，馆长韩永进、副馆长孙一钢会见来宾。

12月5日，圣智Gale学习出版社一行3人来访交流，常务副馆长陈力会见来宾。

12月13日，英国国家图书馆馆员一行3人来访交流。

12月15日，哈萨克斯坦驻华大使一行10人来访参观并赠送图书，馆长韩永进、常务副馆长陈力会见来宾。

九、部分会议、培训、讲座、展览

（一）会议

时间	会议名称	地点	备注
1月11—13日	2016年文化部公共数字文化建设项目论证会	北京	
1月27日	《书志》编委会会议	北京	
1月28日	全国图书馆文献缩微工作“十三五”规划专家研讨会	北京	
2月24日	《中华古籍保护计划“十三五”时期规划纲要》（征求意见稿）审议会	北京	文化部主办，国家古籍保护中心办公室承办
3月3日	《新疆维吾尔自治区入选国家珍贵古籍名录图录》专家审稿会	北京	
3月7日	第五批《国家珍贵古籍名录》和“全国古籍重点保护单位”（推荐名单）专家审定会	北京	
3月15日	古籍保护学科建设研讨会	南京	南京艺术学院承办
3月24日	“国家标准《汉文古籍特藏藏品定级　第1部分：古籍》定级释例”专家讨论会	北京	
3月28—30日	2016年全国省级及副省级市公共图书馆参考咨询工作会议	昆明	云南省图书馆承办
3月31日	2016年民国时期文献整理出版项目专家评审会	北京	
4月11日	藏传佛教资料信息中心（简称TBRC）藏文文献目录讨论会	北京	
4月12—13日	第六届全国文献采访工作研讨会	武汉	
4月14日	中华古籍保护计划成果出版工作座谈会	北京	
4月15日	永远的怀念——任继愈先生百年诞辰纪念会暨学术研讨会	北京	
4月20日	《国家图书馆藏样式雷图档·圆明园卷初编》出版座谈会	北京	
4月20—21日	2016年数字图书馆推广工程建设项目评审会	北京	

（续表）

时间	会议名称	地点	备注
4月26日	《现代中国之记录——中国报刊情报集（1924—1931）》出版座谈会	北京	与清华大学图书馆合办
5月10—12日	全国公共图书馆技术部主任会议	北京	
5月24日	“十三五”期间古籍保护技术项目征集专家研讨会	北京	
6月13日	《中华古籍保护计划“十三五”时期规划纲要》（征求意见稿）专家研讨会	北京	文化部主办，国家古籍保护中心办公室承办
6月13—14日	2016海峡两岸档案暨缩微学术交流会	台北	中国文献影像技术协会、中国档案学会、中华档案暨资讯微缩管理学会合办
6月20日	中国文献影像技术协会2016年第一次常务理事会	北京	中国文献影像技术协会主办
6月29日	古籍资源数据库专家论证会	北京	
7月19日	全国文献影像技术标准化技术委员会第六届委员会成立大会	北京	全国文献影像技术标准化技术委员会主办
7月25日	《中华古籍总目·蒙文卷》编纂研讨会	鄂尔多斯	内蒙古鄂尔多斯市图书馆承办
8月12日	全国古籍普查登记调研会议	北京	
8月22日	《古本戏曲丛刊》第六集出版暨《丛刊》文献及文化意义座谈会	北京	与中国社会科学院文学研究所合办
8月29日	《美国埃默里大学神学院图书馆藏中文古籍目录》发布座谈会	北京	
9月9日	“第一期全国佛教古籍保护管理研修班”课程研讨会	北京	
9月13日	中国图书馆学会中央国家机关图书馆分会工作会议	北京	
9月18日	中国记忆项目东北抗日联军专题座谈会	北京	
9月28日	“全国古籍普查基本数据库”和“中华古籍资源库”发布座谈会	北京	

（续表）

时间	会议名称	地点	备注
10月14日	数字图书馆推广工程教材编撰暨人才培训座谈会	北京	
10月17日	2017年数字图书馆推广工程建设项目评审会	北京	
10月18日	国家社科基金抗日战争研究专项工程“日本战犯审判文献征集、整理与数据库建设”开题会	北京	
10月26日	“古籍数字化及其在图书馆应用研究”学术会议	铜陵	
11月1日	《中国古籍珍本丛刊·河南大学图书馆卷》新书发布暨馆藏文献整理座谈会	开封	与河南大学图书馆合办
11月2日	历史文化名城馆藏文献开发暨资源建设研讨会	开封	中国图书馆学会编译出版委员会主办，国家图书馆出版社承办
11月15日	国家社科基金抗日战争研究专项工程“日本对华调查档案资料整理和数字化”开题会	北京	
11月16—19日	回眸与展望：民国文献整理与研究国际学术研讨会	上海	与上海师范大学、上海图书馆合办
11月22日	全国文献影像技术标准化技术委员会、中国文献影像技术协会2016年年会暨学术研讨会	北京	中国文献影像技术协会、全国文献影像技术标准化技术委员会主办
11月25日	中国图书馆学会第九届编译出版委员会成立暨2016年工作会议	北京	中国图书馆学会编译出版委员会主办，国家图书馆出版社承办
12月27日	国家图书馆部委分馆馆长联席会议暨国家图书馆立法决策服务平台服务年会	北京	

（二）培训

时间	培训名称	主讲人	地点	备注
1月12日	Gale数据库培训第一期	张楠	北京	馆内员工培训
1月27日	Gale数据库培训第二期	齐麟	北京	馆内员工培训
3月1日	全球专利检索分析系统incoPat使用培训	薛芳芳	北京	馆内员工培训
3月4日—4月1日	北京市2016年图书资料专业职称考试辅导班	朱芊、富平、刘小玲	北京	
3月14—17日	数字图书馆推广工程新媒体培训班	匡文波、刘晓清、邢军、于壮、刘钧	北京	中央文化管理干部学院承办
4月1日	无价宝传奇——《唐女郎鱼玄机诗》鉴藏史话	张波	北京	馆内员工培训
4月5—16日	第十一期《全国古籍普查登记目录》审校人员培训班	吴格	郑州	河南省图书馆承办
4月12日	时间管理	纪元	北京	馆内员工培训
4月13日	中国的登月计划	叶培建	北京	馆内员工培训
4月17—30日	数字图书馆推广工程馆员研修培训班（第一期）		北京	
4月18—22日	中国图书馆分类法与分类主题词表标引规则应用技能培训班	曹玉强	北京	
4月19—29日	第十二期《全国古籍普查登记目录》审校人员培训班	吴格	曲阜	山东省曲阜文物管理委员会承办
4月22日	健康信息学	李世娟	北京	馆内员工培训
4月25—29日	中国机读目录格式编目员上岗资质培训班	刘小玲、贺燕	北京	
4月26日—5月8日	第四期全国少数民族古籍修复培训班	杨利群	澜沧	云南省澜沧县图书馆承办
5月3—14日	第十三期《全国古籍普查登记目录》审校人员培训班	吴格	广州	广东省立中山图书馆承办

（续表）

时间	培训名称	主讲人	地点	备注
5月8日—6月17日	第四期全国古籍修复技术与工作管理研修班	万群、胡泊、刘建明	西安	陕西省图书馆承办
5月8—14日	RDA理论与实践培训班	罗翀、蔡丹、张蔷蔷、袁雪、王一楠、刘丹、张璇、赵丹丹	北京	
5月8—21日	数字图书馆推广工程馆员研修培训班（第二期）		北京	
5月9日—6月10日	第二期碑帖编目与鉴定研修班	施安昌、尹一梅、冀亚平、胡海帆	重庆	重庆图书馆承办
5月10—13日	数字图书馆推广工程图书馆公开课培训班	蒋玉龙、廖永霞、孙志岗、萨蕾	上海	上海市文广局人才培训交流中心承办
5月11日	古籍保护的原则与路径	刘家真	北京	馆内员工培训
5月13日	天禄琳琅——乾隆皇帝的藏书	刘蔷	北京	馆内员工培训
5月15日	明清皇宫档案纵谈	李国荣	北京	
5月16—20日	中文普通图书编目工作培训班	刘小玲、王广平、朱青青	北京	
5月17日	提升爱的能力，让家庭沟通更顺畅	赵永久	北京	馆内员工培训
5月22日—6月4日	数字图书馆推广工程馆员研修培训班（第三期）		北京	
5月23—27日	图书馆参考咨询业务案例解析培训班	赵红、郭依群、唐晶、刘素青、刘庆才、张鑫尧	北京	
5月23日—6月3日	第二期全国传拓技术高级培训班	赵嘉福、李仁清、张品芳、邢跃华	上海	上海图书馆承办
5月24日	把故宫带回家——故宫文创的现在和未来	王亚民	北京	
5月25日	古籍保护方法的分析与评价	刘家真	北京	馆内员工培训

（续表）

时间	培训名称	主讲人	地点	备注
5月29日—6月4日	数字图书馆推广工程馆员研修培训班（第四期）		北京	
5月30日—6月3日	图书馆音像电子出版物采编与有效版权管理培训班	刘铮、李华伟	北京	
6月7—13日	数图推广工程·全国图书馆参考咨询协作网媒体监测与舆情分析专题培训班	滕广青、王磊、戴维、运梅、罗嘉	济南	山东省图书馆承办
6月12—25日	数字图书馆推广工程馆员研修培训班（第五期）		北京	
6月12—25日	数字图书馆推广工程馆员研修培训班（第六期）		北京	
6月13—24日	第十四期《全国古籍普查登记目录》审校人员培训班	吴格	长春	吉林省图书馆承办
6月15日	威科国际法律在线数据库Kluwer Law Online培训	张丽娟	北京	馆内员工培训
6月16日	全国省级公共图书馆决策咨询服务协作平台培训		北京	
6月17日	中国书籍的起源及其形制的演变	李致忠	北京	馆内员工培训
6月19日—7月2日	数字图书馆推广工程馆员研修培训班（第七期）		北京	
6月20—24日	信息时代图书馆读者服务工作培训班	郭斌、姜晓、唐晶、王媛、高凡	成都	与四川省图书馆合办
6月21日	古籍普查新发现（一）——宋刻《开宝藏》及辽刻小字《契丹藏》	李致忠	北京	馆内员工培训
6月22日	习近平总书记重要讲话精神解读	韩文乾	北京	馆内员工培训
6月23日	中国共产党章程的历史解读	黄延敏	北京	馆内员工培训
6月23日	参观抗日战争纪念馆、党员宣誓活动		北京	馆内员工培训

（续表）

时间	培训名称	主讲人	地点	备注
6月23—24日	全国副省级以上公共图书馆决策咨询服务培训班	王建华、肖珑、王世伟、焦芳梅、田贺龙、张曙光、谢德智等	哈尔滨	黑龙江省图书馆承办
6月24日	古籍普查新发现（二）——宋刻标抹本《四书章句集注》	李致忠	北京	馆内员工培训
6月27日—7月7日	第十五期《全国古籍普查登记目录》审校人员培训班	吴格	长沙	湖南图书馆承办
6月28日	古籍普查新发现（三）——陈老莲《水浒叶子》初刻本	李致忠	北京	馆内员工培训
7月3—16日	数字图书馆推广工程馆员研修培训班（第八期）		北京	
7月5日	太平兴国三大书之一《文苑英华》	李致忠	北京	馆内员工培训
7月5—8日	数图推广工程·全国图书馆参考咨询协作网业务培训班	王磊、吴杨、张李江、运梅、张曙光	成都	四川省图书馆承办
7月8日	明内府写彩绘插图本《千家诗注》	李致忠	北京	馆内员工培训
7月7—8日	民国时期文献编目工作研修班	毛雅君、刘小玲、朱芊、延卫平	沧州	与中国图书馆学会、河北省文化厅合办（民国时期文献保护计划宣传推广系列活动）
7月11日	国家图书馆的历史、馆藏与服务	陈力	北京	馆内员工培训
7月11日	国家图书馆安全工作应激反应及注意事项	赵建国	北京	馆内员工培训
7月11—15日	中文期刊与报纸的编目管理	贺燕、杨静	北京	
7月12日	唐仲友刻《荀子》遭劾真相	李致忠	北京	馆内员工培训
7月15日	《锦绣万花谷》及其辑者考	李致忠	北京	馆内员工培训

（续表）

时间	培训名称	主讲人	地点	备注
7月17—30日	数字图书馆推广工程馆员研修培训班（第九期）		北京	
7月18—21日	中国机读目录格式编目员上岗资质培训班	富平	郑州	为河南省新华书店定制培训
7月18—29日	古籍修复基础暑期班	朱振彬	北京	
7月19日	昔时陶陶室　今日在国图	李致忠	北京	馆内员工培训
7月22日	《东京梦华录》及其作者考	李致忠	北京	馆内员工培训
7月25—30日	第五期民族古籍普查培训班	斯琴毕力格、托娅、黄润华	鄂尔多斯	内蒙古鄂尔多斯市图书馆承办
7月26日	宋刻十行本《十三经注疏》	李致忠	北京	馆内员工培训
7月27日	常熟藏书家与明末清初的学风	袁媛	北京	馆内员工培训
7月28日	语言文字规范与当下社会的遵行使用问题	杨观	北京	馆内员工培训
7月29日	古书版本鉴定	李致忠	北京	馆内员工培训
8月2日—9月9日	第五期全国古籍修复技术与工作管理研修班	师有宽、潘美娣	兰州	甘肃省图书馆承办
8月8—12日	2016年图书馆新员工入职培训班	汤更生、谢强、朱芊、金龙、马涛、唐晶、杨静、刘小玲、刘铮	北京	
8月8—11日	数字图书馆推广工程2016年省市级馆长西部地区培训班	曹宁、申晓娟、许建业、刘梅、张波、黎建宾、谢朝容、冯小平	贵阳	贵州省图书馆、贵阳孔学堂数字图书馆承办
8月10日	故宫的世界 世界的故宫	单霁翔	北京	馆内员工培训
8月14—20日	数字图书馆推广工程馆员研修培训班（第十期）		北京	
8月14日—9月10日	第一期全国古籍鉴定研修班	赵前、鲍国强、董馥蓉、石光明、苏晓君	北京	

（续表）

时间	培训名称	主讲人	地点	备注
8月15日—9月14日	第一期中华优秀传统文化推广培训班	张本义	大连	大连白云书院承办
8月15日	经学与中国古典文献学	徐兴无	北京	
8月22—26日	数图推广工程·全国图书馆参考咨询协作网业务培训班	王磊、肇诚、王磊（女）、唐晶、何玉英、张曙光	南宁	广西壮族自治区图书馆承办
8月21—24日	2016年全国公共图书馆缩微技术培训班	张美芳、房明、杨世杰、马玉峰、杨勇	沈阳	
8月22日—9月2日	古籍修复提高暑期班	朱振彬	北京	
8月24—27日	数字图书馆推广工程2016年省市级馆长东部地区培训班	曹宁、申晓娟、王水乔、宋姝、周玉山、尹士亮、张肖回、沈红梅	威海	威海市图书馆承办
8月24日—9月30日	第一期全国西文古籍修复技术研修班	林明、肖晓梅	广州	中山大学图书馆承办
8月28日—9月3日	数字图书馆推广工程贫困地区图书馆馆员研修培训班		北京	
8月30日—9月1日	国家级非物质文化遗产代表性传承人抢救性记录工程培训	刘魁立、罗红光、陈小波、庞涛等	北京	文化部非物质文化遗产司主办，国家图书馆承办
9月1—6日	第一期全国佛教古籍保护管理研修班	李际宁、林世田、王红蕾、刘家真	北京	中国佛教协会承办
9月2日	图书馆创客服务的机遇与挑战	张久珍	北京	馆内员工培训
9月7—8日	民国时期文献保护工作培训班	孙伯阳、刘小玲、朱芊、延卫平	长春	与中国图书馆学会、吉林省文化厅合办（民国时期文献保护计划宣传推广系列活动）

（续表）

时间	培训名称	主讲人	地点	备注
9月20—23日	数字图书馆推广工程2016年省市级馆长中部地区培训班	白雪华、曹宁、申晓娟、张大尧、宋姝、王涛、龙耀华、周元贵、管霞	武汉	湖北省图书馆承办
9月21—22日	民国时期文献保护工作培训班	毛雅君、刘小玲、朱芊、延卫平	沈阳	与中国图书馆学会、辽宁省文化厅合办（民国时期文献保护计划宣传推广系列活动）
9月24日—12月24日	古籍修复基础周末班	刘建明	北京	
9月26—30日	《中国图书馆分类法》（第五版）标引规则应用技能培训班	朱芊	北京	
10月10—14日	社会力量参与图书馆建设与文化创新培训班	王亚林、王子舟、邱奉捷、张广钦、肖佐刚、郭斌、富平、张若冰	北京	
10月16—22日	RDA理论与实践——RDA记录编制实操培训班	罗翀、张蔷蔷、蔡丹、王一楠、张璇、赵丹丹	北京	
10月16—29日	数字图书馆推广工程馆员研修培训班（第十一期）		北京	
10月17—21日	中国机读目录格式编目员上岗资质培训班	贺燕、刘小玲	北京	
10月18—21日	数字图书馆推广工程2016年度数字资源联合建设东部地区培训班	梁蕙玮、韩萌、赵晟、褚正东、朱军、仲晓凤、王其标	沈阳	辽宁省艺术学校承办
10月18—22日	第二期全国古籍保护工作管理人员研修班	刘家真	沈阳	辽宁省图书馆承办
10月21日	新的图书馆数据概念模型——FRBR图书馆参考模型	Pat Riva	北京	馆内员工培训

（续表）

时间	培训名称	主讲人	地点	备注
10月24—30日	传拓技艺培训班	袁玉红	北京	
10月31日—11月3日	中国机读目录格式编目员上岗资质培训班	富平	青岛	为青岛市黄岛区新华书店定制培训
10月31日—11月5日	第六期民族古籍普查培训班	边巴次仁、白张、尼夏、	日喀则	西藏图书馆承办
11月2—5日	数字图书馆推广工程版权管理理论与实务培训班	冉从敬、王飙、吕淑萍、韩新月、罗静	北京	
11月5日—1月7日	书画装裱基础周末班	刘建明	北京	
11月13—20日	中国—南亚图书馆管理与服务高级研修班	陈力、魏大威、孙一钢、申晓娟等	北京	
11月14—19日	图书馆创客研习营	张久珍、孙一钢、王子舟、于良志、张立朝、王军、朱祖熹、金龙、田苗、黄文彬、韩晔曈	北京	
11月14—18日	第一期全国道教古籍保护管理研修班	吴格、尹志华、王红蕾、刘家真	丹江口	中国道教协会承办
11月15—18日	2016年全国图书馆参考咨询高级研修班	卢海燕、孙卫、刘清、李春梅、林佳、张春红、张大尧、邵波、张李江、陈顺、刘英赫、张惠梅	苏州	苏州独墅湖图书馆承办
11月15—18日	数字图书馆推广工程2016年度数字资源联合建设中部地区培训班	梁蕙玮、韩萌、杜巍巍、张美玲、夏飏、王晓健、程强	合肥	安徽省图书馆承办
11月20日—12月3日	数字图书馆推广工程馆员研修培训班（第十二期）		北京	

（续表）

时间	培训名称	主讲人	地点	备注
11月29日—12月2日	数字图书馆推广工程2016年度数字资源联合建设西部地区培训班	梁蕙玮、韩萌、周怡悦、李竺铁、陈雪峰、扎西杰保、石捷元	昆明	云南省图书馆承办
11月30日—12月1日	民国时期文献保护工作培训班	陈力、刘小玲、朱芊、延卫平	哈尔滨	与中国图书馆学会、黑龙江省文化厅合办（民国时期文献保护计划宣传推广系列活动）
12月5—15日	书海舵手——图书馆基础业务系列培训项目	中文采编部业务专家	北京	

（三）讲座

时间	讲座名称	主讲人	备注
1月1日	女官掌文书：宋代的尚书内省	邓小南	文津讲坛
1月5日	一位人类学家在凉山——《我的凉山兄弟》背后的故事	刘绍华	文津读书沙龙
1月9日	积极心理与压力管理	王利群	国图讲坛之“社会心理学研究”系列
1月9日	在场与离村——从碧山到堂安	左靖	国图讲坛之“乡村，诗意的栖居”系列
1月9日	汉语中的“诗语”	谢思炜	文津讲坛
1月10日	美学与人的魅力	赵祖达	国图讲坛之“美学知识”系列
1月10日	《三言二拍》金钱观的解读	陈惠琴	国图讲坛之“中国古今经典小说研究”系列
1月16日	比较文明视野下中国历史与文化特色	张国刚	部级领导干部历史文化讲座系列
1月16日	经典阅读与人文情境	许结	国图讲坛之“文津经典诵读”
1月16日	带上妈妈去看世界——一场“豁出去”的生命之旅	刘颖	文津读书沙龙
1月17日	从现代人出现到农业起源——中原地区史前考古新发现	王幼平	文津讲坛
1月23日	亲子对话：“我”与“你”真正相遇	杨桂青	教育家讲坛
1月23日	外来文明的华化与华夏文明的东传——基于魏晋南北朝考古材料的考察	韦正	国图讲坛之“世界遗产视野下的‘一带一路’”专题系列
1月23日	如何阅读、理解和欣赏日本文学	王向远	文津讲坛
1月24日	传统蒙学与传统文化	徐勇	中国典籍与文化讲座之“童蒙文化”系列
1月24日	中日关系：怎么看？怎么办？	王泰平	国图讲坛之“外交官亲历”系列
1月24日	和家长老师孩子谈阅读	梁衡	文津读书沙龙
1月26日	从领舞到领悟——谭梅新书《领舞》首发式	朱军、谭梅	文津读书沙龙
1月26日	依法行政和简政放权	马怀德	国图讲坛之“文化与法治——法学名家”系列

（续表）

时间	讲座名称	主讲人	备注
1月30日	保护春联习俗	常江	文津讲坛之“楹联文化”系列
1月31日	行业楹联漫谈	叶子彤	文津讲坛之“楹联文化”系列
2月13日	百年北京社会生活变迁	赵珩	文津讲坛
2月20日	对联与修辞	刘太品	文津讲坛之“楹联文化”系列
2月20日	“一带一路”与中亚东干人	胡振华	中国典籍与文化讲座
2月21日	基督教对哲学的贡献	黄裕生	文津讲坛
2月27日	古代中国——一个充满创造活力的国家	孙机	部级领导干部历史文化讲座系列
2月28日	中国三农改革的突破口——综合农协	杨团	国图讲坛之“乡村，诗意的栖居”系列
2月28日	《西游记》的三重面纱——从文本细读探究小说意旨	王德岩	国图讲坛之“中国古今经典小说研究”系列
2月28日	两代宰相　一种梦想——唐代《五牛图》与新发现的韩休墓壁画	李松	文津讲坛
3月5日	图像中的文字与文字中的图像：古代近东艺术之图文关系解读	贾妍	中国典籍与文化讲座之“古代西域多元文明”系列
3月5日	国学经典教育的意义和价值	徐勇	文津讲坛
3月6日	千年包公	朱万曙	文津讲坛
3月12日	老子的政治哲学	曹峰	文津讲坛
3月12日	泥版上的伟大诗篇——吉尔伽美什史诗	拱玉书	中国典籍与文化讲座之“古代西域多元文明”系列
3月19日	“丝绸之路”文化的叠压式传承与对接	厉声	部级领导干部历史文化讲座系列
3月20日	夷俗并从：北朝隋唐来华粟特人的丧葬	沈睿文	国图讲坛之“世界遗产视野下的‘一带一路’”专题系列
3月20日	清音独远——琴与诗的美学意蕴	黄明康	国图讲坛之“文津经典诵读·世界诗歌日特别活动”
3月20日	中国歌诗中的人文精神	杨赛	国图讲坛之“文津经典诵读·世界诗歌日特别活动”
3月20日	希腊化埃及的多元文化	颜海英	中国典籍与文化讲座之“古代西域多元文明”系列

（续表）

时间	讲座名称	主讲人	备注
3月21日	与诗歌相遇——“文津经典诵读”诗歌吟诵会	黄明康、杨赛等	国图讲坛之“文津经典诵读·世界诗歌日特别活动”
3月26日	中产阶级审美幻象与全球化阶级冲突	周小仪	文津讲坛
3月26日	印度两大史诗：《摩诃婆罗多》与《罗摩衍那》	范晶晶	中国典籍与文化讲座之“古代西域多元文明”系列
3月27日	光影绵长：《西游记》电影的跨国生产与消费	李道新	艺术家讲坛之“光影传奇：电影艺术”系列
3月27日	《渡过》与我的抑郁症科普之路	张进	文津读书沙龙
3月27日	庄子的态度和风度	鲍鹏山	国图流动讲坛 与福建省图书馆主办
3月至12月	“国家珍贵古籍系列讲座”共38场	史金波、黄润华、郑金生等18人	中国图书馆学会承办，各省图书馆学会协办
4月2日	作为经典的诗三百	李山	文津讲坛之“中国文学经典导读”系列
4月3日	屈原价值的历史发现与现代重估	方铭	文津讲坛之“中国文学经典导读”系列
4月7日	打败糖尿病——世界卫生日“卫生·对话”主题活动	施贺德	
4月9日	印度教神话与造像	范晶晶	中国典籍与文化讲座之“古代西域多元文明”系列
4月10日	多彩中国民歌	许讲真	艺术家讲坛
4月10日	穿在身上的历史坐标——中国古代服饰文化	谢大勇	文津读书沙龙
4月16日	说不尽的《牡丹亭》	宁宗一	国图讲坛之“世界读书日·纪念汤显祖逝世400周年特别活动”
4月16日	中国人固有的生死观——读先秦典籍的一点心得	止庵	国图流动讲坛，与福建省图书馆合办
4月16日	二胡的歌唱性演奏	许讲德	艺术家讲坛
4月16日	东方的莎士比亚——汤显祖	周育德	部级领导干部历史文化讲座系列

（续表）

时间	讲座名称	主讲人	备注
4月17日	家风文化 家国情怀	齐大辉	部级领导干部历史文化讲座系列
4月17日	心中的花园——《牡丹亭》之我见	张弘、孔爱萍	国图讲坛之“世界读书日·纪念汤显祖逝世400周年特别活动”
4月17日	古代希腊的赛会与赛会文化漫谈	王大庆	中国典籍与文化讲座之“古代西域多元文明”系列
4月21日	致敬·莎士比亚——《时间之间》新书首发暨纪念莎士比亚辞世400周年	史航、于是等	国图讲坛之“世界读书日·纪念汤显祖逝世400周年特别活动”
4月22日	任继愈先生的为人与为学	杜继文	国家典籍博物馆系列讲座
4月23日	学习经典——《论语》的精神	冷成金	国图讲坛之“文津经典诵读”
4月23日	唐代宦官：帝国的中流砥柱还是腐朽势力	陆扬	文津讲坛
4月23日	古代丝绸之路上的童蒙教育	王启涛	中国典籍与文化讲座之“童蒙文化”系列
4月24日	阿提卡悲剧中的两个故事：古希腊神话略谈	刘淳	中国典籍与文化讲座之“古代西域多元文明”系列
4月27日	评某些材质对古籍长期保存的影响——水，纸板，木材	刘家真	“中华古籍保护名师讲堂”系列，与南京艺术学院合办，武汉大学承办
4月29日	美国青少年阅读推广服务的理念和实践	许欢	文津读书沙龙
4月30日	思想改变世界——凝聚人类思想精华的经典名著	尹传红	文津读书沙龙
4月30日	国学教育的体系与方法	徐健顺	文津讲坛
5月1日	撑起一片心灵的绿荫——心理健康视野下我国阅读疗法的开展	黄晓鹂	文津读书沙龙
5月3日	阅读的力量：“全民阅读”在行动	汤更生	文津读书沙龙
5月7日	莎士比亚的艺术成就与莎剧的汉译	陈国华	国图讲坛之“世界读书日·纪念汤显祖逝世400周年特别活动”
5月7日	塞万提斯的遗产：从《百年孤独》说起	范晔	国图讲坛之“世界读书日·纪念汤显祖逝世400周年特别活动”
5月7日	韩愈与中国文章传统	刘宁	文津讲坛之“中国文学经典导读”系列

（续表）

时间	讲座名称	主讲人	备注
5月7日	维吉尔史诗与古罗马建国神话	高峰枫	中国典籍与文化讲座之“古代西域多元文明”系列
5月8日	莎士比亚作品及版本赏析	辜正坤	国图讲坛之“世界读书日·纪念汤显祖逝世400周年特别活动”
5月8日	引力波，带人类倾听星辰大海之声	苟利军	科学家讲坛
5月9日	法国中文印刷与汉字活字（十八—十九世纪）	蓝莉、米盖拉（法国）	中国典籍与文化讲座
5月11日	古籍保护原理与方法	刘家真	国家珍贵古籍系列讲座
5月13日	天禄琳琅——乾隆皇帝的藏书	刘蔷	国家珍贵古籍系列讲座
5月13日	语文度我们的生命到更富生机的地方去	连中国	教育家讲坛
5月13日	任继愈的治学之路——从被毛泽东接见谈起	李申	国家典籍博物馆系列讲座
5月14日	沙海古卷——文献学视角下的佛教研究	萨尔吉	中国典籍与文化讲座之“古代西域多元文明”系列
5月14日	龙马飞腾——中国传统文化的当代复兴	毛峰	国图流动讲坛，与福建省图书馆合办
5月15日	明清皇宫档案纵谈	李国荣	文津读书沙龙
5月15日	警惕“乐园”：赫胥黎的《美丽新世界》	马晓冬	国图讲坛之“外国文学名著鉴赏”系列
5月15日	性格与命运——项羽刘邦的人生轨迹	过常宝	国图流动讲坛，与辽宁省图书馆合办
5月19日	世界文化遗产——开平碉楼与村落的文化意韵	张国雄	国家典籍博物馆系列讲座
5月21日	文化兴国的欧洲经验	朱孝远	部级领导干部历史文化讲座系列
5月21日	巫觋文化与中国早期乐器	苏泓月	艺术家讲坛
5月21日	征程：从鱼到人的生命之旅	王原	科学家讲坛之“科技周特别活动”
5月22日	感受时空的涟漪：引力波直接探测解读	曹军威	科学家讲坛之“科技周特别活动”
5月22日	别处生活——20幅平民肖像	晏礼中	文津读书沙龙
5月22日	中国古籍印本的差异之美	郭立暄	中国典籍与文化讲座

（续表）

时间	讲座名称	主讲人	备注
5月22日	古代基督教哲学与欧洲文明	徐龙飞	中国典籍与文化讲座之“古代西域多元文明”系列
5月28日	看画与绘画——中国当代艺术史中图片与绘画的关系	刘礼宾	艺术家讲坛
5月28日	被嘲笑过的梦想，总有一天会让你闪闪发光	彭敏	文津读书沙龙
5月28日	史记导读·上	孙家洲	国图流动讲坛，与辽宁省图书馆合办
5月28日	李白与神仙道教的关系	钱志熙	文津讲坛之“中国文学经典导读”系列
5月29日	建安风骨的历史内涵及其意义	刘跃进	文津讲坛之“中国文学经典导读”系列
5月29日	政府统计大数据的治理与开放	白欢朋	科学家讲坛之“大数据专题研究”系列
5月29日	传统手工复兴与现代设计转化	曾辉	国图讲坛之“乡村，诗意的栖居”系列
6月4日	穷情极态——漫谈元杂剧的丰富内容	郭英德	文津讲坛之“中国文学经典导读”系列
6月4日	《诗经》中的友情与古代社会的交友之道	于迎春	国家典籍博物馆系列讲座
6月5日	统计与大数据	朱利平	国图讲坛之“乡村，诗意的栖居”系列
6月5日	无限风光在乡村，服务乡村的启示	骆中钊	国图讲坛之“乡村，诗意的栖居”系列
6月5日	宫廷骑士史诗与《尼伯龙人之歌》	谷裕	中国典籍与文化讲座之“古代西域多元文明”系列
6月7日	中西古籍保护与修复的比较	林明	国家珍贵古籍系列讲座
6月8日	琴颂诗经	张卓	艺术家讲坛
6月10日	百年西泠之谜	陈振濂	国家典籍博物馆系列讲座
6月10日	嘉靖万历间雕版印刷术的革命性发展与历史影响	辛德勇	国家典籍博物馆系列讲座
6月11日	中国传统金属工艺的价值与赏析	唐绪祥	2016非物质文化遗产保护讲座月
6月11日	宋代的文人庭园与文学写作	马东瑶	文津讲坛之“中国文学经典导读”系列
6月15日	彰显中文经典魅力，弘扬地域优秀文化	全勤	“中华古籍保护名师讲堂”系列，与南京艺术学院合办，南京图书馆承办

（续表）

时间	讲座名称	主讲人	备注
6月15日	运用“互联网+大数据”提升财务管理水平	薛清水	国图流动讲坛，与中国总会计师协会民用航空分会合办
6月18日	内陆亚洲与中国历史	姚大力	部级领导干部历史文化讲座系列
6月18日	百折不挠的诗化人生	王步高	国图讲坛之“文津经典诵读”
6月18日	“永远的唐土”——日本平安朝物语文学的中国叙述	丁莉	国图讲坛之“外国文学名著鉴赏”系列
6月19日	守护我们的精神家园——非物质文化遗产保护与法律制度建设	朱兵	2016非物质文化遗产保护讲座月，国家图书馆主办
6月19日	非遗法及其相关政策解读——以上海市非遗保护条例为例	蔡丰明	2016非物质文化遗产保护讲座月，国家图书馆主办
6月19日	梦即生存：汤显祖笔下杜丽娘的生存场域	邹元江	文津讲坛之“中国文学经典导读”系列
6月19日	欧洲中世纪文明——历史的演化与发展	朱孝远	中国典籍与文化讲座之“古代西域多元文明”系列
6月25日	在大学与社区之间建立非遗传承的互动模式——中央美术学院“文化部中青年非遗传承人群研培”经验综述	乔晓光	2016非物质文化遗产保护讲座月
6月25日	文艺复兴时期一位炼金术士的一生——解读尤瑟纳尔的《苦炼》	段映虹	国图讲坛之“外国文学名著鉴赏”系列
6月25日	中国人固有的生死观——读先秦典籍的一点心得	止庵	国图流动讲坛，与辽宁省图书馆合办
6月25日	旧时月色——姜夔《暗香》《疏影》词的情感书写	张鸣	文津讲坛之“中国文学经典导读”系列
6月26日	“三言”的创作年代与时代特征	傅承洲	文津讲坛之“中国文学经典导读”系列
6月26日	“用之美”——柳宗悦的工艺文化思想	徐艺乙	2016非物质文化遗产保护讲座月
6月26日	辉煌与湮灭——中国古代青铜铸造的泥范块范工艺	苏荣誉	2016非物质文化遗产保护讲座月
6月26日	21世纪视角下的西方文艺复兴	程朝翔	中国典籍与文化讲座之“古代西域多元文明”系列
6月26日	中国古籍之美	陈红彦	国家典籍博物馆系列讲座

（续表）

时间	讲座名称	主讲人	备注
6月28日	舌尖上的植物学	史军	国图流动讲坛，与辽宁省图书馆合办
6月29日	大数据的探索与应用——兼议大数据对财务会计工作的影响	潘璠	国图流动讲坛，与中国总会计师协会民用航空分会合办
7月1日	雕版印刷的瑰宝——介绍三件早期雕版印刷典籍	李际宁	国家典籍博物馆系列讲座
7月2日	书体的演变	孙鹤	艺术家讲坛之“书法纵横”系列
7月2日	西半球文明古国：墨西哥	沈允鳌	国图讲坛之“外交官亲历”系列
7月2日	芒种节与贾宝玉的情缘	曹立波	文津讲坛之“中国文学经典导读”系列
7月2日	山西地区早期刻本佛经	李际宁	国家珍贵古籍系列讲座
7月3日	中国民俗概说	萧放	文津讲坛
7月3日	工匠与工匠精神——我拍摄非遗纪录片的感受	任长箴	2016非物质文化遗产保护讲座月
7月3日	台湾的工艺与生活	赵农	2016非物质文化遗产保护讲座月
7月6日	中国共产党的辉煌历程与基本经验	王炳林	国图流动讲坛，与辽宁省图书馆合办
7月8日	《诗经》与西周礼乐——还原诗的真正含义	李山	国家典籍博物馆系列讲座
7月10日	书法临摹的历史变迁	梁培先	艺术家讲坛之“书法纵横”系列
7月10日	手工生产与生态文明建设	吕品田	2016非物质文化遗产保护讲座月
7月13日	想象力的启航——《巴巴央与魔法星》中文版首发暨巴巴央故事计划中国站启动仪式	琦库·阿达多、邵滨鸿、迈克尔·桑德尔、何怀宏	文津读书沙龙
7月15日	清代私家刻书	孟宪钧	国家典籍博物馆系列讲座
7月16日	抗战时期中国共产党的干部培养	黄道炫	国家典籍博物馆系列讲座
7月16日	孔子儒学与重铸君子人格	牟钟鉴	部级领导干部历史文化讲座系列
7月16日	当代书法的文化身份	巴力	艺术家讲坛之“书法纵横”系列

（续表）

时间	讲座名称	主讲人	备注
7月16日	中东叙利亚热点形势	安惠侯	国图讲坛之“外交官亲历”系列
7月17日	匠心铁观音——铁观音茶的制作技艺	魏月德	2016非物质文化遗产保护讲座月
7月17日	刺绣与针法	张美芳、张帆	2016非物质文化遗产保护讲座月
7月23日	书法欣赏要诀	孙鹤	艺术家讲坛之“书法纵横”系列
7月23日	非遗保护的法制建设和实践成果	刘魁立	2016非物质文化遗产保护讲座月
7月23日	《三国演义》与传统文化	廖可斌	文津讲坛之“中国文学经典导读”系列
7月24日	从随州叶家山出土青铜礼乐器看曾国礼乐文化	黄敬刚	文津讲坛
7月24日	大数据高端人才是怎样炼成的	阮敬	科学家讲坛之“大数据专题研究”系列
7月24日	乡村：传统与现代	李松	国图讲坛之“乡村，诗意的栖居”系列
7月24日	北山汲古 文脉延绵——略述香港中文大学文物馆入选碑帖	何碧琪	国家典籍博物馆系列讲座
7月29日	从大革命到抗战：中国共产党是如何崛起的	王奇生	国家典籍博物馆系列讲座
7月30日	书法的人生意义——启功先生的书法人生观	董琨	艺术家讲坛之“书法纵横”系列
7月30日	昆曲闺门旦形象之比较	孔爱萍	艺术家讲坛之“不到园林，怎知春色如许”昆曲艺术赏析系列
8月3日	中国的探月梦	欧阳自远	科学家讲坛
8月3日	“拂晓”号——日本金星气候轨道探测器	Takehiko Satoh	科学家讲坛
8月5日	从“按语”看明清方志文献的价值与利用	彭勇	国家典籍博物馆系列讲座
8月6日	丝网版画制作与赏析	张桂林	艺术家讲坛
8月6日	谁爱这不息的变幻？——歌剧《林徽因》创新与揭秘	陈小朵	艺术家讲坛
8月6日	享受阅读——《史记》导读（下）	孙家洲	国图流动讲坛 与包头市图书馆合办
8月7日	上海申办世博会的前前后后	张国斌	国图讲坛之“外交官亲历”系列
8月7日	一个大使的成长与思考	王嵎生	国图讲坛之“外交官亲历”系列

（续表）

时间	讲座名称	主讲人	备注
8月7日	家族·伦理·家人父子	赵园	文津讲坛
8月12日	雕版印刷技术的后期发展——清内府“套印本”	朱赛虹	国家典籍博物馆系列讲座
8月13日	怎样观赏戏剧演出	林荫宇	艺术家讲坛之“名家戏剧课”
8月13日	人类最早的戏剧	罗锦鳞	艺术家讲坛之“名家戏剧课”
8月13日	河套地区军事防御体系的考古学观察	魏坚	文津讲坛
8月14日	清代宫廷礼仪	杜家骥	文津讲坛
8月14日	当前文物研究中的几个问题——《从历史中醒来——孙机谈中国古文物》首发演讲	孙机	文津读书沙龙
8月14日	中国和越南关系：别样风雨看越南	李家忠	国图讲坛之外交官亲历系列
8月14日	我们为什么要读传统经典	王余光	国家典籍博物馆系列讲座
8月17日	中国古代诗歌艺术漫谈	李山	国图讲坛之“童音诵古韵·经典有新声”少儿诗词诵读专题培训
8月17日	语言正音及演讲思想情感的表达	张百灵	国图讲坛之“童音诵古韵·经典有新声”少儿诗词诵读专题培训
8月18日	怎样读好一首古诗	朱卫东	国图讲坛之“童音诵古韵·经典有新声”少儿诗词诵读专题培训
8月20日	埃及文明的再发现	金寿福	部级领导干部历史文化讲座系列
8月20日	窗外之梅，窗内之书——浅谈宋诗新原质“梅”“窗”“书”之人文品格	周剑之	国图讲坛之“文津经典诵读”
8月20日	中国和联合国：联合国的作用和中国在联合国中的地位	金永健	国图讲坛之“外交官亲历”系列
8月20日	诗经——中国人的精神家底	李山	国图流动讲坛，与福建省图书馆合办
8月20日	农业食品与食品安全	石嫣	国图流动讲坛，与辽宁省图书馆合办
8月21日	戏剧的美妙——从契诃夫谈起	童道明	艺术家讲坛之“名家戏剧课”
8月21日	故宫古建筑的力与美	周乾	文津讲坛
8月25日	观念与手法	林克欢	艺术家讲坛之“名家戏剧课”
8月26日	漫谈屈子精神——从橘颂说起	赵敏俐	国家典籍博物馆系列讲座

（续表）

时间	讲座名称	主讲人	备注
8月27日	康熙乾隆南巡评议	黄爱平	文津讲坛
8月27日	古籍数字化与《聊斋志异》的诠释	赵伯陶	国图讲坛之“中国古今经典小说”系列
8月27日	开启流利英语阅读第一步	王敏	国图流动讲坛，与青岛市图书馆合办
8月27日	源于生活，归于生活——国家级非遗蓝印花布的保护与传承	吴元新	2016非物质文化遗产保护讲座月
8月27日	中国外交：新趋势、新挑战	王逸舟	国图流动讲坛，与辽宁省图书馆合办
8月28日	利用数据提升政府治理能力	李钰	科学家讲坛之大数据专题研究
8月28日	别为“颜值”付出太多——传统村落保护发展的基本任务和主要问题	李华东	国图讲坛之“乡村，诗意的栖居”系列
8月28日	应试教育与读书的关系	孙鹤	国图流动讲坛，与辽宁省图书馆合办
9月2日	近年出土简帛文献与先秦学术思想	白奚	国家典籍博物馆系列讲座
9月3日	经典的命运	詹福瑞	国图流动讲坛，与辽宁省图书馆合办
9月3日	唐风流韵话唐妆	杨树云	艺术家讲坛
9月3日	每个孩子都是天生的艺术家	郭传菁	艺术家讲坛
9月3日	丝绸之路的开辟	林梅村	文津讲坛
9月4日	克孜尔石窟：西域石窟之典范	李崇峰	文津讲坛
9月4日	《与新诗为邻》——如何欣赏现代诗	臧棣	国图讲坛之“文津经典诵读”
9月4日	我经历的几个外交片段	张九桓	国图讲坛之“外交官亲历”系列
9月7日	运用“互联网+大数据”提升财务管理水平	薛清水	国图流动讲坛，与中国总会计师协会民用航空分会合办
9月9日	梦想照进现实——当代科幻名家对话	刘兴诗、吴岩等	文津读书沙龙
9月9日	博物馆，终身教育的大学——从甲骨文记忆展说起	祁庆国	国家典籍博物馆系列讲座
9月10日	关注孩子成长过程中的“经典·朗诵”	王驿	国家典籍博物馆系列讲座
9月10日	儿童早期和青少年时期的发展——神经教育学的观点	韦钰	教育家讲坛

（续表）

时间	讲座名称	主讲人	备注
9月11日	在沉默中走向孤独——谈卢梭的《对话录》	杨国政	国图讲坛之“外国文学名著鉴赏”系列
9月11日	一座城与一个诗人：费尔南多·佩索阿笔下的里斯本	闵雪飞	国图讲坛之“外国文学名著鉴赏”系列
9月11日	卡夫卡与法	曾艳兵	文津讲坛
9月12日、19日	互联网时代财务畅想	黄益建	国图流动讲坛，与中国总会计师协会民用航空分会合办
9月17日	彩陶之路与早期中西文化交流	韩建业	文津讲坛
9月23日	孔子梦周公与庄周梦蝶——中国早期思想的两个梦的解析	干春松	国家典籍博物馆系列讲座
9月24日	罗马：从城邦到帝国	晏绍祥	部级领导干部历史文化讲座系列
9月24日	世界风云纵览——中国外交与国际问题探析：中美关系	尹承德	国图讲坛之“外交官亲历”系列
9月24日	形象及其倒影：热内的名剧《阳台》	程小牧	国图讲坛之“外国文学名著鉴赏”系列
9月25日	用复杂模型应对复杂数据	李丰	科学家讲坛之“大数据专题研究”
9月25日	文化遗产保护视野下的传统村落保护实践与思考——以诸葛村为例	张书恒	国图讲坛之“乡村，诗意的栖居”系列
9月28日	文献保护与修复\明墓出土书的修复	潘美娣	“中华古籍保护名师讲堂”系列，与南京艺术学院合办，上海图书馆承办
9月30日	民国初年的新闻业和新闻漫画	郭传芹	国家典籍博物馆系列讲座
10月9日	清末民初的新闻漫画	韩丛耀	国家典籍博物馆系列讲座
10月10日	大数据技术与大数据应用	朱利平	国图流动讲坛，与中国总会计师协会民用航空分会合办
10月11日	拓片修复\古籍修复近史	赵嘉福	“中华古籍保护名师讲堂”系列，与南京艺术学院合办，上海图书馆承办
10月12日	互联网时代财务畅想	黄益建	国图流动讲坛，与中国总会计师协会民用航空分会合办
10月14日	傅雷家书的当代价值	张丁	国家典籍博物馆系列讲座

（续表）

时间	讲座名称	主讲人	备注
10月15日	元朝与13、14世纪的中国社会秩序	李治安	文津讲坛
10月16日	丝绸之路上的希腊化文化遗产	杨巨平	文津讲坛
10月17日	大数据、人工智能及其应用	向光	国图流动讲坛，与中国总会计师协会民用航空分会合办
10月21日	中国典籍在日本的传播	刘玉才	国家典籍博物馆系列讲座
10月21日	新的图书馆数据概念模型——IFLA LRM学术讲座	Pat Riva	
10月22日	世卿世禄和选贤任能：中国古代入仕制度概说	阎步克	部级领导干部历史文化讲座系列
10月22日	从浪漫的幻想到小说的真实：谈法国作家福楼拜的《情感教育》	龚觅	国图讲坛之“外国文学名著鉴赏”系列
10月22日	《红楼梦》时间意识的表现与意义	陈惠琴	国图讲坛之“中国古今经典小说”系列
10月23日	缅怀先烈,不忘初心——记红四方面军无线电技侦工作创始人蔡威	陈晓霆	国图讲坛之“父辈的长征”系列
10月23日	智慧能源与能源互联网	韩晓平	文津读书沙龙
10月23日	东风西渐：早期东西方的文化交互	李水城	文津讲坛
10月25日	中西古籍保护与修复比较	林明	“中华古籍保护名师讲堂”系列，与南京艺术学院合办，中山大学图书馆承办
10月28日	古籍用纸的分析鉴定技术	王菊华	“中华古籍保护名师讲堂”系列，与南京艺术学院合办，制浆造纸研究院承办
10月28日	揭开“天禄琳琅”的神秘面纱	刘蔷	国家典籍博物馆系列讲座
10月29日	带着孩子们，走进博物馆	姜松	国家典籍博物馆系列讲座
10月29日	中国少数民族题材工笔人物画创作与赏析	朴春子	艺术家讲坛
10月29日	做有智慧的教育者——家庭教育的道、法、术	林格	教育家讲坛
10月30日	人工智能与阿尔法狗	马景义	科学家讲坛之大数据专题研究

（续表）

时间	讲座名称	主讲人	备注
10月30日	弱建筑设计：建筑师在乡建中的身份与态度	何崴	国图讲坛之“乡村，诗意的栖居”系列
10月30日	丝路明珠——吐峪沟石窟的考古新发现	李裕群	文津讲坛
11月5日	红二方面军长征中的父亲——牢记父亲教诲，传承革命家风	贺北生	国图讲坛之“父辈的长征”系列
11月5日	英国脱欧的前前后后	马振岗	国图讲坛之“外交官亲历”系列
11月5日	中国传统建筑营造技艺的传承与保护	刘托	文津讲坛
11月5日	传统文化的当代复兴	毛峰	国图流动讲坛，与辽宁省图书馆合办
11月5日	发现古琴之美——细述琴之四美九德	吴寒	国家典籍博物馆系列讲座
11月6日	什么是经典?为什么读经典?	陈众议	文津读书沙龙
11月6日	走进象牙之塔——骈文与中国传统文化	莫道才	文津读书沙龙
11月6日	忠诚与背叛	何建民	国图流动讲坛，与福建省图书馆合办
11月9日	中国古代选举和科举制度	许树安	国图流动讲坛，与文化部人事司合办
11月11日	引玉拈花——鲁迅收藏的外国版画与中国的新兴木刻运动	夏晓静	国家典籍博物馆系列讲座
11月13日	东亚时间与东亚文化	刘晓峰	文津讲坛
11月16日	纸质文献及其保护	陈红彦	“中华古籍保护名师讲堂”系列，与南京艺术学院合办
11月16日	中国四大小说名著的文化价值	郭英德	国图流动讲坛，与文化部人事司合办
11月16日	大数据、人工智能及其应用	黄益建	国图流动讲坛，与中国总会计师协会民用航空分会合办
11月19日	王阳明的人生与思想智慧	郭齐勇	部级领导干部历史文化讲座系列
11月19日	中国和韩国关系：我在韩国当首任大使	张庭延	国图讲坛之“外交官亲历”系列
11月19日	传统美德的时代价值	肖群忠	文津读书沙龙
11月19日	傅雷与刘海粟	李兆忠	国家典籍博物馆系列讲座
11月20日	《庄子·逍遥游》的自由精神与宇宙大生命	摩罗	国家典籍博物馆系列讲座
11月20日	中央红军的工兵在长征中的历史功绩	王太和	国图讲坛之“父辈的长征”系列
11月20日	中国传统绘画艺术的审美理想和士大夫的人文情怀	戴晓云	文津读书沙龙

（续表）

时间	讲座名称	主讲人	备注
11月20日	当代中国电子媒介中的神话主义	杨利慧	文津讲坛
11月23日	马克思主义与中国传统思想文化	田辰山	国图流动讲坛，与文化部人事司合办
11月26日	安德烈·纪德与法国现代思想的危机	罗湉	国图讲坛之“外国文学名著鉴赏”系列
11月26日	《追忆似水年华》中的真相与谎言	田庆生	国图讲坛之“外国文学名著鉴赏”系列
11月27日	生活中的统计学	张宝学	科学家讲坛之“大数据专题研究”
11月27日	修复乡村文明　重拾乡村自信	梁军	国图讲坛之“乡村，诗意的栖居”系列
11月27日	传统审美在戏曲中的表现	张尧	文津讲坛
11月30日	北京——中国历代都城的最后结晶	朱祖希	国图流动讲坛，与文化部人事司合办
12月3日	我国农产品的质量现状及存在的问题	王志刚	国图流动讲坛，与辽宁省图书馆合办
12月3日	礼乐人生——成就你的君子风范	彭林	国图流动讲坛，与福建省图书馆合办
12月4日	飞龙在天：中国古代龙崇拜的神话与真相	刘宗迪	文津讲坛
12月7日	近现代报刊的史料价值及其保护和整理	倪俊明	“中华古籍保护名师讲堂”系列，与南京艺术学院合办，广东省立中山图书馆承办
12月10日	尺牍与书仪——以王羲之法帖为中心的古代书简研究	祁小春	国家典籍博物馆系列讲座
12月10日	那些年　那些人　那些事——梁漱溟和他的民国朋友圈	梁钦宁	国图流动讲坛，与福建省图书馆合办
12月11日	铁流后卫——忆长征中的父亲	谢虹	国图讲坛之“父辈的长征”系列
12月11日	本色的鲁迅　真实的传记——我如何为鲁迅立传	陈漱渝	文津读书沙龙
12月15日	古籍用纸的制造工艺	陈刚	“中华古籍保护名师讲堂”系列，与南京艺术学院合办，复旦大学承办
12月17日	全球治理与中国发展——从二十国集团杭州峰会说起	张宇燕	部级领导干部历史文化讲座系列
12月17日	以《芥子园画谱》为例谈清代绘画的传移模写	朱万章	国家典籍博物馆系列讲座
12月18日	经济全球化与跨境经济统计	刘仕国	科学家讲坛之“大数据专题研究”

（续表）

时间	讲座名称	主讲人	备注
12月18日	“美丽乡村”的缘起、建设及思考	魏玉栋	国图讲坛之“乡村，诗意的栖居”系列
12月18日	五岳独尊话泰山——中国文化中的泰山信仰	叶涛	文津讲坛
12月27日	古代书画传统手工装裱与修复	王自强	“中华古籍保护名师讲堂”系列，与南京艺术学院合办，中国丝绸博物馆承办
12月31日	寂寞绽放：宋金杂剧的崛起	毛小雨	文津讲坛

（四）国图公开课

时间	公开课名称	主讲人	备注
3月19日	中国大发明 第二讲　筹算与珠算	冯立昇	
3月20日	中国大发明 第三讲　中国古代建筑木构技术	郭黛姮	
3月20日	昆曲 第一讲　中国第一个世界非遗	丛兆桓	
3月22日	文明的交响 第一期　中埃文化沙龙	侯赛因·伊卜拉欣、唐际根	
4月23日	第十一届文津奖颁奖暨国图公开课一周年特别活动	王原、黎润红、苟利军、潘富俊、高春香、许明振	
5月14日	中国大发明 第四讲　中国传统酿造——曲蘖发酵	周嘉华	
5月14日	中国的抗日战争和日本的战后处理 第七讲　反思与翻案——战后日本社会	步平	
5月19日	丝绸之路与丝路之绸 第九讲　长河入海——东南沿海丝绸之路的丝绸贸易	赵丰	
5月19日	丝绸之路与丝路之绸 第十讲　西北神州——辽、金、西夏、回纥时期的丝绸交往	赵丰	
5月19日	丝绸之路与丝路之绸 第十一讲　欧亚通衢——蒙元时期的东西丝绸交流	赵丰	
6月3日	经典图画书，直到永恒	阿甲、马库斯	
6月11日	中国古籍十二讲 第一讲　中国书籍的起源	李致忠	

（续表）

时间	公开课名称	主讲人	备注
6月11日	中国古籍十二讲 第二讲　书籍的载体：从竹简到纸书	李致忠	
6月11日	中国古籍十二讲 第三讲　书籍的装帧形式（上）：卷轴装、梵夹装与经折装	李致忠	
6月11日	中国古籍十二讲 第四讲　书籍的装帧形式（下）：卷轴装、梵夹装与经折装	李致忠	
6月24日	文明的交响 第二期　中古文化沙龙	庞炳庵、赛尔希奥·达里奥·埃尔南德斯·利马	
6月27日	昆曲 第二讲　昆曲的诞生	丛兆桓	
7月8日	国风诗会	翟永明	
7月9日	中国古籍十二讲 第七讲　宋刻两陶集的版本及流传	李致忠	
7月9日	中国古籍十二讲 第八讲　两集共储陶陶室 书林佳话又添增	李致忠	
7月16日	中国古籍十二讲 第五讲　《千家诗》：成书、辑者与流传	李致忠	
7月16日	中国古籍十二讲 第六讲　明内府写彩绘插图本《明解增和千家诗注》	李致忠	
7月23日	中国古籍十二讲 第九讲　古书版本鉴定：“虚鉴”与“实考”（上）	李致忠	
7月23日	中国古籍十二讲 第十讲　古书版本鉴定：“虚鉴”与“实考”（中）	李致忠	
7月23日	中国古籍十二讲 第十一讲　古书版本鉴定：“虚鉴”与“实考”（下）	李致忠	

（续表）

时间	公开课名称	主讲人	备注
7月23日	中国古籍十二讲 第十二讲　宋刻颜体《法华经》考证释例	李致忠	
7月29日	不朽的巨匠——纪念“汤莎塞”逝世四百年特别活动	从兆桓、辜正坤、陈众议	
9月9日	昆曲 第十二讲　昆曲的当代传承	周秦	
9月9日	昆曲 第九讲　昆腔音乐与度曲	周秦	
9月9日	梦想照进现实——当代科幻名家对话	刘兴师、吴岩、李广益、萧兴寒、任冬梅	
9月10日	丝绸之路与丝路之绸 第十二讲　东西洋上——明清传教士和中国外销绸	赵丰	
9月10日	丝绸之路与丝路之绸 第十三讲　衣被天下——世界各地的丝绸生产及其产品	赵丰	
9月11日	丝绸之路与丝路之绸 第十四讲　经纬天地——中国丝绸对人类文明的贡献	赵丰	
9月11日	丝绸之路与丝路之绸 第十五讲　锦绣前程——世界遗产背景下的丝绸未来	赵丰	
9月24日	心连广宇　志在苍穹——人类太空探索与中国航天之路 第一讲　开拓人类的新疆域——航天技术概览	庞之浩	
9月24日	心连广宇　志在苍穹——人类太空探索与中国航天之路 第二讲　形形色色的通天塔——中外运载火箭	庞之浩	
10月21日	昆曲 第七讲　花雅之争	从兆桓	

（续表）

时间	公开课名称	主讲人	备注
10月21日	昆曲 第八讲　20世纪昆曲的生死存亡	丛兆桓	
10月29日	诗经二十讲 第一讲　诗经学基本概念	李山	新栏目“一书一课”首门课程首讲
10月29日	诗经二十讲 第二讲　诗经：历史进步的结果	李山	
11月5日	诗经二十讲 第三讲　族群融合与《诗经》的创制	李山	
11月5日	诗经二十讲 第四讲　西周开国乐：《大武》乐章	李山	
11月19日	世界古代史（上） 第一讲　导言一	郭小凌	
11月19日	世界古代史（上） 第二讲　导言二	郭小凌	
11月26日	诗经二十讲 第五讲　祭祖的乐章：颂歌献给谁	李山	
11月26日	诗经二十讲 第六讲　将祖先神还原为创业的英雄	李山	
11月27日	中国大发明 第五讲　运河与船闸	周魁一	
11月27日	昆曲 第十讲　昆曲的表演艺术	丛兆桓	
11月27日	昆曲 第十一讲　昆曲的回顾与展望	丛兆桓	

（五）展览

时间	展览名称	地点	备注
全年	名家手稿展基本陈列	北京	
全年	中国古代典籍简史展基本陈列	北京	
全年	甲骨文记忆展	北京	
2014年9月9日—2016年10月14日	敦煌遗书展基本陈列	北京	
2015年11月6日—2016年2月21日	傲骨立天地 史学铸丰碑——纪念陈垣先生诞辰一百三十五周年展	北京	
2015年12月10日—2016年2月21日	向经典致敬——王家新临摹历代书法经典作品展	北京	
2015年12月10日—2016年5月22日	古韵镌拓 纸墨千秋——2015年国家典籍博物馆宋元善拓暨全国书法临摹展	北京	
2015年12月29日—2016年2月21日	炫彩童年——中国百年童书展	北京	
1月26日—3月15日	同筑中国梦 共度书香年——2016年国家图书馆楹联文化展	北京	
1月	册府千华——湖南省藏国家珍贵古籍特展	长沙	湖南图书馆承办
2月5日—5月22日	大清世相：中国人的生活1644—1911	堪培拉（澳）	与澳大利亚国家图书馆合办
3月7日—4月6日	聚力协作共推广 继往开来绘蓝图——数字图书馆推广工程建设五年间	北京	
3月18—29日	石景宜博士杯华夏书画创作大赛第二届优胜作品巡回展·北京站	北京	
4月15日—5月22日	永远的怀念——任继愈先生百年诞辰纪念展	北京	
4月23日—5月9日	第十一届文津图书奖获奖图书展	北京	
4月	册府千华——广东省藏国家珍贵古籍特展	广州	广州省立中山图书馆承办

（续表）

时间	展览名称	地点	备注
5月15—22日	博洛尼亚插画展·中国巡展	北京	
5月19日—10月31日	一门三院士 共筑中国梦	北京	
6月6—13日	“美丽的伊朗”图片展	北京	
6月8日起	民族记忆 精神家园——国家珍贵古籍特展	北京	文化部、国家文物局合办，国家图书馆承办
6月9—19日	喜迎G20——西泠印社系列作品邀请展	北京	
6月29日—11月30日	红色记忆——纪念中国共产党成立九十五周年馆藏文献展	北京	
7月2—9日	并非不惑——秦健书法展	北京	
8月21日—9月21日	全国图书馆文献缩微工作成果展巡展	沈阳 成都 哈尔滨	
9月3—6日	跨越时空的对话——纪念文学巨匠汤显祖和莎士比亚	北京	
9月7—8日	民国时期文献保护计划成果展	长春	与中国图书馆学会、吉林省文化厅合办（民国时期文献保护计划宣传推广系列活动）
9月9—16日	中国价值——大型连环画原创作品展	北京	
9月16日—10月20日	视觉启蒙——清末民国新闻漫画展	北京	
9月18—30日	不朽的抗联——纪念“九一八”事变85周年中国记忆项目东北抗日联军专题资源建设成果展	北京	
9月21—22日	民国时期文献保护计划成果展	辽宁	与中国图书馆学会、辽宁省文化厅合办（民国时期文献保护计划宣传推广系列活动）
9月28日—11月28日	赤子的世界——纪念傅雷夫妇逝世五十周年展	北京	
10月21—31日	传承红色基因 弘扬长征精神——长征途经省份文化系统老干部书画作品展	北京	

（续表）

时间	展览名称	地点	备注
10月24日—10月31日	桑榆金辉——中央国家机关老年大学教学成果展暨庆祝建党95周年和红军长征胜利80周年书画摄影展	北京	
10月25—27日	2016年中国图书馆年会展览会中华古籍保护计划展示体验区	铜陵	文化部主办，国家图书馆（国家古籍保护中心）承办
10月25—27日	2016年中国图书馆年会展览会数字图书馆推广工程体验区	铜陵	文化部主办，国家图书馆承办
11月1日—12月18日	和衷共济 筑梦中华——孙中山与华侨专题展	北京	
11月8—30日	引玉——鲁迅藏外国版画选粹	北京	
11月16日起	太古遗韵——中国古琴文化大展	北京	
11月30日—12月1日	民国时期文献保护计划成果展	哈尔滨	与中国图书馆学会、黑龙江省文化厅合办（民国时期文献保护计划宣传推广系列活动）
12月6日起	且饮墨渖一升——吴昌硕的篆刻与当代印人的创作展	北京	
12月16日起	再遇芥子园——近当代名家绘画作品展	北京	
12月	册府千华——青海省藏国家珍贵古籍特展	西宁	青海省图书馆承办

十、馆史档案资料

（一）国家图书馆档案管理系统升级工作

国家图书馆档案管理系统升级改造项目顺利完成，并于2016年4月5日正式上线运行。升级后的国家图书馆档案管理系统，在继承原档案系统立卷归档、档案管理、档案利用等核心功能基础上进行改进和优化，实现通过参数配置基本功能的目标，优化全文检索功能及统计功能，完成图文档案、音视频档案集成改造，新增照（图）片档案管理、图形化工作流和业务流引擎、数字水印等功能，并实现与办公自动化系统的对接，较好地满足了当前国家图书馆档案管理工作的需要。

（二）2016年度档案归档工作

首次利用新版档案管理系统进行年度归档工作，全馆都非常重视，档案意识明显增强，归档工作力度加大，兼职档案员认真负责，整体档案移交情况良好并优于往年。一是全部按时归档，这在历年尚属首次；二是档案数量稳中有增，其中照片档案比2015年增加368%，业务档案数量比往年增加100%；三是建立起重大项目档案专库管理机制，保证国家文献战略储备库项目、《中华传统文化百部经典》编纂项目、中华古籍保护计划、民国时期文献保护计划、数字图书馆推广工程、中国记忆项目6个专项档案集中、统一、完整存放的同时，方便检索利用；四是归档质量进一步提升，档案立卷质量明显高于往年。

归档情况统计

档案类型	档案数量	档案类型	数量
文书档案	4115件	实物档案	16件
活动档案	1007件	刊物档案	136件
业务档案	912件	项目档案	19件
照片档案	32740张		

重要文件选编

重要文件选编

一、馆发文件目录

◇ 国家图书馆关于2015年度全员考核情况的通报
国图人发〔2016〕1号
◇ 国家图书馆关于表彰2015年度安全保卫工作先进集体和先进个人的决定
国图保发〔2016〕2号
◇ 国家图书馆关于颁发2015年度“馆长特别奖”的决定
国图办发〔2016〕3号
◇ 国家图书馆关于表彰2015年度先进集体的决定
国图人发〔2016〕4号
◇ 国家图书馆关于表彰2015年度创新奖项目的决定
国图人发〔2016〕5号
◇ 国家图书馆关于表彰2015年度服务标兵的决定
国图业发〔2016〕6号
◇ 关于印发文化部领导重要批示和《国家图书馆2015年工作总结》《国家图书馆2016年工作要点》的通知
国图办发〔2016〕7号
◇ 关于表彰2015年度宣传工作先进集体和个人的决定
国图办发〔2016〕8号
◇ 国家图书馆关于成立国际图联保存保护中国中心领导小组的通知
国图人发〔2016〕9号
◇ 关于印发《国家图书馆国有资产管理办法》的通知
国图资发〔2016〕10号
◇ 国家图书馆关于吕慧军职务聘任的通知
国图人发〔2016〕11号
◇ 关于印发《国家图书馆内部审计工作暂行规定》的通知
国图审发〔2016〕13号
◇ 国家图书馆关于王洋等9人任职公示的通知
国图人发〔2016〕14号
◇ 关于印发《国家图书馆博士后科研工作站管理办法》的通知
国图研发〔2016〕15号

◇ 国家图书馆关于王六长任职公示的通知
国图人发〔2016〕16号
◇ 国家图书馆关于2016年度职称评审工作的通知
国图人发〔2016〕17号
◇ 国家图书馆关于王洋等9人职务试用聘任的通知
国图人发〔2016〕18号
◇ 国家图书馆关于王六长职务试用聘任的通知
国图人发〔2016〕19号
◇ 关于印发《国家图书馆会议制度及管理办法》的通知
国图办发〔2016〕20号
◇ 关于印发《国家图书馆公文处理办法（修订）》的通知
国图办发〔2016〕21号
◇ 国家图书馆关于成立内部控制建设工作领导小组的通知
国图人发〔2016〕22号
◇ 关于公示2016年度高级专业技术职务任职资格评审结果的通知
国图人发〔2016〕23号
◇ 国家图书馆关于开展内部控制基础性评价工作的通知
国图审发〔2016〕24号
◇ 关于印发《国家图书馆项目支出绩效评价管理暂行办法》的通知
国图审发〔2016〕25号
◇ 关于印发《国家图书馆扫雪铲冰应急预案》的通知
国图勤发〔2016〕26号
◇ 关于2016年度部处领导班子及全员年度考核工作的通知
国图人发〔2016〕27号
◇ 关于调整公文、财务、经济合同、采购管理、资产处置事项审批权限和审批流程的通知
国图办发〔2016〕28号
◇ 关于印发《国家图书馆馆容馆貌管理办法》的通知
国图办发〔2016〕29号
◇ 关于印发《国家图书馆标牌管理办法（2016年修订）》的通知
国图办发〔2016〕30号
◇ 国家图书馆关于做好2017年元旦春节期间有关工作的通知
国图办发〔2016〕31号

二、重要文件选编

国家图书馆2016年工作要点

2016年是“十三五”规划的开局之年，也是国家图书馆的“创新发展年”。国家图书馆将全面贯彻落实党的十八大和十八届三中、四中、五中全会精神，紧紧围绕“五位一体”总体布局和“四个全面”战略布局，秉承创新、协调、绿色、开放、共享的发展理念，培育和践行社会主义核心价值观，弘扬中华优秀传统文化，推动中华文化“走出去”，维护国家文化安全，把牢方向导向，加强战略谋划，坚持稳中求进，主动作为，在大力构建现代公共文化服务体系过程中推动事业不断前进。

一、深入学习贯彻十八届五中全会精神，创新驱动图书馆事业科学发展

深入学习领会和贯彻落实党的十八届五中全会精神，把党员、干部、员工的思想统一到党中央决策部署上来，把握党和国家大势，国家文化发展大势，图书馆事业发展大势，把全会提出的新理念新思想新战略转化为我馆未来发展的新思路和新举措。做好与国家规划和文化部“十三五”文化改革发展规划纲要的衔接，注重科学、务实、管用，加紧完成《全国公共图书馆事业发展“十三五”规划》研制，修改完善并起步实施《国家图书馆“十三五”规划纲要》《中华古籍保护计划“十三五”时期规划纲要》等9个规划纲要，努力形成衔接配套的规划体系。做好规划出台后的宣传、解读和培训工作，制定实施方案，推动规划落实。

二、推进重大文化设施建设，完成国家图书馆国家文献战略储备库项目可研论证工作

举全馆之力，推进国家图书馆国家文献战略储备库项目全面进入项目可行性研究阶段工作。根据立项报告和项目拟建设现场的实际情况，在科学规划界定总馆、古籍馆与战略储备库业务分工和职能定位基础上，充分考虑馆藏各类型文献资源的异地战略保存与馆藏数字资源异地容灾备份保存需求，预测未来发展，借鉴国际先进管理模式、技术经验，提出建筑功能及设计需求。努力在年内完成《可行性研究报告》的编制上报及配合审批工作，及时完成土地协议签订等相关工作。同期完成设计方案招标工作，在规划设计上达到国内一流，世界领先水平、实现功能优先、结构合理、节能高效。

三、协调建设国家文献信息资源总库，提升文献信息资源综合保障能力

加强统筹，不断完善新时期馆藏发展政策，促进实体资源与数字、网络资源充分融合的现代馆藏体系建设。继续巩固出版物样本缴送成果，加强非正式出版物的采访入藏，做好各类型中文文献的全面入藏。坚持外文求精的采访原则，确保重点学科、重点专题外文文献的及时引进。加强对海外文献存藏、整理等情况的调查研究，重点推进中国学、边疆海疆等重点领域文献，周边

国家和地区、国内空白、国家重大战略关切问题等相关文献入藏。做好协调规划，加快文献抢救性缩微拍摄工作。统筹推进数字资源建设，确保数字资源总量稳步增长、质量稳步提高。重点推进专题资源库和专题知识库建设。推进互联网信息资源保存保护中心建设，做好国家网络信息资源的采集保存与服务利用。加强对“一带一路”和“大众创业、万众创新”等专题资源的采集，加强开放存取资源的采集与服务，推动建立全国统筹、分工协作的网络资源采集、保存与共享利用机制。加强利用评价分析和用户需求调研，完善文献信息资源建设评估体系。

四、完善国家文献信息资源总目，推进基于知识关联的资源整合利用

加强深层次整合馆藏各类文献信息资源的研究与实践，推动建立基于内容的立体化、多元化知识网络。密切跟踪国际编目理论、方法和技术的发展变化，推进RDA等国际性编目规则的研究应用，开展关联数据技术研究和注册平台建设。加强数字资源、网络资源等新兴载体类型文献信息资源的编目与整合，提升数据质量与效能。完善全国图书馆联合馆藏目录建设机制，挖掘和拓展国家书目门户在现代信息网络环境下的服务功能。研究制定并细化落实各类馆藏元数据的全面整合方案，促进馆藏资源的一站式检索、关联揭示与有效利用。完善馆藏各类型元数据和海内外中文文献目录数据的集中仓储和统一管理。加强网络信息的专题导航，不断丰富资源展示方式，推进知识组织研究和应用，深化面向读者的知识服务，促进馆藏文献的创新性利用。

五、强化职能定位，提升为中央和国家机关立法决策服务能力

强化立法决策服务的预研性、针对性和专业性，不断提高国家图书馆立法决策服务业务品质。紧密围绕国防外交需要，稳步开展《中国边疆文献文库》建设，完成《南海图籍录》正式出版，提升面向国防、外交等国家重大决策的文献支撑保障能力。建立与国家级智库和文献情报机构的联盟化合作，丰富立法决策服务产品，提高综合服务实力。加快面向中央、国家领导机关的国家图书馆立法决策服务平台的推广工作，以国家图书馆人民法院分馆为示范，探索、总结面向中央国家机关的立法决策服务垂直化、系统化服务经验，深化立法决策服务领域。继续做好“部级领导干部历史文化讲座”，优化讲座资源配置，创新讲座服务产品，不断提高讲座品牌效应。

六、创新服务理念，拓展服务范围，不断提升公共文化服务能力

进一步加大为重点教育科研与生产单位提供专业咨询服务力度。从跟踪国家重大战略领域、重点建设项目和重要创新工程需求入手，强化机构用户服务。积极响应国家“大众创业、万众创新”号召，加强创业创新服务，筹建国家图书馆科学评估中心，做好文献资源保障与专业咨询服务。加强创业创新信息资源整合，做好创业政策、创新情报集中发布和创新创业成果宣传展示服务。

推进服务创新，提升服务能力，加强专题文献导读与知识服务。以服务为导向，优化调整文献库房空间布局，提高空间利用率，便利读者借阅。完善业务规范，加强一线服务岗位培训和读者辅导，促进服务标准化、规范化，提高精细化服务水平，通过优质服务营造和谐文明阅览环境，进一步提升服务满意度。

打造多元化社会教育服务体系，加强培训、讲座和展览的统筹策划。依托“国图公开课”，创新“互联网+”时代下全民学习模式。加强“国图公开课”项目建设，不断推出国家级精品课程，优化服务平台，提升品牌影响力。继续加强国图艺术中心建设与服务，拓展艺术教育职能，提升艺术普及与鉴赏服务水平。扩大“文津图书奖”等阅读推广活动影响，常态开展具有特色的全民阅读活动，特别加强面向老年人、少年儿童和残障人士的阅读推广。积极开拓新媒体服务。

创新工作思路，探索吸引社会资本和社会力量参与图书馆社会教育、宣传推广、文创产品开发、2016年中国图书馆年会等。

七、办好国家典籍博物馆，不断扩大社会影响力

加强典籍博物馆职能定位及理论研究，进一步优化组织机构，建立健全业务规章规范，完善典籍博物馆管理运行机制；研究完善典籍博物馆展陈体系，做好基本展陈与临时展览的统筹协调，依托馆藏中华优秀传统文化典籍精品，规划并推出《〈芥子园画传〉、〈十竹斋画谱〉临摹创作展》《吴昌硕印谱展》等系列馆藏重要文献展；拓展合作领域，创新展陈方式，围绕重大历史题材和国家重要节庆纪念日，策划组织《中国共产党建党九十五周年纪念展》《任继愈诞辰一百周年纪念展》等精品展览，不断增强博物馆展览吸引力与感染力。推进博物馆资源与学校教育的有效衔接，完善“走进典籍博物馆大课堂”等展览延伸讲座、培训活动的策划组织，打造公共教育品牌。推进文化创意产品开发，吸引专业合作，满足公众多方位需求，实现经济效益与社会效益双丰收。

八、深化国家数字图书馆建设，推进公共数字文化资源全民共享

依托“数字图书馆推广工程”，利用大数据、云计算、物联网等新技术，着手构建覆盖全国的国家公共文化信息服务基础设施云和综合服务网络，提升公共数字文化服务能力。以用户需求为导向加强数字资源的联合建设、集中揭示与统一调度。扩展数字资源共享范围，开展数字资源扶贫工作，加大资源向基层倾斜力度，努力消除地区差异。面向“互联网+”和新媒体，不断创新服务方式，提升用户体验。发掘和整理业务工作和读者服务过程中产生的大量数据，为馆藏发展政策和用户服务政策完善提供数据支持。做好全馆信息化建设规划，提升信息设施管理水平，建立较为完善的信息安全管理机制。做好数字图书馆发展研究。

九、推进“中华古籍保护计划”“民国时期文献保护计划”等重点文化工程开展，传承和弘扬先进文化与中华优秀传统文化

按照国家统一部署，做好文化遗产保护利用。继续推进全国古籍普查登记工作，加强与可移动文物普查工作相关部门合作，加快《全国古籍普查登记目录》编辑出版进度，适时编辑出版《中华古籍总目》。继续推进第五批《国家珍贵古籍名录》和“全国古籍重点保护单位”的审批工作，做好《第五批国家珍贵古籍名录图录》的编纂出版。推动传统修复工艺振兴，加大古籍保护人才培养力度，与《中国非物质文化遗产传承人群研修研习培训计划》衔接，推进“国家古籍保

护中心人才培训基地”和“国家级古籍修复技艺传习所”建设；与高等院校合作办学培养古籍保护人才，促进古籍保护学科体系建设。加强“国家级古籍修复中心”建设与督导，推动珍贵古籍的抢救性修复；推动全国古籍书库标准化建设。继续做好新疆、西藏等地少数民族古籍保护、抢救、整理、出版和研究工作。继续开展“海外中华古籍调查暨数字化合作项目”，推进国家珍贵古籍数字化工作，加快“中华珍贵典籍资源库”建设。做好中华典籍整理出版工作，继续开展《中国珍贵典籍史话丛书》编纂工作，推进开展“《国家珍贵古籍名录》中古籍题跋整理与研究”项目研究，推动“古籍保护系列”专题整理出版项目，适时开展《中华再造善本》（三编）工程，继续推进《中华医藏》编纂工作。做好“中华古籍保护计划”十周年宣传活动筹备工作。

按照中宣部“加强中国人民抗日战争研究专题会议”要求，结合我馆工作制定中长期规划及落实方案，做好“民国时期文献保护计划”各项工作。继续发挥专家顾问的咨询指导作用，完善相关机制，做好总体规划和专项统筹。继续开展民国时期文献普查工作，优化普查平台，扩大普查范围，推进《民国时期文献总目（图书卷）》编纂工作。紧密结合国情大势和学界需求，继续加强抗日战争史料、日本战争罪行文献、革命历史文献和民国名人手稿等专题文献的征集、整理和挖掘。适时启动对公有领域民国时期文献数字资源的抢救性收集。大力推进民国时期文献的整理出版工作，做好《对日战犯审判文献资料丛刊》《抗日战争文献史料丛编》等系列大型基础性资料集编撰出版。启动“对日战犯审判”等专题数据库建设。继续开展“民国时期文献脱酸研究与脱酸设备研制”项目。充分发挥文献的爱国主义教育作用，继续推进“日本战犯罪行审判史料编译”专项工作，以文献为证，让历史说话，用史实发言。

深入开展“中国记忆”项目，完善项目建设方案，挖掘项目内涵，加强项目规划，建立健全工作标准及业务规范，做好视频、音频、文字等多种形式载体记忆资源的建设、整合、揭示与服务。启动国家文献整理与研究计划，继续做好《中华优秀传统文化百部经典》编纂工作，按计划做好出版工作；深入挖掘专家资源，探索创新合作模式，不断扩大项目社会影响和号召力。

十、以开放的姿态引领事业发展，助推现代公共文化服务体系建设

抓好重要政策的研究和落实，充分发挥国家图书馆在全国公共图书馆服务体系建设中的示范引领作用，加强与各级各类图书馆和其他公共文化机构的联系与合作，共同推进现代公共文化服务体系建设。

积极推动城乡基层文化资源建设，继续加大援疆、援藏、春雨工程等基层文化援建工作投入力度；加强文化志愿者工作，组织优秀师资面向全国图书馆开展馆员培训；按照国家“精准扶贫”工作要求，继续通过文献支援、数字资源推送等工作，为农村及偏远地区图书馆事业发展提供支持；通过组织实施数字图书馆推广工程、中华古籍保护计划、民国时期文献保护计划等重点文化工程，带动省、市、县及广大基层图书馆业务发展。

充分发挥全国联合编目中心、全国图书馆缩微复制中心、数字图书馆推广工程引领示范作用，推动全国各级公共图书馆资源和服务共建共享；继续拓展完善全国省级公共图书馆决策咨询服务平台、全国图书馆参考咨询协作网、政府公开信息服务平台、国家少年儿童数字图书馆、中国残

疾人数字图书馆等联合服务平台，逐步建立全国公共图书馆信息资源共享网络与联合服务网络，推进全国公共图书馆文献保障体系建设。

切实发挥中国图书馆学会、中国古籍保护协会、中国文献影像技术协会、全国图书馆标准化技术委员会、全国文献影像技术标准化技术委员会等行业组织和专门组织作用，促进学术交流和业务合作，完善行业标准体系建设，以业务标准化带动服务均等化，为各级各类图书馆的协同发展提供支持。加强与博物馆、文化馆、档案馆等其他公共文化服务机构和文献存藏单位的协调合作与资源共享，逐步扩大图书馆服务覆盖面，带动图书馆新业态发展。

十一、全面提升国际影响力，推动促进中华文化“走出去”

根据国家文化建设目标和对外宣传战略，创新国际交流工作新思路。配合国家“一带一路”发展战略，积极探索并推进与相关国家图书馆的交流与合作；继续调研海外中华古籍存藏情况，积极推进“海外中华古籍调查暨数字化合作项目”的实施；强化同台港澳地区特别是与我国台湾地区图书馆界的务实合作。

扎实做好出访、来访等基础业务，将对外交流合作与我馆的业务工作更紧密结合起来。积极参与国际图联等重要国际会议与常规会议，进一步扩大我馆国际影响力；着手组建亚洲图书馆联盟，积极配合申办国际图联大会等重要国际会议，提高中国国家图书馆的国际影响力和话语权。加强双边、多边交流，推进与韩国、日本、新西兰等国家图书馆的业务交流与馆员交流活动；根据文化协定，做好伊朗、新加坡、塔吉克斯坦等重要代表团组来访接待工作；推进展览项目的交流，做好我馆赴澳大利亚、美国等地的海外办展以及伊朗、英国等图书馆来华办展相关活动；积极实施“中国之窗”对外赠书等项目，做好海外中国文化中心图书馆资源与服务支撑，推进中华优秀传统文化在海外传播。

十二、落实“人才兴文”战略，推动人才培养、科研进步、业务发展的相互支撑与促进

颁布并实施《国家图书馆“十三五”人才发展规划》，为国家图书馆事业发展提供强有力的人才支撑。完善选拔任用和监督管理机制，着力加强管理干部队伍建设；以高层次人才和青年拔尖人才队伍建设为重点，打造一支基础业务扎实、素质优良、视野开阔、勇于创新的高素质专业人才队伍；完善“馆、部处、科组”三级人才培养体系，加强全馆协作，协同推进人才培养工作；营造包容创新的人才成长环境，健全人才的发现、使用、培养、激励和奖惩机制，加快完善有利于促进事业发展的人才评价体系。

颁布并实施《国家图书馆“十三五”科研工作发展规划》，紧密围绕图书馆事业发展重点，实施创新驱动发展战略，完善科研创新的保障措施，营造科研创新的良好氛围，着力构建学术创新、方法创新、管理创新的科研创新体系。加强重点领域研究，努力争取国家级科研项目，积极参与国际合作科研项目。引入匿名评审机制，加强对科研成果的质量考核和价值评价，构建科研成果库，强化对科研成果的总结和共享，切实将科研成果转化为实际生产力。

十三、不断深化体制和内部管理机制改革，推进依法治馆

贯彻依法治国方略，推进依法治馆，做好与图书馆各项业务密切相关的法律法规研究工作，强化法律意识在图书馆各项工作中的地位和作用。

深入贯彻落实《党政机关厉行节约反对浪费条例》等有关文件要求，开源节流，降本增效，不断提高财务工作水平，围绕编制中期财政规划和全馆重点工作科学制定预算，继续加大经费争取力度，保障事业发展。严格执行各项规定，加强预算管理，做好预算审批和预算执行工作。不断拓宽创收渠道，做好创收工作的统筹管理。进一步严格财政预算执行的监督审计，完善资金使用效益考核机制。按照国务院、人力资源和社会保障部、文化部统一部署，进一步推进机关事业单位工作人员养老保险制度改革工作，做好保险基础数据采集、人员信息清查、保险基数核定和缴费经办工作，确保改革顺利进行。

进一步加强国有资产精细化管理。做好政府采购预算、实施计划的全馆统筹编制审核，注重统筹协调，增强预见性、计划性，提升采购绩效；按财政统一部署做好国家图书馆全面资产清查工作，完善资产基础数据；健全企业经营责任“双效统一”的考评机制，推动馆属企业明晰主业，加强财务监管，围绕馆方资源和数字产品开拓新业务范围，实现整体效益提升；加强合同验收管理和结项管理，规范全流程内部控制，提高效率，控制风险。

要从确保国家文化安全的高度，重点强化安全保障工作。完善规章制度，加强监督检查，明确管辖范围，破除惯性思维，消灭安全死角。以全员安全教育、安全培训为抓手，不断强化安全意识，落实安全主体责任，提高实际操作和应急处置能力。继续做好重要展览、重大活动和重要节日的安全保卫任务。细化对保安公司的监督管理工作，提高保安服务水平。加大日常巡视检查，及时发现和解决各类安全隐患。做好各项行政管理和后勤保障工作，着力解决南区改造工程后各项遗留问题，确保全馆水、电、暖、热力和空调、传送等系统设备及车辆安全正常运行。加强对物业公司的监督管理，提升物业服务水平。

继续做好全馆信息化建设规划，加强项目建设统筹整合。保障计算机机房稳定运行，提高全馆网络稳定及信息安全的管理保障水平。提高系统的运行性能和访问速度，保障相关业务高效运行。加强应用系统和信息化项目的管理职责，强化非物质 IT 资产管理。

进一步加大宣传工作的深度和系统性，针对新时期宣传工作面临的新挑战、新局面、新要求，建立健全宣传机制，整合全馆宣传力量，扩大宣传范围，提升宣传工作能力，为我馆发展创造良好的舆论环境。

十四、贯彻全面从严治党要求，进一步加强和改进党建工作

深入学习贯彻党的十八届五中全会精神和习近平总书记系列重要讲话精神，坚持全面从严治党，深化巩固“三严三实”专题教育成果，深入开展“两学一做”学习教育活动，落实党风廉政建设“两个责任”。进一步加强领导干部思想建设、作风建设、廉政建设，提升理论水平和决策能力。加强和改进党的基层组织建设，充分发挥党支部战斗堡垒作用和党员先锋模范作用。召开中国共产党国家图书馆第三次代表大会，完成党委和纪委的换届选举；深入开展两部党内法规的学

习；实施年度党建工作述职评议考核工作。

充分发挥工会、共青团组织的桥梁纽带作用，推动群团组织在我馆文化建设、民主管理和青年建功立业中，发挥更为积极的作用。组织召开国家图书馆第二届职工代表大会第五次全体会议。加强工会组织自身建设，不断提高工会干部履职能力。广泛开展全民健身运动和群众性文娱活动，促进员工身心健康。办好国家图书馆第十一届员工艺术节。加强基层团组织建设，开展团支部工作专题调研，促进团员青年工作交流，推进青年志愿服务活动。创新共青团工作的形式和载体，进一步增强团组织吸引力和凝聚力。

加强和改进离退休服务与管理工作，创新服务思路，丰富服务载体，提升服务质量，努力发挥离退休老同志在国图发展建设中的积极作用。关心和支持老年社团活动，办好老年大学，促进文化养老。

国家图书馆国有资产管理办法

第一章 总 则

第一条 为加强国家图书馆国有资产管理，维护国有资产的安全完整，合理配置和有效利用国有资产，保障和促进国家图书馆各项事业发展，根据《事业单位国有资产管理暂行办法》《文化部事业单位国有资产管理暂行办法》及有关规定，修订本办法。

第二条 本办法所称国家图书馆国有资产（以下简称“馆国有资产”），是指国家图书馆占有、使用的，依法确认为国家所有，能以货币计量的各种经济资源的总称。其表现形式为固定资产、流动资产、在建工程、无形资产和对外投资等。其中，固定资产是指使用期限超过一年，单位价值在1000元以上（专用设备单位价值在1500元以上），并在使用过程中基本保持原有物质形态的资产。单位价值虽未达到规定标准，但是耐用时间在一年以上的大批同类物资，作为固定资产管理。

第三条 文物和陈列品、图书档案类固定资产实物管理按照我馆有关规定执行。流动资产、在建工程、无形资产、对外投资类资产管理我馆另有规定的按相关规定执行。

第四条 国家图书馆国有资产管理，坚持资产管理与预算管理相结合、资产管理与财务管理相结合、实物管理与价值管理相结合、分级管理与授权管理相结合的原则。

第五条 国家图书馆国有资产管理实行“国家统一所有，馆方集中综合管理、部门分级保管使用”的体制。

第二章 管理职责

第六条 国有资产管理处是负责馆国有资产集中综合管理的职能部门，主要职责是：

（一）贯彻执行国家有关国有资产管理的法律、行政法规和政策；

（二）根据财政部、文化部事业单位国有资产管理的有关规定，制定国家图书馆国有资产管理的具体制度并组织实施；

（三）负责建立国家图书馆资产购置、验收入库、维护保管、报废处置和日常使用等管理制度，负责资产账卡管理、清查登记、统计报告及日常监督检查工作；

（四）负责建立并管理国家图书馆资产管理系统，负责数据维护、统计和上报；

（五）负责办理国家图书馆资产配置、处置和利用国有资产对外投资、出租、出借等事项的报批手续，依规缴纳国有资产收益；

（六）负责经营性国有资产监督管理，代表馆方对国家图书馆出资企业按照法律法规及企业章程履行出资人职责；

（七）接受上级单位的监督、指导，并按要求报告国家图书馆国有资产管理工作。

第七条 各部门负责对本部门在用的馆国有资产实施分级保管使用，其主要职责是：

（一）根据馆方国有资产管理有关规定，结合本部门实际，制定本部门资产管理的具体工作规程并组织实施。

（二）负责本部门在用资产的有效利用，防止使用不当造成的浪费和损失。

（三）负责申报本部门年度资产购置计划，并在购置计划经审核批复后参与招标、采购活动中与技术指标相关的工作环节，会同国有资产管理处制定采购合同，负责本部门新购资产的验收工作。

（四）设立专职或兼职财产管理员，负责本部门在用资产的保管、账实核对和统计报告；协助国有资产管理处办理本部门使用资产的领用、转移、退库等日常手续（见附件1）。部门财产管理员应保持相对稳定，确需调整的，须将经新、老财产管理员和部门负责人交接工作并签署书面说明后报国有资产管理处备案（见附件2）。

（五）各部门主要负责人对本部门国有资产管理工作负总责。

第三章　资产配置

第八条　资产配置是指根据各部门履行职能的需要，按照国家有关法律、行政法规和规章制度规定的程序，国有资产管理处通过购置或调剂等方式为各部门配备资产的行为。

第九条　资产配置遵循以下原则：

（一）坚持厉行节约、反对浪费，严格标准、立足实际；

（二）与各部门履行职能需要和促进国图事业发展目标相适应；

（三）科学合理，优化资产结构；

（四）调剂与购置相结合；

（五）资产配置与预算管理及财力可能相结合。

第十条　各部门资产配置应当符合以下条件：

（一）现有资产无法满足部门履行职能的需要；

（二）难以与其他部门共享、共用相关资产；

（三）难以通过市场购买产品或服务方式代替资产配置，或者采取市场购买方式的成本过高。

第十一条　资产配置应当严格按国家和文化部规定的标准配置。通用办公设备及办公家具按我馆有关配备标准执行。

第十二条　资产配置坚持调剂优先的原则，可以通过调剂解决的原则上不重新购置。对于各部门长期闲置、低效运转或者超标准配置的资产，国有资产管理处有权进行调剂。

第十三条　资产年度购置计划编制与审核：

（一）各部门应根据在用资产的使用状况、部门人员编制、部门业务需求和项目需求，编制下一年度新增或更新资产购置计划，同时将资产购置计划列入年度部门预算。各部门申报的资产购置计划依据资产用途分为常规资产购置计划和专项任务资产购置计划。

（二）国有资产管理处会同相关部门组成审核小组，对各部门申报的常规资产购置计划进行审核。经审核拟同意购置的资产，由国有资产管理处统一进行馆内报文审批。列入年度购置计划的资产项目，对于单项金额10万元以下的资产，由国有资产管理处直接采购；对于单项金额10万元以上（含10万元）的资产，需求部门应在进行需求调研后单独报文审批，在履行审批程序后由国有资产管理处采购。

（三）对各部门申报的专项工作任务资产购置计划，在已纳入年度预算的条件下，各部门需单独报文审批，在履行审批程序后由国有资产管理处采购。

第十四条　各部门未纳入年度购置计划的资产本年度原则上不予采购，确需在计划外另行配置资产的，按以下程序进行：

（一）部门报文申请。报文中须列明需要追加配置资产的理由，资产存量使用情况，拟更新资产的主要信息，拟配置资产的规格型号（单独设计的需附设计图纸）、数量及功能要求，拟购置资产的预算金额等情况，并经项目主管部门和技术部门会签意见后，一并报国有资产管理处审核。

（二）国有资产管理处审核。国有资产管理处在审核时，认为可以通过调剂解决的资产配置，通过调剂予以解决；认为确需购置的资产配置，履行财务资金支出审批程序。

第十五条　为适当简化程序，常用低值办公设备经馆技术鉴定人员鉴定达到报废标准，使用部门办理资产报废手续后可直接申领（以旧换新），常用低值办公设备包括身份证阅读器、条码阅读器、刷卡器、密码器和饮水机等。

经批准更新的台式计算机及笔记本计算机，可在办理完旧资产的报废手续后领取新资产，但须在新资产领用后5个工作日内交回旧资产实物；经批准更新的其他类别资产，须在办理完旧资产报废手续并交回实物后，方可领用新资产。

第十六条　资产政府采购：

（一）资产采购按照《国家图书馆采购管理办法》规定程序执行。采购过程加强内部控制管理，实行商务与技术分离、环节制约、分级负责，建立需求部门、技术部门、资产部门、财务部门及岗位相互协调、相互制约的资产采购内控管理机制。

（二）购置依规纳入政府采购范围的资产（采购方式包括协议供货、定点采购、批量集中采购及限额以上采购等），应严格按照政府采购管理有关规定。

第十七条　资产验收入库：

对于通用办公设备及金额在5万元以下的非通用办公设备，在到货后由国有资产管理处工作人员进行到货验收，验收内容包括清点设备数量及核对品牌型号是否与采购合同或采购需求一致，到货验收后入馆资产库房，由国有资产管理处为新增资产办理入库手续并编制资产入库单据。通用办公设备包括台式计算机、笔记本计算机、数码相机、打印机、多功能一体机、复印机、扫描仪、投影机、碎纸机、录音笔、移动硬盘和身份证阅读器等。

对于金额在5万元以上（含5万元）的非通用办公设备及家具类资产，到货后一般不再入馆资产库房，直接交使用部门，并在完成安装调试后由使用部门进行到货验收，验收内容包括清点数量及核对品牌型号是否与采购合同或采购需求一致。到货验收合格后由国有资产管理处为新增资产办理入库手续并编制资产入库单据。使用部门试用后进行最终验收，并在最终验收合格后向国有资产管理提交由验收人签字并加盖部门公章的验收报告。

第十八条　固定资产转入改建、扩建或修缮时，资产价值按照《事业单位会计制度》有关规定处理。基建工程项目建设过程中新增资产已投入使用的按预估金额入账，待工程竣工决算完成后，再按决算金额进行账务调整，并由工程主管部门向国有资产管理处办理资产移交手续。

第十九条　新增资产计价按照《事业单位会计制度》有关规定执行。

第四章　资产使用

第二十条　资产使用包括各部门为履行职能自用和馆方利用国有资产对外投资、出租、出借等方式。

第二十一条　部门领用资产须到国有资产管理处办理资产领用手续。部门财产管理员领取资产单据后，须在当月月底前将完成签字手续的单据交回，逾期将暂停部门资产的配置，直至单据交回。

第二十二条　资产标签打印及粘贴：

国有资产管理处根据完成签字手续的资产单据为资产打印资产标签，连同资产实物一并交使用部门财产管理员，由使用部门财产管理员进行资产标签的粘贴。

因各种原因导致在用资产标签损坏、遗失的，使用部门财产管理员要及时报告国有资产管理处，重新打印标签及粘贴。

第二十三条　资产使用与保管责任：

（一）按照“谁使用、谁负责，谁主管、谁负责”的原则和各部门职能确定保管责任人，对跨部门公用资产馆方可以指定保管责任人。

个人使用的资产由个人负保管责任，科（组）共用的资产由科（组）长负保管责任，部门共用的资产由部门财产管理员负保管责任。部门财产管理员对本部门资产保管工作负统筹协调责任。

（二）对因履行职能或任务需要提供馆区外异地使用的馆国有资产，由馆内项目承办部门履行馆内保管责任，并对驻地使用方和资产使用情况进行监管。

（三）馆属企业依职能或任务受委托管理、使用的馆国有资产，参照以上原则落实使用和保管责任。

（四）对承接馆方外包项目的有关受托企业使用、管理的馆国有资产，由馆内项目承办部门履行馆内保管责任，并通过有关协议条款约定和监管企业使用责任。

第二十四条　临时借用资产：

经国有资产管理处审批同意后，对临时性任务用资产可采用借用方式保障使用，借用期限一般不超过一年，超出归还期限确需继续使用应重新申请。临时借用资产归时应履行严格的验收手续。

第二十五条　资产部门内与部门间转移：

发生下列情形须到国有资产管理处办理资产转移手续，资产变更为新的部门或新的使用人（见附件3、附件4）：

部门内部资产转移：

（一）发生部门内部科组合并、分立等机构调整；

（二）资产使用人变更为同一部门内的其他人员；

（三）资产使用人因工作调整调到同一部门内的其他科组；

（四）岗位聘用人员馆内不同部门间调动或办理离退休手续，原使用的资产经批准继续留在原部门由其他人员使用。

部门间资产转移：

（一）发生部门合并、分立、撤销等机构调整；

（二）发生科组整体划转至其他部门等机构调整。

第二十六条　资产使用人调整：

岗位聘任人员在同一部门内部不同科组或不同岗位调动的，可将个人使用资产带至新的科组，并及时更新使用人信息；除科组整体划转外原则上不允许跨部门携带资产，确需调至新部门使用的，须经国有资产管理处批准并办理资产转移手续。办理馆内人事调动手续的人员，必须首先对个人名下全部资产按上述原则办理资产转移或退库手续。

第二十七条　资产修理：

保修期内的资产需要修理的，资产使用部门应当及时报告国有资产管理处，并报送加盖部门公章的资产维修申请单（附件5），国有资产管理处负责登记、汇总维修记录，并联系厂商进行维修。保修期外的资产需要维修的，由使用部门自行联系厂商维修。未经批准，任何人不得私自拆卸资产。

第二十八条　资产盘点对账：

（一）资产盘点对账一般每年进行一次，也可以根据实际需要组织分类别分部门的不定期盘点；

（二）盘点工作分为部门自查盘点和馆方集中核查盘点。部门需在自查基础上将盘点结果如实上报国有资产管理处，对其中账实不符的事项要查明原因并作书面说明；馆方在部门自查基础上组织专项集中核查，确保资产家底清楚、账实相符。

第二十九条　下列资产须办理资产退库或报废手续：

（一）未使用、不需用的资产；

（二）购置资产用以更新或替换的原有使用资产；

（三）损坏不能用的资产；

（四）岗位聘用人员馆内不同部门间调动或办理离退休手续，原个人使用的资产未经批准留在原部门；

（五）其他需要办理退库的资产。

第三十条　资产退库或报废手续：

（一）资产达到我馆规定的最低使用年限，且经馆技术人员鉴定后，方可办理报废手续。已达最低使用年限仍可继续使用的资产应继续使用。

（二）各部门在申请资产退库或报废时，需将加盖部门公章且由馆技术鉴定人员签字的退库、报废资产申请表（见附件6）交国有资产管理处。国有资产管理处根据馆技术鉴定人员意见出具正式资产退库或报废单据，并交使用部门财产管理员完成相关签字确认手续。

（三）部门完成资产退库或报废单据的签字确认后至资产实际退回库房期间，原资产使用部门财产管理员仍负有资产保管责任。原资产使用部门财产管理员需根据国有资产管理处的要求将资产退至国有资产管理处库房。

第三十一条　使用国有资产对外投资、出租、出借等事项管理：

（一）国家图书馆利用国有资产对外投资、出租、出借等事项，一律由国有资产管理处按文化部有关规定履行报批程序后进行。各部门不得擅自将本部门在用资产出借、出租、对外担保或用作除自用外的其他用途。

（二）国有资产管理处对用于对外投资、出租、出借的资产实行专项管理，建立跟踪管理的有效机制，加强风险控制，防止国有资产流失。

（三）国家图书馆利用国有资产对外投资、出租、出借等取得的收入依规纳入预算统一管理。

第五章　资产处置

第三十二条　资产处置，是指国家图书馆将占有、使用的国有资产进行产权转让或者注销产权的行为。处置方式包括无偿调拨（划转）、出售、转让、对外捐赠、置换、报废报损等。

第三十三条　国家图书馆可以进行处置的实物国有资产包括：

（一）长期闲置不用的资产；

（二）因技术原因并经过馆技术鉴定人员鉴定，已不能满足工作需要或按国家有关规定已超过使用年限的资产；

（三）盘亏及非正常损失的资产；

（四）依照国家有关规定需要处置的其他资产。

第三十四条　盘亏及因丢失、被窃、使用不善等原因导致非正常损失的资产，相关部门要查明原因并形成书面说明上报国有资产管理处，由责任人根据资产折旧余额给予赔偿，情节严重的给予责任人处罚或处分。

第三十五条　限额以内资产处置：

（一）国家图书馆以报废方式处置单位价值或批量价值（账面原值）在限额50万元以下的国有资产，报废单据按以下程序审批：

一次性处置单位价值或批量价值（账面原值）在1万元以下的国有资产，由国有资产管理处负责人审批；1万元（含）以上10万元以下的，由国有资产管理处负责人并财务处负责人审批；10万元（含）以上50万元以下的，由国有资产管理处主管馆长并财务处主管馆长审批。

（二）以无偿调拨、对外捐赠等其他方式处置国有资产，一次性处置单位价值或批量价值在限额50万元以下的，由国有资产管理处主管馆长并财务处主管馆长审批，必要时报馆长审批。

（三）限额以内资产处置依规报文化部备案。

第三十六条　限额以上资产处置：

国家图书馆一次性处置单位价值或批量价值（账面原值）在50万元（含）以上的国有资产，以及处置房屋建筑物、土地和车辆资产，除履行馆内审批程序外，在馆务会集体决策后报文化部审批。法律法规另有规定的从其规定。

第三十七条　国有资产管理处定期盘点资产库房，履行处置审批程序后及时清理长期闲置资产，提高库房使用效率。

第三十八条　资产处置实物清理：

经批准的资产处置事项统一由国有资产管理处集中处置，其他部门和个人不得擅自处置。

资产处置程序遵循公开、公平和竞争、择优的原则。限额以上资产处置在获得上级主管部门批准后，通过资产处置交易机构进行处置和公开拍卖；限额以下资产的处置，一般通过竞价方式公开处置，遵循价高者得的原则，并依规接受纪检监察处监督。

第三十九条　危险废物及特殊资产处置：

属国家规定的危险废物及其他有特殊处置流程的报废资产，原使用部门在办理报废手续时应自查审核并提供书面说明，在处置时依规依程序交由具有相关资质的单位进行处置。

第四十条　国家图书馆资产处置收入依规纳入预算统一管理，需上缴中央财政的依规办理。

第六章　产权登记与产权纠纷处理

第四十一条　国有资产产权登记是指国家对国家图书馆占有、使用的国有资产进行登记，依法确认国家对国有资产的所有权和国家图书馆对国有资产占有、使用权的行为。国家图书馆发生以下情况的应当依规进行国有资产产权登记：

（一）发生分立、合并、部分改制，以及隶属关系、单位名称、住所和单位负责人等产权登记内容发生变化的事业单位，办理变更产权登记；

（二）因依法撤销或整体改制等原因被清算、注销的事业单位，办理注销产权登记。

第四十二条　产权纠纷是指由于国有资产所有权、经营权及使用权等产权归属不清而发生的争议。

（一）国家图书馆与其他国有单位之间发生资产产权纠纷的，由当事人协商解决。协商不成的，可以向文化部、财政部申请调解或依法裁定。

（二）国家图书馆与非国有单位或者个人之间发生产权纠纷的，由国家图书馆提出拟处理意见，经文化部审核并报财政部同意后，与对方当事人协商解决。协商不能解决的，依照司法程序处理。

第七章　资产评估与资产清查

第四十三条　资产评估：

国家图书馆发生下列情形之一的，应委托具有资产评估资质的评估机构对相关国有资产进行评估：

（一）整体或部分改制为企业；

（二）以非货币性资产对外投资；

（三）合并、分立、清算，国有产权转让；

（四）资产拍卖、转让、置换；

（五）整体或部分资产租赁给非国有单位；

（六）确定诉讼资产价值；

（七）法律、行政法规规定的其他需要进行评估的事项。

第四十四条　资产评估工作应当依据《国有资产评估管理办法》（国务院令第91号）委托具有资产评估资格证书的评估机构进行。国家图书馆应当如实向资产评估机构提供有关情况和资料，并对所提供的情况和资料的客观性、真实性和合法性负责。

第四十五条　资产清查：

国家图书馆发生下列情形之一的，应进行资产清查：

（一）根据财政部专项工作要求，纳入统一组织的资产清查范围的；

（二）进行重大改革或者整体、部分改制为企业的；

（三）遭受重大自然灾害等不可抗力造成资产严重损失的；

（四）会计信息严重失真或国有资产出现重大流失的；

（五）会计政策发生重大变更，涉及资产核算方法发生重要变化的。

第四十六条　国家图书馆自行组织进行资产清查，应报文化部审核同意后组织实施。清查工作应按照财政部《行政事业单位资产清查核实管理办法》（财资〔2016〕1号）等有关规定执行。

第八章　资产信息管理与报告

第四十七条　国有资产管理处按照财政部、文化部国有资产管理信息化的要求，建立并管理维护国家图书馆资产管理系统，并建立与文化部资产管理信息系统的数据同步报送机制，及时将资产变动信息和网络报批事项通过信息系统报送，对国有资产实行动态管理。

第四十八条　在资产数据日常管理基础上做好国有资产统计工作，按要求向文化部报送资产年度决算和年度资产报告。

第四十九条　各部门的财产管理员应当依被授予权限将本部门资产使用变动信息及时录入资产信息管理系统，协助国有资产管理处做好资产统计报告工作。

第五十条　国有资产管理处办理新增资产入库和资产处置程序，以及资产因维修、部分拆除、改造、升级等原因价值发生变化的，同时传递财务处相应单据，以保证账账相符。

第五十一条　国有资产管理处和财务处每季度对账一次。

第九章　监督检查

第五十二条　各部门应将本部门资产监督、管理的责任落实到具体使用科组和个人，维护馆国有资产的安全完整，提高资产使用效益。

第五十三条　国有资产监督检查应坚持部门内部监督与馆方集中监督相结合，日常监督与定期检查相结合。

第五十四条　各部门在国有资产管理工作中，有违规行为或造成国有资产损失的，视情节追究直接责任人及所属责任部门负责人的管理责任，情节较重的给予相应经济处罚和行政处分。

第十章　附则

第五十五条　本办法由国有资产管理处负责解释。

第五十六条　本办法已经2016年第10次馆务会讨论通过，自下发之日起施行。2009年颁布的《国家图书馆国有资产管理暂行办法》同时废止。

附件：1. 国家图书馆国有资产管理工作规程

2. 财产管理员变更说明

3. 部处内部转移资产备案表

4. 部处间转移资产申请表

5. 国家图书馆资产维修申请单

6. 退库、报废资产申请表

（略）

国家图书馆内部审计工作暂行规定

第一章　总则

第一条　为了规范和加强我馆内部审计工作，建立健全内部审计制度，实现内部审计制度化、规范化、科学化，根据《中华人民共和国审计法》《审计署关于内部审计工作的规定》《文化部内部审计工作暂行规定》，结合我馆工作实际，制定本规定。

第二条　本规定所称的内部审计，是指依法独立、客观地监督和评价我馆及所属独立核算机构（单位）财务收支、经济活动的真实性、合法性和效益性，以及为加强内部控制和风险管理、实现管理目标提供保证和咨询服务的行为。

第三条　内部审计是国家审计监督制度的重要组成部分，是政府审计的必要补充。开展内部审计工作，应以纠错防弊、完善制度、促进管理、提高效益为工作目标，坚持独立、客观、公正的原则，积极探索运用现代化的审计方法，提升内部审计工作的科学性。

第二章　机构及人员

第四条　审计处是内部审计工作的主管部门，负责组织开展内部审计工作，各部处、馆属独立核算机构（单位）和个人应予以配合。

第五条　审计处在馆领导班子的领导下独立开展工作，对馆法定代表人负责，接受文化部财务司的业务指导和监督评价。

第三章　职责及权限

第六条　审计处的主要职责是：

（一）配合文化部和审计署开展内部审计、专项检查和专题调研等工作；

（二）负责制定内部审计工作制度和内部审计工作计划；

（三）负责对我馆及所属独立核算机构（单位）开展内部审计、专项调查等工作；

（四）负责对内部管理和内部控制制度的建立和执行情况进行监督和评价；

（五）督促被审计对象整改；

（六）负责召开有关审计工作会议，组织有关审计业务培训；

（七）负责领导交办的其他事项。

第七条　审计处主要对下列事项进行审计和检查：

（一）财务收支及有关经济活动；

（二）资产、负债和损益情况；

（三）依据干部管理权限对馆属独立核算机构（单位）主要负责人进行任期经济责任审计；

（四）预算执行及决算；

（五）专项资金的管理、使用及效益情况；

（六）政府采购；

（七）资产管理；

（八）合同管理；

（九）基本建设、修缮工程项目；

（十）内部控制制度及风险管理调查、评审；

（十一）预算绩效管理；

（十二）领导交办或配合有关部处开展的其他审计事项。

第八条　审计处在履行工作职责时，具有以下权限：

（一）参加或列席有关会议；

（二）要求被审计对象按时提供财务收支计划、预决算、预算执行情况、会计报表、会计账簿、会计凭证、合同协议和其他有关文档资料；

（三）检查经营和财务活动的文件资料和与审计事项有关的计算机管理信息系统及相关电子数据和文档资料；

（四）对被审计对象的经济活动和业务活动进行现场勘察、调查和记录；

（五）对审计工作涉及的相关事宜向有关部处、馆属独立核算机构（单位）和个人开展调查和询问，并取得证明材料；

（六）对审计发现的违反国家规定和我馆规定，以及严重损害我馆利益的行为采取临时性制止措施；

（七）对可能被转移、隐匿、篡改、毁弃的会计凭证、会计账簿、会计报表以及其他与审计事项有关的资料，经馆领导批准，予以暂时封存；

（八）提出纠正、处理违法违规行为的意见和改善管理、完善治理的建议。

第四章　工作实施

第九条　审计处拟定年度审计工作计划，报馆领导批准后组织实施，并根据经批准的审计工作计划，制定审计实施方案。内部审计必须遵守审计实施方案，保留审计档案。

第十条　被审计事项所在部处、馆属独立核算机构（单位）应提供与审计事项有关的真实、完整的文件、资料及证明材料，并积极配合审计工作。

第十一条　审计处应于审计实施结束后，及时向有关部处、馆属独立核算机构（单位）提供审计意见，并征求被审计部处、馆属独立核算机构（单位）负责人的意见，审计意见要做到客观、准确、清晰、完整和具有建设性。

第十二条　被审计部处、馆属独立核算机构（单位）应当执行审计意见，如有不同意见，在10个工作日内提出书面反馈意见，逾期视为无异议。

第十三条　审计处应关注审计意见的执行结果和整改情况，必要时进行后续审计。

第十四条　根据工作需要，必要时由审计处委托具备一定资质的社会审计机构协同审计。

第五章　监督管理

第十五条　有下列行为的，将追究有关部处、馆属独立核算机构（单位）负责人及有关人员的责任：

（一）拒绝、拖延提供有关资料或提供资料不真实、不完整的；

（二）拒绝接受或不配合内部审计工作，阻挠、妨碍内部审计工作人员行使职权，抗拒、破坏监督检查的；

（三）弄虚作假、隐瞒事实真相的；

（四）拒不执行审计意见的；

（五）打击、报复内部审计工作人员或举报人的。

第十六条　对具有下列行为的内部审计人员，根据有关规定，给予批评教育、调离审计工作岗位或行政处分：

（一）利用职权谋取私利的；

（二）弄虚作假、徇私舞弊的；

（三）玩忽职守，给单位造成重大损失的；

（四）泄露单位秘密的。

以上行为涉嫌犯罪的，应当移交司法机关处理。

第六章　附则

第十七条　本规定由我馆审计处负责解释。

第十八条　本规定经第21次馆务会议讨论通过，自发布之日起施行。

国家图书馆博士后科研工作站管理办法

（2012年8月发布，2016年5月修订）

第一章 总则

第一条 国家图书馆博士后科研工作站（以下简称“工作站”）是经国家人力资源和社会保障部全国博士后管理委员会正式批准，独立招收博士后的科研工作站。

第二条 为贯彻落实《博士后管理工作规定》（国人部发〔2006〕149号）和《国务院办公厅关于改革完善博士后制度的意见》（国办发〔2015〕87号）精神，规范和加强国家图书馆博士后管理工作，制定本办法。

第二章 管理机构

第三条 国家图书馆馆务会负责工作站重大事项的审定。

第四条 工作站办公室（以下简称“办公室”）设在研究院，负责工作站的日常工作，其主要职责是：

（一）执行馆务会有关决定；

（二）拟定博士后年度招收计划；

（三）负责博士后进、出站工作；

（四）组织博士后中期考核与出站考核等；

（五）组织博士后科研项目申报；

（六）开展有关的学术交流与合作；

（七）负责工作站的信息发布与宣传；

（八）完成全国博管办和馆里交办的其他工作。

第五条 国家图书馆人事处是博士后的人事管理部门，负责在站博士后的人事管理。

第六条 合作导师负责博士后的科研管理工作，项目所在部门或合作导师委托的部门负责博士后的日常管理工作。

第三章 合作导师

第七条 国家图书馆在职人员符合下列条件者，可向办公室提出申请，经人事处审核，报馆领导审批后，具有担任合作导师的资格。

（一）具有良好的政治素质，治学严谨、作风正派；

（二）具有高级专业技术职务；

（三）具有较高的科研水平，致力于本学科前沿问题研究。

第八条 博士后合作导师有下列权利和义务：

（一）应指导博士后制定研究方案、开展研究工作，承担科研管理和思想教育工作；

（二）安排博士后在站期间的研究任务；

（三）对于国图与导师分担经费的博士后，按期足额发放博士后日常经费中应承担的部分。

第四章 博士后

第九条 招收博士后分为全职与兼职两种类型，全职博士后主要指应届统分博士毕业生，与原工作单位解除聘用关系的博士毕业生，以及留学回国后尚无工作单位的博士毕业生；兼职博士后指每年能够保证至少6个月在站从事博士后研究工作的在职人员。

第十条 申请进站的博士后应具备以下条件：

（一）具有良好的政治素质和道德修养，遵纪守法；

（二）已获得博士学位，具有较强的科研能力；

（三）身体健康，年龄一般不超过35周岁（特别优秀者可适当放宽条件）；

（四）能够脱产从事博士后研究工作，在职人员应以高校、科研院所教学科研人员为主，并提供现工作单位同意其脱产从事博士后研究工作的证明材料。

第五章 招收

第十一条 工作站招收的博士后根据经费来源不同，分为国图全额资助和国图与导师（或部门）分担经费。

国图全额资助的博士后，原则上应为全职博士后，主要由馆里结合重大工作需要招收，并指定相关部门负责其日常管理；合作导师及馆内各工作部门也可提出国图全额资助博士后的招收需求，但其在站研究内容必须符合国家图书馆现实事业发展的重大领域和迫切需求。

合作导师及馆内各工作部门均可根据工作或科研需要，提出国图与导师（或部门）分担经费的博士后招收需求。

第十二条 招收程序：

（一）合作导师和工作部门向办公室提出招收需求，其中拟由国图全额资助的，需同时提交《招收博士后人员意向表》，内容包括拟招收博士后的科研或工作项目，博士后在站期间拟达到的目标、成果形式，博士后经费来源等；

（二）办公室在汇总合作导师和工作部门招收需求的基础上，形成招收计划。经国家图书馆馆务会批准后，办公室发布博士后招收信息并接收申请；

（三）办公室组织合作导师和有关专家组成专家组，开展面试，提出招收建议并报文审批；

（四）对通过审批的博士后，办理进站手续，签订工作协议。

第十三条 全职博士后进站时，由人事处负责接收其人事档案，并协助办理社会保险、户口、组织等关系的接转；兼职博士后进站时，不予办理上述事宜。

第十四条 博士后进站时，国家图书馆不解决随站流动的博士后配偶工作，及未成年子女入托、入学等问题。

第六章 科研工作

第十五条 博士后进站后，应根据工作协议要求和合作导师（或工作部门）安排开展在站研究工作，围绕研究工作提出研究工作报告选题，获准后撰写研究工作报告。

第十六条　支持和鼓励博士后申请中国博士后科学基金资助项目、国家社科基金资助项目等各级各类科研项目。

第十七条　博士后在站期间应以国家图书馆为第一署名单位、第一作者身份在核心期刊上发表 2 篇与进站研究领域相关的学术论文；结合在站期间的研究工作，在馆内至少作 1 次学术报告。

第十八条　鼓励博士后以国家图书馆为依托单位主持或参与科研项目。

第十九条　获中国博士后科学基金资助者出站前，须提交《中国博士后科学基金资助项目总结报告》。

第二十条　博士后在站期间应承担工作站安排的其他工作。

第七章　经费管理

第二十一条　博士后日常经费用于博士后在站期间的日常生活和日常公用。

国图全额资助的博士后人员，由馆里承担全部日常经费；国图与导师（部门）分担经费的博士后人员，日常经费由馆里和合作导师（或工作部门）各负担一半，合作导师（或工作部门）可根据博士后承担的研究任务及完成情况从项目经费中支付。

第二十二条　全职博士后的日常经费，原则上每人每年应不少于 8 万元，工作站另行补贴每人每年 1.2 万元；兼职博士后的日常经费由合作导师或用人部门参照全职博士后经费标准并根据实际在站时间确定，工作站补贴按实际在站时间发放。

由馆里全额资助的博士后因在站承担项目需要延期出站的，延期期间的工作站补贴由馆里支付；分担经费的博士后因在站承担项目需要延期出站的，延期期间的工作站补贴由合作导师或用人部门从项目经费中支付。因个人原因延期出站的博士后，延期期间不再补贴。

第二十三条　博士后科研工作补助经费由博士后科研基金资助，其申请、使用和管理按《中国博士后科学基金资助规定》《中国博士后科学基金面上资助实施办法》等相关规定执行。

第二十四条　国家图书馆为博士后提供午餐补助，补助标准与正式在编员工相同，按实际在站时间核发。

第二十五条　博士后在站期间各种公出差旅费从所参与的项目经费中支付，按我馆财务制度报销。

第八章　其他管理

第二十六条　博士后在站期间视同本馆工作人员，须严格遵守国家图书馆有关规定，由所在部门进行考勤管理。

第二十七条　博士后在站工作期限一般为两年，承担国家重大项目的，可以根据项目资助期限和承担的任务进行调整，最长不超过 6 年。超过工作协议约定的在站期限的，博士后应经合作导师同意后，于约定出站期限前 1—3 个月向办公室申请延期出站，报馆领导批准后生效。

第二十八条　博士后工作期满，办公室负责整理其在站期间的各类工作、科研档案，移交人事处，人事处协助办理其人事档案转寄、户口迁移、工资介绍信开具等手续。

第二十九条　博士后工作期满，除协议约定外，按照国家政策，可双向选择，自主择业。国家图书馆可依照当年人才招聘计划，按程序遴选优秀的出站博士后进馆工作。

第九章　考核与奖罚

第三十条　博士后进站满一年后，由办公室组织中期考核，对博士后的研究进度、阶段性研究成果、下一步研究计划、敬业精神和协作意识等进行全面考核。考核小组由包括合作导师在内的5-7位馆内外专家组成，考核结论分为优秀、良好、合格、不合格四档，归入博士后在站期间个人档案。中期考核不合格者，予以警示。

第三十一条　博士后工作期满，由办公室组织研究工作报告鉴定及出站考核，对博士后的研究工作报告、在站期间工作情况、与合作导师及用人部门的协作情况等进行全面考核。考核小组由包括合作导师在内的5—7位馆内外专家组成，考核结论分为优秀、良好、合格、不合格四档，归入博士后在站期间个人档案。出站考核不合格者，由考核小组提出整改意见，一个月内再次考核，如仍不合格，则予退站。

第三十二条　博士后以国家图书馆为依托单位申请立项的国家级或省部级科研项目，与在职人员享受同等科研经费配套政策。

第三十三条　以国家图书馆为第一署名单位的研究成果，与在职人员享受同等奖励政策。

第三十四条　博士后在站期间的科研成果取得显著的社会效益或经济效益，工作站可予以适当奖励。

第三十五条　博士后在站期间有下列情况之一者应予退站：

（一）出站考核不合格且再次考核仍不合格的；

（二）在学术上弄虚作假，影响恶劣的；

（三）受警告以上行政处分的；

（三）无故旷工连续15天或一年累计旷工30天以上的；

（五）因患病等原因难以完成研究工作的；

（六）出国逾期不归超过30天的；

（七）其他情况应予退站的。

退站博士后不再享受博士后的待遇，并须对由此给工作站造成的损失予以赔偿。

第十章　附则

第三十六条　本规定由国家图书馆博士后科研工作站办公室负责解释。

第三十七条　本规定自发布之日起实施，原《国家图书馆博士后科研工作站管理意见》（国图发〔2011〕23号）即行废止。

国家图书馆会议制度及管理办法

第一章　总　则

第一条　为了进一步规范国家图书馆各项会议流程，提高决策管理能力和工作效率，制定本办法。

第二条　本办法适用于具有国家图书馆法定效力的决策、部署性会议，包括馆务会议、馆长办公会议、党委全会（党委扩大会议）。

第三条　按照“精简、高效、规范”的原则组织召开各类会议。

第四条　会议按类别、内容不同由相关部处组织，并负责做好会议管理。

第二章　馆务会议

第五条　馆务会议是国家图书馆行政事务的最高决策会议。

第六条　馆务会议由馆长或受馆长委托的其他馆领导召集和主持。出席会议人员为馆领导班子成员，馆办公室主任列席会议（人事议题适情回避），其他参会人员根据会议内容并经会议主持人批准后确定。

第七条　馆务会议的主要职责是：

（一）重大问题决策：

1. 贯彻落实党和国家的路线、方针、政策以及上级重要决策、重要工作部署、重要指示的意见和措施；

2. 国家图书馆发展方向、发展战略、中长期发展规划等重大战略管理事项；

3. 国家图书馆年度计划、工作报告、财务计划、预算、决算等重大运营管理事项；

4. 国家图书馆政策规定、规章制度的制定、修改；

5. 国家图书馆内设机构设置、人员编制等重要事项方案；

6. 国家图书馆绩效考核、薪酬分配、福利待遇、招录减员等涉及员工切身利益的重要事项；

7. 国家图书馆员工年度考核及奖惩的有关事宜；

8. 国家图书馆年度重要评比表彰事项；

9. 对馆内重大违纪事项的处理；

10. 向上级请示、报告的重大事项；

11. 国家图书馆行政、业务方面重要事项；

12. 其他有关国家图书馆全局性、方向性、战略性的重大事项；

13. 馆领导班子认为应该集体决策的其他重要事项。

（二）重要干部任免：

1. 国家图书馆后备干部的推荐、管理；

2. 国家图书馆向上级组织推荐的后备干部人选；

3. 国家图书馆处级干部的任免、聘用（解聘）、奖惩等；

4. 馆领导班子认为应该集体决策的其他重要人事任免事项。

（三）重大项目投资决策：

1. 金额300万元以上的项目；

2. 对全馆业务有重要影响的对外经济合作项目（包括收入类和支出类项目）；

3. 其他需要集体研究决定的重要项目安排。

（四）大额资金使用：

1. 国家图书馆年度预算内大额度资金的调动和使用，超预算资金的调动和使用；

2. 国家图书馆未列入预算（计划）的大额度资金使用；

3. 国家图书馆其他大额度资金使用。

第八条　馆务会议的决定由会议主持人做出。

第九条　馆务会议根据需要不定期召开。

第十条　馆办公室设专人担任馆务会秘书。

第三章　馆长办公会议

第十一条　馆长办公会议是馆领导就有关工作、任务或事项进行研究部署的会议。

第十二条　馆长办公会议由馆长或主管馆领导召集并主持。出席会议人员为：有关馆领导、有关部处负责人，其他人员与会需经会议召集人批准。

第十三条　馆长办公会议的主要任务是：

（一）贯彻落实并组织实施文化部及其他上级单位部署的专项工作；

（二）贯彻落实并组织实施国家图书馆部署的相关工作或馆务会议决定的有关事项；

（三）就相关工作进行调研、部署与协调；

（四）检查工作的落实情况；

（五）研究处理其他需要馆长办公会议讨论决定的事项；

（六）馆内协调机构需研究部署的相关事项。

第十四条　馆长办公会议的决定由会议主持人做出。

第十五条　馆长办公会议决定要服从于馆务会议决定。

第十六条　馆长办公会议根据需要不定期召开。

第四章　党委全会（党委扩大会议）

第十七条　有半数以上党委委员参加的党的委员会全体会议，简称“党委全会”；有半数以上党委委员参加，并吸收一部分有关部门负责干部参加的党委全会，简称“党委扩大会议”。

第十八条　党委全会（党委扩大会议）由党委书记或受党委书记委托的党委副书记召集和主持。出席会议人员为馆党委委员，党委办公室主任列席，其他列席人员，根据会议内容并经会议主持人批准后确定。

第十九条　党委全会（党委扩大会议）的主要任务是：

（一）传达贯彻党的路线、方针、政策和上级组织的决议；

（二）研究制定有关国家图书馆党的建设及党的群团工作等方面的重大举措；

（三）讨论审定国家图书馆党的工作相关制度规定；

（四）讨论审定国家图书馆党委年度工作要点和工作报告；

（五）讨论审定国家图书馆党委需报上级组织审议的有关事项；

（六）审批党员发展和预备党员转正申请；

（七）审批各支部委员会选举及调整事项；

（八）研究决定党内奖惩事项；

（九）讨论决定需要馆党委全体成员研究的其他重要事项。

第五章　会议组织

第二十条　馆务会议、馆长办公会议由馆办公室负责组织；党委全会（党委扩大会议）由党委办公室负责组织。

第二十一条　会议组织工作包括：提交及确定议题、安排会议议程、准备会议材料、起草下发会议通知、布置会场、组织签到、分发和收存会议文件、做好会议记录、整理编发会议纪要、归档会议文件以及相关会务工作等。

第二十二条　凡需提交馆务会议议定的议题，由办公室负责汇总、协调安排并报办公室主管馆领导及馆长审批。凡需提交馆长办公会议议定的议题，须由相关部处报召集会议的馆领导批准。凡需提交党委全会（党委扩大会议）议定的议题，须由党委办公室先报党委副书记审核，再报党委书记批准。

第二十三条　已批准提交会议讨论的议题，议题牵头部处应事先准备好相关材料，并至少提前一天将文字材料按所需份数送会议组织部门，会议组织部门及时将会议材料送参会馆领导和相关人员参阅；涉密材料可由议题负责部处直接呈送参会馆领导。

第二十四条　未经会议组织部门审核并报会议主持人批准的材料，不得擅自在会上分发。

第二十五条　参会人员应事先做好准备，对会议讨论研究的事项充分发表个人意见建议。

第二十六条　除特殊情况外，馆务会议、馆长办公会议、党委全会（党委扩大会议）一般应编发会议纪要。

（一）馆务会议纪要由馆办公室负责整理，经办公室主任审核，报主管馆长会签，由主持会议的馆长签批后印发；重大工程、项目专题馆务会纪要还须由工程、项目主管馆领导会签；

（二）馆长办公会议纪要一般由馆办公室负责整理，经办公室主任审核，由主持会议的馆领导签批后印发；

（三）党委全会（党委扩大会议）会议纪要由党委办公室负责整理，经党委办公室主任审核和馆办公室主任核稿，报党委副书记会签，由主持会议的党委书记签批后印发。

第二十七条　会议纪要、会议记录以及相关会议材料须一并整理归档，并按规定向馆档案室移交。

第二十八条　馆务会议、馆长办公会议决议由馆办公室负责定期督办，并及时印发督办情况通报。

第六章　会议纪律

第二十九条　与会人员要按规定时间和指定地点参加会议，不得迟到或早退。

第三十条　因故不能参加会议，应事先请假，征得会议召集人同意，并及时向会议组织部门报备。

第三十一条　与会人员应自觉遵守会议纪律，对涉密、敏感事项以及未公开的问题和事项，不得在会外扩散。违反规定者，视情节轻重，给予相应纪律处分。

第七章　附　则

第三十二条　本办法由馆办公室和党群工作办公室负责解释。

第三十三条　本办法自2016年9月1日起施行，2003年印发的《国家图书馆会议制度》同时废止使用。

国家图书馆公文处理办法（修订）

第一章　总则

第一条　为使国家图书馆公文处理工作科学化、制度化、规范化，提高公文处理质量和效率，根据《党政机关公文处理工作条例》和《文化部公文处理办法》，结合我馆工作实际，制定本办法。

第二条　本办法所称公文是我馆在行政、业务管理过程中形成的具有特定效力和规范体式的文书。除涉密公文外，原则上公文都应在办公自动化系统（以下简称 OA）中运转。

第三条　公文处理是指公文拟制、办理、管理等一系列相互关联、衔接有序的工作，应坚持实事求是、准确规范、精简高效、安全保密的原则。

第四条　办公室主管国家图书馆公文处理工作，并对各部处公文处理工作进行业务指导和督促检查。各部处应高度重视公文处理工作，配备专职人员负责。信息技术部对 OA 提供相关技术保障和支持。

第二章　常用公文种类

第五条　国家图书馆常用公文种类如下：

（一）决定。适用于对重要事项做出决策和部署、奖惩有关单位和人员、变更或撤销有关部处不适当的决定事项。

（二）通告。适用于在一定范围内公布应当遵守或周知的事项。

（三）通知。适用于发布、传达要求部处和有关单位办理、执行或周知的事项，批转、转发公文。

（四）通报。适用于表彰先进、批评错误、传达重要精神和告知重要情况。

（五）报告。适用于向上级机关汇报工作、反映情况、答复查询、请求备案的事项。

（六）请示。适用于向上级机关请求指示或批准的事项。

（七）批复。适用于根据职权范围，答复有关部处和单位请示事项。

（八）意见。适用于对有关重要问题提出见解和处理办法。

（九）函。适用于不相隶属单位之间商洽工作、询问或答复有关问题、批准有关事项。

（十）纪要。适用于记载会议主要情况和议定事项。

第三章　公文格式

第六条　公文的用纸、排版和印制装订要求，以及公文格式各要素编排规则，按照《党政机关公文格式》（GB/T 9704—2012）国家标准执行（见附件 4）。

第七条　国家图书馆公文版式按公文种类、内容分为以下 8 种（发文代字编写规则见附件 1，公文版式见附件 2）：

（一）“国家图书馆文件”版式，适用于以国家图书馆名义，向文化部上报“请示”“报告”，或向馆内下发重要发文。根据行文关系，分别以“国图报”“国图发”的形式编写发文字号。

（二）“中共国家图书馆委员会文件”版式，适用于以国家图书馆党委名义向文化部机关党委上报或向馆内各党支部发文。根据行文关系，分别以“国图党报”“国图党发”的形式编写发文字号。

（三）“国家图书馆”版式，适用于以国家图书馆名义对外的一般行文，以“国图函”的形式编写发文字号。

（四）“国家图书馆办公室文件”版式，适用于以国家图书馆办公室名义向馆内的发文，以“图办发”的形式编写发文字号。

（五）“中共国家图书馆委员会办公室文件”版式，适用于以国家图书馆党委办公室名义向馆内各党支部发文。以“图党办发”的形式编写发文字号。

（六）“国家图书馆部处文件”版式，适用于除办公室外其他职能部门名义向馆内的发文，以“图＋部门代字＋发”的形式编写发文字号。

（七）“国家图书馆馆务会纪要”“国家图书馆党委会议纪要”“国家图书馆馆长办公会纪要”版式，适用于向馆内编发馆务会、馆长办公会、党委会的会议纪要，以实际召开的会议次序编号。

（八）“国家图书馆简报”“党委工作简报”版式，适用于以国家图书馆、国家图书馆党委名义，发布的具有新闻宣传性质的工作文件，以实际编发的期数次序编号。

第八条　国家图书馆公文处理用纸及其适用范围如下（版式见附件3）：

（一）“国家图书馆收文处理专用纸”，适用于馆外收文处理中的批办、批示及有关处理意见；

（二）“国家图书馆发文稿纸”，适用于馆内报签发文稿；

（三）“国家图书馆公文处理专用纸”，适用于各部处报请审批、审阅有关事项；

（四）“国家图书馆电话记录”，适用于记录工作中馆外重要来电内容及处理情况。

第四章　行文规则

第九条　行文应当确有必要，讲求实效，注重针对性和可操作性。

第十条　行文关系应按照隶属关系和职权范围确定，逐级上报、逐级下达。一般不得越过文化部向其他国家部委机关发送“报告”“请示”，应报请文化部代为办理。

第十一条　原则上，除馆办公室外，各部处不得以部处名义正式对外行文；确因工作需要与外单位进行一般性业务联系，可以国家图书馆函的形式行文，并履行报批程序。

第十二条　职能部门可以“国家图书馆部处文件”形式向全馆正式发文；业务部处因工作确需发文，统一归口业务管理处。

第十三条　联合行文应明确主办部处，由主办部处先签署意见，协办部处依次会签。一般不使用复印件会签。

第十四条　部处之间对有关问题未经协商一致，不得各自行文。

第十五条“请示”应一文一事；一般只写一个主送部门，需要同时送其他部门的，应当用抄送形式，但不得同时抄送其下级部门。“报告”中不得夹带“请示”事项。

第十六条　除上级机关负责人直接交办事项外，不得以单位负责人名义向上级机关报送公文，不得以本单位名义向上级机关负责人报送公文。

第五章　公文拟制

第十七条　公文拟制包括公文的起草、审核、签发等程序。

第十八条　公文起草应当做到：

（一）符合党的路线方针政策和国家法律法规，完整准确体现办文意图，反映情况、分析问题实事求是，所提措施和办法切实可行；

（二）公文标题由“发文部处规范性全称＋事由＋公文种类”组成，要概念完整、准确，使公文主要内容一目了然。“请示”类公文标题中不得带有“报告”字样；

（三）公文内容应文字精练、主题突出、理由充分、依据准确、结构严谨、表述完整、文种正确、格式规范；

（四）公文应“一文一事”，不得“一文多事”；

（五）“请示”的事项若涉及多个方案，应写明倾向性意见；

（六）起草公文依据的文件、重要参考资料及说明材料应附在文稿之后；

（七）向上级机关报请领导同志讲话，应附讲话代拟稿。报请上级机关转发文件，应附转发文件代拟稿。

第十九条　涉密公文的拟制应在涉密计算机（即不连接互联网等公共信息网络）上进行。

第二十条　公文拟制完毕后，拟稿部处应对公文认真审核，审核重点是：

（一）行文理由是否充分，行文依据是否准确；

（二）内容是否符合法律法规和党的路线方针政策、符合国家图书馆的职能定位、符合上级领导批示精神，是否完整准确体现办文意图，所提措施和办法是否切实可行；

（三）涉及其他部处职权范围内的事项是否经过充分协商并达成一致意见；

（四）文种是否正确，格式是否规范，人名、地名、时间、数字、段落顺序、引文等是否符合有关规定，文字、数字、计量单位和标点符号等用法是否规范。

第二十一条　公文应当正文、附件齐全，不得分开；如需增补、更改附件，应交由拟稿部处处理。

第二十二条　不符合以上行文规定的公文，办公室可退回拟稿部处修改。

第六章　公文审批

第二十三条　公文审批分发文审批和办文（报批件）审批。发文审批指向文化部、外单位报送及向馆内下发公文的签批流程；办文审批指各部处向馆领导、有关部处请示、报告事项的签批流程。

第二十四条　发文审批：

（一）以国家图书馆党委名义向文化部机关党委请示、报告重要事项，向馆内各党支部发出的政策性或内容重要且涉及面广的公文，由党委副书记会签、党委书记签发。公文内容只涉及一般事项，由党委副书记签发。

（二）以国家图书馆（国家典籍博物馆）名义向文化部请示、报告重要事项，向馆内各部处发出政策性或内容重要、涉及重大事项的重要公文，由主管馆领导会签、馆长签发。一般事项公文函件，由主管馆领导签发；主管馆领导认为需经其他馆领导审定、签发时，应另加签注。

（三）以国家古籍保护中心名义向文化部请示、报告重要事项，向各省分中心或其他单位发出的重要公文，由中心副主任会签，主任签发；一般事项公文，由中心副主任签发。

（四）与我馆有行政隶属关系的代管、挂靠单位向馆外发文，由主管馆领导签发；必要时报馆长签发。

（五）以各职能部门名义发出涉及重要事项的公文，由主管馆领导签发；一般事项公文，由拟稿部处负责人签发。

（六）馆务会纪要、国图简报由主管办公室的馆领导会签、馆长签发，根据简报内容，必要时由相关馆领导会签；党委会纪要、党委工作简报由党委副书记会签、党委书记签发；馆长办公会纪要由主持会议的馆领导签发。

第二十五条　办文（报批件）审批：

（一）一般经相关职能部处会签，由拟稿部处主管馆领导审批；主管馆领导认为需经其他馆领导审批时，应另加签注。

（二）涉及馆藏文献开发、创收、政府采购、文献竞拍等特殊事项的办文，按照馆内相关特殊事项管理办法规定的审批流程执行。

第二十六条　馆领导外出期间，由馆长指定的其他馆领导审批、签发。

第七章　公文办理

第二十七条　公文办理包括收文办理、办文（报批件）办理和发文办理。

第二十八条　收文办理指对收到公文的办理过程。

（一）收文办理程序包括签收、登记、审核、拟办、批办、承办、催办等。报送国家图书馆的各类公文由办公室统一归口接收处理；机要文件由办公室机要员负责签收、分办、管理、清退和销毁。

（二）凡署名送国家图书馆、国家图书馆办公室、国家图书馆馆长和负责同志的公文函件，由办公室统一拆封、登记。馆领导、部处收到的公文函件，如需以国家图书馆或国家图书馆办公室名义办理答复的，交由办公室登记、处理。

（三）办公室收到公文函件，按照归口交办的原则，对属其他部处职责办理的文件，登记后转相应部门处理；其他需要办理的文件编号登记、填写“国家图书馆收文处理专用纸”后交办公室主任批办，再由文秘人员分送。

（四）部处收到需要办理的公文函件，由文书编号登记、填写“国家图书馆收文处理专用纸”后交部处负责人批办，再由秘书分送。

（五）根据公文函件内容，收文可分“办件”“阅件”两种。“阅件”即不需要回复或办理的阅知性公文，应严格按公文批办意见中的传阅范围传阅，不得横传，避免漏传、误传。一般自上而下传阅，先正职、后副职，先主办部门、后协办部门。馆领导及有关部处阅后，应注明阅件人及阅件时间，以便备查。

“办件”即需要回复、办理的公文。由收文部处负责人先提出拟办意见，报请馆领导批示后，再送交有关部处办理；或收文部处事先与有关部处商洽后提出回复、办理意见，再报送馆领导阅批。需要正式回复的公文，承办部处应履行报批程序，经馆领导签发后回复，纸质回复件附在收文后一并存档；无须正式回复的公文，办复结果应记录在“国家图书馆收文处理专用纸”上。

（六）有时限要求的公文，分办时应明确办理时限，收文部处应及时跟进督办。

第二十九条　办文（报批件）办理指馆内各部处向馆领导、有关部处请示、报告工作事项的公文办理过程。

（一）拟稿部处文书在OA“办文”模块中填写“国家图书馆公文处理专用纸”，编辑完正文后，提交部处负责人核稿、签批。

（二）拟稿部处负责人签署明确审批意见后，由拟稿部处文书进行公文的部处会签流转。

（三）公文内容若涉及其他部处职能，相关部处应予会签。重要或复杂事项，拟稿部处应事先主动与相关会签部处沟通，原则上会签意见一致再报馆领导审批。

（四）办公室文秘人员收到需报馆领导的办文，进行初步审核后提交馆领导审批。

（五）馆领导审批结束后，办公室根据审批意见完成流程，或退回拟稿部处修改、补充意见；需上馆务会研究的提交办公室主任，待馆务会后由办公室主任签批意见并完成流转。

第三十条　发文办理指向文化部、外单位报送及向馆内下发的公文的办理过程。

（一）拟稿部处文书在OA“发文”模块中填写“国家图书馆发文稿纸”，编辑完正文后，提交部处负责人核稿、签批。发文内容若涉及重要、复杂事项，应先履行办文（报批件）流程，待事项批准后再行发文程序，并在流程中关联该办文。

（二）拟稿部处负责人签署明确审批意见后，由拟稿部处文书进行公文的部处会签流转。

（三）公文内容若涉及其他部处职能，相关部处应予会签，原则上会签意见一致再报馆领导会签、签发。

（四）办公室文秘人员收到需报馆领导的发文，进行初步审核后提交办公室主任核稿，签注需会签、签发的馆领导。

（五）已经签发的文稿内容，不得随意更改。确需更改的，应报签发人同意。

（六）馆领导签发后，根据公文内容，由有关部处负责用印封发。

第三十一条　拟稿部处应负责跟进公文运转情况，及时协调解决公文会签时遇到的问题。

第三十二条　紧急公文可先以纸质形式上报，审批完成后须补OA流程，以确保纸质与电子公文档案的一一对应。

第三十三条　拟稿和会签部处负责人应高度重视公文核签工作，严格审核，认真把关，确保公文质量，程序规范，并为馆领导提供准确的审批依据。

第三十四条　会签如有分歧，拟稿部处负责人应出面协调解决，仍不能取得一致时，拟稿部处与会签部处应列出各方理据后报请馆领导审批。

第三十五条　凡送馆领导审阅或签发的公文，原则上由办公室统一报送；涉及人事、财务、纪检、审计等敏感事项的公文，拟稿部处可视情况自行报送馆领导。

第三十六条　办公室应指定专人，认真审核报送馆领导的“办文”“发文”，如公文存在问题，一般退回拟稿部处修改。审核重点是：是否确需行文；行文方式是否妥当，是否符合行文规则；程序和所附材料是否完备，审批依据是否恰当；内容与已有规定是否矛盾；提出的要求和措施是否可行；涉及其他部处职责的事项是否协商并达成一致意见；表达拟稿部处的意图是否清楚准确，叙述是否通顺简要；公文文种是否正确，格式和拟制公文要求是否符合本办法规定等。

第三十七条　涉密公文不得在OA中运行，一律采用纸质形式，并指定专人负责流转。

第八章　公文运转和督办

第三十八条　公文运转顺序依照公文承办程序确定，由办公室负责指导。

第三十九条　各部处对收到的纸质公文和OA中运转的电子公文应及时处理，不得延误、推诿、积压。

第四十条　报送纸质公文，统一使用“国家图书馆公文处理专用夹”；涉密公文，统一使用不透明的“文件夹”。

第四十一条　公文运转须严格履行登记、签收手续，每个运转环节须具体记录公文去向，做到有据可查，责任分明。签收文件时，应签注收件人姓名和具体日期。

第四十二条　部处文书应经常检查所承办公文的运转情况，及时催办。做到紧急公文跟踪催办，重要公文重点催办，一般公文定期催办。

第四十三条　紧急文件，应随到随办，拟稿部处应指定专人跟踪办理，报送审核签发时应书面注明紧急理由。各部处应抓紧办理急件，并留出报请馆领导审批的时间。不得人为制造“特急”“加急”公文。

第四十四条　没有明确规定办理时限的公文要求如下：一般办件应在5个工作日内办复；如事情较复杂，需承办部门与有关部门协商办理的，应在7个工作日内办复；会签文件应在3个工作日内办复。超过工作日仍不能办妥的，应主动说明情况和原因。

第九章　公文印发

第四十五条　公文印发主要包括公文的复核、登记、印制、核发等程序。

第四十六条　公文经签发后，由相关部门负责制作、印发：

以国家图书馆及国家图书馆办公室名义的发文、馆务会纪要、馆长办公会纪要、国图简报，由办公室负责编号、印发；

以国家古籍保护中心名义的发文由国家古籍保护中心办公室负责编号、印发；

以国家图书馆党委及党委办公室名义的发文、党委会纪要、党委工作简报，由党群工作办公室负责编号、印发；

以国家图书馆部处名义的发文，由拟稿部处负责编号、印发。

第四十七条　公文正式印制前，负责印发的部处应进行复核，复核重点是：审批、签发手续是否完备，附件材料是否齐全，格式、文字是否规范、准确等。经复核需作一般性文字改动，由办公室主任审定；如有实质性改动，应按程序复审。

第四十八条　复核后，制文部处应进行登记编号。报送文化部及馆外公文函件，对印制件作终校后加盖印章发出；馆内发文应先完成OA下发流程，再将公文送馆内印厂按所需份数印制纸质文件下发。

第四十九条　公文印制应工整端庄，按规定格式和工序排印，做到及时、规范、安全。

第五十条　公文终校由拟稿部处负责。校对人员应严格通校文字、标点及公文格式，做到准确无误。

第五十一条　重要的发文，在正式印制后、封发前，办公室应进行审读。审读重点是：印制格式是否规范，全文是否有误，附件是否遗漏等。办公室应指定专人负责公文的终校、审读工作。

第五十二条　公文应加盖印章，制文部处按照规定的公文签发权限和公文主送、抄送、存档需要份数严格用印。

第五十三条　上报文化部及其他部委与单位的重要公文、涉密公文由办公室采取机要交换或专人专送的形式；急件，一般由拟稿部处专人专送；一般函件，由拟稿部处负责寄送。

第五十四条　通过传真机发出公文，须确保安全，应核实收件单位传真号码和收件人。涉密公文不得明传。

第十章　公文管理

第五十五条　上级机关的公文，一般不得翻印；公文除标明密级和不准复制的以外，经收文部处负责人批准，可以复制。

第五十六条　公开发布国家图书馆公文，须经馆办公室批准。

第五十七条　公文被撤销，视为自始无效；公文被废止，视为自废止之日起失效。

第五十八条　销毁涉密公文应到指定场所并由2人以上监销，保证不丢失、不漏销。销毁涉密收文，应先履行报批手续，经收文部处负责人、主管馆领导批准后，方予自行销毁或送上级机关销毁。

第五十九条　部处因工作需要合并或撤销，应及时将部处需要归档的公文整理、立卷后移交馆档案室。

第六十条　工作人员调离工作岗位时，须将本人暂存、借用的公文进行移交、清退，不得擅自带走或自行销毁。

第六十一条　公文办理完毕后，由承办部处根据公文相互联系、特征、保存价值等将电子文件和纸质文件整理、立卷、归档。联合办理的公文，由主办部处负责归档。个人不得保存应当归档的公文。

第六十二条　公文立卷归档工作由馆档案室负责指导，各部处兼职档案员具体组织落实。

第六十三条　需要归档的公文，归档要求、操作程序等应按《国家图书馆档案管理办法》执行，保证归档公文收录齐全完整，分类规范，案卷质量达标。

第六十四条　各部处应于每年6月底前将上一年度的电子公文、纸质公文案卷材料一并移交馆档案室。

第十一章　附则

第六十五条　本办法由馆办公室负责解释。

第六十六条　本办法自2016年9月1日起施行,《国家图书馆公文处理办法》(国图办发〔2007〕11号)、《关于调整公文审批权限和审批流程的通知》(国图办发〔2010〕31号)同时废止。

国家图书馆项目支出绩效评价管理暂行办法

第一章　总则

第一条　为加强国家图书馆项目预算支出管理，强化支出责任，提高资金使用效益，根据财政部《财政支出绩效评价管理暂行办法》和文化部有关规定，结合国家图书馆实际，制定本办法。

第二条　本办法所指的项目支出绩效评价（以下简称绩效评价），是指根据设定的绩效目标，运用科学、合理的绩效评价指标、评价标准和评价方法，对国家图书馆项目支出的经济性、效率性和效益性进行客观、公正的评价。

第三条　绩效评价应当遵循以下基本原则：

（一）科学规范原则。绩效评价应当严格执行规定的程序，按照科学可行的要求，采用定量与定性分析相结合的方法。

（二）客观真实原则。以相关的法律、法规、制度和项目实施的实际结果为依据，真实反映项目支出的实际情况，客观评价项目支出的目标、任务和效果。

（三）绩效相关原则。绩效评价应当针对具体支出及其产出绩效进行，评价结果应当清晰反映支出和产出绩效之间的紧密对应关系。

第四条　绩效评价的主要依据：

（一）国家相关法律、法规和规章制度；

（二）预算管理制度、资金及财务管理办法、财务会计资料；

（三）国家图书馆职能职责、中长期发展规划及年度工作计划；

（四）相关业务政策、业务标准及业务技术规范；

（五）申请预算时提出的绩效目标及其他相关材料、预算批复、年度预算执行情况、年度决算报告；

（六）其他相关资料。

第二章　绩效评价的内容

第五条　绩效评价的基本内容：

（一）绩效目标的设定情况；

（二）资金投入和使用情况；

（三）为实现绩效目标制定的制度、采取的措施等；

（四）绩效目标的实现程度及效果；

（五）绩效评价的其他内容。

第六条　绩效评价一般以预算年度为周期。对跨年度的重大（重点）项目可根据项目或支出完成情况实施阶段性评价。

第三章　绩效目标

第七条　绩效目标是依据国家图书馆职能职责和事业发展要求，设立并通过预算安排的项目支出在一定期限内预期达到的产出和效果。在申报预算时，应当按照本办法规定的要求将绩效目标编入年度预算。

第八条　绩效目标要能清晰反映预算资金的预期产出和效果，并以相应的绩效指标予以细化、量化描述。主要包括：

（一）预期产出，是指预算资金在一定期限内预期提供的产品和服务情况；

（二）预期效果，是指上述产出可能对经济、社会等带来的影响情况，以及服务对象对该项产出和影响的满意程度等。

第九条　设定的绩效目标应当符合以下要求：

（一）指向明确。绩效目标要符合国家图书馆职能职责及事业发展规划等要求，并与相应的预算支出内容、范围、方向、效果等紧密相关。

（二）细化量化。绩效目标应当从数量、质量、成本、时效以及经济效益、社会效益、可持续影响、满意度等方面进行细化，尽量进行定量表述。不能以量化形式表述的，可采用定性表述，但应具有可衡量性。

（三）合理可行。设定绩效目标时要经过调查研究和科学论证，符合客观实际，能够在一定期限内如期实现。

（四）相应匹配。绩效目标要与计划期内的任务数或计划数相对应，与预算确定的资金量相匹配。

第四章　绩效评价指标

第十条　绩效评价指标是指衡量绩效目标实现程度的考核工具。绩效评价指标的确定应当遵循以下原则：

（一）相关性原则。应当与绩效目标有直接的联系，能够恰当反映目标的实现程度。

（二）重要性原则。应当优先使用最具项目代表性、最能反映评价要求的核心指标。

（三）可比性原则。对同类项目要设定共性的绩效评价指标，以便于评价结果可以相互比较。

（四）系统性原则。应当将定量指标与定性指标相结合，系统反映项目支出所产生的社会效益和可持续影响等。

（五）经济性原则。应当通俗易懂、简便易行，数据的获得应当考虑现实条件和可操作性，符合成本效益原则。

第十一条　绩效评价指标分为共性指标和个性指标。

（一）共性指标是适用于所有项目的指标。主要包括预算编制和执行情况、财务管理状况、资产配置、使用、处置情况以及社会效益等。

（二）个性指标是针对项目特点设定的，适用于不同项目的评价指标。

共性指标由文化部统一制定，个性指标由审计处会同项目相关部处制定。

第五章　绩效报告和绩效评价报告

第十二条　绩效报告应当包括以下主要内容：

（一）基本概况，包括单位职能、事业发展规划、预决算情况、项目立项依据等；
（二）绩效目标及其设立依据和调整情况；
（三）管理措施及组织实施情况；
（四）总结分析绩效目标完成情况；
（五）说明未完成绩效目标及其原因；
（六）下一步改进工作的意见及建议。

第十三条　绩效评价报告应当包括以下主要内容：
（一）基本概况；
（二）绩效评价的组织实施情况；
（三）绩效评价指标体系、评价标准和评价方法；
（四）绩效目标的实现程度；
（五）存在问题及原因分析；
（六）评价结论及建议；
（七）其他需要说明的问题。

第十四条　绩效报告和绩效评价报告应当依据充分、真实完整、数据准确、分析透彻、逻辑清晰、客观公正。

第六章　绩效评价结果及其应用

第十五条　绩效评价结果采取评分与评级相结合的形式。

第十六条　绩效评价结果应当及时整理、归纳、分析、反馈，并作为改进预算管理、项目管理的重要依据。

第七章　绩效评价的职责分工和工作程序

第十七条　审计处的主要职责是：
（一）确定绩效评价项目；
（二）会同项目相关部处制定项目支出绩效评价个性指标；
（三）组织召开绩效评价会议；
（四）撰写并提交项目的绩效评价报告；
（五）提出改进项目管理意见并督促落实。

第十八条　项目支出的相关部处的主要职责是：
（一）提出项目的具体绩效目标和任务；
（二）制定项目支出绩效评价个性指标；
（三）撰写绩效报告；
（四）参加绩效评价会议；
（五）根据绩效评价结果改进项目管理。

第十九条　绩效评价工作一般按照以下程序进行：

（一）安排部署。审计处部署项目绩效评价工作，确定绩效评价项目、明确绩效评价的时间安排、工作进度、工作要求等。

（二）相关部处提交绩效报告。项目支出相关部处按要求确定工作联系人、组织开展自我评价、制定绩效评价指标体系、提交绩效报告和相关材料。

（三）召开绩效评价会议。审计处组织召开绩效评价会议、综合分析并形成评价结论、撰写与提交绩效评价报告。

第八章　附则

第二十条　本规定由审计处负责解释。

第二十一条　本规定经第48次馆务会议讨论通过，自发布之日起施行。

附件：1. 项目支出绩效评价共性指标

2. 项目支出绩效报告模板

（略）

媒体报道

媒体报道

一、广电媒体

日期	标题	媒体	作者
4月8日	刘奇葆在国家图书馆调研：用时代精神激活传统文化生命力	中央电视台 CCTV1	
6月17日	中华传统文化百部经典首批 12 部书目确定	中央电视台 CCTV1	
1月5日	新年文化之旅 · 走进国家图书馆甲骨文记忆：三千年历史一脉相承	中央电视台 CCTV13	
1月5日	走进国家图书馆开启书香之旅	中央电视台 CCTV13	
1月19日	国家典籍博物馆：宋元善拓暨全国书法临摹展在京举行	中央电视台 CCTV13	
4月10日	刘奇葆在国家图书馆调研	中央电视台 CCTV13	
4月17日	任继愈百年诞辰纪念展在京举行	中央电视台 CCTV13	
4月24日	国家图书馆第 11 届文津奖获奖图书揭晓：10 种图书获奖范围涵盖广	中央电视台 CCTV13	
5月16日	北京：博洛尼亚国际插画展国图开展	中央电视台 CCTV13	
5月20日	北京：《一门三院士共筑中国梦》首展	中央电视台 CCTV13	
5月25日	第五批全国古籍名录和重点保护单位公布文化部：南三阁《四库全书》等入选名录	中央电视台 CCTV13	
5月25日	文化部第五批全国古籍名录和重点保护单位公布：南三阁《四库全书》等入选名录	中央电视台 CCTV13	
6月21日	珍贵古籍特展今天开幕众多新发现首次亮相	中央电视台 CCTV13	
7月29日	刘建明：我在国图修古籍	中央电视台 CCTV13	
8月1日	北京国家珍贵古籍特展在国图展出	中央电视台 CCTV13	
8月2日	我在国图修古籍朱振彬：唤醒“沉睡”的古籍	中央电视台 CCTV13	
9月18日	北京记忆重现：东北抗联老战士日记	中央电视台 CCTV13	

10月24日	日军侵华新史实国家图书馆出版三部历史文献	中央电视台 CCTV13	
10月25日	国家图书馆　出版三部日军侵华史料文献	中央电视台 CCTV13	
1月5日	走进国家图书馆开启书香之旅	中央电视台 CCTV3	
6月24日	国家珍贵古籍特展：敦煌遗书宋元善本纷纷亮相	中央电视台 CCTV3	
7月18日	朱振彬：唤醒“沉睡”的古籍走进读者的生活	中央电视台 CCTV3	
7月19日	田婷婷：修复拓片触摸历史	中央电视台 CCTV3	
7月20日	刘建明：点滴修补留住文脉	中央电视台 CCTV3	
7月21日	侯郁然：守护西文古籍的妙手“书医”	中央电视台 CCTV3	
7月22日	边沙：护片纸只字让古籍还魂	中央电视台 CCTV3	
11月17日	国家图书馆将建“日本对华调查档案资料”数据库	中央电视台 CCTV3	曾文甫、闫洪
10月25日	中国国家图书馆出版三部日军侵华新史实文献	中央电视台 CCTV4	
1月6日	NATIONAL MUSEUM OF CLASSIC BOOKS	中央电视台CCTV News	
2月6日	国家图书馆李虹霖	中央电视台数字电视书画频道	
5月25日	第五批《国家珍贵古籍名录》和“全国古籍重点保护单位”正式公布	中央电视台数字电视书画频道	
9月15日	中国价值 · 图说社会主义核心价值观的根与源	中央电视台数字电视书画频道	邓飞
12月21日	再遇芥子园——《芥子园画传》与当代名家对话展在国家典籍博物馆举行	中央电视台数字电视书画频道	
12月22日	再遇芥子园——《芥子园画传》与当代名家对话展专题研讨会在京召开	中央电视台数字电视书画频道	
5月24日	文化部第五批《国家珍贵古籍名录》和“全国古籍重点保护单位”新闻发布会	中央人民广播电台中国之声	
5月24日	国家图书馆“国家文献战略储备库”日前正式落户河北承德	中央人民广播电台中国之声	
5月25日	第五批《国家珍贵古籍名录》公布	中央人民广播电台中国之声	何源
1月19日	“非遗”年画进地铁营造浓浓年味	北京电视台 BTV1	罗希、宋恒宇

2月9日	过年啦：图书馆博物馆里过文化年	北京电视台 BTV1	
4月15日	北京：国家图书馆征集古籍文创好点子	北京电视台 BTV1	
4月17日	北京：古今中外“邂逅”各家展馆推新展	北京电视台 BTV1	
4月23日	世界读书日：国家图书馆联合全国图书馆举办全民阅读推广活动	北京电视台 BTV1	
5月18日	国际博物馆日——国家典籍博物馆名家带你学名篇	北京电视台 BTV1	
5月19日	北京：梁启超珍贵手稿《欧洲战役史论》首秀京城	北京电视台 BTV1	
5月25日	北京：文化部——第五批《国家珍贵古籍名录》和“全国古籍重点保护单位”正式公布	北京电视台 BTV1	
5月25日	899 部古籍入选第五批《国家珍贵古籍名录》	北京电视台 BTV1	
6月11日	短评：文化遗产日　我们不是旁观者	北京电视台 BTV1	
6月21日	“国家珍贵古籍特展”开展　国藏最早刻本亮相	北京电视台 BTV1	
6月30日	国图馆藏文献展纪念建党 95 周年	北京电视台 BTV1	邓耀明、蔡晶晶
9月8日	汤显祖国图“对话”莎士比亚	北京电视台 BTV1	邓耀明、蔡晶晶
9月28日	北京首辆书香地铁开出	北京电视台 BTV1	
10月6日	北京阅读季：首列书香地铁开出	北京电视台 BTV1	邓耀明、蔡晶晶
10月23日	3 部日本战犯审判文献出版　珍贵史实“全公开”	北京电视台 BTV1	
12月25日	跨年文化大展陆续推出　传统多元突出特色	北京电视台 BTV1	
12月29日	天坛最大规模祭天古乐演出国图开幕	北京电视台 BTV1	王丽晓、楚健
1月18日	“非遗”年画进地铁营造浓浓年味	北京电视台 BTV5	
2月4日	迎新春微信楹联送祝福共度书香年	北京电视台 BTV5	
6月30日	纪念建党 95 周年　国图举办红色记忆馆藏文献展	北京电视台 BTV5	
1月19日	过年啦：“非遗”年画进地铁营造浓浓年味	北京电视台 BTV9	
1月19日	非遗年画进地铁营造浓浓年味	北京电视台 BTV9	
1月20日	4 号线地铁站举办年画展	北京电视台 BTV9	
1月24日	国图开设古籍修复“兴趣班”冷门学科也有趣	北京电视台 BTV9	
4月17日	北京：古今中外“邂逅”各家展馆推新展	北京电视台 BTV9	

4月23日	电子阅读时代，书该怎么读?	北京电视台 BTV9	
4月23日	世界读书日：国民阅读调查　您在读什么书? 4·23 世界读书日开启阅读的一天	北京电视台 BTV9	
5月16日	全球最美插画展　开启中国巡展之旅	北京电视台 BTV9	
5月24日	北京：文化部——第五批《国家珍贵古籍名录》和“全国古籍重点保护单位”正式公布	北京电视台 BTV9	
5月31日	那年今天：2010 年 5 月 31 日——国图少儿图书馆今天开放儿童图书馆：硬件升级　数字阅读引关注	北京电视台 BTV9	
6月11日	国图首展千年雕版印刷品	北京电视台 BTV9	
6月30日	国图馆藏文献展纪念建党 95 周年	北京电视台 BTV9	邓耀明、蔡晶晶
7月1日	红色主题经典展　庆祝建党 95 周年	北京电视台 BTV9	
7月30日	本节观察：互联网不能替代名著阅读	北京电视台 BTV9	
8月2日	中外文学巨匠国图公开课“相聚”	北京电视台 BTV9	邓耀明、蔡晶晶
8月12日	科技特色夏令营走进国图“悦读之旅”体验传统文化	北京电视台 BTV9	
9月9日	美大学藏中文古籍目录出版流失海外中国古籍整理再获成果	北京电视台 BTV9	
9月14日	价值——图说社会主义核心价值观的根与源	北京电视台 BTV9	
9月18日	缅怀英烈　勿忘国耻：北京举办“九一八”纪念活动	北京电视台 BTV9	
9月26日	中华典籍太空归来回国图特展　即日观众可免费参观	北京电视台 BTV9	
10月4日	那年今天：国家图书馆　八成古籍善本明年底将可网上免费阅读	北京电视台 BTV9	
10月4日	那年今天：国家图书馆——中国国家数字图书馆	北京电视台 BTV9	
10月6日	北京阅读季：首列书香地铁开出	北京电视台 BTV9	
11月26日	“太古遗韵”古琴展非遗“牵头”重传承	北京电视台 BTV9	邓耀明、蔡晶晶
12月13日	岁末大展　名家系列展陆续推出	北京电视台 BTV9	邓耀明、吴迪
12月16日	国家图书馆首次发布“日本对华调查档案”手稿	北京电视台 BTV9	邓耀明、蔡晶晶

12月29日	天坛最大规模祭天古乐演出国图开幕	北京电视台 BTV9	
4月23日	《全民阅读》特种邮票在国家图书馆首发	北京人民广播电台文艺广播	
6月29日	国图举办“红色记忆——纪念中国共产党成立95周年馆藏文献展”	北京人民广播电台新闻广播	
10月19日	国家级古籍修复技艺传习中心福建传习所成立	东南卫视	王赞森、林志楠
11月5日	聚焦第九届海峡两岸文博会两岸文创产品齐聚亮相	东南卫视	
9月18日	北京：东北抗联历史文献入藏国家图书馆	上海东方卫视台 SHTV	陈文静、王一鸣
9月26日	北京：长征7号首批“飞天典籍”亮相	上海东方卫视台 SHTV	

二、平面媒体

日期	标题	媒体	作者
4月2日	中国国家图书馆古籍修复专家杜伟生古籍的全科医生	人民日报	王珏、李亚鸽
4月10日	刘奇葆在国家图书馆调研时强调　用时代精神启动优秀传统文化生命力	人民日报	
4月14日	任继愈：大师小事	人民日报	张贺
5月27日	第五批国家珍贵古籍名录公布	人民日报	郑海鸥
5月31日	梁门三杰图片展国图展出	人民日报	蒋雪婕
6月21日	“中华传统文化百部经典”首批书目确定《诗经》《论语》等列入今年编纂计划	人民日报	张贺
6月22日	国图举办珍贵古籍特展	人民日报	张贺
6月23日	与时间赛跑，古籍数字化如何加速	人民日报	张贺
8月4日	国图举办创客大赛，探索古籍文创空间把“甲骨文”带回家	人民日报	康岩、吴扬

9月12日	《中国价值》连环画原稿在京首展	人民日报	史一棋
11月3日	沿着昔日海上丝绸之路跨越400年的文明纽带 中国文化闪耀墨西哥	人民日报	李强、王骁波
11月17日	日本对华调查档案整理首批成果公布	人民日报	张贺
12月5日	关于公共文化设施开展学雷锋志愿服务的实施意见	人民日报	
6月29日	国图为珍贵古籍“延年续脉”	人民日报・海外版	陆培法
1月16日	“中国符号”走向大众——记国家典籍博物馆的甲骨文记忆展	人民日报海外版	叶晓楠、孙琳、李君楠
4月4日	“文明的交响・中埃文化沙龙”举办	人民日报海外版	文依
4月20日	“我与中华古籍”创客大赛	人民日报海外版	小章
4月27日	文津图书奖揭晓	人民日报海外版	
5月11日	任继愈：大师风范　空谷幽兰	人民日报海外版	中央
5月23日	国家图书馆图说梁启超家族故事　一门三院士共筑中国梦	人民日报海外版	严冰、程钰、范琛炜
7月8日	古籍“御医”——国家图书馆古籍修复见闻	人民日报海外版	陆培法
7月8日	为中国修书匠们点赞	人民日报海外版	陆培法
10月26日	建立面对全世界的“日本战犯审判文献”资源库	人民日报海外版	小章
11月2日	纪念孙中山诞辰150周年孙中山与华侨专题展在京举行	人民日报海外版	李泽岩
11月11日	薪传火继　优势互补：两岸文创离不开中华文化	人民日报海外版	林泽贵、林世雄
1月25日	数字图书馆服务：带你“泛舟”浩瀚书海	光明日报	杜羽
2月11日	去图书馆过一个书香年	光明日报	杜羽
3月23日	庆祝“世界诗歌日”“文津经典诵读”活动举行	光明日报	杜羽
4月10日	刘奇葆在国家图书馆调研时强调　用时代精神启动优秀传统文化生命力	光明日报	
4月11日	“中华传统文化百部经典”编纂全面启动	光明日报	牛梦笛
4月15日	生也有涯　学无止境——写在任继愈诞辰100周年之际	光明日报	杜羽

4月16日	先生之风　山高水长——各界纪念任继愈百年诞辰	光明日报	杜羽
5月22日	“一门三院士　共筑中国梦”在京展出	光明日报	梁若冰
5月25日	899部古籍入选第五批《国家珍贵古籍名录》	光明日报	韩业庭
6月9日	国图展出三件唐五代刻本	光明日报	杜羽
6月17日	“中华传统文化百部经典”首批书目确定	光明日报	韩业庭
6月22日	百部古籍讲述中华传统文化故事——记“民族记忆　精神家园——国家珍贵古籍特展”	光明日报	杜羽
7月5日	红色记忆　伟大征程——国家图书馆举办建党95周年文献展	光明日报	杜羽
7月14日	古籍修复技艺的传与承	光明日报	杜伟生
7月14日	善本影印：不妨多些“小而美”	光明日报	杜羽
7月24日	妙手书医延续文脉——影记古籍修复艺术	光明日报	尹子琪、刘倩玥
8月15日	国图古籍保护实验室：让典籍文献摆脱“酸化危机”	光明日报	杜羽
9月19日	国图展出东北抗联珍贵文献	光明日报	杜羽
9月27日	首部“飞天典籍”归藏国家图书馆	光明日报	罗容海、宫辞
9月30日	国图1/3善本古籍上网	光明日报	杜羽
10月11日	陪伴老人跨越数字鸿沟	光明日报	王丹
10月19日	国图将建日本战犯审判文献数据库	光明日报	杜羽
11月2日	纪念孙中山诞辰150周年专题展开幕	光明日报	杜羽
11月28日	《海外中医珍善本古籍丛刊》出版，“可补国内藏本之失，可合残本之缺，可改医史之误”——化藏为用　普惠众生	光明日报	李苑
12月12日	《东亚同文书院中国调查手稿丛刊》出版百年前，日本学生这样观察中国	光明日报	杜羽
12月23日	“再遇芥子园”开展	光明日报	杜羽
12月29日	天一阁藏方志出版启动	光明日报	杜羽
1月6日	让老百姓享受高质量文化生活	经济日报	金晶
3月13日	代表、委员献策公共文化资源共享——让基层文化弘扬更多正能量	经济日报	金晶、畲惠敏、陈静

1月23日	国图“共度书香年”春节系列活动启动	科技日报	游雪晴
4月24日	国图举办世界读书日活动	科技日报	游雪晴
5月25日	第五批《国家珍贵古籍名录》公布	科技日报	游雪晴
11月23日	建设世界一流法律数字图书馆	人民法院报	罗书臻
3月12日	国家图书馆副馆长陈力：为公共文化服务插上互联网翅膀	人民政协报	谢颖
3月13日	陈力委员：全民阅读需培养“图书馆素养”	人民政协报	赵莹莹
3月16日	“摸清家底”“因地制宜”“集中利用”——陈力委员为补齐公共文化服务“短板”支招	人民政协报	赵莹莹
3月28日	陈力：让图书馆成为公众的“荐书专家”	人民政协报	谢颖
9月26日	抗战文化：从个人记忆到国家记忆——“不朽的抗联——中国记忆项目东北抗日联军专题资源建设成果展”背后的故事	人民政协报	张丽
10月24日	国家图书馆将建日本战犯审判文献数据库	人民政协报	张丽
11月19日	让创意唤醒“沉睡”的文化	人民政协报	照宁、黄莉莉
4月10日	在国家图书馆调研，与专家学者深入交流 刘奇葆：在全社会大兴读书学习之风	新华每日电讯	
4月25日	“为学须入地狱，浩歌冲破云天”：纪念任继愈先生百年诞辰	新华每日电讯	史竞男
11月7日	以“文化”与“创意”的力量连通两岸： 第九届两岸文博会侧记	新华每日电讯	尚昊、颜之宏、陈旺
8月4日	文创产品，为古籍插上想象的翅膀——中国国家图书馆文创开发实践	中国财经报	惠梦
1月26日	在阅读中感受年味　国家图书馆激活2016年春节系列活动	中国出版传媒商报	夜雨
4月8日	数字时代，图书馆依然无可替代	中国出版传媒商报	张倩
4月15日	国图首办创客大赛让古籍“活起来”	中国出版传媒商报	梅园
4月26日	国图社发布样式雷图文件　存真古建艺术	中国出版传媒商报	
7月1日	“文明的交响·中古文化沙龙”成功举办	中国出版传媒商报	蔡蕾
8月23日	文物学家孙机国图开讲古文物	中国出版传媒商报	

9月20日	国图与西藏文化厅签署全面支援藏图建设战略框架协议	中国出版传媒商报	
9月23日	国图社打造《古本戏曲丛刊》第六集以惠学林	中国出版传媒商报	冷汰
9月23日	"海外中华古籍调查暨数字化合作项目"出版新成果	中国出版传媒商报	
9月23日	国图举办纪念"九一八事变"85周年东北抗日联军专题成果发布会	中国出版传媒商报	解慧
10月11日	北京首辆书香地铁专列倡导"童"读一本书	中国出版传媒商报	李允
3月30日	人本　活态　抢救　分享——中国国家图书馆开展记忆资源建设	中国档案报	田苗、杨秋蒙
4月22日	任继愈先生百年诞辰纪念活动举行	中国纪检监察报	中央
1月6日	中学生走进国家典籍博物馆	中国教育报	子依
4月22日	当古籍遇上创客	中国科学报	胡珉琦
4月29日	文津图书奖　科学戏码足	中国科学报	李芸
5月27日	131部少数民族文字古籍入选《国家珍贵古籍名录》	中国民族报	牛锐
1月28日	国家图书馆春节送文化"大礼包"	中国青年报	蒋肖斌
4月14日	国家图书馆首办"我与中华古籍"创客大赛	中国青年报	蒋肖斌
5月25日	第五批《国家珍贵古籍名录》公布　香港地区首次申报	中国青年报	蒋肖斌
6月30日	"红色记忆——纪念中国共产党成立九十五周年馆藏文献展"展出	中国青年报	蒋肖斌
8月7日	纪念汤显祖、莎士比亚、塞万提斯逝世400周年	中国青年报	蒋肖斌
9月10日	《中国价值》连环画创作展在京举行	中国青年报	李立红
9月19日	"九一八"，他们在国图口述历史	中国青年报	蒋肖斌
11月7日	傅雷夫妇逝世五十周年纪念展在京举办	中国青年报	楠烽
6月20日	"杭州有约·喜迎G20西泠印社名家精品展"系列活动在中国国家图书馆开幕	中国社会科学报	
7月1日	藏书：推进公藏与私藏的共存互动——访国家图书馆副馆长张志清	中国社会科学报	孙妙凝

9月26日	"清末民初新闻漫画展"在京举行	中国社会科学报	吕家佐
1月22日	京城首家地铁图书馆开馆	中国文化报	
1月22日	采取切实举措，确保法规落地	中国文化报	韩永进
1月29日	国家图书馆举办楹联文化展	中国文化报	屈菡
2月2日	国家图书馆：高质量的文化空间	中国文化报	宋合意
2月4日	积极应对图书馆智能化时代的来临——国家图书馆以科技推进后勤保障	中国文化报	张鹏
2月5日	国图推送新春文化"大礼包"	中国文化报	屈菡
3月8日	倡导全民阅读　提高国民素质	中国文化报	胡克非、王立元、薛帅、张建友
3月10日	补齐基层短板　增进民生福祉——两会代表委员聚焦公共文化建设	中国文化报	薛帅、王立元 胡克非、张建友
3月11日	国家图书馆"精准"服务两会	中国文化报	屈函
3月17日	数字图书馆推广工程五年成果展出	中国文化报	刘梦琦
3月30日	国图举办"文津经典诵读"诗歌会	中国文化报	马霞
4月6日	跨越体制，民营机构参与古籍修复	中国文化报	王雪娟、付远书
4月11日	数字图书馆推广工程成效显著	中国文化报	孟欣
4月15日	古籍创客大赛聚焦创意文化设计	中国文化报	屈菡
4月18日	任继愈百年诞辰纪念活动在京举行	中国文化报	屈涵
4月20日	国家珍贵古籍系列讲座活动启动	中国文化报	胡克非
4月22日	第六届全国文献采访工作研讨会召开	中国文化报	王学思
4月22日	国家图书馆举办任继愈百年诞辰纪念活动	中国文化报	屈涵
4月22日	任继愈先生——中国图书馆界的一面旗帜	中国文化报	韩永进
4月22日	任继愈先生百年诞辰纪念会暨学术研讨会发言摘要	中国文化报	
4月29日	国图出版样式雷图文件	中国文化报	屈涵
5月10日	第十一届文津图书奖颁布	中国文化报	中央
5月17日	博洛尼亚国际插画展首次走进中国大陆	中国文化报	张妮
5月19日	国家文献战略储备库将在承德建设	中国文化报	屈菡

5月24日	“一门三院士　共筑中国梦”图片展在国图首展	中国文化报	屈菡
5月25日	第五批《国家珍贵古籍名录》公布	中国文化报	屈菡
5月25日	亮点纷呈　熠熠生辉——写在第五批《国家珍贵古籍名录》公布之际	中国文化报	李致忠
5月25日	国家典籍博物馆：让青少年乐在其中	中国文化报	屈菡
5月25日	古籍修复技艺李仁清传习所揭牌	中国文化报	张莹莹
6月1日	2016中国文化馆、图书馆年会将突出创新融合	中国文化报	薛帅
6月3日	“互联网+”让阅读更加便捷	中国文化报	屈菡
6月14日	从“正襟危坐”到“卖萌争宠”——文化文物单位文创产品的明天有多炫	中国文化报	薛帅
6月14日	国家珍贵古籍特展举行预展	中国文化报	屈菡
6月17日	“中华传统文化百部经典”首批书目确定	中国文化报	
6月17日	从中华优秀典籍中汲取历史智慧	中国文化报	韩永进
6月20日	“美丽的伊朗”图片展亮相国图	中国文化报	屈菡
6月22日	“创客@图书馆展览”在河北开展	中国文化报	刘秀峰、李秋云
6月22日	“国家珍贵古籍特展”开幕	中国文化报	屈菡
6月27日	全国“数字图书馆业务技能竞赛”开赛	中国文化报	孟欣
7月1日	各地展览荟萃庆祝建党95周年	中国文化报	冯智军
7月21日	全国民国文献编目业务骨干研修交流	中国文化报	刘秀峰、李秋云
7月27日	古籍保护协会携手四地展开志愿服务	中国文化报	李静
8月2日	一堂公开课的启示	中国文化报	任远
8月12日	国家级古籍修复技艺传习中心四川传习所揭牌	中国文化报	付远书
8月17日	古籍保护就是和时间赛跑——中华古籍保护志愿服务活动四川行侧记	中国文化报	李静
8月26日	“M地铁·图书馆”获国际图书馆营销奖	中国文化报	屈菡
8月30日	《江西历代进士全传》在国图首发	中国文化报	
8月31日	图书馆未成年人服务提升计划走进河北	中国文化报	刘秀峰、李秋云
9月1日	“全国图书馆文献缩微工作成果展”亮相四川省图	中国文化报	付远书
9月2日	海外中华古籍调查屡有成果	中国文化报	屈菡

9月5日	“2016年数字图书馆业务技能竞赛”初赛结束	中国文化报	孟欣、杨妙
9月12日	海外中国文化中心纪念汤显祖和莎士比亚：跨越时空的对话	中国文化报	
9月13日	在“中华古籍保护计划”大框架下 海外中华古籍踏上数字回归路	中国文化报	屈菡
9月20日	“东北抗日联军专题”资源建设成果丰硕	中国文化报	
9月21日	国图发布“东北抗联专题”资源建设成果	中国文化报	屈菡
9月28日	中华典籍搭乘长征七号遨游太空	中国文化报	屈菡
9月29日	“中华古籍资源库”发布	中国文化报	屈菡
9月30日	古籍保护，志愿者在行动	中国文化报	
9月30日	四川：解决人才不足 激发基层活力	中国文化报	林英
9月30日	安徽：全程在线指导 组织管理得当	中国文化报	石梅
9月30日	山西：先期调研统筹安排 新发现振奋人心	中国文化报	范月珍
9月30日	广东：39名志愿者助力岭南摸清家底	中国文化报	倪俊明
9月30日	古籍保护时不我待	中国文化报	石祥
9月30日	地铁4号线驶出“童书专列”	中国文化报	屈菡、苏丹丹
10月13日	国家图书馆举行第三次党代会	中国文化报	屈菡
10月25日	国图将建日本战犯审判文献数据库	中国文化报	屈菡
10月27日	2016年中国图书馆年会在安徽举办	中国文化报	王学思
11月2日	发掘利用民族记忆和红色记忆助推实现中华民族伟大复兴中国梦	中国文化报	黎宏河
11月4日	孙中山与华侨专题展在国图首展	中国文化报	屈菡
11月4日	新工艺实现文献批量脱酸	中国文化报	孟欣
11月7日	全国数字图书馆业务技能竞赛落幕	中国文化报	杨妙
11月7日	中华典籍创意元素及产品首现文博会	中国文化报	黄国勇
11月16日	国图将建“日本对华调查档案资料”数据库	中国文化报	屈菡
11月23日	在图书馆创客研习营里开眼界	中国文化报	李静
11月24日	国家图书馆举办中国古琴文化大展	中国文化报	屈菡

11月24日	曲阜挂牌国家古籍保护中心中华优秀传统文化实践基地	中国文化报	屈菡
11月30日	国家典籍博物馆举办“太古遗韵——中国古琴文化大展” 太古遗韵今犹在 君子养修世世传	中国文化报	任远
12月8日	本报与故宫、国图座谈交流	中国文化报	隗瑞艳、刘修兵
12月9日	让历史说话 用史实发言——“日本战犯罪行审判史料编译”发布一周年	中国文化报	
12月12日	以大众传媒形式介绍东京审判的有效尝试	中国文化报	宋志勇
12月14日	20年寻访多国汇成丛刊427部珍贵中医古籍“回家”了	中国文化报	张妮
12月15日	民间戏剧社团骨干人才培训在国图收官	中国文化报	屈菡
12月15日	国家图书馆开创“十三五”时期发展新局面	中国文化报	
12月15日	打通现代公共文化服务“最后一公里” 用海量数字资源和高效便捷服务惠及全民	中国文化报	
12月15日	守护文化根脉 弘扬传统文化 中华古籍保护计划实施10年成效显著	中国文化报	
12月15日	力避文献历史断层 保护抢救刻不容缓 民国时期文献保护计划成效凸显	中国文化报	
12月15日	全力推进国家文献战略储备库建设保证文献与数据安全的最后一道防线	中国文化报	
12月18日	国图展出吴昌硕篆刻与当代印人的创作	中国文化报	闫敏
12月23日	“再遇芥子园”名家对话展举办	中国文化报	屈菡
12月26日	国家图书馆网站获文化部“年度最佳奖”	中国文化报	孟欣
12月30日	中国文化中心数字图书馆上线	中国文化报	屈菡
4月19日	“我与中华古籍”创客大赛启动	中国文物报	文轩
5月20日	国家典籍博物馆挂牌成为“青少年中华传统文化教育基地”	中国文物报	
6月24日	“国家珍贵古籍特展”在国图开幕	中国文物报	
9月20日	国图中国记忆项目抗联专题资源建设取得成果	中国文物报	杨逸尘
11月22日	“太古遗韵——中国古琴文化大展”在京开幕	中国文物报	杨逸尘

12月9日	吴昌硕篆刻与当代印人创作展在国家典籍博物馆开幕	中国文物报	杨逸尘
12月23日	《芥子园画传》与当代名家对话展在国家典籍博物馆开幕	中国文物报	冯朝晖
1月6日	国图社与江苏档案馆签约推进民国时期文献出版	中国新闻出版广电报	章红雨
1月29日	数字图书馆带你游书海	中国新闻出版广电报	韩东
2月1日	M 地铁 · 图书馆首期活动推荐民俗读物	中国新闻出版广电报	王坤宁
3月10日	天津举办数字图书馆建设成果展	中国新闻出版广电报	刘梦琦、刘文宁
6月7日	国图收藏刘艺书法作品及著作	中国新闻出版广电报	章红雨
6月17日	“我与中华古籍”创客　大赛巡展在津启幕	中国新闻出版广电报	刘梦琦
6月28日	“中古文化沙龙”弹奏文明交响	中国新闻出版广电报	李彦
7月13日	红色文献亮相国家典籍博物馆	中国新闻出版广电报	韩东
1月27日	国图推出新春文化“大礼包”	中国艺术报	金涛
4月15日	2016 年“我与中华古籍”创客大赛启动	中国艺术报	何瑞涓
4月27日	全民阅读，播种智慧的果实	中国艺术报	蒲波
6月1日	中国文化馆年会、中国图书馆年会改由政府指导协会主办	中国艺术报	吴华
6月17日	“中华传统文化百部经典”首批书目确定	中国艺术报	
6月17日	现存国内最早雕版印刷品亮相国图	中国艺术报	金涛
8月5日	国图公开课纪念三位文学巨匠	中国艺术报	金涛
9月26日	东北抗联：不可忘却的英雄群体——国图纪念“九一八事变”85 周年发布东北抗日联军专题成果	中国艺术报	金涛
11月25日	国图举行古琴文化研讨与展览	中国艺术报	金涛
12月9日	民间戏剧社团骨干人才培训收官	中国艺术报	易明
12月30日	国图艺术中心公益演出圆满收官	中国艺术报	金涛
4月20日	“我与中华古籍”创客大赛启动	中华读书报	鲁大智
4月20日	国图举办“永远的怀念——任继愈先生百年诞辰纪念活动”	中华读书报	舒晋瑜
4月27日	第十一届国家图书馆文津图书奖获奖图书	中华读书报	

4月27日	国图联合全国图书馆举办全民阅读推广活动	中华读书报	夏琪
4月27日	喜看原创耀文津	中华读书报	朱永新
4月27日	第十一届文津奖推荐图书57种	中华读书报	
6月1日	第五批《国家珍贵古籍名录》正式公布	中华读书报	舒晋瑜
6月29日	“中古文化沙龙”在京举办	中华读书报	夏琪
9月21日	抗联战士日记、口述音频等文献入藏国图	中华读书报	舒晋瑜
9月28日	中华典籍搭载长征七号运载火箭飞天	中华读书报	夏琪
10月19日	日本战犯审判文献将实现一站式检索	中华读书报	舒晋瑜
10月26日	国家图书馆发布两项重要古籍数据库首批一万余部古籍善本网上免费阅览	中华读书报	舒晋瑜
2月1日	国家图书馆推送楹联主题新春文化“大礼包”	工人日报	赵亮
4月18日	国图“我与中华古籍”创客大赛开启	工人日报	赵亮
6月27日	百余件珍贵古籍国图开展	工人日报	赵亮
8月1日	阴差阳错的爱情——国图举办纪念汤显祖、莎士比亚400周年活动	工人日报	娜仁
9月25日	“中国记忆”东北抗日联军专题成果发布	工人日报	冷秋
7月5日	Paper records of CPC history on display in Beijing	China Daily	Wang Kaihao
11月30日	New series on spy activities of Japanese ‘school’	China Daily	Wang Kaihao
2月1日	国图邀读者过年享书香	北京晨报	王岐丰
4月22日	国图邀读者比拼古籍文化创意	北京晨报	王岐丰
5月16日	博洛尼亚插画展亮相京城“插画界的奥斯卡”中国巡展	北京晨报	刘婷
9月19日	国图文献文物讲述抗联故事战士没烟袋子弹壳自制烟具	北京晨报	
9月26日	声腔越百年　国图唱名段	北京晨报	和璐璐
1月19日	民俗年画首次进地铁	北京青年报	刘珜
1月27日	国图楹联文化展寻找年味的记忆	北京青年报	王岩

4月19日	国家图书馆举办任继愈百年诞辰展	北京青年报	王岩
4月22日	“我与中华古籍”创客大赛启动	北京青年报	王岩
4月24日	任继愈《老子绎读》获“文津图书奖”	北京青年报	王岩
4月29日	国家图书馆淘宝店试运营	北京青年报	王岩
5月20日	古籍修复：静下来和时间交手	北京青年报	张知依
5月25日	香港地区首次申报《国家珍贵古籍名录》	北京青年报	郭佳
6月14日	“西泠印社文化艺术系列活动”亮相国家图书馆	北京青年报	王岩
6月22日	国内最早世界第二的雕版印刷品来了！	北京青年报	王岩
9月20日	“东北抗联”珍贵文献入藏国家图书馆	北京青年报	王岩
9月28日	地铁4号线开出首个“童书专列”	北京青年报	崔巍、王岩
11月26日	罕见古琴首次亮相国家图书馆	北京青年报	王岩
1月19日	4号线地铁站举办年画展	北京日报	刘冕
2月1日	国图春节大礼包借网络送全国	北京日报	李洋
6月22日	寻当代词汇出处　悟千年典籍智慧	北京日报	李洋
6月30日	国图馆藏文献讲述红色记忆	北京日报	韩轩
9月7日	汤显祖国图“对话”莎士比亚	北京日报	陈涛
9月19日	中国记忆项目东北抗日联军专题资源建设成果展开展　九旬抗联老战士说“谢谢”	北京日报	路艳霞
9月27日	首部“飞天古籍”搭长征七号飞返	北京日报	徐颢哲
12月13日	国图延伸文化服务办戏剧培训	北京日报	李洋
12月23日	一部“芥子园”，阅尽三百年绘画史	北京日报	李洋
12月29日	国图艺术中心奏响“坛乐清音”	北京日报	李洋
4月6日	在线推广“古籍周边”　国图首开网上文创“阅览室”	北京晚报	孙乐琪
5月19日	梁启超《欧洲战役史论》手稿亮相	北京晚报	孙乐琪
6月15日	“国家珍贵古籍特展”亮相国图　国宝级晚唐文献首次展出	北京晚报	孙乐琪
6月29日	国图325种珍贵文献勾勒红色记忆　马克思写给女儿的信亮相	北京晚报	孙乐琪

9月24日	“中国记忆”东北抗联系列图书	北京晚报	
12月31日	文津书院重彩画开展	北京晚报	
1月25日	春节系列活动全面启动　国图拜年首次办晚会	北京娱乐信报	王萌
4月14日	馆藏国宝成创客灵感源泉	北京娱乐信报	王萌
4月18日	百年诞辰纪念展怀念学者任继愈	北京娱乐信报	北京
5月20日	梁启超手稿首秀京城　《欧洲战役史论》高仿本赠国图	北京娱乐信报	王萌
6月22日	“国家珍贵古籍特展”开展　国图收藏最早刻本亮相	北京娱乐信报	王萌
9月27日	首部“飞天典籍”国图露脸：曾“搭”长征七号飞返	北京娱乐信报	王萌
10月25日	书画展音乐会　齐聚国图纪念长征	北京娱乐信报	刘珲、武祉漠
12月2日	国图排演《仲夏夜之梦》	北京娱乐信报	王萌
8月3日	科教特色夏令营走进国图“悦读之旅”体验传统文化	参考消息·北京参考	苏原
1月19日	京港地铁推出2016年首期M地铁·图书馆活动	参考消息·北京新闻	徐虹
1月19日	16万人次“地铁图书馆”畅读	法制晚报	周超
2月9日	抢国图“头名”她排队10小时除夕夜里11点就来等候　64岁老读者成为猴年首位读者　馆长韩永进连续三年赶来拜年	法制晚报	马晓晴
4月25日	屠呦呦等人获文津图书奖	法制晚报	徐琨尧、马晓晴
6月11日	国图首展千年雕版印刷品　晚唐五代刊印系世界印刷史标志性文献	法制晚报	马晓晴
9月19日	国图收录日记手稿、口述音频等珍贵文献25位老战士讲述抗联故事	法制晚报	马晓晴
9月26日	太空归来中华典籍回国图特展	法制晚报	马晓晴
9月28日	地铁4号线开出京城首个“童书专列”	法制晚报	马晓晴
11月15日	日本对华调查档案手稿首发	法制晚报	马晓晴
12月27日	雅乐团在国图公益演出	法制晚报	耿学清
8月3日	中关村科教特色夏令营走进国图	京华时报	田虎
1月1日	国图艺术中心首次以众筹模式成功举办演出活动	图书馆报	江水

1月8日	《国家图书馆古籍普查登记目录》出版	图书馆报	鲁直
1月15日	国图参与主办的“大清世相”展览在澳大利亚展出	图书馆报	鲁直
1月22日	国家数字图书馆体验区亮相第十三届中国国际网络文化博览会	图书馆报	鲁直
1月29日	国家图书馆2016年春节在线活动精彩不断	图书馆报	江水
2月26日	国图珍贵文献亮相澳大利亚	图书馆报	江水
2月26日	国图“网络书香过大年”活动创意连连	图书馆报	江水
3月11日	古籍保护专家审议研讨《中华古籍保护计划“十三五”时期规划纲要》	图书馆报	鲁直
3月18日	数字图书馆推广工程建设与发展巡展在国图举行	图书馆报	江水
4月1日	中国国家图书馆成为2017年亚洲及大洋洲地区国家图书馆馆长会议主办馆	图书馆报	江水
4月15日	2016年民国时期文献整理出版申报项目专家评审会在国图召开	图书馆报	林绍之
4月22日	国图启动“我与中华古籍”创客大赛活动	图书馆报	鲁直
4月22日	数字时代的全民阅读	图书馆报	林萱
4月22日	任继愈先生百年诞辰纪念活动在国图开幕	图书馆报	江苏
4月29日	让书写在古籍中的文字活起来	图书馆报	白玉静
4月29日	《国家图书馆藏样式雷图档·圆明园卷初编》出版座谈会召开	图书馆报	白玉静
4月29日	第十一届文津图书奖获奖结果公布	图书馆报	江水
5月20日	“中国图书馆界重要人物专题”口述史项目启动	图书馆报	全根先
5月20日	博洛尼亚插画展在国图开幕	图书馆报	林萱
5月20日	第五批《国家珍贵古籍名录》和第五批“全国古籍重点保护单位”公布	图书馆报	鲁直
5月20日	中国图书馆学会第九届理事会学术研究委员会成立	图书馆报	江水
5月27日	2016年全国公共图书馆微缩工作开始部署安排	图书馆报	鲁直
5月27日	第五批《国家珍贵古籍名录》呈现三大特点	图书馆报	江水

5月27日	“青少年中华传统文化教育基地”在国家典籍博物馆授牌	图书馆报	
5月27日	国图国家文献战略储备库项目在承德签约	图书馆报	鲁直
6月3日	“一门三院士，共筑中国梦”图片展在国图首展	图书馆报	鲁直
6月10日	国图挂牌“全国少儿报刊阅读基地”	图书馆报	江水
6月17日	“国家珍贵古籍特展”首次展出三件世界印刷史上标志性珍贵文献	图书馆报	江水
6月24日	“中华传统文化百部经典”首批书目确定	图书馆报	江水
7月8日	“纪念中国共产党成立九十五周年馆藏文献展”在国家图书馆举行	图书馆报	江水
8月26日	国图“M地铁·图书馆”入围IFLA国际图书馆营销奖	图书馆报	江水
8月26日	大型戏曲作品总集《古本戏曲丛刊》第六集由国图社出版	图书馆报	白玉静
9月9日	《美国埃默里大学神学院图书馆藏中文古籍目录》出版	图书馆报	江水
9月23日	“民国时期文献保护计划”宣传推广活动在吉林举办	图书馆报	严疆
9月23日	“网络书香·数字图书馆建设与服务”宣传推广项目（新疆站）系列活动举办	图书馆报	鲁直
9月23日	国图“中国记忆”项目发布东北抗日联军专题资源建设成果	图书馆报	江水
9月23日	国图副馆长王军率团赴法英进行文献战略储备库调研	图书馆报	方文林
9月23日	国家图书馆将全面支援西藏图书馆建设	图书馆报	江水
9月30日	“长征七号”首飞搭载中华典籍交接仪式在国图举行	图书馆报	江水
10月21日	国图积极探索针对老年读者的特殊服务	图书馆报	江水
11月4日	推动实践创新　提升服务水平　2016年中国图书馆年会在安徽铜陵举行	图书馆报	白玉静
11月4日	国家数字图书馆体验区成年会亮点	图书馆报	鲁直

11月11日	国图“文津经典诵读”全面提升	图书馆报	江水
11月18日	国图着力打造日本对华调查档案资料数字化服务平台	图书馆报	江水
11月18日	2016年“春雨工程·网络书香”阅读推广活动画上句号	图书馆报	鲁直
11月25日	《海外中医珍善本古籍丛刊》新书发布	图书馆报	白玉静
11月25日	孔府文献被全面纳入“中华古籍保护计划”	图书馆报	江水
12月9日	“民国时期文献保护计划”成果展亮相黑图	图书馆报	鲁直
12月9日	“太古遗韵——中国古琴文化研讨会”在国图举行	图书馆报	鲁直
12月30日	《中华传统文化经典百篇》出版座谈会在京召开	图书馆报	白玉静
6月17日	“中华传统文化百部经典”首批书目确定	新京报	
8月3日	中关村科教旅游夏令营	新京报	张雪松
9月27日	国图“飞天古籍”免费参观	新京报	黄颖
6月17日	全国“我与中华古籍”创客作品亮相	安徽日报	沈途
10月15日	安徽古籍修复有了“传习所”	安徽商报	王素英
4月20日	国家珍贵古籍系列讲座启动	保定日报	徐琳、高圣涵
5月17日	文津图书奖颁布科普类占半壁江山	北方新报	
7月13日	全国文献编目工作研修班在沧举办　呼吁保护民国时期文献	沧州日报	郭玉培
5月18日	国家图书馆文献战略储备库项目签约仪式昨日举行	承德日报	
6月27日	博物馆文创品潮起来	楚天都市报	徐颖
11月22日	孔府文献纳入“中华古籍保护计划”	大众日报	王德琬、孟一
5月3日	“我与中华古籍”创客大赛　福建省古籍元素展开展	福建日报	树红霞
6月20日	国家珍贵古籍系列讲座：省图书馆开讲	福建日报	树红霞
10月25日	福建有了国家级古籍修复技艺传习所	福建日报	
11月10日	东南网“文创会客厅”　专家学者畅谈文创产业发展未来	福建日报	苏琳
5月12日	“数字图书馆建设与服务”推广项目启动	广西日报	林雪娜

5月19日	国家图书馆文献战略储备库项目落户承德	河北经济日报	杨洁
8月29日	图书馆文献缩微成果展开幕	黑龙江日报	董云平
12月1日	“民国时期文献保护计划”推广活动启动	黑龙江日报	董云平
7月4日	湖南200余万册古旧文献半数需修复	湖南日报	李国斌、王昕晗
9月20日	“民国时期文献保护计划”图片展举办	吉林日报	纪洋
10月13日	民国时期文献编目工作研修班举办	吉林日报	纪洋
5月5日	文津图书奖获奖图书展在市图书馆举办	济南日报	地方
11月19日	孔府文献全面纳入“中华古籍保护计划”	济宁晚报	鲍童、张帅、李昊峰
5月20日	“一门三院士”展走进国家图书馆	江门日报	谌磊、叶娟
6月17日	编纂传统文化百部经典《尚书》《论语》等12部列入今年计划	解放日报	
6月16日	我与中华古籍创客大赛巡展在锦举行	锦州日报	陆文静、张冬木
9月20日	数字图书馆建设逐步推进	克拉玛依日报	崔魏国、侯艺
8月31日	全国图书馆文献缩微工作成果在沈展出	辽宁日报	
1月12日	专家表示，早期阅读对儿童成长至关重要	闽南日报	
7月12日	“我与中华古籍”巡展在省图举行	南昌日报	潘小芳、徐蕾
6月17日	首批12部书目入选“中华传统文化百部经典”	南方日报	
5月12日	“网络书香”活动在广西图书馆拉开帷幕　数字阅读的管道和方式更便捷	南国早报	龚文颖
6月13日	“我与中华古籍创客大赛”创客@图书馆作品在巴彦淖尔展出	内蒙古晨报	邬益东
6月10日	“我与中华古籍”创客大赛作品在首府展出	内蒙古日报	达古拉
6月12日	“我与中华古籍”创客大赛优秀作品展开幕	陕西日报	刘国英、袁景智
5月20日	《一门三院士　共筑中国梦》图片展在国图开展　梁启超《欧洲战役史论》手稿亮相	深圳特区报	
8月12日	国家级古籍修复技艺传习中心四川传习所揭牌	四川经济日报	许萃
9月2日	缩微31载让珍贵典籍“再活500年”	四川日报	张良娟
1月10日	国家级古籍修复技艺传习中心山西传习所揭牌	太原晚报	辛华

4月29日	全国少年儿童阅读年系列活动在津激活	天津日报	周凡恺
6月16日	到天津图书馆感受古籍创意 “我与古籍”创客大赛举行	天津日报	张慧玲
10月26日	中国图书馆年会展览会亮点纷呈体验科技魅力享受阅读乐趣	铜都晨刊	陈燕飞
6月1日	2016年中国图书馆年会新闻发布会在京举行	铜陵日报	方文婷
10月26日	2016年中国图书馆年会展览会开展	铜陵日报	
10月27日	2016年中国图书馆年会开幕式举行	铜陵日报	壹柯、汪伟
10月27日	把更多公共服务送到老百姓手里——专访中国图书馆学会副理事长、国家图书馆常务副馆长陈力	铜陵日报	李莉
10月28日	铜陵是座充满生机和活力的城市——专访中国图书馆学会理事长、国家图书馆馆长韩永进	铜陵日报	李莉
5月25日	“国家珍贵古籍”新增899部	文汇报	周渊
7月1日	我党第一份日报原件首次展出	文汇报	周渊
7月10日	让古籍里的文字活起来	文汇报	周渊
8月15日	“皇家藏书”摆上百姓“案头”	文汇报	李扬
8月30日	国图海外中华古籍调查成果发布	文汇报	李扬
9月19日	东北抗联老战士仅13人在世	文汇报	周渊
9月29日	万部古籍善本网上免费阅览	文汇报	周渊
9月27日	搭载长征七号遨游太空中华典籍“飞天”归来	新民晚报	鲁明
6月12日	古籍与创新碰撞的结果——文化遗产为现代生活增添诗意	西安日报	张奂雅
6月12日	“我与中华古籍”创客大赛巡展走进扬州 来扬图感受古籍“活化”	扬州日报	王璐
9月10日	《中国价值》连环画在国图举行创作展	扬子晚报	万凌云
4月25日	150余部珍贵古籍广东巡展	羊城晚报	
4月14日	“网络书香”系列活动启幕	云南日报	郑千山
4月24日	国家图书馆常务副馆长受访 陈力：中外图书馆差距缩小	澳门日报	
4月15日	创客大赛让古籍“活起来”	大公报	

6月22日	港典藏亮相国家珍贵古籍特展	大公报	马静
6月30日	京展出中译本《共产党宣言》	大公报	
9月19日	抗联老战士：抗战应是14年	大公报	周琳
9月27日	长七搭载典籍交国家图书馆	大公报	马静
11月6日	文创商品夯文博会商机火	经济日报（台湾）	郭玫君
5月25日	港8部宋元名拓入选国家珍贵古籍名录	市民日报	孙郁华
1月30日	国家图书馆　春节送大礼	香港文汇报	江鑫娴
4月16日	古籍创客大赛与现代接轨	香港文汇报	江鑫娴
6月23日	香港典藏首次亮相古籍展	香港文汇报	马静

三、网络媒体

日期	标题	媒体	作者
1月2日	在澳大利亚观摩“大清世相”展	新华网	徐海静
1月19日	互联网飘书香图书馆进口袋——数字图书馆推广工程建设五年间	新华网	周玮
1月24日	国家图书馆启动2016年春节系列活动	新华网	史竞男
1月25日	国家图书馆送新春文化“大礼包”　与读者共度书香年	新华网	桂洋
2月3日	全国图书馆联动开展“网络书香过大年”趣味活动	新华网	
2月3日	全国近700家图书馆联合开展春节楹联文化活动	新华网	
2月4日	国图春节推出创意活动体验与美猴王同框欢乐互动	新华网	
2月16日	猴年春节各地阅读书香活动形式丰富精彩纷呈	新华网	王志艳
3月18日	国家级古籍修复技艺传习中心在京成立传习所	新华网	
4月8日	全民阅读或将催生“图书馆+”时代来临	新华网	
4月10日	刘奇葆：用时代精神激活优秀传统文化生命力	新华网	
4月13日	“我与中华古籍”创客大赛启动　让古籍“活起来”	新华网	史竞男
4月15日	国家图书馆举行任继愈先生百年诞辰纪念活动	新华网	桂洋

4月16日	“永远的怀念——任继愈先生百年诞辰纪念活动”在京举行	新华网	史竞男
4月18日	“生也有涯，学无止境”——纪念任继愈先生百年诞辰	新华网	史竞男
4月23日	中国国家图书馆常务副馆长：手机阅读也是阅读的一种重要形式	新华网	喻珮
4月23日	国家图书馆举办全民阅读推广活动	新华网	
4月28日	2016 年“全国少年儿童阅读年”启动　14 个少儿图书馆参与	新华网	
5月15日	博洛尼亚国际插画展首次在中国举行巡展	新华网	史竞男
5月18日	“国家文献战略储备库”项目落户河北承德	新华网	曹国厂
5月19日	国家级古籍修复技艺传习中心李仁清传习所挂牌	新华网	桂娟
5月24日	第五批《国家珍贵古籍名录》公布西藏 59 部古籍入选	新华网	周玮
5月31日	2016 中国图书馆年会将于 10 月底在安徽铜陵举办	新华网	王莹
6月9日	西泠印社百年书画篆刻珍品亮相北京	新华网	白国龙
6月12日	“‘我与中华古籍’创客大赛”天津巡展　一大批文化创意产品亮相	新华网	周润健
6月21日	国家珍贵古籍特展在国图开幕　揭示中华文明绵延发展的精神密码	新华网	周玮
6月29日	国图举办“红色记忆——纪念中国共产党成立九十五周年馆藏文献展”	新华网	殷刚
6月30日	纪念中国共产党成立 95 周年国图馆藏珍贵历史文献展巡礼	新华网	周玮
7月1日	325 种珍贵文献亮相国图　再现中国共产党光辉发展历程	新华网	周玮
7月7日	2016“青年汉学家研修计划”开班仪式在京举行	新华网	吴壮
7月30日	“北京阅读季”“国家图书馆”等入选“大众喜爱的 50 个阅读微信公众号”	新华网	董璐

8月1日	国图举办纪念汤显祖、莎士比亚、塞万提斯逝世400周年活动	新华网	
8月12日	国家图书馆奏响琵琶演奏家研修班音乐会	新华网	
9月6日	纪念汤显祖和莎士比亚主题活动在京启动	新华网	肖潇
9月10日	《中国价值》连环画创作展在国家图书馆开幕	新华网	王志艳
9月18日	国图举办“不朽的抗联”东北抗日联军专题资源建设成果展	新华网	周玮
9月26日	“飞天”典籍亮相国图	新华网	周玮
10月18日	国家图书馆开展日本战犯审判文献征集、整理与数据库建设	新华网	周玮
10月24日	中国文化闪耀墨西哥中国船艺术节	新华网	钱泳文
11月2日	中华古籍将首次亮相第9届海峡两岸文博会	新华网	肖和勇
11月6日	台湾业者看好中华古籍文创产业　盼联手开拓国际市场	新华网	陈旺、尚昊
11月15日	国家图书馆着力打造“日本对华调查档案资料”数字化服务平台	新华网	周玮
11月16日	国家图书馆拟建“日本对华调查档案资料”数字化服务平台	新华网	王志艳
11月18日	国家图书馆举办“太古遗韵——中国古琴文化大展”	新华网	周玮
11月20日	孔府文献被纳入“中华古籍保护计划”	新华网	王子辰
11月21日	国家古籍保护中心中华优秀传统文化实践基地落户曲阜	新华网	
12月8日	“且饮墨渖一升——吴昌硕的篆刻与当代印人的创作展”亮相国家典籍博物馆	新华网	周玮
12月29日	“中国文化中心数字图书馆”上线	新华网	周玮
9月27日	2016年中国图书馆年会10月举行　铜陵成首个中西部举办地	新华网安徽频道	王涵
10月27日	2016年中国图书馆年会在铜陵举行	新华网安徽频道	王涵
10月27日	全国公共图书馆文化创意产品开发试点培训班在铜陵开班	新华网安徽频道	王涵

10月27日	2016年中国图书馆年会圆满落幕　下届将在河北廊坊举办	新华网安徽频道	王涵
10月27日	2016中国图书馆展览会精彩纷呈互动体验成亮点	新华网安徽频道	王涵
1月18日	河北木版年画传承人北京地铁制作年画	中国新闻网	杜燕
1月22日	国家图书馆启动春节线上线下文化活动首次晚会拜年	中国新闻网	应妮
2月3日	国图春节之际力推手机端趣味春联和电子明信片	中国新闻网	应妮
3月23日	“文明的交响·中埃文化沙龙”助力中埃文化年	中国新闻网	高凯
4月13日	中国图书馆界首次举办大规模文化创意征集大赛	中国新闻网	应妮
4月15日	国家图书馆举办任继愈百年诞辰系列纪念活动	中国新闻网	应妮
4月21日	文津图书奖23日揭幕　获奖作者将与读者现场交流	中国新闻网	
4月23日	任继愈《老子绎读》获第11届文津图书奖特别推荐	中国新闻网	应妮
5月15日	“插画界的奥斯卡”博洛尼亚画展首次登陆中国	中国新闻网	应妮
5月17日	中国国家图书馆在河北承德筹建“国家文献战略储备库”	中国新闻网	张帆
5月18日	国家典籍博物馆获授牌“青少年中华传统文化教育基地”	中国新闻网	应妮
5月19日	梁启超珍贵手稿首次亮相国图梁氏家风图片展	中国新闻网	应妮
5月19日	《一门三院士共筑中国梦》图片展在北京国家图书馆首展	中国新闻网	杜洋
5月24日	香港首次申报《国家珍贵古籍名录》　8部宋元名拓被收录	中国新闻网	应妮
5月31日	2016年中国图书馆年会首次由中部城市承办	中国新闻网	应妮
6月8日	三件晚唐五代珍贵文献首次亮相　系世界印刷史标志性实物	中国新闻网	应妮
6月9日	“喜迎G20·西泠印社文化艺术系列活动”在京举行	中国新闻网	应妮
6月10日	“‘我与中华古籍’创客大赛”福建巡展	中国新闻网	刘可耕
6月21日	“国家珍贵古籍特展”多件印刷史标志性珍品亮相	中国新闻网	杜洋
6月21日	三件“国宝”级雕版印刷品亮相中国国家图书馆	中国新闻网	应妮

6月29日	国家图书馆举办纪念建党95周年馆藏珍贵文献展	中国新闻网	应妮
7月12日	国图文创产品卖萌揭秘如何让古籍里文字活起来	中国新闻网	宋宇晟
7月31日	中关村科教旅游特色夏令营开营可体验传拓技艺	中国新闻网	于立霄
8月18日	《远东国际军事法庭庭审记录·中国部分》在沪发布	中国新闻网	缪璐、王笈
8月21日	中国图书馆30年来缩微拍摄珍贵典籍近15万种	中国新闻网	朱明宇
9月18日	中国国家图书馆发布东北抗日联军专题资源库	中国新闻网	应妮
9月18日	九一八口述史料展出　“中国记忆”项目和生命赛跑	中国新闻网	汤琪
9月26日	长征七号运载火箭首飞搭载中华典籍交接仪式举行	中国新闻网	杜洋
9月26日	首部“飞天典籍”亮相　搭长征七号飞返	中国新闻网	应妮
9月27日	京城首个“童书专列”从地铁4号线开出	中国新闻网	应妮
9月27日	北京力推全民阅读开通首辆书香地铁专列	中国新闻网	尹力
9月28日	国家图书馆八成古籍善本明年底将可网上免费阅览	中国新闻网	应妮
10月18日	《伯力审判庭审记录》等三部揭露日军罪行历史文献出版首发	中国新闻网	应妮
10月18日	中国国家图书馆建设“日本战犯审判文献征集、整理与数据库”	中国新闻网	应妮
10月18日	国家级古籍修复技艺传习中心在闽设传习所促"师带徒"时代创新	中国新闻网	刘可耕
11月1日	“孙中山与华侨专题展”亮相中国国家图书馆	中国新闻网	应妮
11月4日	中华古籍首次亮相文博会　文创让古籍“活起来”	中国新闻网	陈悦
11月10日	2017年中国诗歌春晚将登北京国家图书馆　实现“四京”联动	中国新闻网	应妮
11月15日	中国国家图书馆将建“日本对华调查档案资料”数据库	中国新闻网	应妮
11月18日	罕见木质铁皮衣古琴现身中国国家典籍博物馆	中国新闻网	应妮
11月30日	黑龙江启动“民国时期文献保护计划”　避免文献历史“断层”	中国新闻网	刘锡菊
12月8日	吴昌硕代表印作“且饮墨渖一升”原印亮相国家典籍博物馆	中国新闻网	应妮

12月20日	国家典籍博物馆展出馆藏中外珍贵版本《芥子园画传》	中国新闻网	应妮
12月20日	国家图书馆在京培训民间戏剧社团骨干人才	中国新闻网	应妮
12月29日	国家图书馆上线“中国文化中心数字图书馆”	中国新闻网	应妮
2月5日	全国近700家图书馆联合开展春节楹联文化活动	人民网	
3月21日	第二届“华夏书画创作大赛”优胜作品巡回展展出	人民网	
4月8日	“中华传统文化百部经典”编纂全面启动	人民网	
4月14日	2016年“我与中华古籍”创客大赛启动	人民网	
4月18日	国图举办系列活动纪念任继愈先生百年诞辰	人民网	黄维
4月21日	“世界读书日在图书馆读书”国图多场活动推广全民阅读	人民网	
5月24日	文化部正式公布第五批《国家珍贵古籍名录》	人民网	黄维
6月7日	“美丽的伊朗”图片展在国家图书馆开幕	人民网	霍冠宇
6月21日	延续民族记忆　守护精神家园　“国家珍贵古籍特展”在国家图书馆正式开幕	人民网	
6月28日	国家级古籍修复技艺传习中心湖南传习所揭牌	人民网	刘少兵
6月29日	国图主办“红色记忆馆藏文献展”纪念建党95周年	人民网	夏子杰
7月3日	“并非不惑——秦健书法展”国图开幕	人民网	霍冠宇
8月22日	“全国图书馆文献缩微工作成果展”在黑龙江省图书馆展出	人民网	焦洋
8月23日	全国图书馆文献缩微工作成果展在四川省图书馆开展	人民网	王波
9月10日	《中国价值》连环画展举行内容紧扣核心价值观	人民网	
9月19日	“九一八事变”85周年东北抗日联军专题成果在国图展出	人民网	王蕊
9月27日	长征七号运载火箭首飞搭载中华典籍交接仪式举行	人民网	张鸿腾
10月9日	国家图书馆举办“关爱夕阳”老年读者座谈会	人民网	
10月27日	数字技术亮相中国图书馆年会VR让人读书身临其境	人民网	汪瑞华、岳晓龙
11月16日	国图拟建“日本对华调查档案资料”数据库　首批成果面世	人民网	贾敏

11月21日	听太古遗韵　赏千年名琴　“中国古琴文化大展”开展	人民网	贾敏
11月30日	“民国时期文献保护计划”宣传推广活动在黑龙江省举办	人民网	焦洋
12月13日	“民间戏剧社团骨干人才培训”在国家图书馆收官	人民网	
12月30日	“中国文化中心数字图书馆”上线　将提供中国文化特色资源	人民网	黄维
1月22日	“同筑中国梦　共度书香年”——国家图书馆2016年春节系列活动全面启动	光明网	
2月3日	全国近700家图书馆联合开展春节楹联文化活动	光明网	
4月15日	2016年“我与中华古籍”创客大赛活动发布会在国家图书馆举行	光明网	
4月20日	永远的怀念：任继愈先生百年诞辰纪念展	光明网	
4月25日	国家图书馆联合全国图书馆举办全民阅读推广活动	光明网	
4月27日	“册府千华——广东省藏国家珍贵古籍特展”开幕	光明网	
5月19日	“青少年中华传统文化教育基地”授牌仪式在国家典籍博物馆举行	光明网	
5月19日	国家图书馆国家文献战略储备库项目取得重要进展	光明网	
5月19日	中国首部航天题材儿童剧《航天奇妙夜》在国图艺术中心首演	光明网	
6月12日	“美丽的伊朗”图片展在中国国家图书馆开幕	光明网	
6月12日	国家图书馆挂牌全国少儿报刊阅读基地	光明网	
6月12日	“国家珍贵古籍特展”首次展出三件世界印刷史上标志性珍贵文献	光明网	
6月12日	“民族记忆　精神家园——国家珍贵古籍特展”举行预展	光明网	
6月30日	延续民族记忆　守护精神家园“国家珍贵古籍特展”在国家图书馆正式开幕	光明网	
7月27日	国图公开课特别活动——不朽的巨匠	光明网	

7月28日	国家图书馆将举办“不朽的巨匠——纪念汤显祖、莎士比亚、塞万提斯逝世400周年”特别活动	光明网	
9月9日	《中国价值》连环画创作展举行	光明网	任欢
9月18日	不朽的抗联纪念“九一八事变”八十五周年中国记忆项目东北抗日联军专题成果发布会	光明网	
9月26日	中华典籍搭长征七号飞返　永驻国图见证千年飞天梦	光明网	宫辞
10月26日	国家图书馆集中首发日本战犯审判文献	光明网	
10月26日	日本战犯审判文献资源将实现一站式检索	光明网	
10月27日	2016年中国图书馆年会	光明网	
11月1日	孙中山与华侨专题展在国家图书馆开展	光明网	谢宁
11月3日	2016年“我与中华古籍”创客大赛优秀作品和优秀组织单位奖揭晓	光明网	
11月3日	2016年中国图书馆年会在安徽铜陵召开	光明网	
11月21日	国家古籍保护中心中华优秀传统文化实践基地挂牌	光明网	
12月12日	吴昌硕的篆刻与当代印人的创作展在国家典籍博物馆正式开展	光明网	
12月21日	“再遇芥子园——《芥子园画传》与当代名家对话展”在国家典籍博物馆开展	光明网	
9月26日	中华典籍共筑飞天梦	光明云媒	
1月22日	国家图书馆“同筑中国梦　共度书香年”2016年春节系列活动全面启动	央广网	张庶卓
2月4日	全国近700家图书馆联合开展春节楹联文化活动	央广网	张庶卓
2月9日	国家图书馆2016年春节向读者拜年、致以新春问候	央广网	张庶卓
4月13日	全国图书馆界首次开展“我与中华古籍”创客大赛活动	央广网	张庶卓
4月15日	国家图书馆举办任继愈先生百年诞辰纪念活动	央广网	张庶卓
4月21日	国家图书馆将在“世界读书日”举办全民阅读推广活动	央广网	

5月24日	第五批《国家珍贵古籍名录》和“全国古籍重点保护单位”正式公布	央广网	
6月10日	喜迎G20峰会西泠印社在国图举行文化艺术系列活动	央广网	张庶卓
6月21日	“国家珍贵古籍特展”在国家图书馆揭幕　展出百余部珍贵古籍	央广网	张庶卓
6月29日	国家图书馆举办“红色记忆——纪念中国共产党成立九十五周年馆藏文献展”	央广网	张庶卓
7月28日	国家图书馆将举办纪念汤显祖、莎士比亚、塞万提斯逝世400周年特别活动	央广网	张庶卓
8月15日	国家级古籍修复技艺传习中心四川传习所揭牌	央广网	贾宜超
9月26日	长征七号运载火箭首飞搭载中华典籍交接仪式在国图举行	央广网	张庶卓
10月14日	满足老年读者需求　国图举办“关爱夕阳”老年读者座谈会	央广网	张庶卓
10月18日	“日本战犯审判文献征集、整理与数据库建设”开题会在国家图书馆举行	央广网	张庶卓
10月26日	实践创新提升服务2016年中国图书馆年会在安徽铜陵举行	央广网	张庶卓
11月1日	纪念孙中山诞辰150周年专题展在国家图书馆揭幕	央广网	张庶卓
11月16日	国家图书馆构建“日本对华调查档案资料数字化服务平台”	央广网	张庶卓
12月27日	“坛乐清音”专场公益音乐会在国图艺术中心举行　年度公益演出完美收官	央广网	张庶卓
3月16日	国家图书馆将办公开课　讲授珠算、木建筑等古代科技发明	国际在线网	潘莹
4月13日	2016年“我与中华古籍”创客大赛活动启动　尝试古籍“活化”	国际在线网	张军勇
5月24日	南三阁《四库全书》等入选第五批《国家珍贵古籍名录》	国际在线网	李琳
9月27日	北京首辆书香地铁专列今天正式开通	国际在线网	乔全兴

12月15日	哈萨克斯坦图书角揭幕仪式在中国国家图书馆举行	国际在线网	赵旭
3月31日	创新发展与创新理论武装学习报告会在国家图书馆举行	人民论坛网	
3月7日	陈力委员为补齐公共文化服务“短板”支招	人民政协网	赵莹莹
5月24日	第五批《国家珍贵古籍名录》正式公布	央视网	韩丹
8月1日	北京国家珍贵古籍特展在国图展出	央视网	
9月7日	文化部将在海外举办“跨越时空的对话”主题活动纪念文学巨匠汤显祖和莎士比亚	艺术中国网	
1月23日	国家图书馆2016年春节系列活动全面启动	中国经济网	成琪
4月14日	全国图书馆首办“我与中华古籍”创客大赛　让“古籍”活起来	中国经济网	成琪
4月23日	第十一届文津图书奖揭晓　《老子绎读》获特别推荐	中国经济网	成琪
5月24日	第五批《国家珍贵古籍名录》和全国古籍重点保护单位公布	中国经济网	
5月31日	2016年中国文化馆年会和图书馆年会即将举行	中国经济网	
9月6日	跨越时空的对话：纪念汤显祖和莎士比亚主题活动全面启动	中国经济网	成琪
9月27日	北京首辆书香地铁专列今日正式开通	中国经济网	吴佳佳
11月7日	国图举办文津经典诵读讲座：骈文与中国传统文化	中国经济网	
12月21日	来国图！“再遇”《芥子园》	中国经济网	陈莹莹
12月28日	第三届全国党员教育培训教材展示交流活动成功举办	共产党员网	
4月13日	古琴与古象形文字公益讲座在国家典籍博物馆举办	中国美术家网	
3月10日	陈力委员：“互联网＋”为公共文化服务插上翅膀	中国青年网	
5月31日	2016年中国图书馆年会将在安徽铜陵举办凸显创新价值	中国青年网	开可
6月17日	“古琴与中国书法”对话讲座在京举行	中国青年网	白梦帆
9月10日	国粹图说核心价值观《中国价值》连环画创作展在京举行	中国青年网	
3月30日	国家级古籍修复技艺传习所首次落户民营修复机构	中国日报网	

4月19日	Old Chinese texts basis of modern design contest	中国日报网	Wang Kaihao
4月20日	National Library celebrates founder's centennial	中国日报网	Wang Kaihao
4月23日	Book based on Nobel prize winning research wins Wenjin Book Award	中国日报网	
4月25日	Book on Chinese medical scientists wins award	中国日报网	Yang Yang
5月31日	Ancient books' list gets longer	中国日报网	Wang Kaihao
6月29日	Buddhist texts: Project revival	中国日报网	Lin Qi
9月7日	Libraries share data to trace ancient Chinese books	中国日报网	Wang Kaihao
9月21日	Fighting to record the war's history	中国日报网	Wang Kaihao
11月16日	Database of Japan's research files on China to be established	中国日报网	
12月9日	Exhibition show cases Wu Changshuo's seals	中国日报网	
12月26日	300-year-old painting textbook highlights museum show	中国日报网	Wang Kaihao
12月30日	China Cultural Center turns new page with digital library	中国日报网	
1月23日	国家图书馆 2016 年春节系列活动全面启动	中国社会科学网	吕家佐
1月27日	“2016 年国家图书馆楹联文化展”等新春系列活动拉开帷幕	中国社会科学网	吕家佐
1月27日	2016 年国家图书馆楹联文化展开幕	中国社会科学网	吕家佐
1月28日	同筑中国梦　共度书香年：2016 年国图楹联文化展开幕	中国社会科学网	
2月7日	微信春联送祝福　明信片里传真情：国图春节读者互动活动有创意有传承	中国社会科学网	唐红丽
3月22日	文明的交响 • 中埃文化沙龙	中国社会科学网	王悠然
3月23日	“文津经典诵读”诗歌吟诵会在国家图书馆举行	中国社会科学网	唐红丽
4月14日	2016 年“我与中华古籍”创客大赛在京启动	中国社会科学网	吕家佐
4月15日	国家图书馆举办“永远的怀念——任继愈先生百年诞辰纪念活动”	中国社会科学网	吕家佐

4月21日	国家图书馆将举办全民阅读推广活动	中国社会科学网	吕家佐
4月23日	世界读书日第十一届文津图书奖揭晓	中国社会科学网	吕家佐
4月27日	“册府千华——广东省藏国家珍贵古籍特展”广州开展	中国社会科学网	李永杰
5月18日	2016 国际博物馆日国家典籍博物馆开展系列活动	中国社会科学网	吕家佐
5月19日	《一门三院士　共筑中国梦》图片展在国图展出	中国社会科学网	杨崇海
6月8日	三件国宝级文献亮相国家典籍博物馆	中国社会科学网	吕家佐
6月9日	“民族记忆　精神家园——国家珍贵古籍特展”在国家典籍博物馆展出	中国社会科学网	张彦
6月23日	延续民族记忆　守护精神家园　“国家珍贵古籍特展”在国家图书馆正式开幕	中国社会科学网	唐红丽
6月30日	国家图书馆举办“红色记忆——纪念中国共产党成立九十五周年馆藏文献展”	中国社会科学网	吕家佐
7月18日	全国图书馆“民国时期文献编目工作研修班”在沧州图书馆成功举办	中国社会科学网	关洪安、杨轶
9月19日	纪念“九一八事变”85 周年东北抗日联军专题成果发布会在国图举办	中国社会科学网	吕家佐
9月26日	长征七号运载火箭首飞搭载中华典籍交接仪式在国图举行	中国社会科学网	吕家佐
9月29日	“中华古籍保护计划”出阶段性成果	中国社会科学网	陈静
10月10日	国图办展纪念傅雷夫妇	中国社会科学网	
11月2日	孙中山与华侨专题展在国图开展	中国社会科学网	吕家佐
12月16日	中国国家图书馆设立哈萨克斯坦图书角	中国社会科学网	
12月21日	国图馆藏《芥子园画传》亮相国家典籍博物馆	中国社会科学网	吕家佐
12月30日	“中国文化中心数字图书馆”上线	中国社会科学网	吕家佐
2月4日	全国近 700 家图书馆联合开展春节楹联文化活动	中国网	
4月13日	“我与中华古籍”创客大赛启动　助古典文化融入当代生活	中国网	苏向东
4月15日	任继愈先生百年诞辰系列纪念活动在国家图书馆举行	中国网	辛闻

4月23日	“世界读书日在图书馆读书”活动举行第11届文津奖揭晓	中国网	苏向东
8月28日	古琴与怀袖雅物——左琴右书国学大讲堂在京举行	中国网	
2月4日	读书过新春值得提倡	中国文明网	
7月30日	在国图上课　纪念汤显祖、莎士比亚、塞万提斯逝世400周年	中青在线	蒋肖斌
11月15日	近代日本派出4000名学生调查中国，档案首次出版	中青在线	蒋肖斌
12月21日	国图展出300年前的中国画教材《芥子园画传》	中青在线	蒋肖斌
4月25日	第十一届“文津图书奖”公布，“世界阅读日”国图推广全民阅读	凤凰网	
8月2日	科教特色夏令营走进国图　“悦读之旅”体验传统文化	凤凰网	
9月9日	国图上演跨越时空的对话：纪念文学巨匠汤显祖和莎士比亚	凤凰网	
9月18日	白山黑水的记忆　纪念东北抗日联军	凤凰网	
10月10日	纪念“九一八”事变85周年　东北抗日联军战士口述史出版	凤凰网	
9月7日	纪念汤显祖和莎士比亚主题活动在京启幕	海峡之声网	任婧
10月10日	“我与中华古籍”创客大赛亮相第九届海峡两岸文博会	海峡之声网	佳祺
12月9日	中华典籍首次亮相文博会	海峡之声网	
6月26日	Cultural salon in Beijing seeks to promote Sino-Cuban cooperation and understanding	环球时报英文版官网	
9月6日	Events commemorating China's Tang Xianzu and UK's Shakespeare to be held around the globe	环球时报英文版官网	
11月17日	National Library of China to create database of Japan's historic investigations of China	环球时报英文版官网	
9月9日	用国粹育未来：《中国价值》连环画创作展在京举行	千龙网	
4月22日	国图推出部分圆明园样式雷图档	首都之窗网	
4月14日	2016年我与中华古籍创客大赛活动将启动	新浪网	

4月24日	国家图书馆联合全国图书馆举办全民阅读推广活动	新浪网	
8月24日	国家图书馆副馆长张志清一行来中国道协商谈合作开展道教古籍普查和保护工作	中国道教协会	
7月23日	国家古籍保护中心张志清副主任一行赴中佛协座谈交流佛教古籍保护工作	中国佛教新闻网	
9月3日	“第一期全国佛教古籍保护管理研修班”开班仪式在北京灵光寺隆重举行	中国佛教新闻网	
5月11日	文化部国家图书馆学习品牌：国图公开课	中国共产党新闻网	
11月24日	“中国汽车图书馆”正式揭牌成立	中国汽车报网	王星
2月4日	微信春联送祝福　明信片里传真情——国图春节读者互动活动有创意有传承	中国文化传媒网	
4月23日	《全民阅读》特种邮票在国家图书馆首发	中国文化传媒网	赵婷
4月23日	第 11 届文津奖在国家图书馆揭晓	中国文化传媒网	赵婷
9月6日	“海外中国文化中心纪念汤显祖和莎士比亚”主题活动新闻发布会举行	中国文化网	
10月25日	古文对视，万里相约——“甲骨文记忆”展亮相墨西哥阿卡普尔科中国船艺术节	中国文化网	鲁丰
12月29日	“中国文化中心数字图书馆”上线　打造优质中华文化展示平台	中国文化网	
3月9日	全国政协委员陈力：加强互联网信息的采集和保存	中国消费网	尹训银
5月18日	国家图书馆与河北承德共同筹建国家文献战略储备库	中国小康网	黄伟佳
8月21日	全国图书馆文献缩微工作成果展在省图书馆开展	东北网	许诺
11月4日	中华古籍首次亮相文博会	东南网	张立庆
10月26日	2016 中国图书馆年会突出展现数字图书馆与中华古籍保护	凤凰网安徽频道	苏梦云
10月27日	“我与中华古籍”创客大赛颁奖仪式举行　21 人获优秀作品奖	凤凰网安徽频道	苏梦云
6月17日	广州大典研究中心与国家图书馆等三家单位签共建协议	广东新闻网	郭军

8月24日	全国图书馆未成年人服务提升计划河北站培训在省图举办	河北新闻网	
7月31日	“春雨工程”数字图书馆阅读推广活动启动式在湘西举行	红网	麻凯
10月18日	国家珍贵古籍系列讲座山西晋城站开讲	黄河新闻网	
3月15日	数字图书馆推广工程建设五年间成果展举行	南昌新闻网	
10月9日	“全国古籍普查基本数据库”和“中华古籍资源库”正式发布	澎湃新闻网	
8月24日	国家古籍保护中心与中国道教协会合作，促进道教古籍文献保护	腾讯网	
7月19日	“创客@图书馆”全国巡展在铜陵展出　古籍“活化”让文化遗产融入现代生活	铜陵文明网	
10月27日	古籍保护吸引眼球　文创产品备受追捧	铜陵新闻网	吕德伟
6月12日	“‘我与中华古籍’创客大赛”全国巡展拉开帷幕	西部网	高敏
5月18日	国家图书馆“国家文献战略储备库”项目落户承德	长城网	
6月17日	河北省图书馆创客＠图书馆非遗宣传推广活动启幕	长城网	王潇
6月1日	数字图书馆推广工程2016年全国少儿诗词在线诵读活动正式启动	中国山东网	王胜

年度大事记

年度大事记

一 月

7日至9日，第十三届中国国际网络文化博览会在京开幕。国家图书馆紧扣博览会“双创时代，网文天下”的主题，设计并搭建“国家数字图书馆体验区”，全面展示国家数字图书馆及数字图书馆推广工程建设成果以及对未来“互联网＋文化”发展的展望。文化部部长雒树刚、国家文物局局长刘玉珠、文化部部长助理于群等领导和嘉宾莅临体验区。

22日，“同筑中国梦 共度书香年”——国家图书馆春节系列活动新闻发布会在国图公开课演播厅举行。本次春节活动活动以楹联拜年为主体，重点打造数字资源“大礼包”，通过行业联动、全国联动，将优秀文化资源送到基层、送到百姓身边，共享文化新年，同时举办一系列到馆读者活动以及丰富的在线互动。“大礼包”囊括7种楹联文化古籍电子书、100副精选楹联、50讲国图公开课、100场社会文化讲座、500条文津经典诵读等数字资源。国家图书馆馆长韩永进、常务副馆长陈力，文化部办公厅副主任喻剑南，国家图书馆馆长助理孙一钢以及在京主要媒体记者60余人参加活动。

26日，“名家带你写春联活动”在国家典籍博物馆举行，活动特邀6位书法名家亲临现场写春联，并为小朋友指导示范，同时拉开“同筑中国梦　共度书香年——2016年国家图书馆楹联文化展”序幕。

30日，国家图书馆馆长韩永进会见来访的香港民政事务局局长刘江华先生以及香港艺术表演团体负责人一行，馆长助理孙一钢参加会见。

二 月

4日，由国家图书馆主办的“书香筑梦·金猴送福”公益晚会在国图艺术中心举行。国家图书馆馆长韩永进、馆长助理孙一钢等出席活动。晚会围绕“春联”为主题，以公益性综合文艺演出的形式，通过不同的艺术载体展示春联文化。这是国家图书馆首次以晚会的形式向读者拜年，是对传统拜年活动的扩展，也是丰富传统文化表现形式的一次尝试。

5日，由中国国家图书馆和澳大利亚国家图书馆主办的“大清世相：中国人的生活1644—1911”展览在澳大利亚国家图书馆隆重开幕。澳大利亚总理马尔科姆·特恩布尔（Malcolm Turnbull）及其夫人，驻澳大利亚大使马朝旭等中澳两国有关领导，中国国家图书馆常务副馆长陈力、澳大利亚国家图书馆馆长安妮-玛丽·施沃特里奇（Anne-Marie Schwirtlich）等各界人士近500人参加活动。展览共展示160余件珍贵文献，其中88件来自于中国国家图书馆，涉及舆图、样式雷、金石拓片、年画、汉文和少数民族文字古籍等。

8日，馆长韩永进，常务副馆长陈力，副馆长刘惠平、张志清、魏大威、王军，馆长助理孙一钢、汪东波以及相关部处主任在总馆北区二层大厅迎来猴年的首批读者，向读者拜年、致以新春问候，并为前三位到馆读者赠送第十届“文津图书奖”获奖图书、为前五十位到馆读者赠送《楹联赏析》。

24日，《中华古籍保护计划“十三五”时期规划纲要》编制审议会议在国家图书馆召开。文化部公共文化司副司长陈斌彬、白雪华出席会议并讲话，国家图书馆副馆长、国家古籍保护中心副主任张志清主持会议，省级图书馆馆长和古籍保护专家代表20余人参会。

三　月

7日，由国家图书馆主办的“聚力协作共推广 继往开来绘蓝图——数字图书馆推广工程建设五年间”主题展在国家图书馆总馆北区拉开序幕。展览以图文并茂的形式，利用多媒体视频展播，集中展现“十二五”时期推广工程建设进展以及服务惠民成效。

9日至11日，第24届亚洲及大洋洲地区国家图书馆馆长会议（CDNLAO）在新西兰国家图书馆召开，汪东波馆长助理率团参会。会上，中国国家图书馆被一致推选为2017年亚洲及大洋洲地区国家图书馆馆长会议主办馆。

12日，中国国家图书馆馆长助理孙一钢会见澳大利亚驻华大使安思捷（Jan Adam）女士一行。

14日，台湾古籍保护学会向国家图书馆捐赠王伯沆先生《冬饮丛书》14函54册，向中国古籍保护协会捐赠林庆彰先生《经学研究论著目录》9册。台湾古籍保护学会会长林登昱，国家图书馆副馆长、中国古籍保护协会会长刘惠平出席捐赠仪式。

15日至19日，中国国家图书馆原常务副馆长詹福瑞应邀赴英国参加英中文化交流圆桌研讨会，并访问英国国家图书馆与馆长罗利·凯丁举行会谈。

16日，古籍保护学科建设研讨会在南京艺术学院图书馆召开。国家图书馆副馆长、国家古籍保护中心副主任张志清出席会议。会议听取国家图书馆古籍馆、复旦大学、中山大学、天津师范大学和南京艺术学院在古籍修复人才培养和古籍保护专业硕士人才培养方面的经验交流报告，并就古籍保护学科的专业设置、课程设置、教学实践等问题进行讨论。

18日，第二届“石景宜博士杯——华夏书画创作大赛”优胜作品巡回展·北京站在国家典籍博物馆开幕。中国文联副主席覃志刚、冯远，文化部原副部长、国家图书馆名誉馆长周和平，国家图书馆馆长、国家典籍博物馆馆长韩永进，国家图书馆副馆长、国家典籍博物馆常务副馆长李虹霖，馆长助理孙一钢，石景宜博士夫人刘紫英女士及家人，以及来自文化部、中华两岸文化艺术基金会等单位机构负责人、图书馆界代表等200余人参加活动。

3月21日是“世界诗歌日”，由国家图书馆、《诗刊》共同策划主办的“文津经典诵读”诗歌吟诵会在国家图书馆学津堂举办。国家图书馆副馆长李虹霖出席活动。本次活动旨在弘扬中国传统，展现世界经典，在全球范围内推广诗歌文化，鼓励诗歌朗诵和创作。

31日，“2016年民国时期文献整理出版申报项目专家评审会”在国家图书馆召开。中国社会科学院研究员王建朗、北京大学历史学系教授王晓秋、南开大学教授宋志勇等10位专家参加评审。国家图书馆常务副馆长陈力出席。会议对全国各级各类图书馆提交的44份项目申报书逐一进行审议，遴选出符合要求的优秀申报项目。

四　月

7日，中国国家图书馆馆长韩永进会见来访的世界卫生组织驻华代表施贺德（Bernard Schwartländer）博士一行。韩永进提出，双方合作举办打败糖尿病——世界卫生日“卫生·对话”主题活动，充分发挥国家图书馆在提高公众认知水平、拓展社会教育服务的作用，同时也是扩大与政府间国际组织合作的有益举措。

8日，中共中央政治局委员、中央书记处书记、中宣部部长刘奇葆到国家图书馆调研，强调要深入学习贯彻习近平总书记关于传承弘扬优秀传统文化的重要指示精神，坚守中华文化立场，秉持客观科学礼敬的态度，坚持创造性转化、创新性发展，用时代精神激活优秀传统文化生命力，推动中华文化现代化。刘奇葆在国家图书馆考察了传统文化典籍保护和普及工作，参观近年来出版的优秀图书和出版走出去精品展，了解数字阅读情况，并与专家学者进行深入交流。

12日至13日，由国家图书馆和中国图书进出口（集团）总公司联合主办的第六届全国文献采访工作研讨会在湖北省武汉市召开，国家图书馆常务副馆长陈力、中国图书进出口（集团）总公司副总经理庞莉莉出席会议。本届研讨会以“数字时代文献资源建设新思路”为主题。全国文献采访领域的300余位专家及代表参加会议。

13 日，由国家图书馆（国家古籍保护中心）与中国图书馆学会共同主办的“我与中华古籍”创客大赛活动发布会在国家图书馆举行。国家图书馆副馆长、国家古籍保护中心副主任张志清出席发布会并介绍活动的实施背景及必要性。活动分为创意元素征集和大赛两个主环节，旨在培育公众的古籍保护意识，传承中华优秀传统文化，将古籍文化植入当代人的物质生活和精神生活。

15 日，任继愈先生百年诞辰纪念活动在国家图书馆开幕。纪念活动包括举办“永远的怀念——任继愈先生百年诞辰纪念展”“永远的怀念——任继愈先生百年诞辰纪念会暨学术研讨会”，出版《永远的怀念——任继愈先生百年诞辰纪念文集》等。文化部党组书记、部长雒树刚，文化部党组成员、部长助理兼办公厅主任于群，文化部原副部长、国家图书馆名誉馆长周和平，国家图书馆馆长韩永进出席仪式，来自全国图书馆界代表，任继愈研究会代表，高校、科研院所的专家学者，任先生家属及其家乡山东平原县代表 100 余人出席活动开幕式。国家图书馆常务副馆长陈力主持开幕仪式。

18 日，中国国家图书馆馆长韩永进会见来访的哈萨克斯坦共和国总统办公室主任、首任总统图书馆馆长卡瑟姆别科夫 · 马赫穆德 · 巴扎尔库洛维奇一行，副馆长孙一钢、中国人民对外友好协会、文化部外联局等相关单位负责人参加会见。

23 日，在汤显祖、莎士比亚和塞万提斯逝世 400 周年之际，国家图书馆联合全国图书馆共同开展“世界读书日　在图书馆读书”全民阅读推广活动。“第十一届文津图书奖颁奖暨国图公开课一周年特别活动”在国家图书馆举行，通过揭晓文津图书奖、获奖作者现场讲演等活动，拉近好书与读者、作者与读者之间的距离，倡导和服务全民阅读。该活动同步通过国家图书馆官网、中国新闻网进行网络直播，全国 15 家省市图书馆通过“数字图书馆推广工程”网络平台开展直播；全国 30 余家图书馆同日开展“第十一届文津图书奖获奖及推荐图书展览”。

五　月

6 日，中国古籍保护协会一届二次理事会在北京举行，来自全国古籍收藏、保护修复、整理出版等领域的 52 位协会理事出席会议。国家图书馆馆长韩永进出席会议并讲话，中国古籍保护协会会长刘惠平做工作报告，回顾协会成立一年来的工作成果，部署 2016 年主要任务。

11 日，2016 年度全国公共图书馆技术部主任会议在国家图书馆召开，来自全国图书馆文献缩微复制中心 20 余家成员馆文献缩微工作的负责同志参加会议。国家图书馆常务副馆长陈力出席开幕式并讲话。会议总结 2015 年缩微工作，对 2016 年缩微工作，尤其是数字缩微建设工作进行部署和安排。

17日，国家图书馆国家文献战略储备库项目签约仪式在河北省承德县举行。国家图书馆与河北省承德县人民政府签署加强公共文化服务体系建设的战略合作意向书、国家图书馆国家文献战略储备库建设工程项目用地协议。国家图书馆馆长、党委书记韩永进，常务副馆长陈力，副馆长、党委副书记魏大威，副馆长张志清、王军，承德市委书记周仲明、市长常丽虹等领导出席签约仪式。

18日，国家典籍博物馆“青少年中华传统文化教育基地”授牌仪式在国家典籍博物馆举行。中国关心下一代工作委员会事业发展中心常务副主任李雷刚，国家图书馆馆长、国家典籍博物馆馆长韩永进，北京石油附小校长肖英等出席活动并分别致辞。中国关心下一代工作委员会事业发展中心向国家典籍博物馆颁发“青少年中华传统文化教育基地”牌匾。

19日，“一门三院士 共筑中国梦”图片展在国家图书馆首展。展览由国家图书馆、江门市人民政府主办。中国宋庆龄基金会副主席、中国侨联原副主席唐闻生，全国政协委员、中编办原常务副主任黄文平，国家图书馆馆长、党委书记韩永进，国家图书馆常务副馆长陈力，国家文物局博物馆司副司长张建新，梁氏家人和江门五邑在京乡亲代表参加开幕活动。展览通过一门三院士的故事，宣传弘扬梁启超家族“爱国、敬业、自强”的良好家风，阐述社会主义核心价值观和精益求精的“工匠精神”。

5月29日至6月4日，中国国家图书馆副馆长张志清率代表团一行先后访问葡萄牙国家图书馆、西班牙国家图书馆等，并签署中国国家图书馆与葡萄牙国家图书馆谅解备忘录，为今后两馆开展古籍数字化等合作项目奠定重要基础。

31日，在“国际儿童节”前夕，2016年全国优秀少儿报刊推荐新闻发布会在国家图书馆举行。国家新闻出版广电总局副局长吴尚之、新闻报刊司司长李军，中宣部出版局局长郭义强，国家图书馆副馆长魏大威等出席会议。会上，国家新闻出版广电总局宣布在国家图书馆建立全国少儿报刊阅读基地，吴尚之向国家图书馆授牌，魏大威代表国家图书馆接受牌匾。

六 月

6日，由伊朗国家图书与档案馆、中国国家图书馆、伊朗伊斯兰文化联络组织共同举办的“美丽的伊朗”图片展在中国国家图书馆开幕。伊朗国家图书与档案馆馆长萨利赫、中国国家图书馆馆长韩永进、伊朗驻华大使阿斯哈出席仪式并共同为开幕式剪彩，中国国家图书馆副馆长孙一钢主持活动。

8日，在文化遗产日前夕，由文化部、国家文物局主办，国家图书馆（国家古籍保护中心 国家典籍博物馆）承办的“民族记忆 精神家园——国家珍贵古籍特展”在国家典籍博物馆开始预展。展览展出敦煌遗书、佛教经典、宋元善本、明清稿抄等一百余部珍贵典籍。

17 日，由中宣部支持指导、文化部委托国家图书馆组织实施的“中华传统文化百部经典”编纂工作召开编纂委员会第一次会议。编委会成员与作者团队，均由国内哲学、历史、宗教、文学等多个学科领域的一流专家学者，以及功底扎实、年富力强的中青年学者担纲。会议研究决定将《尚书》《周易》《老子》《诗经》《论语》等 12 部书目列入 2016 年编纂计划。

23 日至 29 日，中国国家图书馆常务副馆长陈力率团赴马其顿和匈牙利访问，并分别签署《中国国家图书馆与马其顿国家和大学图书馆谅解备忘录》和《中国国家图书馆与匈牙利国立塞切尼图书馆合作协议》。

29 日，由国家图书馆主办的“红色记忆——纪念中国共产党成立九十五周年馆藏文献展”在国家典籍博物馆开展。展览旨在通过大量珍贵文献史料再现中国共产党光辉的建设发展历程，大力弘扬爱国主义精神、长征精神，讴歌中华民族实现伟大复兴中国梦的奋斗历程。展览展出 325 种 340 余册件珍贵馆藏文献。

七 月

3 日至 10 日，中国国家图书馆副馆长、国家典籍博物馆常务副馆长李虹霖率代表团一行 5 人应邀赴意大利、奥地利进行访问。访问期间，代表团出席 2016 米兰国际博物馆协会第 24 届大会，这是国家典籍博物馆成立后首次派员参加该项国际会议。李虹霖代表国图同与会同行就展览策划、交换合作、文创开发等业内共同关注的问题进行沟通与交流。

5 日至 12 日，应韩国国立中央图书馆邀请，中国国家图书馆副馆长张志清率团出访韩国，进行两馆间第 19 次业务交流。本次业务交流主题是古籍数字化和保存保护。

7 日，中国国家图书馆副馆长魏大威会见以日本出版贩卖株式会社（以下简称“日贩”）社长平林彰为团长的第 37 次日本出版友好访华团，副馆长孙一钢出席会见。

19 日，全国文献影像技术标准化委员第六届委员会成立大会在京召开。国家图书馆副馆长、全国文影标主任委员魏大威，副主任委员董建伟、陈林荣，第五届委员会秘书长李健、第六届委员会秘书长李晓明以及各分会委员共 40 余人参加会议。

27 日至 28 日，由国家图书馆主办的数字图书馆推广工程“春雨工程 · 网络书香”阅读推广活动在湖南省湘西土家族苗族自治州举办。国家图书馆专门遴选 1 万册图书赠予湖南地区 3 个基层图书馆。

八　月

5 日，中国国家图书馆馆长韩永进会见来访的毛里求斯国家图书馆理事会主席安杜尔德 · 巴桑先生和馆长拉莫斯女士，副馆长孙一钢参加会见。

12 日，“全国古籍普查登记工作调研会议”在京举办，文化部公共文化司副司长陈彬斌，国家图书馆副馆长、国家古籍保护中心副主任张志清及各省、自治区、直辖市古籍保护中心主任参加会议。此次会议明确要集中主要力量，在古籍保护部际联席会议成员单位所涉及的相关行业系统范围内完成书籍普查。

12 日至 18 日，应国际图联邀请，中国国家图书馆副馆长孙一钢率代表团一行 5 人参加在美国俄亥俄州哥伦布市举行的第 82 届国际图联大会。大会期间，孙一钢副馆长还参加国际图联亚洲和大洋洲地区专业组常委会、国家图书馆专业组常委会、国家图书馆馆长会议等会议，与国际图联主席多纳 · 希德、国际图联秘书长杰拉德 · 莱特内以及新加坡、英国、美国、加拿大等国家图书馆高层举行双边工作会谈。

22 日，《古本戏曲丛刊》第六集出版暨《丛刊》文献及文化意义座谈会在国家图书馆召开。国家图书馆馆长韩永进与中国社会科学院文学研究所所长刘跃进共同为《古本戏曲丛刊》第六集揭幕。《古本戏曲丛刊》是迄今为止最大的戏曲作品总集，收集留存于世的绝大部分戏曲孤本与珍本。

29 日，《美国埃默里大学神学院图书馆藏中文古籍目录》发布座谈会在国家图书馆出版社举行。国家图书馆副馆长、国家古籍保护中心副主任张志清出席会议并讲话。该目录是国家图书馆（国家古籍保护中心）“海外中华古籍调查暨数字化合作项目”的重要成果之一。

九　月

2 日，由文化部、国家宗教事务局主办，国家古籍保护中心、中国佛教协会承办的“第一期全国佛教古籍保护管理研修班”在北京灵光寺开班，文化部公共文化司副司长陈向红，国家宗教事务局业务一司司长王健，国家图书馆馆长、国家古籍保护中心主任韩永进，中国佛教协会副会长宗性法师等出席开班式并分别讲话，来自中国佛教协会、地方佛教协会、佛教院校及各大寺庙等 47 家单位的 60 余位学员参加培训。

3日至10日，中国国家图书馆副馆长王军率代表团一行5人赴法国、英国访问，深入了解法、英两国国家图书馆在文献储备库建设方面的先进经验，为中国国家图书馆文献储备库的建设提供宝贵借鉴，同时深化与两国图书馆界的业务交流。

4日至11日，中国国家图书馆馆长韩永进率代表团一行5人应邀赴美国、加拿大访问，分别走访美国国会图书馆、哥伦比亚大学图书馆、加拿大国家图书和档案馆等机构，并对美加两国文献战略储备库的相关情况进行调研。

10日，在拉萨召开的第五次全国文化系统对口支援西藏工作会议上，国家图书馆副馆长魏大威代表国家图书馆与西藏文化厅负责人签署《国家图书馆与西藏自治区文化厅关于全面支援西藏图书馆建设战略框架协议》。根据协议，“十三五”期间，国家图书馆将从馆藏建设、数字图书馆建设与服务、古籍保护、阅读推广、人才培养、文创产品开发等方面支持西藏各级图书馆建设。

18日，国家图书馆举办纪念“九一八事变”85周年东北抗日联军专题成果发布会，“不朽的抗联——中国记忆项目东北抗日联军专题资源建设成果展”同时开展。国家图书馆馆长韩永进、副馆长李虹霖出席活动，抗联老战士代表、抗联后辈代表、抗联研究领域专家应邀出席活动并发言。发布会上，东北抗联老战士日记手稿、口述音频等一批珍贵文献入藏国图。《我的抗联岁月——东北抗日联军战士口述史》《最危险的时刻——东北抗联史事考》和《请把我埋在战斗过的地方——追寻远去的抗联》等三部书首发。

20日，中国国家图书馆馆长韩永进会见来访的缅甸宗教事务及文化部常务秘书兼历史研究与图书馆局局长南达洪恩一行，馆长助理汪东波陪同会见。

26日，长征七号运载火箭首飞搭载中华典籍交接仪式在国家图书馆举行。国家图书馆馆长、党委书记韩永进，副馆长、党委副书记魏大威，副馆长张志清、李虹霖、孙一钢，中国运载火箭技术研究院党委书记、副院长郝照平，党委副书记罗晓阳，长征七号运载火箭总指挥王小军，全国古籍保护工作专家委员会主任、国家图书馆研究馆员李致忠以及双方有关领导、专家共50余人出席仪式。仪式上，中国运载火箭技术研究院与国家图书馆双方领导签署《长征七号运载火箭首飞搭载中华典籍交接证书》，国家图书馆将二册典籍和五张读者卡回赠中国运载火箭技术研究院。

27日，由京港地铁和国家图书馆长期合作的“M地铁·图书馆”地铁文化公益项目，首次携手书香中国·北京阅读季，在京港地铁4号线开出主题为“和爷爷奶奶‘童’读一本书”的“童书专列”，以本次活动推荐的童书里的角色和插画场景为设计素材，特别装饰6节创意车厢，并推介大量经典儿童书籍。

27 日，中国国家图书馆馆长韩永进会见厄瓜多尔驻华大使何塞 · 博尔哈一行，并接受厄方赠送的图书 405 册。

十 月

9 日，中国国家图书馆馆长韩永进会见葡萄牙文化部长路易斯 · 门德斯一行，副馆长张志清参加会见。

12 日，中国国家图书馆馆长助理汪东波会见 iGroup 资讯集团（亚太）有限公司主席李先生（Pote Narittakurn）一行，并接受该公司捐赠的《美国鸟类》原作复制珍藏本一套。

13 日，中国国家图书馆副馆长李虹霖会见来访的泰国副总理塔纳萨 · 巴迪玛巴功上将一行。

18 日，在远东国际军事法庭开庭 70 周年之际，国家社科基金抗日战争研究专项工程“日本战犯审判文献征集、整理与数据库建设”开题会在国家图书馆举行。通过这项工作的开展，将首次以日本战犯审判文献为主体，以数据库形式，将散存于世界各地的日本战犯审判文献进行最全面的集中聚合、整理、研究，建立一个资源丰富、功能齐全、获取开放、使用便捷的资源库，实现日本战犯审判文献的集中式整理和一站式检索。

18 日，《丸之内审判文献汇编》《伯力审判庭审记录》《二战日军战史资料汇编》新书发布仪式在国家图书馆举行。国家图书馆馆长、党委书记韩永进出席仪式并致辞，仪式由国家图书馆常务副馆长陈力主持。三部历史文献在内容上极大地补充了“对日战犯审判史料系列”专题文献，也是国家社科基金抗日战争研究专项工程“日本战犯审判文献征集、整理与数据库建设”的第一批成果。

22 日，由中国国家图书馆与中外文化交流中心、墨西哥中国文化中心共同主办的“甲骨文记忆展”，作为墨西哥阿卡普尔科“中国船”艺术节中国主宾国活动揭幕展，在阿卡普尔科圣迭戈历史博物馆开幕。展览展出 10 件中国国家图书馆馆藏精品甲骨复制品。

24 日，中国国家图书馆张志清副馆长会见来访的美国纽约移民银行董事长、米尔斯坦亚美医学基金会创始人霍华德 · 米尔斯坦（Howard P · Milstein）一行。

24 日，中国国家图书馆馆长韩永进会见国际图联主席多纳 · 希德（Donna Scheeder）、国际图联秘书长杰拉德 · 莱特内（Gerald Leitner），副馆长魏大威参加会见。

25 日至 26 日，由“中文文献资源共建共享合作会议”理事会主办、澳门特别行政区政府文化局公共图书馆管理厅承办、澳门图书馆暨资讯管理协会协办的“第十一次中文文献资源共建共享合作会议”在澳门召开。澳门特别行政区政府文化局局长吴卫鸣、中国国家图书馆副馆长孙一钢出席会议并致开幕辞。会议以“后数码时代：中文文献资源的合作、利用与推广”为主题，来自中国、新加坡、英国、美国和德国等国家的105位代表参加会议。

26日，“我与中华古籍”创客大赛颁奖仪式在2016年中国图书馆年会展览会“中华古籍保护计划”展区现场举行。文化部公共文化司副司长陈彬斌，国家图书馆馆长、国家古籍保护中心主任、中国图书馆学会理事长韩永进，常务副馆长、中国图书馆学会副理事长陈力，副馆长、国家古籍保护中心副主任张志清，副馆长李虹霖，中国图书馆学会副理事长刘小琴、吴建中等为获奖个人与单位颁奖。本次大赛辐射图书馆界、收藏界、创意设计界等多个领域，如此规模的创客竞赛活动在全国图书馆界尚属首次，在图书馆发展历程中具有开创性意义。

26日至27日，2016年中国图书馆年会在安徽省铜陵市举行。文化部党组成员、部长助理兼办公厅主任于群，安徽省副省长谢广祥，国家图书馆名誉馆长周和平，国际图书馆协会联合会主席多纳·希德，国家图书馆馆长、党委书记韩永进，国家图书馆常务副馆长陈力，副馆长张志清、李虹霖，中国图书馆学会副理事长刘小琴等出席开幕式。韩永进作“创造出中华文化新的辉煌”主论坛演讲，文化部公共文化司副司长陈彬斌主持开幕式。来自全国各级各类图书馆工作者、有关专家学者，文化部相关司局和直属单位，部分国家公共文化服务体系示范区创建城市市长和文化局长，以及企业代表和特邀嘉宾3000多人参加会议。本届年会主题为“创新中国：技术、社会与图书馆”，包括开闭幕活动、工作论坛、学术活动、展览会等重要内容。

31日，中共中央政治局委员、国务院副总理刘延东在参观国家图书馆“民族记忆精神家园——国家珍贵古籍特展”和“红色记忆——纪念中国共产党成立95周年馆藏文献展”时强调，要深入学习贯彻落实党的十八届六中全会精神，落实好习近平总书记系列重要讲话精神，加强古籍和革命历史文献的发掘整理和保护利用，助推实现中华民族伟大复兴中国梦。文化部副部长杨志今，国家图书馆名誉馆长周和平，文化部有关司局、国家图书馆负责同志一同参观展览。

十一月

8日，为纪念鲁迅诞辰135周年、逝世80周年，由国家典籍博物馆与北京鲁迅博物馆联合主办的“引玉——鲁迅藏外国版画选粹”展在国家典籍博物馆开展。展览展出的50余幅作品均为鲁迅个人收藏。

9日至10日，由国家图书馆主办，四川省图书馆协办，广元市图书馆承办的“春雨工程·网络书香”阅读推广活动在四川省广元市举办，为数字图书馆推广工程2016年的阅读推广活动画上圆满句号。

---

12 日至 20 日，受文化部委托，国家图书馆举办“中国—南亚图书馆管理与服务高级研修班”。研修班以“互联网时代的图书馆新发展”为主题，共有 14 名中外学员参加。其中 3 名中国学员分别来自云南省、青海省、新疆维吾尔自治区，11 名外国学员分别来自阿富汗、孟加拉国、马尔代夫、尼泊尔、巴基斯坦、斯里兰卡国家图书馆。国家图书馆馆长韩永进、副馆长孙一钢、文化部外联局局长助理王晨、外联局亚洲处副处长赵歆等出席开班仪式，国家图书馆常务副馆长陈力、副馆长魏大威、孙一钢以及来自美国、英国、丹麦等国的专家学者为学员授课。

---

15 日，国家社科基金抗日战争研究专项工程“日本对华调查档案资料整理和数字化”开题会在国家图书馆召开，将建立“日本对华调查档案资料”数据库，为抗战研究增添新的史料整理成果。本次开题项目的第一批成果《东亚同文书院中国调查手稿丛刊》新书首发式同时举行。

---

18 日，国家古籍保护中心中华优秀传统文化实践基地挂牌暨国家图书馆（国家古籍保护中心）与曲阜市文物局战略合作框架协议书签约仪式在曲阜隆重举行。国家图书馆馆长、党委书记、国家古籍保护中心主任韩永进，国家图书馆副馆长、国家古籍保护中心副主任张志清，济宁市委常委、市委秘书长李长胜，曲阜市委书记刘东波、副市长褚福梅等出席仪式。根据协议，双方将在孔府藏书出版、孔府档案揭示、优秀传统文化传承发展、古籍保护人才培养等方面开展系统化合作，并将其纳入到“中华古籍保护计划”框架中。

---

18 日，由国家图书馆（国家典籍博物馆）主办的“太古遗韵——中国古琴文化研讨会”在京举行，“太古遗韵—中国古琴文化大展”于同日进行预展并于 22 日正式开展。

---

24 日，文化部办公厅、文化部网络安全和信息化领导小组办公室下发《关于表扬 2016 年度文化部政府网站群建设先进单位的通报》，国家图书馆网站以 91.8 分名列直属单位网站第一，获“年度最佳奖”和“快速发展奖”双项殊荣。

---

11 月 28 日至 12 月 4 日，日本国立国会图书馆副馆长网野光明率代表团一行 5 人来访，进行两馆间第 35 次业务交流活动。29 日，中国国家图书馆馆长韩永进、副馆长孙一钢会见网野光明一行。

---

11 月 30 日至 12 月 6 日，国家图书馆副馆长魏大威率代表团一行 5 人应邀赴荷兰、德国进行访问，与欧盟数字图书馆执行馆长吉尔 · 卡森女士就数字图书馆的发展战略、管理机制、资源建设及相关重点项目进行了深入探讨。

十二月

5日至9日，新加坡国家图书馆管理局副总裁郑爱清等一行5人访问中国国家图书馆并进行业务交流。5日，中国国家图书馆馆长韩永进会见代表团一行，副馆长孙一钢参加会见。

8日，“且饮墨渖一升——吴昌硕的篆刻与当代印人的创作展”在国家典籍博物馆开展。本次展览由国家图书馆（国家典籍博物馆）与中国书法家协会、中国文艺评论家协会合作主办。

15日，哈萨克斯坦图书角揭幕仪式在中国国家图书馆举行。哈萨克斯坦共和国驻华大使沙赫拉特·努雷舍夫、中国国家图书馆馆长韩永进、哈萨克斯坦学术图书馆馆长乌木坎·穆娜尔巴耶娃分别致辞。韩永进与穆娜尔巴耶娃共同为图书角揭幕。中国国家图书馆常务副馆长陈力、哈萨克族知名作家艾克拜尔米吉提，以及文化部外联局相关负责同志出席仪式。

17日，著名文献学家、国家图书馆善本特藏部原主任赵万里先生铜像揭幕仪式在国家图书馆善本阅览室举行。国家图书馆副馆长、国家古籍保护中心副主任张志清，海宁市副市长沈勤丽出席仪式并分别致辞。雕塑家、南京艺术学院雕塑系主任尹悟铭，赵万里先生家人等参加揭幕式。

20日，国家图书馆（国家典籍博物馆）携手中国美术家协会共同主办的“再遇芥子园——《芥子园画传》与当代绘画名家对话展”在国家典籍博物馆正式开展。国家图书馆馆长、国家典籍博物馆馆长韩永进，中国美术家协会分党组书记、驻会副主席、秘书长徐里，中央美术学院院长范迪安，中国美术家协会副主席、中国艺术研究院工笔画研究院院长何家英出席开幕式，国家图书馆副馆长、国家典籍博物馆常务副馆长李虹霖主持开幕式。

29日，中国文化中心数字图书馆正式上线提供服务。文化部对外文化联络局局长谢金英、国家图书馆馆长韩永进出席仪式并分别致辞。文化部对外文化联络局局长助理郑浩，国家图书馆副馆长魏大威、孙一钢，以及来自文化部、国家图书馆相关部门的负责同志参加活动。仪式上，谢金英和韩永进共同签署《中国文化中心图书馆合作建设协议书》，并共同启动中国文化中心数字图书馆。

综合索引

A

B

C

D

E

F

G

H

J

K

L

M

N

O

P

Q

R

S

T

W

X

Y

Z

（衡中青编制）